问刑

越界者

主　编　郝燕飞
副主编　刘　念
　　　　史璞松

中国出版集团 | 全国百佳图书
中国民主法制出版社 | 出版单位

图书在版编目（CIP）数据

问刑越界者 / 郝燕飞主编；刘念，史璞松副主编．—北京：中国民主法制出版社，2023.5

ISBN 978-7-5162-3228-6

Ⅰ.①问…　Ⅱ.①郝…　②刘…　③史…　Ⅲ.①刑事犯罪—案例—中国　Ⅳ.① D924.305

中国国家版本馆 CIP 数据核字（2023）第 081249 号

图书出品人：刘海涛
出版统筹：石　松
责任编辑：张佳彬　吴若楠

书　　名 / 问刑越界者
作　　者 / 郝燕飞　主编
刘　念　史璞松　副主编

出版·发行 / 中国民主法制出版社
地址 / 北京市丰台区右安门外玉林里 7 号（100069）
电话 /（010）63055259（总编室）　63058068　63057714（营销中心）
传真 /（010）63055259
http: //www.npcpub.com
E-mail: mzfz@npcpub.com
经销 / 新华书店
开本 / 16 开　710 毫米 ×1000 毫米
印张 / 23.25　**字数** / 311 千字
版本 / 2023 年 5 月第 1 版　　2023 年 5 月第 1 次印刷
印刷 / 三河市宏图印务有限公司

书号 / ISBN 978-7-5162-3228-6
定价 / 86.00 元

编委会名单

把法律讲到人心的殿堂

《法律讲堂》是中央广播电视总台社会与法频道（CCTV-12）历经多年打造、重点推出的一档普法栏目，通过法官、检察官、律师等法律人，讲述案例故事、分析法律规定、诠释法理精神，受到全国观众喜爱，是央视三十大品牌栏目之一。总台社教节目中心成立后，励精图治，推陈出新，《法律讲堂》栏目得以保留并焕发出新的生机。近年来，广东省律师协会为《法律讲堂》栏目选拔、输送了10多位律师主讲人，均已成长为普法能手和行业骨干。刘春晓、汪洋、钟铁蕙、南芳、李桐样、莫国栋、孙敏、李捧玉8位律师经过央视的锻造和淬炼，登上荧屏，成功播出了不少节目，为普法作出了贡献，为广东律师赢得了赞誉。节目案例达到一定数量和条件，才可以结集成书。蒙栏目组厚爱，专门将广东省8位律师主讲的刑事案例梳理汇总，并精心挑选了40期节目稿件结集出版，命名为《问刑越界者》。让节目成果转化成可阅读的书籍，形成更大范围的再传播，这是非常有意义的成果。这个成果是总台的，也是广东律师行业的，可喜可贺！

作为法律专业人士，律师在法律宣讲和释疑这件事情上，有着天然的职责和优势。《法律讲堂》无疑为律师提供了一个高规格的普法平台。《法律讲堂》的节目形态看似简单，却能牢牢抓住观众的心。法律条文高度抽象，甚至显得冰冷，但通过讲故事的形式娓娓道来，就能引人入胜。故事讲到节骨眼儿上再引出法律知识点，可达到深入浅出的普法效果，这大概是《法律讲堂》受到广大老百姓持续喜爱的根本原因。当然，要把故事讲好，殊非易事。浏览了本书的这些案例，我们可以感受到主讲人在字里行间付出的心血。刘春晓讲的《想挣大钱入歧途》等案例涉及绑架罪、抢劫罪、共同犯罪中的概括故意、故意伤害与正当防卫、非法控制计算机信息系统罪、窝藏罪等，幽默而不失精准；汪洋讲的《变美元的“神奇药水”》等案例，涉及诈骗罪名和属地管辖权、挪用资金罪与挪用公款罪的区别、激情犯罪等，干脆而洗练；钟铁蕙讲的《血染的火车票》等涉及保险诈骗罪、窝藏罪、诉讼中止、正当防卫的构成要件、噪声污染的法律责任、共同犯罪中的从犯等，温婉中透着睿智；南芳讲的《一个电话引发的惨剧》等案例涉及放火式的故意杀人罪、强奸罪的犯罪手段、窝藏罪、自首不从宽处罚的情形等，专业而清晰；李桐样讲的《有人要砍掉我的手》等案例，涉及敲诈勒索罪与诈骗罪的区别、诽谤罪与侮辱罪的区别、滥用职权罪、雇凶杀人案件中主从犯的认定，专业又不失文艺范儿；莫国栋讲的《拍完婚纱照之后》等案例涉及自首的认定、故意杀人罪与故意伤害罪的区别、盗窃罪与抢劫罪的转化等；孙敏讲的《好友打死我丈夫》等案例涉及过失致人死亡罪、借钱赌博、诈骗罪的认定；李捧玉讲的《600万元空降债务》涉及伪造证据、恶意串通等，都各有风格，也都紧贴百姓生活。相信这些案例付梓出版后，会像蒲公英一样把法治的种子撒播得更远。

在普法这件事情上，我也颇有些心得。自2018年当选第十三届全国人大代表，每年“两会”后我都积极参与普法宣讲，先后为省人大、省直机关、各地市及各大型国有企事业单位等宣讲宪法40场，宣讲民法典70场，宣讲习近平法治思想27场，线上线下受众62万余人次。我非常乐于与广大律师同行不断用心感悟和探寻法治的内在机制，致力于增强法律的解释力、穿透力、感染力。亚里士多德经典论述认为，“法治就是良好的法律与普遍的服从”。良法善治需要全社会共同构建，普法在中国特色社会主义法治体系中有着举足轻重的作用，律师肩负着重要而光荣的使命。

习近平总书记强调，中国特色社会主义法治体系，本质上是中国特色社会主义制度的法律表现形式。法治体系是法律制定和法治实施、监督、保障的有机统一，是立法、执法、司法、守法的有机统一。我们要积极参与和推动实施“八五”普法规划，弘扬社会主义法治精神，深入开展法治宣传教育，全面落实“谁执法，谁普法”普法责任制，让法治走到人民群众身边，让尊法、学法、守法、用法在全社会蔚然成风。为深入学习贯彻习近平法治思想，让律师普法更加贴近人民群众，今年2月，《法律讲堂》栏目组联合广东省律师协会到韶关市乳源县东坪镇开展走基层普法宣讲活动。钟铁蕙律师现场再现了今年春节《法律讲堂》特别节目，通过讲述两个取材于现实生活的案例，聚焦家庭教育中的法律问题，现场群众听得入神走心；刘春晓律师结合案例故事，讲述了如何“法眼金睛”防诈骗，通过与现场群众风趣互动，帮助大家认清诈骗案发案规律和常用手段，以案说法，增强了群众的反诈意识、防骗技巧。现场干部群众表示，非常欢迎这样的普法活动走到村镇里。瑶族群众纷纷表示，央视《法律讲堂》将法律送到百姓身边，接地气，得民心，非常喜欢这样的普法活动!《法律讲堂》主讲人走基层普法宣讲活动是深入贯彻习近平法治思想，落实国家依法治国方针，践行全民普法责任，拓展社会服务水平的一次重要尝试。旧时王谢堂前燕，飞入寻常百姓家。我想，《问刑越界者》的出版，必将有利于《法律讲堂》更深入地走到群众中去，也必将有利于广东律师把法律讲到人心的殿堂。

肖胜方

2023年4月23日

（序言作者系第十三届全国人大代表、中华全国律师协会副会长、广东省律师协会会长、广东省律师行业党委副书记）

目录
Contents

汪　洋 / 主讲人简介及普法心得

刘春晓 / 主讲人简介及普法心得

南　芳 / 主讲人简介及普法心得

李桐样 / 主讲人简介及普法心得

孙　敏 / 主讲人简介及普法心得

汪　洋 / 主讲人简介及普法心得

1. 汪洋简介

汪洋律师，中华全国律师协会女律师协会副会长、中央广播电视总台《法律讲堂》栏目主讲人，广东省律师协会女律师工作委员会主任，中山市政协委员、中山市律师协会行业妇联副主席、中山市律师协会理事、中山市青年联合会常委，广东厚弘律师事务所主任。

现任最高人民检察院民事行政诉讼案件咨询专家，中山市人民检察院专家咨询论证委员会委员、听证员，曾任中山市公安局法律顾问。被评为广东省全省优秀律师、优秀委员会委员，以及中山市十优青年榜样。还多次被授予中山市优秀律师、优秀委员会主任、公共法律服务先进律师等荣誉称号。

2. 汪洋公益普法心得

一转眼，担任中央电视台《法律讲堂》的主讲人已经有 10 年了。10 年来，我不断地发掘、收集、整理身边的典型案例，持续挖掘案例中的法律知识点，努力通过以案说法的形式，讲老百姓听得懂的话，说老百姓能理解的法。法，需要被信仰，需要被尊重，需要被敬畏，需要被宣讲和发扬。希望在普法道路上勉励自己，也带动身边更多的律师投身普法队伍，用更鲜活的案例，更通俗易懂的法律宣讲，传播法治理念，践行习近平法治思想。

变美元的“神奇药水”

汪　洋

法律知识点：属地管辖权

2016年6月的一天凌晨两点，林东涛从睡梦中醒来，发现妻子没睡在身边，便起身查看。书房亮着灯，房门虚掩，林东涛轻轻走了过去。只见妻子拿着手机，正在用中文夹杂着英语与人聊天。自己家从来没有外国亲戚，也没有国外友人，妻子到底在和谁聊天呢？林东涛轻声问妻子在干什么，妻子慌忙关了手机，结结巴巴地说自己正和外教学英语。

林东涛的妻子名叫小云，今年36岁，是个家庭主妇，和林东涛结婚已经12年了。要说她学英语这事，还和他们的儿子有关。儿子今年11岁，上小学五年级，英语成绩不太好，小云为此操碎了心。听说在网上找个外教，能提升英语成绩，小云便在网上找了个外教。为了陪儿子多读多练，小云平时也和儿子一起学。

可话说回来，再怎么努力学英语，也不至于大半夜起来和外教对话吧？林东涛隐隐觉得有些不对劲。很快，一件事的发生印证了林东涛的想法。

这天，林东涛提前下班回家，在地下车库的一个转角处，看见小云正和三个黑衣男子争执。林东涛赶紧停下车，大声呵斥着冲了过去。见林东涛过来，小云边推搡三名男子边说：“你们先回去，我会解决的！”三名男子互相使了个眼色，便迅速离开了。

林东涛追问小云怎么回事，小云支支吾吾地说，她去接孩子放学时，不小心剐了别人的车，对方非让她赔1000块钱。林东涛虽然嘴上劝妻子赶紧把这事了了，心里却觉得这事定有蹊跷，小云会不会有事瞒着自己呢？果然，不久林东涛又发现了新线索。

这天，在银行工作的朋友向林东涛推荐了一款理财产品。林东涛查看网银，却发现家里的账户余额竟然只剩下几千块钱了！林东涛清楚地记得，光去年底公司就发了十几万元的奖金，加上之前的存款，家里的账户上怎么说都有个三四十万元啊！再说，妻子平时精打细算，有什么大开支，都会先和自己商量，现在这钱怎么说没就没了呢？

林东涛马上询问小云，可她却吞吞吐吐，似有难言之隐。回想小云最近一连串的异常举动，加上现在家里的存款不翼而飞，林东涛怀疑她遇上麻烦了。在林东涛的再三追问下，小云说出来一个让人意想不到的秘密。

她说自己拿家里的钱，去买一种能把黑纸变成美元的神奇药水了。可药水太贵了，要50万元，家里的存款不够，她就借了10万元高利贷。上次在地下车库的三个男人，就是高利贷的债主，他们是过来讨债的，但是现在药水还没到，黑纸没法变美元。可一旦拿到药水，变了钱，她不仅可以还款，还可以赚几十万元。因为林东涛为人太老实，不喜欢投机取巧，怕他阻挠，便没跟他说这事。

林东涛一下子蒙了！什么白纸黑纸？什么变美元？妻子肯定是被人骗了！林东涛拉着小云就要去报警，可是小云一把甩开林东涛，一口咬定此事千真万确！还说她亲眼见到，一用药水，黑纸就变成了美元！说着，她把林东涛拉进房间，从床底下拉出了一个保险箱，凑近林东涛并压低声音说："你别不信，这里面全都是美元，只不过被处理成了黑纸，药水一到，这黑纸就能变美元了！"

看着满满一箱子黑纸，林东涛随手抓起一沓仔细察看，他确定这黑纸绝对不是美元！妻子一定是被骗了！他坚决要报警！这下，小云也拦不住了。

接警后，警方打开了那个保险箱，里面的确都是黑纸，实在看不出和美元有什么关系。小云告诉警方，药水在国外，还没寄到，国内市场也买不到，等药水一到，黑纸就能变美元了。

警方立刻把这些黑纸送去专业鉴定机构，并很快得出结论。结果表明这确实是一堆黑纸，不是美元。小云一下子蒙了，连连说不可能！不可能的！在警方的追问下，小云终于道出了实情。

半年前，小云在手机上下载了一个有外教教学的App，并认识了一个自称在美国服兵役的华裔军官杰克，两人互加微信。杰克说他其实是中国人，5岁那年父母车祸去世，他成了孤儿，进了福利院。12岁时被一对美国夫妇收养，带回了美国。长大后，他在美国服兵役并担任要职，可他的美国父母在他参军后先后病逝，现在就剩下他一人了。杰克说他现在没有作战任务，正值休假期间，因为思乡心切，便想通过外教平台和国人联系，寻找久违的乡音。

听说了杰克的身世，小云充满同情，也为杰克的思乡之情而感动，当即说要聘请杰克担任儿子的外教，支付学费。可杰克说，他也不是专职外教，只为寻找乡音，所以不收学费。

小云很感激，说她是个家庭主妇，丈夫经常出差在外，有大把时间可以和杰克说中国话。另外，小云还说丈夫收入不错，她就巴望着能多攒点儿钱，送孩子去美国留学。一听这个，杰克热情地回应，说他在美国地头熟，将来孩子来了可以有个照应，干脆就让小云的儿子认他做舅舅。小云很高兴，就答应了。就这样，两人以姐弟相称，聊得热火朝天。因怕丈夫误会，小云也一直没和丈夫说起和杰克的事。

几个月后的一天，杰克突然告诉小云，说他接到了作战任务，要带兵去某地打仗，不能再和小云聊天了。小云既担心又不舍，她反复嘱咐杰克多加小心，早日平安归来。

一连半个月，小云都没收到杰克的任何消息，看到新闻上说杰克打仗的地方炮火连天、生灵涂炭，小云担心极了。就在小云为杰克暗自祈祷时，她突然接到了杰克的微信留言。

杰克说，战乱升级，战友死伤无数，他不知道还能不能活着回来。自他服兵役以来，身兼要职，薪水比较高，又没什么花销，攒下了100万美元的积蓄，眼看可能要战死沙场，他在美国那边无亲无故，国内也无人托付，杰克想把他毕生的积蓄托给小云代管。要是他真的战死了，就叶落归根，把他的钱捐给儿时的福利院。要是还能活着回来，就退伍后回中国发展。因为要麻烦小云代管，杰克主动提出要给小云 10 万美元做酬劳，以表感谢。

小云连忙拒绝，说杰克吉人自有天相，还说自己儿子都认杰克当舅舅了，还收什么酬劳啊。但杰克说，因为受外汇管制，这钱肯定是没法走正规渠道带出美国的，否则就会被海关没收，严重的还会坐牢，所以只能托朋友私自携带出境，带到中国。可是他在中国无亲无故，根本无人帮他接收。要不是小云，这笔钱恐怕一辈子都别想带出美国了。所以，小云实际上是帮了他大忙，不给点儿酬劳，他实在过意不去。杰克说，他已经安排美国的朋友和小云接洽了，会亲手把这 100 万美元交到小云手上，让小云等电话就好。

见杰克对自己如此信任，小云顿感责任重大。同时，小云也暗自盘算，帮杰克代收存款，能有 10 万美元的酬劳，那也相当于人民币六七十万元了！丈夫没日没夜地工作，这么辛苦，一年都挣不到这些钱，现在自己举手之劳，就有这个收益，确实太让人心动了。想到这里，小云便没再推脱，答应了。

半个月后，一对自称是杰克朋友的外国夫妇给小云打来电话，用蹩脚的中文告诉小云，他们已经把杰克的积蓄带出美国，现在要按杰克的要求，把它交给小云保管。双方约在一个废弃的工厂见面了。

小云打开包裹，发现里面是一个黑色的保险箱，她按照杰克微信上说的密码，打开了那个保险箱。可是眼前的一幕却让小云彻底傻眼了：保险箱里根本没有美元，而是一捆捆整整齐齐的黑纸。

外国夫妇说，为了防止海关查验，杰克在委托他们把这些美元带出美国之前，就已经对其进行了特殊处理，把它变成了黑纸，等到了中国，再用一种特制的药水，便可把黑纸还原成美元。可是现在药水紧缺，这次只带来了一点点，等过些日子，杰克买了药水后，再从美国寄过来。

说着，外国夫妇从包里拿出一个黑色塑料袋、一瓶矿泉水和一小盒药水，又随手从保险箱中拿出一捆黑纸，从中抽取一些放进塑料袋里，然后把矿泉水和药水同时倒进了塑料袋里，不停地摇晃，十几分钟后，奇迹发生了，外国夫妇从塑料袋里拿出了几十张崭新的100元面额的美元！

小云使劲揉了揉眼睛，简直不敢相信眼前的一切，她一把抢过这些美元，拿在手里仔细分辨。可小云也搞不清楚，这花花绿绿的纸片，究竟是不是真的美元。

外国夫妇从中拿走了20张美元，说是杰克给他们的酬劳，并把保险箱和剩下的5张美元交还给小云，随后便离开了。抱着这个保险箱，小云惴惴不安。一方面，她担心被人发现自己帮杰克逃避外汇管制，被没收了保险箱，没法跟杰克交代；另一方面，她也不知道保险箱里那些黑纸和刚刚变出的美元，到底是真是假。小云决定先打车回家，把保险箱藏好，然后拿着那5张美元，去银行验验。

到了银行，小云先拿出一张美元，说要换成人民币。看着银行工作人员很自然地收取查验，然后把换好的人民币交给自己，小云彻底放下心来！接着，小云又把剩下的4张美元也都交给了银行。5张美元全部顺利兑换成了人民币，共3000多元。

看来保险箱里的黑纸，真能变美元！小云在微信上给杰克留言，说她已经顺利收到了100万美元，等药水一到，就可以帮杰克把黑纸变成美元了。可是杰克那边却没了任何回应。小云担心极了，杰克是不是已经牺牲了？

半个月后，小云终于收到了杰克的微信消息。他说，战乱不断升级，形势非常严峻，他在战斗中受了重伤，死里逃生，所以现在才和小云联系。他的战友们死伤惨重，都纷纷把自己的积蓄变成黑纸，托人带回所在国。为了把黑纸还原成美元，大家都在抢购还原药水，现在药水紧缺，眼看就要卖完了！

听了这话，小云也很替杰克着急，催杰克赶紧买药水。可杰克却说，他把钱全都给了小云，身上根本没钱。如果真的没了药水，那小云手里的黑纸就永远也变不成美元了！杰克求小云先帮他垫付8万美元买药水。一旦买了药水，还原了美元，他就可以立刻还钱给小云，还可以兑现给小云的酬劳了。

听说要8万美元，也就是人民币近50万元，小云很为难，自己一下子上哪儿找这么多钱啊。小云立刻翻看自家存折，发现里面有40多万元。但这可是家里全部的积蓄啊，难道真的要把这些钱都拿出来帮杰克吗？可如果不帮杰克，那杰克的美元就永远都是黑纸了！自己的酬劳也泡汤了！

想到这里，小云暗暗安慰自己，反正杰克的100万美元都在自己手上，就算自己垫钱帮他买了药水，还怕他不还钱吗？只要药水一到，可谓帮人又帮己，何乐而不为呢？但还有10万元的缺口怎么办呢？

就在小云犹豫不决时，杰克又发来微信消息，说药水只剩下几瓶了，再不买，小云手里的黑纸就真的是废纸了！看杰克焦急万分，小云下定决心借钱帮杰克买药水。

因为怕亲戚朋友把自己帮杰克逃避外汇管制的事泄露出去，小云没有找他们借钱，也没告诉任何人，而是在路边的小广告上找到了高利贷的电话，向他们借了10万元，连同自己家里的存款，一并转账给了杰克提供的某银行账户。杰克说收款账户是他的美国朋友在中国开设的账户，这位朋友会想办法把钱带回美国买药水。小云对此深信不疑，转账后就焦急地等待着药水的到来。

可一连两个星期过去了，小云还是没有收到美国寄来的药水，杰克那边也没有任何回应。小云不知杰克是否安好，也不知杰克的朋友到底有没有把钱转交给他，更不知道药水到底还能不能买到。她吃不下也睡不着，又不想让丈夫知道，便半夜爬起来，想跟杰克询问情况。她怕自己说中文杰克不能全部听懂，才用中英文混合着给杰克微信留言，但杰克那边始终没有任何回应。

而现在，听警方说保险箱里的黑纸不是美元，小云觉得无法相信，她之前明明亲眼看到那对外国夫妇，当着自己的面，随机抽取黑纸变成美元；不仅如此，她还去了银行，就连银行也说那些美元是真的。这究竟是怎么回事呢？警方认为，很有可能是那对外国夫妇趁小云不备，故意调包了黑纸和美元，诱骗小云上当。

同时，警方也通过小云提供的收款账号，顺藤摸瓜，将犯罪嫌疑人刘猛抓获。在他的住处，警方搜获了一部手机，里面有大量和小云微信聊天的记录，其中多条语音证实，他就是一直以“杰克”自居，称自己是华裔军官的人。看到警方掌握的证据，刘猛交代了事情的原委。

一年前，刘猛大专毕业后，在一家英语培训机构做助教。因为本身具备一定的英语水平，在工作中又有所提升，刘猛觉得自己也能独立教学。而且他发现，学生家长都愿意花高价给孩子找外教，便萌生了冒充外教，在网上教英语赚钱的想法。

刘猛在一个外教平台上用虚假身份进行了注册，没想到很快就有家长联系了他。刘猛便辞去工作，做起了假外教。可毕竟水平有限，刘猛陆续被学生家长辞退，这让他很是懊恼。

一次偶然的机会，刘猛从一部美国战争片中看到了将美元处理成黑纸，又用特殊药水还原的场景，恰逢当时电视新闻中播报某地战乱的消息，刘猛便编造了华裔军官带兵去打仗，因生死未定，想托人代管积蓄的谎言。

为让小云更加信任自己，刘猛还专门找了两名来华务工的外国人，在小云面前上演了黑纸变美元的戏法。其实，那两名外国人提供的黑色塑料袋里，事先就放好了真美元，他们趁小云不备，骗她说这是黑纸变出的美元。而保险箱里的黑纸就是黑纸，根本无法变成美元。

得知真相，小云又急又气，她恳请警方一定要帮自己追回被骗走的钱财。很快，公诉机关以诈骗罪，将刘猛和两名外国同伙起诉至法院。法庭上，刘猛和两名外国人，对诈骗行为供认不讳。但两名外国人却提出，他们是外国人，即使犯罪，也应当由他们自己的国家来审判。那么，他们的辩解，能获得法院的支持吗？这就涉及一个法律知识点：属地管辖权。

属地管辖是指，一个国家对它领土范围内的所有人和事，享有完全的排他的管辖权。对此，《中华人民共和国刑法》第六条第一款也作出明确规定：“凡在中华人民共和国领域内犯罪的，除法律有特别规定的以外，都适用本法。”这里所说的领域，是指我国国境以内的全部区域，包括领陆、领水和领空。

说到这里，有人要问了，除了领陆、领水和领空以外，在我国的船舶或者飞机上发生的犯罪，是不是也适用《中华人民共和国刑法》呢？答案是肯定的，因为第六条第二款还明确规定：“凡在中华人民共和国船舶或者航空器内犯罪的，也适用本法。”也就是说，在我国的船舶或者飞机上犯罪，仍然适用《中华人民共和国刑法》。

当然，我们还要明确一点，什么叫在我国领域内，或在我国船舶飞机上犯罪？究竟是指犯罪行为发生在我国，还是指犯罪结果发生在我国呢？为此，《中华人民共和国刑法》第六条第三款也明确界定：“犯罪的行为或者结果有一项发生在中华人民共和国领域内的，就认为是在中华人民共和国领域内犯罪。”

根据上述法律规定，不管是哪国人，也不管其他国家的法律是怎么规定的，只要在中华人民共和国领域内触犯了中国的法律，就应当按照中国法律定罪量刑。而且，不管是犯罪行为，还是犯罪结果，只要有一项发生在中国，都可依法认定是在中国领域内犯罪，要接受中国法律的制裁。

刘猛的两名同伙虽然是外国人，但他们伙同刘猛诈骗小云的犯罪行为，以及最终骗得小云支付了 50 万元的犯罪结果，都发生在我国领域内，根据上述属地管辖权的原则，三人都应当受到《中华人民共和国刑法》的制裁。

最终，法院经审理认为，刘猛和这两名外国人，构成诈骗罪的共犯，刘猛因在共同犯罪中起主要作用，被认定为主犯，判处有期徒刑十年。两名外国人被认定为从犯，被判处有期徒刑五年。同时，警方也将追回的 20 余万元，还给了小云。但其余的 20 多万元因已被刘猛挥霍，无法追回。

宣判后，刘猛和那两名外国同伙都没有上诉，很快去监狱服刑了。此时小云流下了悔恨的眼泪，起初要不是自己放松警惕，说出自己的家庭情况，或许就不会成为刘猛的诈骗对象。后来要不是轻信刘猛，抱着发笔意外之财的侥幸心理，也不会答应刘猛帮他规避法律，更不会唯利是图，垫钱帮他去买什么药水。看着丈夫辛苦挣来的钱被骗走几十万元，还要偿还10万元的高利贷，小云的肠子都要悔青了。

世上没有免费的午餐，天上也不会掉馅饼。我们在日常生活中，要提高警惕，不要随便向陌生人透露自己的个人或家庭信息，更不要抱着侥幸心理，想着投机取巧、一本万利。只有这样，才不会被不法分子利用，导致钱财损失。

不惜代价追前夫

汪　洋

法律知识点：挪用资金罪与挪用公款罪的区别

2016年6月的一天傍晚，南方某城市的一家相机专卖店里，一个中年男人怀抱着99朵红玫瑰，单膝跪在一个女人面前。女人满脸幸福地期待着接下来要发生的一切。男人深情地说："今天，我要给你一个惊喜，这间店是我开的，再嫁给我一次，做我的老板娘吧！"说着，男人从兜里掏出一枚钻戒，准备给女人戴上。听了这话，女人的脸色一下子变了，她紧紧抓住男人的手，焦急地说："你说什么？这店是你开的？你怎么能开店呢！"说着，她一把推开男人，跑出门去。这就奇怪了，女人为何不回应求婚的事，而是急于责怪男人开了店，还愤然离开呢？

求婚的男人名叫陈亮，今年30多岁，刚开了这家相机专卖店。被求婚的女人名叫季晓晓，是他的前妻，在一家国企当出纳。一年前，因女方有了外遇，两人离了婚。为避免家人担心，他们离婚但没离家，一直没跟家人说这件事。离婚后没多久，季晓晓就后悔了，为了挽回婚姻，她做了很多努力。陈亮最终也选择原谅了她，这才有了今天的求婚。

如今，看季晓晓生气地离开，陈亮忍不住自责起来。他开这个店投资了三四十万元，确实没和前妻商量，也难怪她不高兴。陈亮匆匆赶回家，看季晓晓已经睡了，就决定明早再和她解释。

第二天，陈亮向季晓晓解释开店的事，还说想把婚礼定在10个月后，也就是他们之前的结婚纪念日，这样更有意义。听了这话，季晓晓强颜欢笑，说她是担心生意难做，才不想让陈亮开店，现在既然已经开了，那就开吧！结婚的事，她是答应的，但希望越快越好。

从那以后，陈亮就发现季晓晓变了，她经常魂不守舍，还时不时地一个人偷偷躲在房间里哭。有时，陈亮半夜醒来，发现季晓晓一个人呆站在阳台上，一副心事重重的样子。陈亮觉得很奇怪，季晓晓一直想要复婚，怎么婚期临近，她却一反常态呢？

陈亮决定暗中调查，他怀疑这一切很可能与一个男人有关，就是季晓晓之前的情人陆浩。一年前，陈亮正是发现了季晓晓的婚外情才和她离了婚。后来，陈亮听说陆浩的妻子也发现了陆浩的婚外情，闹到陆浩的单位，硬是逼着他辞职，和她一起离开这座城市。之后，陆浩再也没有和季晓晓联系过。可现在季晓晓一反常态，难道是陆浩回来了，两人旧情复燃了？

陈亮暗中托人打听陆浩的消息。但听人说陆浩走后再也没有回来过，没人见过他，也不知道他去了哪里。看来，季晓晓的反常表现，应该与陆浩无关。那么，季晓晓究竟是怎么了？就在这时，陈亮接到了警方的电话，说季晓晓跳河自杀，被人救了，现在重度昏迷，已被送往医院。

陈亮匆忙赶到医院。医生说季晓晓的胃里有大量的安眠药，她很可能是喝了药之后才跳河自杀的，现在正在抢救。陈亮一下子瘫坐在地上，婚期临近，在这个节骨眼儿上，季晓晓为什么要自杀呢？经过抢救，医生告诉陈亮，季晓晓服用安眠药过量，身体功能严重受损，虽然保住了性命，但仍昏迷不醒，要送进重症监护室继续治疗。隔着探视玻璃，陈亮心疼地看着昏迷中的季晓晓，不禁回想起两人的过去。

陈亮和季晓晓是大学同学，季晓晓是校花，是全校男生心目中的女神。在众多追求者当中，季晓晓选择了成绩优异却憨厚老实的陈亮。因为她听多了甜言蜜语，见惯了油腔滑调，反而觉得陈亮才可以给她踏实、稳定的爱情。面对季晓晓的垂爱，陈亮受宠若惊，他尽自己所能照顾、呵护季晓晓，季晓晓幸福得像花儿一样。

毕业后，两人就结了婚。婚后，陈亮把所有事都安排得妥妥当当，家里的大事小情都不用季晓晓操心，她就像一个高傲的公主一样。可一件事情的发生，却改变了原本幸福的一切。

一天，陈亮跟几个朋友在KTV聚会，季晓晓打来电话，说自己忘了拿家里的钥匙，要来找陈亮。凑巧的是，几个陪酒女突然闯进陈亮所在的包间推销酒水，一个衣着暴露的女子不由分说就坐在陈亮的腿上，还亲昵地搂住陈亮的脖子劝酒。这一幕恰好被季晓晓撞见，她冲进包间，端起一杯酒就朝陈亮泼了过去，然后哭着跑回了家。

陈亮拼命跟季晓晓解释，季晓晓却什么都听不进去，她坚持认为陈亮背叛了婚姻，坚决要和陈亮离婚。陈亮的朋友轮番登门劝解，季晓晓这才勉强答应再给陈亮一次机会。但这件事在季晓晓心里留下了阴影，为了报复陈亮，她竟然有了婚外情，两人最终以离婚收场。现在，两人已经和好，一切都要回到原来的模样，季晓晓为什么要在这个时候自杀呢？

就在陈亮百思不得其解的时候，民警赶到医院，说季晓晓涉嫌挪用公司公款近300万元，要向陈亮核实情况。陈亮感到难以置信，季晓晓为什么要挪用这么多公款？钱都去哪儿了？难道季晓晓这段时间的反常表现都与这件事有关吗？在大家焦急的等待中，季晓晓终于苏醒了。面对警方出示的季晓晓开具的多张支票，还有她在银行取款的视频，季晓晓含着泪虚弱地说："我知道，迟早会有这一天的！"说着，她忍不住掩面而泣，向大家说出实情。

原来，自打季晓晓看到KTV里的那一幕后，她就觉得陈亮背叛了自己，肯定和那个女人有染。她觉得陈亮变了，再也不是那个把她视若珍宝的男人了。她开始怨恨陈亮，她要让陈亮也尝尝被背叛的滋味。

就在这时，季晓晓遇到了高中同学陆浩。陆浩在高中时就追求过她，现在刚好应聘到季晓晓所在的单位工作。老同学相见，格外亲切。陆浩说他已经结婚生子，但和妻子感情不好，正在办理离婚的事，还说这些年他一直没有忘记季晓晓。看着眼前高大帅气、满嘴甜言蜜语的陆浩，季晓晓觉得又有了情感的寄托，两人很快发展成情人关系。一天晚上，陆浩送季晓晓回家，两人在楼下拥吻，正好被在阳台上的陈亮看见。

陈亮冲下楼，狠狠地打了季晓晓一巴掌，指着陆浩远去的汽车大吼：“那个男人是谁？你都快把男人领进家了！你还要不要脸啊？”季晓晓捂着通红的脸，委屈地说：“我不要脸！是谁先对不起谁的！你做初一我做十五，我有样学样！我就要跟他好！”这话一下子激怒了陈亮，他揪住季晓晓的衣领大喊：“你故意报复我！你不想过，可以明说！没有必要这样对我！咱俩一拍两散，不过了！”听了这话，季晓晓不甘示弱地脱口而出：“不过就不过！明天一早就去离婚，到时候你别哭着喊着来求我！”季晓晓心想，反正自己还有陆浩，一样有人疼、有人爱，让陈亮后悔去吧！就这样，两人办理了离婚手续。

由于怕双方父母担心，两人决定先不分开住。但让季晓晓没有想到的是，没过多久，自己就后悔了。一方面，平时被宠爱惯了的她，一下子少了前夫陈亮的照顾，根本无法适应；另一方面，情人陆浩迟迟不离婚，并没有要娶季晓晓的意思。更重要的是，季晓晓越来越觉得，陆浩和她在一起就是为了骗财骗色。陆浩常说，自己的工资卡都交给妻子了，和季晓晓在一起时，两人的花销都是季晓晓出。不仅如此，陆浩还经常找借口让季晓晓给他买名牌衣物。很快，季晓晓的工资积蓄全都花完了。她开始怀念和陈亮在一起的日子，可想起自己离婚时说的那些话，又觉得主动回去求复合实在拉不下面子。就在这时，机会来了，陈亮要过生日了。

陈亮是一名摄影爱好者，季晓晓决定在他生日当天，买一套好的摄影器材送给他，以此作为破冰之举。可和陆浩在一起时，她的钱都花光了，信用卡还透支了好几万元，一套好的摄影器材，动辄上万元，自己哪还有钱给陈亮买礼物啊？就在季晓晓为钱发愁的时候，她突然想到，可以利用工作便利，先挪用公款，等发了工资马上就还。季晓晓决定，用开具支票提现的方法，把钱弄到手。就这样，季晓晓第一次挪用了公司 2.7 万元资金，买了一套高档相机。

陈亮生日当天，季晓晓早早下班回到家，从没下过厨房的她，在网上查菜谱，精心做了一顿西餐。陈亮下班一进门，便被眼前的一切惊呆了。餐厅里只开了一盏彩灯，餐桌上整齐地摆放着两份牛排和一瓶红酒，花瓶里还插了一大束新鲜的百合花，整个家温馨又甜蜜。见陈亮进门，季晓晓立刻起身迎了上来，接过他手里的公文包，温柔地说：“咱俩夫妻一场，今天是你的生日，祝你生日快乐！”说着，就捧出那台崭新的相机递给陈亮。陈亮如获至宝，捧着这台相机爱不释手地说：“我正在看这个呢，都看了好久了，这台可要两万多，你花这么多钱，太破费啦！”

为了显示自己有能耐，也为了让自己今晚的举动不那么唐突，季晓晓故意轻描淡写地说：“我一个卖‘水货’的朋友卖给我的，才 1.3 万元，我正好发了奖金，觉得比市场上划算，就给你买了。”听了这话，陈亮兴奋地说：“真的？那太值了！走，吃完饭我给你拍照去！”

打那以后，两人的关系缓和了很多。但季晓晓想要的却不仅限于此，她希望两人能有大的突破，尽快复婚，免得夜长梦多，再有别的女人来掺和。可是，自己在家里强势惯了，总不能先低头吧！季晓晓决定再推进一下两人的关系，想办法让陈亮先开口。就在这时，季晓晓接到了陈亮打来的电话。

这天，季晓晓还没下班，陈亮就打来电话，邀请她去吃烛光晚餐。季晓晓的心怦怦直跳，陈亮是不是要表白了？她赶紧回到家，精心化了个妆，还特意换上蜜月时陈亮给她买的一件小礼服，喷了点儿香水。来到餐厅，季晓晓发现陈亮已经在等着了，她满怀期待地坐了下来。可接下来发生的事，却让她失望极了。

陈亮神秘地说：“晓晓，谢谢你送给我的生日礼物！没想到，咱俩都离婚了，你还对我这么好！今天我喊你来，是想告诉你一个好消息。你之前送我的相机，不是说 1.3 万元买的嘛，我按市场价 2.7 万元给卖了，赚了一半呢！比我工资都高！你能不能再找那个卖‘水货’的朋友，以后你拿货，我转手，赚的钱咱俩平分，怎么样？”

季晓晓这才明白了陈亮的用意，今天的烛光晚餐并不是为了求爱，而是求财的。看来，陈亮根本就没往复婚这方面想，是自己想多了。可之前撒下的弥天大谎，该怎么圆回来呢？另外，自己刚东拼西凑把上次挪用的钱还上，两人的关系也刚刚缓和，现在说出实情，恐怕两人的进展就没那么快了。想到这里，季晓晓点头答应了陈亮，她决定等两人关系稳定了，再说出实情。让季晓晓为难的是，接下来进货的钱从哪里来呢？

就在这时，季晓晓听说了一个好消息，下个月单位就要发年终奖了，大概有 8 万多元。季晓晓高兴极了，有了这笔钱，正好可以给陈亮进货了。可奖金下个月才发，现在就要用钱，该怎么办呢？季晓晓决定先挪用公款，等发了奖金就还。

就这样，季晓晓又挪用了公司 10 万元资金，并以市场价购买了 6 部 1.5 万至 2 万元的相机交给陈亮，谎称又是从卖水货的朋友那里拿的，还说只需要市场价一半的价格。陈亮对此深信不疑，开始在朋友圈以市场价的 9 折出售这批相机。因为质优价廉，相机很快便被一抢而空。陈亮一下子就赚了 4 万多元，他高兴极了，让季晓晓快点补货。

季晓晓心里很矛盾，如果答应陈亮，那除了挪用公款，她根本没钱补货；如果不答应，两人的感情还能维系吗？想来想去，季晓晓决定一不做二不休，利用单位财务监管的漏洞，继续挪用公款，到时再拆东墙补西墙。就这样，季晓晓很快就挪用了公款 100 多万元。

这之后，陈亮开始三天两头给季晓晓买礼物，还把赚来的 40 多万元分给季晓晓一半。一来二去，两人的感情日渐升温，季晓晓知道过不了多久，陈亮就会向自己提出复婚了。

季晓晓把自己每个月的工资和奖金都拿来还款，甚至提前退掉自己的保险，卖掉结婚时的金银首饰，还把陈亮分给她的钱，都用来还账，但还是有 30 多万元的缺口。就在季晓晓为这事着急上火的时候，接下来发生的事，让季晓晓彻底崩溃了。

原来，为了给季晓晓一个惊喜，陈亮竟然瞒着她，辞职开了一家相机专卖店。听说这事后，季晓晓急坏了。开了店，自己就又要“拿货”了，难不成现在就要说出实情，让陈亮关门大吉？如果陈亮知道了事情的真相，肯定会特别生气，说不定还会提出分手，之前的一切不就前功尽弃了吗？况且，之前挪用的公款还没还上，现在“拿货”，岂不是要挪用更多钱？季晓晓一时心绪难平，才夺路而逃。

第二天，陈亮跟季晓晓解释开店的事，还说想把婚礼定在10个月之后，季晓晓知道自己再这么挪用公款，早晚会出大事。她向陈亮提出，结婚的事越快越好。陈亮却说，两人毕业的时候，没钱办婚礼，现在有钱了，一定要风风光光地给季晓晓办一个隆重而浪漫的婚礼，要好好准备，最快也要等3个月。季晓晓只好答应下来。就这样，在接下来的两个多月里，季晓晓又陆续挪用了200多万元，给陈亮买了70多部3万至5万元的相机，加上之前没还上的30多万元，季晓晓共挪用了近300万元公款。

恰好这时，陈亮听说房东急需用钱，要低价转让门面。为了抢占商机，也为了长久经营，陈亮把手里的钱全部用来买铺面，也就没有把本金和利润还给季晓晓。季晓晓有苦难言，又听说单位最近要进行财务审计，她急得像热锅上的蚂蚁，这么大的资金缺口，怎么还得上呢？更让她崩溃的是，她之前一直托人调查陈亮在KTV搂抱的那名女子，现在证实，那女人确实是陪酒女，那晚她确实是为了推销酒水才主动坐进了陈亮的怀抱，二人根本就不是季晓晓认为的暧昧关系。

季晓晓觉得自己兜兜转转一大圈，先是怀疑丈夫背叛婚姻，为了报复丈夫，自己有了婚外情，后来又被情人玩弄，最终为了挽回婚姻，挪用公款，走上了犯罪道路。到头来，别说复婚，她自己也将落到一无所有的境地。季晓晓决定离开这个世界。她吃下一整瓶安眠药，又怕药效不足，来到护城河投河自尽，幸好被好心人救起，并送往医院。

听到这里，陈亮痛哭流涕，他做梦都没想到，季晓晓竟然用这种方式来挽回婚姻。其实根本没有什么卖“水货”的朋友，没有什么低价拿货，所有相机都是季晓晓用真金白银以市场价买来的。更让陈亮自责的是，其实从季晓晓给他过生日那天起，他就明白季晓晓的心思，只是他觉得，当年季晓晓对他缺乏最基本的信任，对这段婚姻一点儿也不珍惜，还用婚外情报复，实在不是对婚姻负责的态度，所以他故意没有很快同意复婚，本意是为了让季晓晓知道婚姻不易，不能儿戏。没想到，季晓晓为了挽回婚姻，竟然挪用公款，走上了犯罪道路。为了帮季晓晓减轻罪行，陈亮关掉了相机店，把所有相机都交给了警方，又卖掉家里的房子，拿出家里所有积蓄共 100 多万元，退还给季晓晓所在的单位。

很快，公诉机关以挪用公款罪向法院提起诉讼。法庭上，季晓晓承认她挪用了近 300 万元钱，但她说这应该是挪用资金，而不是挪用公款。季晓晓为什么要提出这个辩解呢？其实，挪用资金和挪用公款都是挪用单位的钱，但是在同等情况下，挪用资金罪会比挪用公款罪判刑轻一些。所以，季晓晓才说她是挪用资金。那么，季晓晓的这种说法，能获得法院的支持吗？这就涉及一个法律知识点：挪用资金和挪用公款的区别。

两者的主要区别在于，行为人挪用的是不是公款。如果是，那就是挪用公款，否则就是挪用资金。那么，究竟什么样的钱属于公款呢？简单来说，国家的钱才是公款。一种是国家机关的钱，比如，各种行政单位的钱；另一种就是国有单位的钱，比如，国有企业的钱。除这些单位以外的单位的钱，都不是国家的钱，也就不是公款。生活中，老百姓认为只要是单位的钱，就都是公款。实际上，这只是生活意义上的公款，不是《中华人民共和国刑法》意义上的公款。回到本案，季晓晓所在单位是国有企业，她挪用巨款的行为，应当认定为挪用公款罪。最终，法院判决季晓晓构成挪用公款罪，判处有期徒刑十年。

宣判后，季晓晓痛哭流涕，她后悔自己挪用公款触犯法律。陈亮也忍不住泪流满面，如果不是自己贪图利益，或许季晓晓也不会走到这个境地。季晓晓的父母也专程从老家赶来，千叮咛万嘱咐，让女儿好好改造，争取早日出狱。

如果季晓晓看到 KTV 的那一幕后，能对丈夫多点儿信任，珍惜婚姻，而不是用婚外情来报复，或许她的婚姻就不会草率收场。如果和情人分手后，她能从自身找原因，真诚求得前夫原谅，而不是为了挽回婚姻，挪用公款，或许就不会在犯罪的泥沼里越陷越深。夫妻之间难免会有一些误会，彼此之间应该多点儿坦诚和信任，且行且珍惜。

教子纷争毁了家

汪　洋

法律知识点：激情犯罪

2016年6月的一天傍晚，北方某城市一处高档住宅小区，一个西装革履、戴着金丝眼镜的中年男人，怀抱着一大堆小学课本，跪在小区的一片空地上。他眉头紧锁，双眼紧闭。天气闷热无比，汗水已经浸湿了男人的衣裳，可无论旁边人怎么劝说，他依旧跪在那里纹丝不动。这个男人是谁？他为什么会这副打扮跪在地上？他怀抱的小学课本又是怎么回事？

男人名叫陈航，是这个小区的一名业主，30多岁，在一家大型企业上班，工作稳定，收入不菲。前段时间，陈航在郊区给他父母买了一套房子，把二老从农村接了过来，一家团聚，尽享天伦之乐。他今天之所以在小区下跪，是因为受到了妻子杨慧的惩罚。陈航究竟犯了什么错？他的妻子为何要用这种方式惩罚他呢？这事因他们的女儿上补习班逃课而起。

陈航和杨慧的女儿兰兰今年9岁，在一所市重点小学上四年级。杨慧的母亲身体一直不好，最近又住院做手术，杨慧在医院照顾，兰兰就独自上补习班，可她贪玩逃课，被老师发现，并打了电话给陈航。陈航听老师说明情况后，赶紧帮女儿打圆场，说是家里临时有事，忘了请假。可没想到，杨慧知道了这事，料定陈航是在帮女儿撒谎。

当天晚上，陈航刚下班回家，还没来得及换下西装，杨慧就怒气冲冲地冲上来质问这件事，陈航只好承认。杨慧让陈航摆明立场，要么就好好教训女儿，要么就抱着女儿的课本到小区罚跪，以此谢罪。看着妻子情绪激动，女儿吓得浑身发抖，向他投来求助的目光，陈航心一横，抱起女儿的课本就冲下楼去，跪在小区的空地上。可孩子逃课，陈航庇护，妻子再生气，也不至于用这种方式让陈航难堪。陈航为什么甘愿受罚呢？这事还得从兰兰小时候说起。

杨慧的母亲身体一直不好，不便照顾孩子，杨慧又不想让农村的公婆带，就辞职在家自己带女儿。在杨慧的精心培育下，兰兰两三岁就会背几百首唐诗宋词，还能口算 100 以内的加减法，唱歌跳舞更是不在话下。兰兰所到之处一片赞扬声，大家都说她是个不可多得的小神童，日后定能成大器。一些生产儿童用品的厂商还找到杨慧，想请兰兰做代言人。看女儿受到追捧，杨慧心里美滋滋的，她欣然答应，还做起了女儿的经纪人，收了好几万元的广告费。为了让兰兰更出色，杨慧带着她频繁参加各大电视台的选秀比赛。兰兰也很争气，屡屡得奖。女儿的优秀，让杨慧很高兴，她向陈航夸耀说自己教女有方，培养了一个这么优秀的孩子。陈航也觉得，妻子在教育孩子方面确实很有一套。一家三口幸福美满。然而，好景不长，一切都在悄然发生变化。

兰兰上了小学。刚开始，凭着认字多、表达能力强，兰兰在班里还挺冒尖的。她越来越骄傲自满，样样都要争第一，事事都要她在前。有时候，老师表扬了别的同学，她就醋意大发，觉得那个同学根本没有她优秀。老师让别的同学回答问题，她也不高兴，认为自己的答案才是最正确的。老师注意到兰兰的心理变化，告诉她要谦虚，要团结同学。兰兰却觉得老师故意刁难她，反而更加讨厌老师，甚至不再认真听讲。很快，到了三年级，兰兰的成绩开始下滑，很多原本成绩不如她的同学都赶上了她。这让兰兰产生了逆反心理，开始有了厌学情绪，她一看书就头疼，一写作业就犯困，只要碰到与学习有关的事，她就一下子没了精神。杨慧觉得应该给女儿多报补习班，密集教育，迎头赶上。可陈航觉得，现在最重要的是让女儿重新找回学习的兴趣，他提议亲自辅导兰兰，培养她的学习兴趣。想到陈航上学时成绩优异，杨慧就同意了。可事情远没有陈航想得那么简单。

每天，陈航拖着疲惫的身体回到家陪兰兰做作业，杨慧还时不时抱来一大摞习题，给兰兰“加餐”，说是趁热打铁。别说是孩子，陈航都觉得快吃不消了。他想着法子给兰兰调剂。如果兰兰累了，陈航就停下来，给她讲故事，带她玩游戏。如果哪天杨慧不在，他就带兰兰出去玩。两个月后，兰兰的精神状态好了很多，但学习成绩并没有明显好转。杨慧坐不住了，她埋怨陈航：“这么长时间了，也没见你把女儿的成绩提上来，你也别瞎折腾了，还是交给补习班吧！”看妻子态度坚决，兰兰也没之前那么厌学了，陈航就同意了。毕竟，这个家一直都是妻子说了算。可没过几天，家里又出事了。

原来，兰兰求胜心切，为了取得好成绩，她竟然考试作弊，被老师发现了。老师把杨慧叫到了学校，让她好好引导女儿。回到家，杨慧非常生气，罚兰兰不准吃饭，把所有试题抄五遍！兰兰边抄边掉眼泪。晚上，陈航加班回到家，听说女儿考试作弊，被妻子惩罚，赶紧到书房查看。看到女儿手里握着笔，趴在书桌上睡着了，陈航心疼坏了，他一把抱起兰兰，想把她放到床上，让她好好睡觉。可妻子却一把拦住他说：“睡什么睡！考试作弊还有脸睡！今天晚上这试卷必须抄五遍，你要心疼她，你和她一起抄！”说着，叫醒了兰兰。看妻子不依不饶，陈航只得放手。在妻子的坚持下，女儿只好打起精神，继续抄试卷。看女儿哈欠连天，陈航心疼极了。他一屁股坐在女儿旁边，赌气地拿起笔，和女儿一起抄了起来。看陈航这样袒护女儿，妻子更加生气，摔门走出了房间。

枯燥乏味的学习让兰兰烦躁至极，她迷上了漫画。为了缓解女儿的学习压力，陈航就背着妻子，偷偷给女儿买了好几套漫画书。一个周末，杨慧发现兰兰在房间里偷偷看漫画书，她非常生气。得知书是陈航买的，她一把抢过漫画书，撕得粉碎，扭头对着陈航嚷嚷：“以后，女儿的事你别瞎掺和！”看着心爱的漫画书被撕成碎片，兰兰委屈地扑进陈航的怀抱，大哭起来。陈航一边安慰女儿，一边对杨慧说：“女儿调剂一下学习怎么了？你别把孩子逼得太紧了。”杨慧却大吼：“你以为是在你老家农村呀，玩能玩出个啥名堂！现在城里的孩子哪个不得学这学那。要不是你当年学习好，我会看上你！说不定你现在还在农村种地呢！”听了这话，陈航心里烦透了。和杨慧家相比，两家确实是门不当户不对。自己出身农村，家境贫寒；杨慧从小就娇生惯养，家里有权有势。可这些年来，杨慧动不动就拿这个说事，让陈航觉得自己毫无尊严。他一把抱起女儿，冲出了家。两人一连冷战了好几天。可一波未平一波又起，没过几天，家里又出了一件大事。

一天晚上，陈航正在单位加班，突然接到了妻子的电话，说兰兰不见了！陈航焦急万分，他连忙拿起电话，到处打听女儿的下落。可老师和同学们都说，放学后没见过兰兰，不知道她去了哪里。陈航匆匆往家里赶，他让妻子守在家里，说不定女儿晚点儿就会自己回来。可陈航一进门，妻子立刻迎上来，焦急地说：“女儿到现在还没回来，她会不会有什么意外？”听了这话，陈航觉得天旋地转，他拉上妻子，立刻去派出所报案。路上，陈航不停地责怪妻子：“都是你逼的！孩子要是有个三长两短，你就知道后悔了！”杨慧一边哭一边说：“这还不都是因为你，你要是和我建立统一战线，别让她觉得有靠山，能出这事吗？”

就在警方全力搜索的时候，陈航突然接到了一个电话。打来这个电话的不是别人，正是陈航的父亲。他说兰兰去了他那里，现在已经睡着了。年仅 9 岁的兰兰独自去了爷爷家，陈航和妻子怎么一点儿都没想到呢？原来，陈航的父母刚从农村搬来没多久，就住在陈航在市郊给他们买的新房子里，离陈航家比较远。兰兰平时上学忙，补课多，陈航只在父母刚来时，带兰兰去过一两次，他压根就没想到女儿会独自一人去爷爷那里。陈航的父亲说，兰兰说她太累了，不想回家，求爷爷收留她，让爷爷千万别给父母打电话，还把爷爷的手机藏了起来。爷爷知道杨慧管得严，又心疼孙女，也想让孙女放松一下，就没给陈航打电话。直到兰兰睡下，才给陈航打来电话。

听说女儿在爷爷家，小两口火急火燎地赶了过去。一进门，杨慧对着公公婆婆劈头盖脸就是一通数落：“你俩到底是农村来的，懂不懂教孩子啊？不学习能行吗？难道一辈子像你们一样待在农村啊？”说着便执意要带走女儿。老两口见儿媳妇不高兴，又心疼孙女已经睡下了，就小心翼翼地说："是是是，我们不对，可孩子已经睡了，要不，明天早上再来接走孩子吧。"杨慧一脸嫌弃地说："怎么能这么惯着孩子啊，这次要是随了她，以后还不都得听她的！我就纳闷了，就你们这样的，养出陈航这样的儿子真是走大运了！不然，以你们家的条件，现在还娶不上媳妇吧。"陈航脸色铁青，他冲妻子大喊："你还有完没完了！"看到两口子快要吵起来，陈航的父母赶紧拉住陈航，劝他少说两句。杨慧叫醒女儿，要带她回去，临走前还撂下几句话："这半年，我不会再让她来这儿了，你们也别来骚扰她！"

回到家后，陈航彻夜未眠，回想着自己这段不如意的婚姻。陈航和杨慧是大学同学，他虽出身农村，家境贫寒，但成绩优异，连年获得学校的各项奖学金。杨慧成绩平平，但家境很好，杨慧的父母快40岁才生下她，她从小就刁蛮任性。大学时，杨慧对陈航展开猛烈追求，禁不住她死缠烂打，两人最终走到了一起。毕业后，两人就结了婚。陈航知道自己家没钱，杨慧的父母买房买车给女儿当嫁妆，给小两口办了个风光的婚礼，还托人给自己安排了工作，对此他一直很感激。正因为受了妻子娘家的恩惠，两人的地位从一开始就不平等。女儿出生后，妻子非要揠苗助长，加班加点给女儿补习，可作为父亲，自己却连决定女儿休息时间的权利都没有！就连女儿一直梦想能去看大海，痛痛快快地玩一次的心愿，都无法帮她实现！陈航觉得，这个家就像一艘暴风雨中的小船，不知还能航行多远。接下来发生的事，终于把这艘小船推向了深渊。

这天，陈航下班回家，妻子正在厨房做饭。刚一进门，女儿就神神秘秘地把陈航拉进了房间，轻手轻脚地关上房门，告诉陈航，她的语文试卷发下来了，才考了70多分。陈航一下子明白了，试卷是要家长签字的，妻子要是知道了，女儿少不了又要加班加点做题。他二话没说，拿起笔给女儿在试卷上签了字，小声嘱咐女儿明天早点儿到学校，订正试卷，免得被妈妈发现，又要折腾一个晚上。兰兰扬起小脸，一脸感激地看着陈航，拼命点头答应。

第二天，陈航起了个大早，把女儿送到学校。他刚到单位的办公室，手机就响了。一接电话，只听杨慧劈头盖脸地吼道："好你个陈航！学校校讯通平台上说，语文试卷已经发了。我刚刚问了老师，他说兰兰成绩不好，还说你已签名了，你是故意骗我，故意袒护她吧！今天咱俩必须把这事说清楚，要么你回来，要么我去你单位找你！"因为担心杨慧找来单位影响不好，陈航立刻冲出办公室往家里赶。

刚一进家门，杨慧就扑上前去，对陈航又撕又打，把陈航的眼镜都扯到了地上，嘴里还不停地骂："你还想不想过啦？你干脆滚回老家，和你没出息的爹娘一起过吧！我要和你离婚，让你这辈子别想再袒护你女儿！"陈航的怒火一下子被点燃了，他一把将妻子推倒在地。见一向老实的陈航竟然推了自己，杨慧歇斯底里地大喊："你敢打我！我真瞎了眼，找到你这个窝囊废！就算你学习再好，也改不了乡巴佬的本性！要不是我们家，你永远和你爹娘一样没出息！"说着，她扑上前去，拼命抓打着陈航。陈航急了，他冲上去死死地掐住杨慧的脖子，杨慧的四肢慢慢地耷拉了下来。陈航这才回过神来，一下子瘫软在地。

自己杀人了，肯定要面临法律的严惩，女儿该怎么办呢？岳父岳母年龄大了，自己的父母又刚从农村来，谁来照顾女儿呢？陈航突然想起，女儿从小到大最大的心愿就是去看大海，可因为上学忙、补课多，至今还没有达成心愿。想到自己以后可能再也没有机会陪伴女儿，陈航决定在判刑之前，带女儿实现心愿。想好后，陈航把妻子抱上床。怕尸体产生异味，他把家里所有的空调都调到最低温度，又向单位请了假，还给双方老人打了电话，谎称有个出差的机会，全家一起出去玩两天。然后，他就直奔女儿的学校。听说爸爸要带自己去看大海，兰兰兴奋极了，她挥舞着双臂，紧紧地搂住爸爸，还天真地问，妈妈会不会不高兴？陈航看着女儿天真的小脸，心疼地说："不会了，妈妈再也不会逼兰兰了。"

就这样，陈航带着女儿，一路向南，来到大海边。兰兰前所未有地放松下来，她追着浪花，踏着海浪，欢快地奔跑。陈航陪着女儿，在海边放风筝、吃烧烤、参加篝火晚会、住帐篷，看着女儿一脸满足地在他怀里慢慢睡着，陈航泪流满面。两天的时间太短暂了，他多么希望时间能永远定格在这一刻。可一旦停下来，他又陷入巨大的恐慌中，他不知道该如何面对年迈的父母和可怜的女儿。两天后，陈航把女儿送回学校，对女儿交代说，他被单位公派出国，妈妈也要一同前往，很久才能回来，还说爷爷奶奶会照顾她。兰兰拉着爸爸的手，不舍地说："爸爸，放心吧！我会听话！你和妈妈早点回来！"

随后，陈航来到父母家，向他们道出了杀害妻子的实情，并告诉他们家里的银行账户和密码，嘱咐他们留下一部分抚养费和养老钱，把剩下的全部都给妻子的父母，弥补他们的创伤。临走时，陈航跪倒在地，含泪给父母磕了三个头，托他们一定替他把女儿好好抚养长大，恳请他们千万不要告诉女儿实情，能瞒多久就瞒多久。一家三口抱在一起，抱头痛哭。陈航含泪告别了父母，去派出所自首。

很快，警方赶到陈航家，找到了杨慧的尸体，通过现场勘验及法医鉴定，证实了陈航掐死妻子的事实。听到这一噩耗，杨慧的母亲当场昏倒在地，她无法相信一向老实的女婿，竟然会亲手杀了杨慧。杨慧的父亲更是悲痛欲绝，无法接受白发人送黑发人的事实。他们非常后悔，连说造成如今这个局面，他们也有责任。女儿一向强势，经常羞辱女婿，对兰兰也没有采用正确的教育方式，可他们没有及时劝阻，最终酿成了今天的悲剧。他们没有收下陈航的赔偿款，说要留给兰兰，还说孩子已经没了妈妈，不能再没有爸爸了，他们会向法官求情，保住陈航的命。亲家的宽容让陈航的父母非常感动。然而接下来，四位老人就兰兰的监护权问题，展开了激烈的争论。兰兰的姥姥姥爷说，爷爷奶奶来自农村，没有和兰兰生活过，兰兰应当由他们来抚养。兰兰的爷爷奶奶却觉得，姥姥身体一直不好，前段时间又刚做了手术，姥爷本就照顾不过来，也就没有精力再照顾兰兰。

应该说，双方说的都有些道理，那么兰兰的监护权到底应该交给谁呢？这就涉及一个法律知识点：监护人的确定。

《中华人民共和国民法典》第二十七条规定："父母是未成年子女的监护人。未成年人的父母已经死亡或者没有监护能力的，由下列有监护能力的人按顺序担任监护人：（一）祖父母、外祖父母；（二）兄、姐；（三）其他愿意担任监护人的个人或者组织，但是须经未成年人住所地的居民委员会、村民委员会或者民政部门同意。”第三十一条第一款规定：“对监护人的确定有争议的，由被监护人住所地的居民委员会、村民委员会或者民政部门指定监护人，有关当事人对指定不服的，可以向人民法院申请指定监护人；有关当事人也可以直接向人民法院申请指定监护人。”

根据上述法律规定，未成年人的父母已经死亡，或者没有监护能力，他的祖父母、外祖父母，或兄、姐，都有监护权，具体由谁监护，应从有利于孩子的角度判定。如有争议，可以由居委会或村委会指定，实在不行，还可以由法院指定。本案中，兰兰是独生子女，妈妈已经去世，爸爸将被判刑，姥姥姥爷自顾不暇，爷爷奶奶也确实没照顾过她，双方各有利弊。当地居委会组织双方进行调解，希望他们能协商确定。

最后，双方老人决定各自卖掉现在住的房子，在兰兰家所在的小区再买一套，同住一个小区，共同抚养兰兰。爷爷奶奶负责接送，姥姥姥爷负责照看孩子的生活和学习，尽最大努力减少对孩子的伤害。

很快，公诉机关以故意杀人罪将陈航起诉到法院。法院经审理认为，陈航犯罪后，主动投案自首，并积极赔偿，取得被害人家属的谅解，最终判决陈航构成故意杀人罪，判处有期徒刑十五年，剥夺政治权利三年。

宣判后，陈航痛哭流涕。他决定好好改造，争取能早日见到女儿，用余生好好孝敬四位老人。再看看兰兰，尽管老人们小心翼翼地保守着妈妈已死、爸爸坐牢的秘密，但她好像还是感觉到了什么。她经常问，爸爸妈妈为什么从来不给她打电话，也不和她发微信消息或视频，整个人变得越来越忧郁，谁也不知道她究竟在想些什么。

望子成龙、望女成凤，是天下父母的心愿，但每个孩子都有各自的兴趣和特点，做父母的，要帮助孩子找到自身兴趣所在，扬长避短。当孩子疲惫不堪的时候，父母应该尽快调整教育方式，减轻孩子的负担。另外，逃避、冷战也不是解决夫妻之间问题的有效方法，及时沟通才能避免矛盾激化。这样，孩子才能健康成长，夫妻才能和谐相处。

牢狱之灾谁之过

汪　洋

法律知识点：破坏电力设备罪与故意毁坏财物罪的区别

2016年3月15日，对于刘强来说，这一天是个特别重要的日子，因为他终于在这一天刑满释放，重获自由了！一大早，刘强在狱警的陪同下，走出了监狱的大门。门一开，刘强就看到妻子赵娟和她娘家人正焦急地向门里张望。一看到刘强，赵娟就激动地跑上去搂住他说："回来就好！快把这身新衣服换上，咱们回家吧！"

刘强冷冷地推开赵娟，面无表情地说："你们先回去吧，我自己走走。"说着便转身离去。赵娟愣愣地杵在原地，掩面而泣。赵娟的父母一边上前安慰，一边让自家儿子偷偷跟上刘强。原本是一个重获新生、阖家团聚的日子，刘强为什么对家人如此冷淡呢？

刘强今年32岁，入狱前是一家电子元件厂的老板。因为一些独特发明和设计，还曾被当地政府嘉奖。为了把企业做大做强，刘强刚投产了一批先进设备。可还没来得及大展拳脚，却引来了牢狱之灾。一切还得从三年前的一起故意伤害事件说起。

一天早上，刘强在厂里接到妻子赵娟的电话，说她娘家人与邻居发生了争执，现在父亲和弟弟被邻家父子围攻，让刘强赶快回去帮忙。刘强听完，立刻朝岳父家赶去。

刘强很快赶到，远远就看到邻家大儿子正骑在岳父身上，死死掐住他的脖子，邻家小儿子则与自己的小舅子厮打在地。邻家老大爷满脸是血，捂着肚子在一旁痛苦呻吟。看岳父快背过气去了，刘强抄起一块砖头就往邻家大儿子头上使劲砸去。对方顿时血流如注，当场晕了过去。闻讯赶来的村民立刻报了警。

警方赶到现场后，经过调查发现，起因是刘强岳父家的老旧房屋正在翻修，而邻家老大爷发现自家地基下沉，墙体开裂，便要求刘强岳父家赔偿。两家因此发生争执，还打了起来。先是刘强的小舅子用铁锹打伤了邻家老大爷，现在刘强又把邻家大儿子打进了医院。

经过检查，医生确认邻家老大爷头部擦伤，肋骨骨折。邻家大儿子颅骨骨折，头皮严重挫伤，需马上进行手术。警方立刻对刘强和他小舅子进行刑事拘留。刘强吓坏了，他千叮咛万嘱咐，要妻子赵娟赶紧想办法把他救出来。

很快，法医认定邻居父子均构成轻伤，检察机关也以故意伤害罪，将刘强和他小舅子起诉至法院。赵娟赶紧为两人聘请了律师。律师说，刘强的故意伤害罪恐怕是逃不掉了。至于刘强的小舅子，还差几天才满 18 岁，应该会从轻处罚。

听了这话，赵娟为弟弟松了口气，却为丈夫要坐牢而愧疚不已。要不是为了自己娘家，刘强就不会伤人坐牢！不行！一定要想办法救出刘强，就算散尽家财，也在所不惜！可该怎么办呢？律师接着说，如果能积极赔偿，取得对方谅解，将会对刘强的量刑有很大帮助。

赵娟犯起愁来。前阵子，工厂刚投产了一批新设备，手里没钱了。自己父母一辈子都是农民，也没什么积蓄。该怎么办呢？就在这时，赵娟突然想到了自家的两套房子，她决定卖房救夫。最终，赵娟将卖房所得的 30 多万元交到了邻居手中，取得了谅解。

很快，法院开庭审理了这起女婿替岳父出头的伤人案件。尽管刘强家积极赔偿，也取得了被害人的谅解，但因刘强是主要致害人，还是被判处有期徒刑三年。刘强的小舅子因未成年，被判处有期徒刑一年，缓刑三年。

法院的判决对刘强来说，犹如晴天霹雳。工厂刚走上正轨，生意越来越好，自己在行业中的地位也越来越高，还有可能担任下一届行业协会的副会长，可就因为这事，自己一夜之间将一无所有。现在，妻子还自作主张，把房子卖了，结果救出了小舅子，自己却要在监狱蹲三年！刘强觉得，自己实在是亏大了！他虽出身农村，父母早逝，中专没毕业就辍学了，但从小就喜欢摆弄家里的小家电，在电子元件方面很有天赋，设计的几个电子元件还拿了行业设计大奖。五年前和赵娟结婚后，刘强开了一家电子元件厂，夫妻二人生了一对龙凤胎，可谓喜事连连。不到五年，家里就买了两套房，还买了车。赵娟当起了家庭主妇，夫妻恩爱，家庭和睦。

不仅小两口感情好，岳父岳母待刘强也像亲儿子一样，这让刘强感受到了久违的温暖，也很感激。可现在看来，再怎么感激，也不至于搭上自己的一生啊！自己这回算是被岳父家给害惨了！

正因如此，服刑期间，怀恨在心的刘强既不给赵娟回信，也拒绝家人探视。赵娟觉得自己害了刘强，只好默默忍受，一如既往地给刘强写信，寄孩子们的照片，既表达对刘强的思念，也希望能修补夫妻间的嫌隙。

可赵娟也不容易。刘强入狱后，家里一下子没了支柱。她既要照顾孩子，又要打理工厂，再加上对电子元件一窍不通，厂里订单骤减。眼看着工厂濒临倒闭，为了不让丈夫的心血付诸东流，她决定高薪聘请厂长。

新来的厂长是一个30多岁的小伙子，人品好又精通业务。见赵娟这么信任他，他很想报答这份知遇之恩，每天在工厂加班加点研发产品。经过一年多的努力，工厂总算扭亏为盈。赵娟也对厂长充满感激。

转眼间，三年过去了。赵娟和娘家人满心欢喜地接刘强出狱，刘强却拒之千里，独自离去。刘强拒绝赵娟接狱后，东走走、西逛逛，累了饿了就在路边摊吃碗面、喝口水，小舅子则热情地在后面帮刘强买单。对此，刘强不以为然，他觉得无论赵娟娘家人怎么做，也无法弥补他三年的牢狱之苦。渐渐地，天快要黑了，无处可去的刘强决定回家。

刘强家住在一楼，刚走到楼下，他就看见赵娟站在家门口焦急地向外张望。看到刘强回来，赵娟高兴地朝屋里大喊："孩子们，爸爸回来了，快来迎接爸爸呀！"

话音刚落，一对龙凤胎孩子跑了出来，一人抱着刘强的一条腿，争先恐后地叫爸爸抱。或许是孩子们的举动打开了刘强的心门，他一把将孩子抱进怀里。是啊！几年前，一家四口还大手拉小手在夕阳下散步，在公园玩耍嬉戏打闹。现在，一家人终于团聚了！

赵娟看刘强把孩子紧紧搂在怀里，忍不住流下了眼泪。她轻轻拉着刘强，温柔地说："看你今天早上不高兴，我知道你还在生我娘家的气，我就让他们先回去了，今晚就咱们自己家聚。过阵子，我娘家人再来看你。"说着，她拉着刘强进屋，给他端上了热腾腾的饭菜。

那晚之后，刘强对赵娟仍旧没什么好脸色，可心头的冰霜却在一点一点地融化。刘强在监狱的时候，因为一次劳作扭伤了腰，又没好好休养，落下了腰疼的毛病，一到阴雨天就疼得更厉害。出狱后，赵娟心疼坏了，到处寻医问药，每天变着法子炖补品帮刘强调养，甚至还专门跑去学推拿。每天忙完厂里的活儿，辅导完孩子功课，赵娟都坚持给刘强敷药包、按摩。等刘强睡下了，她才去收拾家务。在赵娟的精心照顾下，刘强的腰逐渐好了起来。

更让刘强感动的是，他无意间发现了赵娟的一本日记，记录了刘强入狱后她的艰辛。孩子生病，赵娟手足无措；被刘强拒绝探视，赵娟备受煎熬；工厂订单下滑，赵娟心力交瘁。赵娟甚至还在日记里记下她煞费苦心地骗孩子，说爸爸出国深造了，让孩子们千万不能把爸爸忘了。

这一点一滴、一时一刻，都记下了赵娟的不易。看着这些，刘强突然觉得自己好像没那么恨赵娟了。是啊！自己虽坐了三年牢，但赵娟的煎熬一点儿也不比自己少啊。既然现在都出狱了，不如就忘记过去吧。就在刘强决定和妻子赵娟重新开始时，一条微信的出现让夫妻俩的矛盾再度升级。

一天晚上，刘强正准备睡觉，无意间瞥见赵娟的手机收到一条微信："亲，项目计划书已发邮箱，明早细聊！"刘强仔细一看，竟然是厂长！亲？叫得真亲密！还要细聊？这到底是怎么回事！趁赵娟还在洗澡，刘强翻看了赵娟和厂长的聊天记录，发现自己服刑期间，两人经常语音聊天。

自己不在家，两人究竟在聊些什么呢？

刘强觉得两人的关系一定不寻常，说不定有什么奸情！见赵娟洗完澡出来，刘强把手机重重地砸在赵娟身上，大声质问：“你俩是什么关系？还叫你‘亲’！”

赵娟不知所措，捡起手机一看，赶紧解释说“亲”只是现在流行的网络用语。刘强觉得赵娟言下之意是在讽刺自己坐了牢，和社会脱节了。他抬手就给了赵娟一巴掌，大吼：“我当然不懂！这还不是拜你家所赐！”赵娟看自己又碰到了刘强的伤疤，捂着通红的脸，没敢再说下去。

此后，刘强开始刁难厂长，不是让重写项目报告，就是说研发的产品不精良。就连员工都看得出来，刘强在为难厂长。大家议论纷纷，说厂长与人为善，又乐于助人，刘强坐牢时，厂里多亏了厂长。现在刘强不仅不感激，还鸡蛋里挑骨头，实在不厚道。还有人说，刘强当年仗着有钱，把人打进医院，现在又容不下厂长，人品太差。慢慢地，同行也开始有意疏远他，不愿和他打交道。刘强表面上装作不在乎，可心里却很不是滋味，更是把这一切都怪罪在妻子和她娘家人身上。本来自己在事业上大有可为，却因坐牢而前途暗淡，现在不仅员工不把自己当回事，就连同行也瞧不起自己。许多曾经给刘强颁过奖的单位和部门，也纷纷发文免去刘强的荣誉。

好不容易接到一单大买卖，刘强努力地想证明自己。可行业更新太快，刘强原来的技术已经跟不上时代发展，设计的电子产品存在缺陷，被客户发现后拒绝收货，最终还是得让厂长帮忙收拾烂摊子。真是颜面扫地！

刘强开始整天酗酒，还坚信赵娟和厂长有奸情，经常对赵娟又打又骂。赵娟百般解释，说自己是想把厂子经营好，才经常向厂长请教，可刘强压根就不信。赵娟虽觉得委屈，可想到刘强怀疑自己，也是因为在乎自己，便对刘强百般忍让。

然而，在刘强看来，赵娟的隐忍都是因为心虚，他对赵娟的家暴更严重了，有一次竟然把赵娟打得手臂骨折。赵娟为了不让娘家人担心，说是自己不小心摔倒了。可赵娟的忍让，并没有换来家里的太平。没过多久，刘强的工厂就倒闭了。这又是怎么回事呢？

原来，几个月前，厂长听到刘强在办公室大骂赵娟，怀疑她和厂长有染，厂长便找刘强解释。没想到，刘强硬是逼着厂长辞职以示清白。厂长便答应了。

客户听说厂长被刘强逼走了，而刘强的技术水平有限，又坐过牢，人品也不好，都不想跟他打交道。厂里订单锐减，刘强的脾气也变得越发暴躁，整天对员工大呼小叫。大家都觉得跟着刘强没前途，纷纷提出离职。刘强没有挽留，深信自己一定能再创辉煌。可没过几个月，工厂就因严重亏损倒闭了。

刘强还没来得及收拾残局，警察又找上门来，说刘强涉嫌一起刑事犯罪，要带他回去协助调查。大家一下子蒙了，刘强怎么又涉嫌犯罪了呢？

原来，刘强的岳父家因电路问题失火了。警方经过调查发现，有人故意砸坏了刘强岳父家的变压器上的管套，在变压器上安装了接收器，通过人为操纵，导致电线短路，引发火灾。经过排查监控，警方发现犯罪嫌疑人的体貌特征和刘强很像。警方进一步提取了变压器上的指纹，经过与刘强在公安系统中留存的指纹进行比对，发现完全吻合，从而证实刘强就是破坏变压器的罪魁祸首。面对铁证，刘强终于说出了实情。

出狱后，刘强一直为替岳父出头而坐牢的事耿耿于怀。厂长发给赵娟的微信，又让他开始怀疑妻子不忠，甚至开始对妻子家暴，来发泄心中的不满。

这天，刘强收到一大批客户退货，又喝得酩酊大醉。刚进家门，见赵娟并没像往常一样过来迎接，刘强踉踉跄跄地朝赵娟扑去，抬手就是一巴掌，骂骂咧咧地说："你个害人精！害我坐牢！弄得一身晦气！"说着，正准备踢上一脚，却猝不及防地被人推倒在地。刘强大怒，以为赵娟竟敢还手，便摇摇晃晃地爬起来，准备好好教训赵娟。可回头一看，推倒自己的人竟然是岳父！

岳父大骂刘强，说他忍刘强很久了，打架坐牢这事不能全怪他们家。

更何况，自己一家都已经够忍让了，刘强再这么撒野，就让赵娟带着孩子和刘强离婚，让刘强好自为之。说完，岳父摔门而去。

听岳父说要让赵娟和自己离婚，还要带走孩子。想想自己为岳父家打架坐牢，卖了自家房子却只救出了小舅子，刚刚丢了工厂，现在又要失去妻儿。刘强恨透了岳父一家，决定要好好报复他们，出了这口恶气。于是，他自制了一套电闸开关和远程接收器，偷偷潜入岳父家，把接收器安装在变压器上。

可刘强也有点担心，自己在电路上动手脚会穿帮吗？电力公司会不会发现电路有问题呢？想来想去，刘强安慰自己，反正已经反复研究试验过了，不会被人发现的。

接下来的日子，刘强常听赵娟说娘家的电路不太正常，经常白天灌溉时停电，半夜里又亮灯。刘强心里暗爽，直骂他们活该，继续有事没事就远程控制岳父家的电路，甚至设定半夜自动开关，一天能让岳父家停上十几次电。虽然赵娟发现刘强经常神神秘秘地摆弄一个遥控器，但每次问起，刘强都说在研发新产品，赵娟也就没太在意。谁知，刘强有天晚上失眠，又拿出遥控器摆弄，黑暗之中不小心打开了全部开关。

由于电流增大，导致电线短路，变压器温度升高，引燃了变压器油，发生了火灾。大火烧毁了高压线和刘强岳父家的一间杂物房，还导致十几户家庭用电中断，农业灌溉设施也都停了电，整个村子都受到影响，损失十几万元。警方介入调查并查出真相，随后找上门来。

得知真相后，赵娟一家难以置信。他们怎么也没想到，刘强还因三年前伤人坐牢的事怀恨在心。为了报复，竟不惜做出违法犯罪的事。

很快，公诉机关以破坏电力设备罪将刘强起诉至法院。法庭上，公诉机关认为刘强破坏正在使用中的电力设备，危害了公共安全，应当构成破坏电力设备罪。刘强对破坏电力设备的事实供认不讳，但他认为电力设备属于公共财物，自己只是造成了高压线和岳父家的杂物房被烧毁，属于财产损失，最多也就构成故意毁坏财物罪。那么，刘强的行为究竟该如何认定呢？这就涉及一个法律知识点：破坏电力设备罪和故意毁坏财物罪的区别。

用破坏电力设备的方式，毁坏公私财物的，究竟构成何罪，关键是要看被损坏的电力设备是不是正在使用中，会不会造成不特定多数人的伤亡，或使生产生活秩序受到严重影响。如果是，就构成破坏电力设备罪；如果损坏的仅是库存的、废弃不用的，或正在维修中的电力设备，不会危害公共安全，就不构成破坏电力设备罪。当然，如果数额较大或情节严重的，有可能构成故意毁坏财物罪。

事发时，刘强岳父家的变压器是正在使用中的，刘强自制电闸开关，安装远程接收器，不仅导致岳父家多次停电，甚至还引发了火灾。虽然火灾没有造成人员伤亡，但岳父家的房子和和邻居家的房子都是紧密相连的，一旦火势迅猛，将烧毁整条街道，后果不堪设想。因此，刘强的犯罪行为应当认定为破坏电力设备罪。

由于刘强之前因故意伤害罪被判处有期徒刑三年，现在刑满释放后五年内，又犯破坏电力设备罪，是累犯，应当从重处罚。最终，法院判决刘强构成破坏电力设备罪，判处有期徒刑四年六个月。

宣判之后，刘强又悔又恨，恨不得抽自己几个耳光。三年前自己一时冲动伤人坐牢，断送了大好前程。好不容易刑满释放，却把责任全推在妻子一家身上，为了报复岳父家，竟然造成这么严重的后果。想必岳父一家对自己也失望至极，现在只求能好好改造，出狱后再弥补自己的愧疚。

此刻的赵娟也身心俱疲。三年前，她给刘强打了那通电话，引得刘强伤人坐牢，让她一直自责。刘强出狱后，面对刘强心里的疙瘩，她又一味忍让，没有正视问题积极解决，又让他铸成大错。现在，她决定让刘强在狱中好好反省，从他自身找原因，为他犯下的错误承担应有的惩罚。至于以后，再说吧。

如果刘强岳父家与邻居家出现矛盾时，双方都能用合理方式化解，而不是打群架拼命；又或者是刘强遇事不冲动，对方就不会住进医院，刘强也不会身陷囹圄。如果刘强出狱后多从自身找原因，又或是赵娟不是一味忍让，而是多点儿沟通，或许刘强就不会一错再错。

迷信占卜落圈套

汪　洋

法律知识点：重婚罪

2017年的七夕节，南方某城市一栋居民楼里张灯结彩，楼梯间贴满了红彤彤的喜字。徐佳佳穿着洁白的婚纱，和新郎张强深情对视。张强温柔地说："虽然咱们不能领结婚证，也不能光明正大地举行婚礼。但从今天开始，我们就是夫妻了！"徐佳佳热泪盈眶，两人相拥而泣。这就奇怪了，这对新人之间究竟发生了什么，他们为什么不能领结婚证，又不能公开举办婚礼呢？

徐佳佳今年34岁，身材高挑，长相甜美，是当地一家医药公司的销售主管，因个人条件好，收入又高，总是心高气傲。对于追求者，她不是嫌人家个子矮，就是嫌人家长得不帅，外表条件稍微好点的，又嫌人家没钱。就这样，一晃她就过了30岁。徐佳佳很是着急，没事就上婚恋网测姻缘，想看看自己的真命天子什么时候出现。

半年前，徐佳佳出差候机时，通过微信漂流瓶认识了张强。张强虽不是本地人，但在当地工作，他比徐佳佳大两岁，做期货生意，因忙于事业单身至今。聊天过程中，徐佳佳觉得张强风趣幽默，见多识广。再看看他的朋友圈，不仅人高大帅气，还经常进出高档餐厅，秀出各种奢侈品。徐佳佳觉得这才是能和自己般配的对象，对张强好感倍增。

很快，两人相约见面并一见钟情，很快就确定了恋爱关系。朋友们听说徐佳佳通过微信漂流瓶结识了男朋友，祝福的同时也提醒她要多了解对方，别被人骗了。可徐佳佳却觉得这种结缘方式很浪漫，应该更加珍惜。很快，两人坠入爱河，开始了同居生活，打算结婚。

两个月前，正筹备婚礼的徐佳佳从一个算命法师那里得知，未婚夫张强和自己的母亲运势相冲，如果她执意结婚，母亲可能会有血光之灾。眼看好事将近，却在这个节骨眼儿上得知这一消息，徐佳佳觉得有点不舒心。就在这时，母亲果然出事了！

一天早上，徐妈妈去买菜时，被一辆无牌摩托车撞倒，大腿骨折、胳膊擦伤，伤处鲜血直流，被送进医院。看着母亲躺在病床上痛苦地呻吟，徐佳佳的心都碎了。徐佳佳父亲早逝，母女俩相依为命，母亲怕自己受委屈，一直没再嫁，好不容易把自己拉扯大，还没享几天清福，现在却因自己要结婚被伤成这样。徐佳佳心里别提有多内疚了。那段时间，她一下班就往医院跑，每天换着花样给母亲调养身体。说来也奇怪，那算命法师究竟是何方神圣，能有这么大能耐，算得这么准？徐佳佳又是怎么认识那位法师的呢？

这位法师是一名女法师，4 个月前主动添加徐佳佳为微信好友，说她曾在某婚恋网帮徐佳佳测过姻缘，是徐佳佳追求爱情的诚心感动了她，她这才通过徐佳佳在网上留下的微信号，加她为好友。女法师还说，徐佳佳现在交往的这个男友，就是她的真命天子。这话简直说到了徐佳佳的心坎上，男友张强确实对自己温柔体贴，还经常送花、送礼物，自己早就认定张强了。

从那以后，徐佳佳觉得自己和女法师亲近了很多。在聊天中，徐佳佳发现女法师特别灵验，不仅能算准男友的脾气秉性，还能预测到两人什么时候有小甜蜜、什么时候闹矛盾。女法师多次提醒徐佳佳，要珍惜眼前人，要是错过了张强，以后恐怕要孤独终老。徐佳佳也格外珍惜，生怕错失了好姻缘。

徐佳佳主动提出要给女法师红包以示感谢。可对方却说，自己和徐佳佳有缘，牵红线的事功德无量，不用收钱。还说天机不可泄露，两人不能用语音交流，只能以文字来测算姻缘的具体情况，叮嘱徐佳佳不能向外人说起，否则就不灵验了。

徐佳佳看女法师这么灵验，对她深信不疑，连连答应不会和任何人说起，还把她当成知心好友，一有什么事就立刻和女法师分享。就连男友张强向自己求婚的事，徐佳佳也是先告诉了她，才和家人朋友分享。

徐佳佳的母亲和亲友听说她这么快就要结婚了，既惊讶又担心，说两人认识不到半年，还不够了解，婚姻大事要慎重一点儿。徐佳佳有些犹豫，把家人的担心告诉了女法师。对方却说，两人八字相合，天生一对，凡夫俗子的眼光怎比得过她的法眼，让徐佳佳尽管放心，她一定给徐佳佳算个好日子。徐佳佳这才打消了顾虑。

其实，徐佳佳之所以这么相信女法师，是因为她还挺迷信的。当年，他们公司公开招聘两人，徐佳佳却考了第三名。就在她心灰意冷时，在路边偶遇了一个看相的人，说她喜上眉梢，好事将近，定能金榜题名。没想到，徐佳佳很快就接到了公司的电话，说第二名弃权，她有入职机会。从此，徐佳佳对算卦深信不疑，经常上网浏览各种算命占卜网站，有事问一问，没事也要算一算。对于爱情这么重要的事，她当然要听女法师的意见。

就在徐佳佳满心欢喜地等待女法师算出的好日子时，女法师却说这婚可能结不成了。因为张强和徐妈妈运势相克，就算徐佳佳和张强的姻缘再怎么命中注定，一旦结婚，徐妈妈一定会有血光之灾。徐佳佳对此半信半疑，可没过几天，母亲还真出事了！

现在，看母亲痛苦地躺在病床上，徐佳佳对女法师更加深信不疑，急忙问她，母亲怎样才能化险为夷。女法师说，只要买一颗祖母绿宝石供奉在家里，等星相转移，运势反转，就能缓解两人的相冲相克。徐佳佳心里一下子燃起了希望，赶紧追问，去哪儿能买到这样一颗祖母绿宝石。

女法师说，省城的某古玩市场就有，但有点贵，大概要 5 万元。徐佳佳虽然也觉得贵，但想到既能守护母亲又能留住爱情，再贵也值了。女法师还提醒说，徐家都是女人，阴气重，扭转不了运势，只有阳刚之气才能扭转！让徐佳佳一定要找个男人去买。

徐佳佳一下子就想到了男友张强。为了不暴露女法师，她借口工作忙，但又想给母亲求颗祖母绿宝石，请张强代为购买。张强爽快地答应了。几天后，他把祖母绿宝石交给了徐佳佳。徐佳佳小心翼翼地捧着这颗宝石，期待能时来运转。

自从有了祖母绿宝石，母亲的身体似乎好了很多，腰不酸了腿不痛了，精神头也更好了。徐佳佳感叹女法师法力无边的同时，也很感激，说想亲自拜访以表感谢。可女法师却说，她正闭关修炼，不宜相见，否则她会元气大伤，法力锐减。徐佳佳也只好不再强求。

看一切平静下来，徐佳佳觉得有了祖母绿宝石的庇护，应该可以结婚了。可接下来发生的一件事，却让徐佳佳不仅不想结婚，还下定决心要和张强分手，这究竟是怎么回事呢？

原来，徐妈妈的风湿病突然复发了，一到阴雨天连站都站不起来。徐佳佳急坏了，中医西医都试了个遍，可就是不见好转。情急之下，徐佳佳又去求助女法师，说明明买了祖母绿宝石，母亲怎么还有病痛呢？

女法师回复，祖母绿宝石虽然破除了徐妈妈的血光之灾，但因为和张强运势相冲，小病小灾可能难以避免。如果徐佳佳既想守护爱情，又想保母亲平安，方法倒是有，就看徐佳佳和张强愿不愿意了。听了这话，徐佳佳觉得，只要能和张强在一起，无论什么方法都愿意尝试。

女法师接着说，方法就是，你俩不领结婚证，也不要办婚礼。徐佳佳一下子蒙了。不领证也不办婚礼？难道两人就这样没名没分地在一起吗？就算自己愿意，张强会同意吗？想来想去，徐佳佳决定把自己在网上遇到女法师的事，一五一十地告诉张强，说为了母亲的健康，自己又实在不想委屈张强，两人还是分手吧。

张强一把将徐佳佳搂进怀里，心疼地说："我爱的是你，结婚证就是一张纸，就算不领证、不办婚礼，我也要和你在一起！既然婚礼不能公开办，那就举办一场只有咱俩的婚礼！"徐佳佳鼻子一酸，泪如雨下，也犯起愁来："就算你同意，你爸妈会同意吗？"

张强安慰道："我是独子，我爸妈肯定是不同意的，但为了和你在一起，只能先瞒着他们了。另外，怕我同事、朋友走漏风声，干脆咱也别跟他们接触了。”看张强为了和自己在一起，费尽心机，徐佳佳心里既愧疚又甜蜜。

最终，两人选在七夕节那天，举办了一场只有两人的婚礼。为此，徐佳佳跟母亲和亲友说，两人旅行结婚，就不宴请大家了。

婚后，张强每天除了接送徐佳佳上下班，就是在网上专心打理期货生意，还在老家和朋友开了一家化工厂。看一切步入正轨，徐佳佳觉得是时候生个孩子了。可张强却说，化工厂刚开，他要跑关系、拉业务，经常出差，怕徐佳佳一个人带孩子太辛苦，想等工厂走上正轨再说。看张强这么体贴，徐佳佳打算先等等。

一天，徐佳佳收拾衣柜，意外发现衣柜的角落里有一部手机，她拿起来一看，还设有密码。徐佳佳觉得很奇怪，这部手机是谁的，为什么还有密码呢？面对询问，张强一把抢走手机，结结巴巴地说，这个手机是用来联系期货生意和化工厂业务的，让徐佳佳别多问。说着，他就把手机塞进了兜里。

看张强神情紧张，徐佳佳追问起期货和化工厂的生意。张强支支吾吾地说，他最近投资期货失利，需补交 8 万元保证金，否则亏了的钱就回不了本了。另外，在老家开办的化工厂遇到当地政府整改，需增添排污设备，否则也要被责令关闭。可一套排污设备最少要十几万元，他的钱都分散投资了，现在实在拿不出来。为了减少损失，他只好到处借钱，怕徐佳佳担心，才用另一部手机对外联系，没想到被发现了。

徐佳佳感动极了，张强为自己付出太多了，什么事都往他身上扛，自己怎能坐视不管呢！徐佳佳一边安慰张强，一边提出用自己的积蓄，帮张强渡过难关。第二天，徐佳佳从存折里取出 8 万元，又变卖了理财产品 10 万元，将 18 万元交给张强，让他赶紧处理保证金和化工厂的事。张强拍着胸脯说：“你放心，等我把事情处理好了，连本带利还给你！”

送走了张强，徐佳佳的心里空落落的。接下来几天，她不停地给张强打电话问消息。张强说自己很忙，不方便接听电话。徐佳佳只好给张强发微信，可张强不仅不回微信，后来连电话也打不通了。徐佳佳急坏了，担心张强是不是出事了。

就在徐佳佳为张强牵肠挂肚的时候，警方找上门来，说张强涉嫌一起刑事犯罪，要找他了解情况。徐佳佳一下子蒙了，张强明明回老家办事了，怎么会犯罪呢？

警方告诉徐佳佳，半个月前，他们接到一名女子的报案，说她被张强骗了3万元。经调查，该女子与张强曾是情侣关系，两人恋爱期间，张强先后以母亲患胃癌及投资失败为由向她要钱。后来，该女子通过朋友查到，张强在老家已经和一个叫王燕的女子登记结婚，妻子都快生孩子了。女子便找张强对质，让他还钱，可没想到张强竟然失踪了。

警方经过调查发现，张强确实已在老家结婚，可他既无生意也没企业，甚至没有固定工作，而且父母早就去世了。警方认为他涉嫌诈骗，通过技术手段得知张强住在这个小区后，便找上门来。

徐佳佳简直不敢相信自己的耳朵！张强明明真真切切地和自己在一起，两人还办了婚礼，怎么会和别人结了婚，还有孩子呢？可转念一想，张强确实没和自己领证，但这也是自己要求的呀！这一切究竟是怎么回事？还是赶紧问问女法师吧。

徐佳佳立刻通过微信和女法师联系。可没想到的是，女法师竟然也联系不上了！这下，徐佳佳傻眼了。在警方的追问下，徐佳佳说出了女法师的情况。

警方觉得很蹊跷，立刻查看徐佳佳手机上女法师的微信号，并通过技术手段，确定该微信号的持有人不是别人，正是张强。警方怀疑，张强一人扮演两个角色，骗财骗色。很快，警方在邻近城市将张强抓获。面对警方提供的证据，张强终于交代了自己欺骗徐佳佳的来龙去脉。

一年前，张强告别怀孕的妻子，来到当地一家足浴店打工。张强好赌，输光积蓄后，为求翻本又借了两万元高利贷，可钱还是输光了。就在他为钱犯愁时，一条“大龄单身女因恨嫁被骗钱财”的新闻，让张强动了歪心思。他觉得只要自己稍加打扮，说不定也能骗点儿钱花。

张强从网上下载了一些高档会所和奢侈品的照片，发在朋友圈里，假扮有钱人，又用手机拍照软件拍了张帅照当头像，通过微信漂流瓶，结识了几个单身女性。通过观察她们的朋友圈，以及试探性的聊天，他发现，徐佳佳的经济条件很好，便把她作为下手对象。为了博取徐佳佳的好感，张强谎称从事期货生意，还借钱租了辆车，买了套西装，约徐佳佳见面，并顺利建立了恋爱关系。

张强接触徐佳佳本来就是为了骗钱，他担心主动要钱会引起怀疑，就想找个法子让对方心甘情愿地给钱。看徐佳佳经常上婚恋网测姻缘，张强就想假扮能占卜爱情、测算姻缘的法师，好让徐佳佳主动给钱。为此，张强专门买了部手机，申请了微信号，加了徐佳佳的微信，谎称自己是女法师。

很快，徐佳佳和女法师成了无话不谈的好友，还把恋爱的点点滴滴告诉女法师，让她帮忙测算。看徐佳佳上了钩，还想和自己结婚，张强便故意求婚，再以女法师的身份说，张强和徐妈妈运势相冲，会带来血光之灾。为让徐佳佳相信，张强事先摸清了徐妈妈买菜的路段，又从市场租了一辆无牌摩托车，把自己包得严严实实，开摩托车故意撞倒徐妈妈。

事后，张强以女法师的身份，让徐佳佳找个男人买祖母绿宝石保母亲平安。徐佳佳对此深信不疑，出钱购买，张强顺利骗得 5 万元。他给徐佳佳的那颗“祖母绿宝石”，其实只是价值十几元的仿真绿宝石而已。

可没过多久，徐佳佳又想结婚了。刚好那阵子徐妈妈风湿病发作，张强利用此事，以女法师的身份说，只要两人不领证、不办婚礼，徐妈妈的病痛就能减轻。徐佳佳再次信以为真。看徐佳佳人傻钱多，张强心想，再多找几个借口，准能再骗到钱。等骗得差不多了，再赶上徐妈妈有什么病痛，就以女法师的身份，劝她分手就是了。

就这样，张强辞去足浴店的工作，用骗得的 5 万元在某小区租了套房，谎称是自己的房子，和徐佳佳过起了同居生活。为了圆谎，张强故意说他是家中独子，父母肯定不同意两人不领结婚证，还说怕走漏风声，就不带徐佳佳跟他的同事朋友接触了。

可没想到徐佳佳竟意外发现了张强用来冒充女法师的手机，张强将计就计，说投资的期货生意和化工厂业务出了问题。徐佳佳信以为真，又给了 18 万元。

想到前后已经骗了徐佳佳 20 多万元，张强怕收不了场，决定尽快摆脱徐佳佳，并寻找下一个目标。很快，张强又结识了一名大龄女青年。他谎称自己的母亲得了胃癌，骗了对方 3 万元。可没想到对方竟托人查自己的家底，发现自己已婚便报警，警察这才找上门来。

得知张强和女法师竟是同一人，徐佳佳感觉天都要塌了。她做梦都没有想到，自己恨嫁的心竟然被骗子利用，骗财骗色！她请求警方一定要严惩张强。

很快，公诉机关以诈骗罪、重婚罪将张强起诉至法院。张强对诈骗的事实供认不讳，但他认为自己和徐佳佳既没领证，也没公开举行婚礼，最多就是非法同居，也不能构成犯罪。那么，张强的这种说法，能获得法院的支持吗？法院又将如何认定呢？这就涉及一个法律知识点：重婚罪。

重婚罪是指自己有配偶，还与他人结婚，或者明知他人有配偶，还与他人结婚。其中，有配偶与他人结婚，不仅包括通过各种手段办了结婚证，还包括虽然没领证，却以夫妻名义共同生活的情形。比如，两个人以夫妻名义同居，或者对外以夫妻名义互相介绍等行为，让外人认为两人就是夫妻，这就构成了重婚罪。

张强虽然没和徐佳佳领结婚证，也没有公开举办婚礼，但两人确实过起了同居生活，且以老公、老婆自居，在徐佳佳和亲朋好友眼中，两人就是夫妻。这就属于重婚罪中所说的“虽然没领结婚证，却以夫妻名义共同生活”的情形。因此，张强构成重婚罪。

最终，法院判决张强犯诈骗罪，判处有期徒刑五年，并处罚金六万元；犯重婚罪，判处有期徒刑一年。数罪并罚，判处有期徒刑五年六个月，并处罚金六万元。另外，徐妈妈被张强撞倒致大腿骨折的事，经鉴定尚未构成轻伤，没达到《中华人民共和国刑法》规定的故意伤害罪的定罪量刑标准，因此不需要追究张强的刑事责任。但由于张强撞伤徐妈妈属于侵权行为，客观上也造成了徐妈妈身体受伤、住院治疗的后果，张强应承担人身损害的民事赔偿责任。不久，徐佳佳向法院提起了民事诉讼，要求张强赔偿医疗费等费用共 8000 元，也获得法院支持。

此刻的张强追悔莫及，原本只是想要点儿小聪明，骗点儿小钱，没想到触犯法律身陷囹圄。张强的妻子刚生下孩子，得知丈夫和别的女人同居，还骗钱，被判坐牢五六年，她非常绝望，毅然跟张强离了婚，带着孩子搬回了娘家。而徐佳佳呢，尽管张强得到了应有的惩罚，可她心里的伤痛，不知还要多久才能抚平。

如果徐佳佳能早点明白：无论是工作还是生活，只有努力耕耘，才会有所收获，那么她就不会被迷信蒙蔽双眼；总想着靠算命卜卦来扭转运势，只会让别有用心之人有了可乘之机。其实，工作要兢兢业业才可能有所回报，爱情要用心体会好好经营，才可能有幸福的结果。

母亲的难言之“瘾”

汪　洋

法律知识点：贩卖毒品罪中毒品的概念及数量认定

婆媳关系在中国是一个经久不衰的话题。融洽的婆媳关系，有多少男人求之不得。然而，肖亮却反其道而行之，他不仅千方百计地离间婆媳俩，还使尽万般手段拆散她们。这是为什么呢？难道肖亮是身在福中不知福吗？这事，还得从几个月前肖亮出差回来的那天说起。

肖亮现年35岁，是某外企的业务骨干，因业绩突出，3个月前刚晋升为华南地区的总经理。肖亮本来就忙，现在升了职，比以前更忙了，一出差就是一个月。

这天，肖亮像往常一样出差回来。不同的是，肖亮提前一天回了家，想给退休在家的母亲一个惊喜。肖亮轻手轻脚地打开房门，可让他失望的是，家里空无一人。

肖亮正准备给母亲打电话，却听到了母亲房里传来异样的声响。难道是家里进了小偷？肖亮的心里咯噔一下，紧张起来，他随手抄起花瓶，蹑手蹑脚地推开了母亲的房门。

可眼前的一幕让他惊呆了！母亲满头大汗，衣衫不整地躺在床上。更让肖亮不解的是，房间里还有他的妻子阿娟。看肖亮突然回来，阿娟慌忙从床上坐了起来，结结巴巴地问肖亮：“你，你怎么回来了？妈腰疼又犯了，我给她按摩呢！”母亲也很不自然说道：“是啊，我老了，身体不顶用了，以后还不知道要给你们添多少麻烦！娟儿今天休息，全用来照顾我了。”母亲边说还边叹气。

肖亮虽然觉得婆媳俩有点不太正常，但想起母亲确实有腰疼的老毛病，立刻心疼起来。母亲退休前是大学教授，长年累月站在讲台上，落下了腰痛的毛病。父亲去世得早，母亲独自把肖亮拉扯大，可长大后因为忙，肖亮也没有好好照顾过母亲。幸好妻子孝顺，把母亲腰疼的事记在心上，常常帮母亲按摩。

说起肖亮和妻子阿娟的相识，还得感谢肖亮的母亲，是她牵的红线。一年前，母亲因为腰疼得厉害，住进医院进行治疗，主治医生就是阿娟。她既负责任又有耐心，看肖亮的母亲只有护工照顾，没有子女在身边，就常来关照，来得多了，两人便熟悉起来。

得知阿娟母亲早逝，比肖亮小两岁，还是单身，肖亮的母亲便有心撮合她和肖亮。看阿娟既漂亮又善良，肖亮对阿娟很是喜欢。阿娟也对成熟稳重、努力上进的肖亮心生爱慕。两人你有情我有意，很快就走到了一起。

婚后，肖亮频繁出差，经常不在家，家里常常只剩下婆媳二人。因为阿娟是肖亮的母亲精挑细选的儿媳，再加上阿娟从小就缺乏母爱，现在有了婆婆的关心和疼爱，对婆婆非常依赖，两人关系非常融洽。

阿娟下班一回家，婆婆就已经做好了她爱吃的饭菜。一有新鲜的应季水果，婆婆就买来洗好切好给阿娟送到医院。而婆婆要是哪天腰不舒服，阿娟就尽心尽力地关心照顾，平时只要有空就陪着婆婆到处逛街散步。两人整天一起出入，不知情的还以为两人是母女。

可自打上次出差回来，肖亮撞见婆媳二人在卧室的一幕后，又陆续发现婆媳俩的关系不太正常。两人经常神神秘秘地凑在一起说话，有时还躲进房间半天不出来。肖亮问起，两人总是以母亲腰疼需要按摩为由搪塞过去。可肖亮却隐隐觉得两人有什么事瞒着自己。

这天晚上，一家人坐在沙发上看电视。肖亮无意间发现母亲正偷偷拉扯妻子的衣角。肖亮不动声色，暗中观察。只见阿娟一边偷瞄自己，一边使眼色回应母亲。不一会儿，阿娟便对肖亮说：“妈的腰疼又犯了，我去给她按按！”说着，跟母亲进了卧室，并反锁了房门。肖亮警觉起来，他蹑手蹑脚地上前去，想在母亲卧室门外偷听，却听到屋里的套间传来哗哗的水声。

一个小时后，阿娟走了出来。肖亮立刻站起身，想进屋看看。阿娟却一把拦住了他：“妈已经睡了，别打扰她了！”看母亲熄了灯，肖亮没再进去。

打那以后，肖亮经常想起那天意外撞见婆媳俩在房里衣衫不整，还有母亲偷拉妻子衣角的场景，心里很是纠结疑惑。如果两人只是普通的按摩，妻子为什么那么慌乱？母亲为什么那么不自然？肖亮决定留心观察，看看婆媳两人究竟隐瞒了什么秘密。

一个周末，肖亮趁婆媳俩外出买菜，偷偷溜进母亲的房间到处翻找，想看看有什么蛛丝马迹。在母亲衣柜的最下面，肖亮竟然发现了一捆皮带和一副手铐。肖亮的脑子瞬间嗡的一下！这些东西是用来做什么的？难道婆媳俩有什么暧昧关系吗？他不敢继续往下想了。

一个小时后，婆媳俩终于回来了。肖亮把皮带和手铐往两人面前一扔，质问道：“这些是用来干什么的？”阿娟赶紧解释，说最近想收拾下家里的破烂，买麻绳是用来捆废品的，手铐是她前两天在网上买的警匪游戏的玩具，准备送给一个同事的孩子。肖亮的母亲连声附和。

看婆媳俩还是不打算说出实情，肖亮决定想办法分开她们，看两人有什么反应。母亲不是老说腰疼吗？干脆把她送进疗养院，一个疗程十天半个月的，既能缓解疼痛，又能分开她俩，两人的秘密说不定就瞒不住了。

听说要送自己进疗养院，母亲大惊失色，说自己习惯儿媳的照顾，换个环境没法适应。看母亲说什么也不肯去，肖亮有些不高兴。可总不能强行把母亲送去吧！既然母亲不走，那就从妻子身上想办法。

肖亮决定破天荒地向单位请假，带妻子出国旅游，让婆媳俩分开一阵子。当晚，肖亮跟阿娟商量出国旅游的事。阿娟支支吾吾地说工作忙，走不开。知道妻子是故意推脱，肖亮赌气地说：“反正我已经计划好了，你请不了假，我跟你们领导说！”

看肖亮要去找领导，阿娟赶紧解释，说她主要是不习惯国外的饮食。肖亮脸色一沉："我看你就是舍不得我妈吧？"看肖亮这么说，阿娟有点急了："别瞎说，去就去嘛！"

听说肖亮两口子要出国旅游，母亲面露难色。肖亮故意说："您腰疼是吧？不就是按摩吗？我已经请了一个专业护工，天天给您按。反正旅游的事已经定了，过两天就出发。"见肖亮去意已决，母亲动了动嘴想说些什么，却又没说。

终于能分开婆媳俩了！肖亮长长地舒了一口气，心想，说不定等旅行回来，婆媳俩的关系就会慢慢变淡。实在不行，就和妻子搬出去住，让护工长期照顾母亲。就在肖亮暗自庆幸，以为一切都安排妥当时，他的旅行计划还是泡汤了。

这天，两人终于坐上了去机场的出租车。一路上，肖亮发现阿娟心不在焉，坐立不安，老是焦急地查看手机。

就在这时，阿娟的手机收到一条微信。她低头一看，脸色立马变了，焦急地拍打着驾驶位的座椅，让司机靠边停车。车还没停稳，阿娟就慌慌张张地跳下车，撂下一句："我有急事不去了，你自己去吧！"

看妻子竟然在半路撇下自己，肖亮气得火冒三丈。到底是什么急事，让阿娟连定好的旅游都不去了呢？突然，肖亮发现阿娟的手机竟落在了车里，他赶紧打开查看，只见是母亲发来的微信，赫然写着："我受不了了，你快回来！老地方见！"

肖亮顿觉五雷轰顶，看来婆媳俩的关系确实有问题。想不到自己使出浑身解数，终究还是白费力气。肖亮当即放弃行程，边在网上退掉机票，边让司机尾随妻子乘坐的出租车，看她到底要去哪里。

阿娟乘坐的出租车停在了家里附近的一家宾馆楼下。见妻子跳下车就直奔宾馆，肖亮也跟着冲了进去。阿娟乘坐的电梯到了8楼，肖亮也跟了上去。就在肖亮不知妻子进了哪一个房间的时候，电梯旁边的一个房间里突然传来母亲痛苦的呻吟声。肖亮循声跑过去，一脚踹开了大门。

只见母亲浑身抽搐、涕泗横流，样子痛苦不堪，妻子正紧紧抱住母亲，拼命安慰着："再忍忍、再忍忍。"肖亮一个箭步把阿娟推倒在地，大吼："你在干什么？"

阿娟顾不上解释，冲着肖亮大喊："妈毒瘾犯了！她难受啊，你快来帮帮她！"肖亮简直不敢相信自己的耳朵，来不及多想，冲上去紧紧抱住了母亲。不知过了多久，三人才平静下来。看母亲满脸又是鼻涕又是泪，肖亮忍不住流下了眼泪。在肖亮的追问下，母亲和阿娟向肖亮道出了实情。

大半年前，肖亮的母亲退休后，本想跟老同事们出去转转，可儿子常年出差在外，她再出去，家里就剩下阿娟一人。阿娟是不愿回娘家的，因为父亲再婚后，阿娟从小就被后妈欺负，成家之后，她更不愿意回去；相反，却对婆婆充满依赖。母亲也怕阿娟孤单，就想给她做个伴。

可阿娟一上班，家里就只剩母亲一个人。为了打发时间，母亲就劝儿子儿媳早点让自己抱孙子，可肖亮却说，自己现在忙着拼事业，暂时不要孩子。母亲就只能一个人在家里闷着，有时闷得慌，就到小区附近的一家棋牌室坐坐。街坊邻里偶尔会到那里打牌聊天。可别的老头老太太要买菜做饭带孩子，往往坐一会儿就走了，只有肖亮母亲因为儿子儿媳都不在家，经常一待就是一整天。

去得多了，肖亮母亲和棋牌室的老板渐渐熟络起来。老板是个 20 多岁的小伙子，得知肖亮母亲是个大学教授，儿子儿媳又经常不在家，老板就说，让肖亮母亲把他当亲儿子，没事就来棋牌室说说话。

一天，老板给肖亮的母亲泡了一小杯奶茶，说是口感极佳，请她尝尝。母亲没多想，就喝了一小杯。说来也怪，这奶茶和普通奶茶的口味也没什么不一样，但一杯喝下去，确实让人精神亢奋。此后，只要棋牌室人少，老板有空，见到肖亮的母亲来，就会主动给她冲上一小杯。

可是渐渐地，肖亮的母亲发现自己身体出现了异常，有时会头痛欲裂，异常烦躁，浑身像有千万只小蚂蚁在撕咬。可只要喝完老板的奶茶，所有的痛苦烦躁就会烟消云散。

肖亮母亲意识到，奶茶一定有问题。她立刻上网查阅了大量的资料，网上说现在有很多新型毒品伪装成咖啡、奶茶，遇水即溶，即冲即饮，口味和正常的咖啡、奶茶没什么区别，但人服用后确实极易亢奋上瘾。那么，棋牌室老板给自己喝的奶茶，会不会就是这种毒奶茶呢？

肖亮母亲恨不得立刻找棋牌室的老板问个究竟！可转念一想，如果此事属实，传出去，自己还不丢死人啦！另外，儿子刚刚升了职，已经够忙的了，自己就别再给他添麻烦了。可是，该怎么办呢？肖亮母亲绝望地瘫坐在地，抱头痛哭。想来想去，她决定告诉儿媳阿娟，向她求助。

听说婆婆在棋牌室染上了毒瘾，阿娟无比震惊，她拿起电话就要报警，还劝母亲立刻去戒毒所戒毒。母亲一听，一下子急哭了，说："千万不能报警啊！进了戒毒所，以后我这张老脸还往哪儿搁啊？再说，肖亮这么忙，你就别再让他操心啦！你要是不答应，我就死了算了！"

看着泪流满面的婆婆，想着没日没夜辛苦在外打拼的肖亮，阿娟一边替婆婆擦眼泪，一边安慰说："好好好！我们不报警！我们自己想办法戒毒！等咱好了，咱再匿名举报他！"

可是，要想戒除毒瘾，首先摆在他们面前的难题就是在哪儿戒，如何戒。阿娟了解到，一般染上毒瘾的人是去戒毒所或者专门的戒毒医院，可婆婆肯定是不会去的。可如果不去，戒毒药品又是管制药品，在市面上根本无法买到。该怎么办呢？

阿娟在网上查阅了大量的资料，终于找到一种中药戒毒的偏方。虽然阿娟对网上的偏方半信半疑，可看偏方里的成分都是一些纯植物，即便没有效果，应该对人体也不会有太大的伤害，她便抱着试试看的心态买来药材，在家里帮婆婆煎煮，让婆婆服用。

或许是药量不够，戒毒药方好像没什么疗效。婆婆毒瘾发作时头疼欲裂，甚至拼命撞墙来缓解生理痛苦。每当这时，阿娟就死命抱住婆婆，想缓解她的痛苦，防止她身体受到伤害。

可毒瘾过后，母亲看阿娟身上被自己撞得青一块紫一块，心疼极了。她让阿娟买来皮带和手铐，下次她发作时，好把她捆起来，以免误伤阿娟，也好戒除毒瘾。阿娟拗不过婆婆，只好照办，可每次又舍不得给婆婆绑上，还是用自己的身体防止婆婆撞伤。

半个月后，不知是母亲强烈的戒毒意愿起作用了，还是中草药真的有效果，母亲毒瘾发作的间隔时间好像越来越长了，而且毒瘾发作时的生理反应、痛苦程度，也比以前略有减轻了。

可没想到，那天阿娟刚帮婆婆对抗完毒瘾，却被提早回家的肖亮撞见，不明真相的肖亮认为二人婆媳关系不正常，还千方百计地离间她们，甚至请了个护工在家，并要带阿娟出国旅游。

阿娟怕自己走后，婆婆没法照顾自己，所以并不想和肖亮出国。可母亲说，自己的症状比以前减轻了，而且肖亮已经产生怀疑了，如果阿娟不去，被肖亮识破，就前功尽弃了，劝阿娟答应出去旅游。

为了防止母亲毒瘾发作，被护工发现，婆媳俩再三商量，决定在阿娟走之前，加大中药药量，尽最大可能缓解她毒瘾发作时的生理症状，再在家里附近的宾馆包一间房，等阿娟一走，母亲就说约了老同事旅游，搬到宾馆住。岂料，肖亮和阿娟前脚刚走，母亲就毒瘾发作，怕无法自控，这才给阿娟发来信息。

得知真相的肖亮懊悔万分，自己不但没有早点儿发现母亲的异常，还胡思乱想，猜忌婆媳之间关系不正当，实在是太不孝了！可是棋牌室的老板把母亲害成这样，至今还逍遥法外，也太便宜他了！不行，一定要替母亲讨个说法，让他得到严惩！在肖亮的劝说和坚持下，母亲终于同意报警，并同意去戒毒所，彻底戒除毒瘾。

接警后，警方高度重视，派人日夜蹲守在棋牌室门口，密切关注棋牌室的动向。几天后，老板在与人交易时，被警方当场抓获，并截获毒奶茶32包，共计320克。经检验，这种所谓的“奶茶”确实是一种新型毒品，呈白色粉末状，主要含氯胺酮、亚甲二氧甲基苯丙胺（MDMA）等多种成分，味道跟真奶茶很相似，让人完全感觉不出是毒品，但饮用后人会出现兴奋和幻觉症状，容易上瘾，危害跟冰毒差不多。

看警方人赃并获，棋牌室的老板只好交代，半年前他在酒吧接触到这种奶茶，看它从包装到气味上都和真正的奶茶没什么两样，在一些社会青年中很好卖，他便想到买来一些，在自己的棋牌室出售盈利。

就在这时，他发现肖亮的母亲经常来棋牌室打发时间。听说她是个教授，退休金很高，子女又不在身边，老板想先请她品尝，等她染上了毒瘾，就可以从中牟利。

老板说，他也不知道是什么原因，肖亮的母亲后来却很少去他那里，也没有在他那里买过奶茶。他还以为肖亮的母亲没能上瘾，所以也没太在意。但是，他之前给来棋牌室打牌的社会青年喝了以后，他们上了瘾，都来找他购买，没想到这次在交易时被警方逮了个正着。

很快，公诉机关以贩卖毒品罪将棋牌室的老板起诉至法院。法庭上，棋牌室的老板对自己销售这种奶茶的行为供认不讳，但他认为这和贩卖毒品有天壤之别。因为他贩卖的既不是冰毒、K 粉，也不是海洛因，只是一些能让人上瘾的奶茶而已。更何况，奶茶里也不全是毒品，还有其他香精等成分。如果以警方查获的数量计算，追究他贩卖毒品的刑事责任，那太不公平了。

公诉机关却认为，虽然棋牌室老板卖的是奶茶，但其中含有氯胺酮、MDMA 等毒品成分，是一种新型毒品，贩卖它就是贩毒。另外，计算毒品数量时，无须以纯度折算。所以，应当以贩卖毒品罪及奶茶总数量，追究棋牌室老板的责任。

这里涉及一个法律知识点：贩卖毒品罪中毒品的概念及数量认定。

《中华人民共和国刑法》第三百五十七条明确规定："本法所称的毒品，是指鸦片、海洛因、甲基苯丙胺（冰毒）、吗啡、大麻、可卡因以及国家规定管制的其他能够使人形成瘾癖的麻醉药品和精神药品。毒品的数量以查证属实的走私、贩卖、运输、制造、非法持有毒品的数量计算，不以纯度折算。"

根据上述法律规定，虽然棋牌室老板说自己卖的是奶茶，但实际上奶茶只是一个幌子，因其含有氯胺酮、MDMA 等毒品成分，应当被认定为毒品。也就是说，无论它叫什么名字，用什么包装，都无法改变它是毒品的本质。法院最终认为，棋牌室老板构成贩卖毒品罪，被判处有期徒刑七年。

宣判后，棋牌室老板没有上诉，很快去服刑了。肖亮的母亲也在儿子儿媳的陪同下，走进当地一家戒毒医院，希望能在医生的指导下，彻底戒除毒瘾。或许是肖亮母亲强烈的戒毒欲望，加上医院的科学戒毒方法，一个月后，肖亮母亲的各项身体指标逐渐趋于正常。

通过这件事，肖亮母亲也认真反思起来。退休后，自己确实觉得很孤单，但为了丰富老年生活，应该多找一些兴趣爱好，多和知根知底的老同学、老朋友交往，避免到陌生的环境，更不要向陌生人透露自己的家庭情况，避免被别有用心的人利用，上当受骗。另外，遇事多和子女商量，也有利于保障自己的人身和财产安全。肖亮和妻子阿娟也决定多抽空陪伴母亲，早点儿生个孩子，让母亲早享天伦之乐。

烧车的妻子要自杀

汪　洋

法律知识点：放火罪

2016年深冬的一天，凌晨5点，北方某城市正淅淅沥沥下着小雨，熟睡中的曹金发突然被一阵喧闹声惊醒，只听见有人高声呼喊："快来人啊，着火啦！"曹金发一个鲤鱼打挺坐了起来，光着脚跳下床从窗户往楼下看去，只见停放在自家别墅院子里那辆新买的汽车已经被大火包围。曹金发立刻冲下楼去，和小区保安一起控制住了火势。可车窗玻璃已经爆裂，车头也被烧成了黑色。曹金发后悔不已，怪自己昨晚喝得太多，睡得太死，没有早发现早救火。按理说，曹金发的车是新买的，不存在线路老化的问题，而且零下好几度的大冷天，还下着雨，好端端的，车怎么会着火呢？大家立刻报了警。很快，警方赶到事发现场，经过勘验，他们在院子的地上发现了易燃液体的痕迹，并初步判断这是一起人为放火烧车事件。这下，曹金发傻眼了，谁和自己有深仇大恨啊，要大半夜的放火烧车？

曹金发是一家建材厂的老板，40多岁，十几年前从农村进城打工，后来做了老板，生意做得风生水起。最近曹金发刚买了一辆价值百万元的豪车，还没开多久就出了这档子事，他的心里很是憋屈。在派出所做完笔录，曹金发拖着疲惫的身躯回到别墅，一头栽倒在沙发上。第二天早上7点，曹金发的手机突然响了起来。刚一接听，电话那头就传来撕心裂肺的哭喊声："爸爸，你快回来啊！妈妈和妹妹都没气了！"这话犹如晴天霹雳，让曹金发浑身上下每一个毛孔都清醒了。"儿子！你说什么？妈妈和妹妹怎么啦?”曹金发一下子从沙发上弹了起来，对着电话大喊。可电话里除了儿子凄厉的哭声以外，没有任何回应。曹金发来不及耽搁，立刻冲出门去。

曹金发的妻子李晓梅是个家庭主妇，平时跟孩子们住在离学校较近的学区房中。因为曹金发的建材厂在郊区，他生意繁忙应酬又多，所以就在厂区附近的小区买了一幢单门独院的别墅，平时就住在那儿，只有周末才回去和妻儿团聚。

曹金发匆匆忙忙往家赶，刚到门口，就看见房门大开，8岁的儿子正蜷缩在门口哭泣。曹金发一把抱起儿子冲进家里。屋里弥漫着一股煤气味，曹金发直奔卧室，发现6岁的女儿躺在床上，怎么都叫不醒，而妻子倒在厨房的地上，好像也没了动静。曹金发立刻打开门窗，并拨打了急救和报警电话。这下子，曹金发算是知道了祸不单行的滋味。在短短几个小时内，先是新车被烧，后是妻子女儿遇害昏迷。这事搁在谁身上，谁都受不了！这究竟是巧合，还是有人蓄意而为呢?就在这时，负责现场勘查的民警发现了一个重要情况，曹家厨房的煤气管道竟然有一个切口。从切面来看，应该是有人用利器割开煤气管道所致。可曹家门窗完好，物品摆放整齐，不像有外人入侵的痕迹，这个割开煤气管道的人会是谁呢?警方向曹金发的儿子询问事发时的情况。孩子说，他的卧室离厨房较远，而妹妹是和妈妈睡，她们的卧室就在厨房对面。这天早上，他并没听到家里有什么异常的声响，可起床后就发现妹妹躺在床上，妈妈倒在厨房的地上，两人都叫不醒了。

很快，医院回复，这对母女昏迷的主要原因是煤气中毒。但李晓梅胃里残留的农药也是导致她昏迷的重要原因。这就奇怪了，李晓梅胃里怎么会有农药呢?这农药到底是李晓梅自己喝下去的，还是有人逼着她喝的呢?就在这时，曹金发的儿子无意间说出了一个情况，说他经常看见妈妈哭，前段时间妈妈还说过一些很奇怪的话，比如，“再也没有痛苦和伤害”之类的。警方觉得很奇怪，他们找到曹金发，希望他能解释一下。面对警方的询问，曹金发才吞吞吐吐地说，妻子李晓梅很可能是畏罪自杀。畏罪？李晓梅究竟犯了什么罪，定要选择自杀呢？

曹金发解释说，他平时工作忙很少回家，可几个月前的一天，他临时有事回去，刚打开门，正在玩手机的妻子吓得把手机都掉在了地上。曹金发看妻子神情紧张，立刻抢下妻子的手机，发现妻子正在与一个人微信聊天，对方的头像是个陌生的男人。曹金发质问妻子这个男人是谁，还翻看两人的聊天记录，发现两人除了经常视频聊天外，还有很多微信留言，都是些家长里短、嘘寒问暖的话。曹金发说，虽然妻子解释两人是普通朋友，可他根本不信，他觉得两人肯定有私情，所以一气之下动手打了妻子。后来，妻子多次找曹金发承认错误，求得原谅。可曹金发一直很生气，坚决要求离婚。妻子可能是因为奸情败露，没有脸面再活下去，才选择自杀。

就在这时，负责现场勘验的民警又在他们家客厅的地上提取到了一种易燃液体的痕迹。经过比对，这种液体与曹金发汽车被烧现场散落在地面上的液体一致。警方怀疑，曹金发的新车可能就是他的妻子李晓梅烧的，而煤气管道也是她割的，甚至连农药都可能是她自愿喝下的。听了警方的话，曹金发连连摇头。他说，就算妻子服毒烧车，但她对孩子十分疼爱，不可能割开煤气管道，难道她不怕儿女中毒吗？

就在这一切无从求证的时候，医院传来一个好消息，李晓梅苏醒了。听说女儿煤气中毒还在抢救，李晓梅心如刀绞，焦急万分。警方向她询问婚外情的事，李晓梅像被点燃的炮仗一样歇斯底里地大喊："警察同志，我哪有婚外情啊！在外面养情人的是曹金发啊！我女儿要是有个三长两短，我做鬼也不会放过他们啊！"李晓梅的话让大家始料未及。这夫妻二人究竟谁在说谎？到底是谁有外遇？面对警方的询问，李晓梅向大家道出了实情。

原来，曹金发和李晓梅是同村人，从小一起长大。曹金发家里穷，姊妹又多，14 岁那年，父亲得了重病撒手人寰，母亲备受打击一病不起，没过多久也离他们而去。父母在世的时候，老两口吃药看病就没少花钱，家里债台高筑，父母去世后，还债养弟妹的担子自然就落在了长兄曹金发身上。刚开始，曹家亲戚们还帮衬着，可日子久了，大家都无力接济了。曹金发只好早早辍学，外出打工挣钱。眼看到了谈婚论嫁的年龄，但以曹家的条件，谁愿结这门亲事啊。而李晓梅不这么想，在她看来，曹金发是个有责任感、有担当的好男人，值得托付终身。所以，她不顾父母的强烈反对，坚持和曹金发走到了一起。

婚后的第二年，他们生下了一个儿子。为了给儿子创造好一点的生活条件，两人决定到城里闯一闯。曹金发和几个工友倒腾起了建材，幸运地赚得了第一桶金。尝到甜头的曹金发摸清了门道，开了一间建材门市部，生意越来越好，小两口的日子渐渐红火了起来。不久，两人买了房和车，算是在城里站稳了脚跟。就在这时，他们又迎来了聪明可爱的小女儿。一家四口其乐融融。李晓梅原本以为，幸福的生活会这样一直过下去。可她没想到，钱袋子鼓了，曹金发也开始膨胀了。他觉得自己苦够了，现在该放纵放纵了。

在一次饭局上，曹金发认识了某建材公司的推销员王燕。王燕三十来岁，离了婚，没孩子，一个人在城市里漂泊多年。她身材高挑又活泼开朗，很快引起了曹金发的注意。他开始隔三岔五地给王燕送礼物，而王燕对有家有口的曹金发也毫不避讳，两人很快就发展成了情人关系。随着曹金发的生意越来越好，他在家里也更有了底气，对妻子颐指气使，家人对他也是言听计从。他开始以应酬多、出差忙为由，夜不归宿，其实都是去王燕那里。转眼间，曹金发的儿子到了上学的年龄。为了方便孩子上学，曹金发就在学校附近买了一套学区房，全家都搬了进去。因为这套房子离曹金发的厂区较远，来回路上经常堵车，曹金发干脆就在工厂附近的小区里又买了一栋单门独院的别墅，和王燕过起了同居生活。而对妻子，曹金发要么说自己是应酬晚了要住别墅，要么就是出差在外，只有周末才回去。李晓梅虽觉得不妥，可只要多问两句，总会被丈夫责骂。这样一来，李晓梅也就不敢多问了。

一天晚上，李晓梅炖了汤送去厂里给曹金发，竟然撞见曹金发和王燕在办公室里亲热。看妻子突然到访，曹金发两手一摊，索性说：“既然你已经看见了，我也就不瞒你了，我已经跟她好了。要么你今儿就当啥也没看见，要么干脆离婚!”说完就带着王燕摔门而去，一连几个星期都不再回家。李晓梅一下子蒙了，丈夫一摊牌，自己倒不知道该怎么办了。离了婚，自己连孩子都养不活；不离，这种日子怎么过？她忍不住跟朋友哭诉，可朋友却劝她说：“这婚肯定不能离！你要是离了，自己年龄大了，再婚不容易，连孩子都养不活。而且你这一走，不是正好给人家腾地方了吗？人家想要的不就是这个结果吗？还是睁一只眼闭一只眼吧。他在外面玩够了，自然就知道回家啦。”想来想去，李晓梅决定忍辱负重，用真心感化丈夫，等他回家。

可事情并没有李晓梅想得那么简单，她的隐忍在曹金发看来就是对他在外面养情人的默许。从此，他更加肆无忌惮，开始明目张胆地进出两个家，对外还宣称自己有两个妻子。有时需要什么东西，他甚至直接打电话给李晓梅，让她送到别墅。为了维系这个家，李晓梅一边忍辱负重，对丈夫无原则、无底线地宽容，一边还在孩子们面前努力塑造他辛苦工作、赚钱养家的好爸爸形象。只有在夜深人静的晚上，李晓梅才偷偷躲在房间掉眼泪。有时哭累了，她就成宿地站在阳台上向小区入口处张望，希望下一辆开进来的车就是丈夫的。可一次次的等待，换来的却是一次次的失望。

为了挽回丈夫，李晓梅开始苦练厨艺，希望留住他的胃，让他常回家。在交友平台上，李晓梅认识了一个厨师，两人互加了微信，并聊起了每天的菜品搭配及厨艺技巧。一来二去，两人也熟络起来。李晓梅有时也会和对方抱怨两句，说做的饭菜丈夫没回来吃，对方就会安慰她，两人像是认识很久的老友，彼此也多了一些嘘寒问暖的话。可那天两人聊天时，正好曹金发回家，李晓梅怕他多想，才慌慌张张将手机掉到了地上。可没想到，越怕啥越来啥，这一举动竟然被曹金发误认为她有婚外情。李晓梅拼命和丈夫解释，却越描越黑，曹金发也越听越气，干脆以此为理由，再也不回家了。李晓梅只能多次到工厂、别墅向丈夫承认错误，说自己不该和别的男人聊天，甚至长跪不起，只为求得原谅。可曹金发却说：“现在说什么都没有用了！我看到你都觉得恶心！这婚我是离定了，你要是不同意，我们就法庭上见！”王燕也在一旁煽风点火，说着风凉话：“老曹都说了不要你了，我才是他妻子，你怎么还死皮赖脸地不撒手啊！”面对这两人，李晓梅又急又气又委屈。在她看来，明明是丈夫出轨在先，两人还公然以夫妻自居，自己只是跟人网上聊天，又没干什么出格的事，为什么自己对丈夫就只能容忍，而丈夫却这么绝情呢？李晓梅觉得心灰意冷。就在这时，又出事了，正是这件事让李晓梅彻底绝望了。

原来，曹金发很久没回家了，恰逢儿子生日，李晓梅想借机求曹金发回家，所以就到别墅找他。她刚走进小区，一辆豪车就停在她面前，只见王燕从车窗探出头来，一脸鄙夷地冲李晓梅说：“你怎么又来了？这婚我们是结定了！看见没，我们的婚车都买好了，老曹送我的！你就别再死缠烂打了！”听了这话，李晓梅简直不敢相信自己的耳朵，和自己苦尽甘来的丈夫真的一点都不念旧情了吗？自己这么多年来忍辱负重，真的一点意义都没有吗？绝望的李晓梅想到了死，她觉得自己一分钟都坚持不下去了。可孩子怎么办呢？想来想去，实在没有办法的李晓梅决定拿出全部积蓄交给自己的母亲，把一双儿女托付给她来照顾。而且自己这一死，无论对于母亲，还是对于孩子，肯定打击都很大，她们在一起，应该可以互相安慰吧。

回到家，李晓梅含泪对孩子们说：“孩子们，妈妈累了，妈妈要去歇歇了，姥姥会来照顾你们的。我把钱放在抽屉里了。跟她说，妈妈对不起她！”听了妈妈的话，孩子们还以为妈妈想去休息一会儿，天真地说：“妈妈放心吧，我们会听姥姥的话。”说着，母子三人紧紧拥抱在一起。于是，李晓梅决定自杀，但她临死前要报复一下王燕，放火烧了她的新车。她事先从农村老家找来农药，又翻找出一些易燃液体，在自家客厅换装到瓶子里。没想到换装时不小心洒到了地上，因此留下了痕迹。事发的前一天晚上，李晓梅捧着全家福照片看了一遍又一遍，直到凌晨4点，李晓梅喝下了农药，带上易燃液体来到曹金发的别墅，因为之前给丈夫送东西时有一把别墅的钥匙，她就用钥匙打开门进入院子点燃了汽车。正好那两天王燕回了老家，最终还是夜间巡逻的保安发现了火情，这才叫醒了曹金发。

回到家，李晓梅觉得农药好像还没起效，怕是药过期了失了药效，她关上孩子们的房门，来到厨房关上门窗。因为煤气管道是固定的，李晓梅便割开了煤气管道，最终倒在了厨房的地上。可因为女儿的房间正对着厨房，煤气从门缝泄露，导致女儿中毒昏迷。儿子的卧室因离厨房较远而幸免于难，他睡醒后发现了妈妈和妹妹的异常，这才给爸爸曹金发打去求救电话。

就在此时，医院又传来好消息，曹金发的女儿终于苏醒了。就在大家都松了口气的时候，王燕找到曹金发，说既然两人的婚外情已经公之于众，要求他马上和自己结婚。可曹金发觉得现在不是结婚的时候，就算不顾及妻子的感受，孩子们已经知道自己婚外情的事，肯定会站在妈妈这边，他不想让孩子们记恨自己。王燕不管这么多，为了早日登堂入室，她让曹金发揭发李晓梅犯了放火罪，把她关进监狱，孩子们没了靠山，自然就会接受她这个新妈妈了。李晓梅毕竟是孩子的亲妈，曹金发也不想让妻子坐牢，所以拒绝了王燕的要求。可没想到，王燕竟然给派出所打去匿名电话，说她是小区住户，李晓梅犯了放火罪，应该抓她坐牢。其实，她巴望着李晓梅被送进监狱，那这个家的一切就都是她的了。那么，李晓梅放火烧车的行为，是否构成犯罪呢？这就涉及一个法律知识点：放火罪。

《中华人民共和国刑法》第一百一十四条规定："放火、决水、爆炸以及投放毒害性、放射性、传染病病原体等物质或者以其他危险方法危害公共安全，尚未造成严重后果的，处三年以上十年以下有期徒刑。"也就是说，放火罪实际上是指放火焚烧公私财物，危害公共安全的行为。那是不是只要放火烧东西，就构成放火罪呢？当然不是，如果有人放火烧东西，但火势是在相对较小的范围内，不会危害也不可能危害公共安全，就不构成放火罪。本案中，李晓梅放火烧车的地点是丈夫单门独院的别墅，邻居的住房都离得较远，不足以危害公共安全，所以不构成放火罪。而且，李晓梅放火烧的车虽说是丈夫买给他的情人的，可因为买车钱本身就是夫妻共同财产，丈夫没有权利擅自处分，所以这车还是夫妻共同财产。那么，李晓梅在自家别墅里烧自家车的行为，不构成放火罪。

王燕的如意算盘算是落空了。就在王燕满心欢喜地等待着警方抓走李晓梅的时候，她等来的竟然是一副冰冷的手铐，被警方一同带走的还有曹金发。原来，得知曹金发忘恩负义、家外有家后，李晓梅的娘家人都很气愤，他们鼓励李晓梅不要再忍气吞声，拿起法律的武器，让曹金发和王燕得到应有的下场。于是，在家人的陪同下，李晓梅以重婚罪向警方报案，要求追究二人的刑事责任。经过调查，警方了解到，王燕明知曹金发有家有口，却与曹金发长期同居，还以夫妻名义共同生活；而曹金发明明有家庭，还公然与王燕在一起以夫妻身份自居，二人均涉嫌构成重婚罪，应当追究刑事责任。很快，公诉机关以重婚罪将二人起诉至法院。法院经审理认为，两人构成重婚罪，曹金发被判处有期徒刑一年六个月，而王燕被判处有期徒刑一年。此刻的曹金发悔恨不已，他没想到婚外情竟然让自己落得这个境地。李晓梅也正式向曹金发提出离婚，要求两个孩子的抚养权都归自己。曹金发表示同意，并主动提出净身出户，把所有财产都留给妻子和孩子，以弥补自己犯下的罪行。王燕最终也落得人财两空、锒铛入狱的下场。

生活仿佛又恢复了往日的平静，李晓梅也开始重新审视自己的婚姻，她觉得自己当初真不应该漠视生命、轻言放弃，想想自己如果真的不在人世了，最可怜的恐怕还是自己的父母和孩子。如今，因为煤气中毒和农药残留，她的身体也大不如从前，就连照顾父母和孩子都觉得吃力。这时的她才真正觉得，婚姻虽要努力维护和经营，可如果真的无法挽回，不如就选择放手，好聚好散不强求，才能得到真正的自由和宁静。

守不住的秘密

汪 洋

法律知识点：教唆犯

2016年深冬的一个清晨，北方某市下起了小雪。建筑工人小张早早地来到工地，远远看见一个身穿红色羽绒服的女人，一动不动地趴在地上，身上已经覆盖了一层积雪。小张赶紧上前查看，发现女人头部流出的鲜血都结成了冰。小张吓得两腿发软，掉头就跑，边跑边喊："快来人哪，死人了！"听到呼叫声，工友们拨打了急救和报警电话。

法医确认女人已经死亡，且身体多处骨折，头部有严重的钝器创伤，应该是一起人为致死后，又被从高空推下的故意杀人案件。大家一片哗然。死者是谁？她为什么会出现在工地上，又是谁将她残忍杀害了呢？

为了解案情，警方调取了事发路段的监控，发现前一天晚上8点多，死者和一名女子，一前一后来到工地。这个女人是谁？这么冷的天，又这么晚，两个女人到工地干什么？

经调查，警方了解到死者名叫娟子，今年37岁。民警迅速联系上了娟子的丈夫，当他得知娟子被害，痛不欲生。他说，娟子是个善良有爱的女人，结婚十几年，两人都没红过脸，还有一个上初中的女儿，乖巧懂事。事发当晚，他出差在外，女儿住校。他实在想不出是谁残忍杀害了妻子，请求警方一定要抓到凶手。

警方向大家出示了监控截图，有人发现和娟子一起去工地的那个女人，是娟子的发小刘莉。警方拨打了刘莉的电话，可电话关机了。警方找到刘莉的同居男友马强，他说刘莉出差了，他也联系不上。听说娟子出事了，死前还是与刘莉在一起，马强喃喃自语："不会吧？不会是刘莉！"听了这话，警方警觉起来，难道娟子的死，和刘莉有关吗？

在警方的追问下，马强告诉警方，刘莉和娟子既是好友又是同事，前段时间在单位竞争上岗，两人闹了点儿矛盾。随后，他还向警方说出他和女友刘莉的过往。

一年前，马强因生意失败，欠下一屁股债，未婚妻向他提出分手。马强整日萎靡不振，靠上网排解烦闷。就在这时，他在网上认识了刘莉。

刘莉告诉马强，她今年 29 岁，比马强小一岁。听说马强生意失败，刘莉一直耐心开导劝解他。马强觉得刘莉温柔恬静、善解人意，在他人生的低谷期给了他巨大的鼓励，便对刘莉心生好感。一个周末，两人相约见面了。

看到刘莉长发披肩身材高挑，马强对刘莉更有好感。可仔细一看，刘莉虽然打扮得很精致，但看上去还是比同龄人要大一些。刘莉看出马强的疑惑，笑着说："我可不像你前女友，有你养着，我什么都靠自己，当然饱经风霜啦！"

听了这话，马强很不好意思。想想自己的前女友，整天逛商场做美容，哪比得上刘莉独立自强，便自我解嘲地说："嗨！靠山山倒，靠河河干，靠自己才吃不完！"说着，马强拉起刘莉的手："如果你不嫌我没房没车又没钱，我们一起打拼吧！"

刘莉没有拒绝，她轻轻依偎在马强的肩膀上，笑盈盈地说："今天我来见你，就是想告诉你，我看中的是你这个人，我们俩有手有脚，靠自己一定行！"

马强心里热乎乎的，能找到一个这样的女友，太难得了。很快，马强带刘莉见了父母，并提出去拜见刘莉父母。刘莉说她父母很开明，只要她喜欢的，娘家人都同意，对男方的家庭条件、彩礼之类的，也没有要求，不用大老远回老家见父母，只要见一个人就行了。

刘莉所说的这个人，就是她的发小娟子。刘莉说，两个人从小一起长大，后来又在同一座城市打拼，现在还在同一个单位，情同姐妹，娟子就是自己的娘家人。三人一起吃了顿饭，娟子看马强彬彬有礼，对刘莉也是鞍前马后，很替刘莉高兴。

就这样，两人的关系确定下来。马强的父母把两人的婚期定在了半年后。就在这时，刘莉又从娟子那儿得知了一个好消息：娟子的一个朋友因要出国，正以25万元的低价转让一间涂料厂。马强本来就是学化工的，毕业后一直想开办一间化工涂料厂，可买设备搞研发至少要投入上百万元，马强家里条件一般，哪里有这么多钱呢？所以，这事就一直没能实现。现在听说有人低价卖厂，马强兴奋极了，这可算是捡了个大便宜。可转念一想，他又犯起愁来，之前生意失败，他已经欠下一屁股债，现在哪有钱买厂啊。

看马强一筹莫展，刘莉说："我一直炒股，赚了20多万元了，我把股票卖了，帮你买厂。"马强立刻回绝，说不想用刘莉的钱。可刘莉却说："咱俩都快是一家人了，哪里还分你的我的，到时不都是咱俩的？现在这么便宜，过了这个村可就没这个店了。"就这样，刘莉硬是拿出25万元，买下涂料厂，交给马强经营。马强感动极了，他发誓要好好珍惜刘莉。可做生意远没有马强想得那么简单，还没过几天，工厂就出事了。

原来，当地政府因环保问题凸显，下令整治环境，马强的涂料厂因排污不达标，被政府限期整改，否则就要关闭。马强急坏了，他急需配备新的机器设备和排污装备保住工厂，不然买厂的钱就白花了。可算下来，整改还需要投入20多万元。上哪儿弄钱呢？

就在这时，刘莉又带来一个好消息，说娘家刚把30万元的嫁妆钱给她了，正好可以让马强先拿去用。马强简直不敢相信自己的耳朵，他觉得刘莉简直就是天使，关键时刻总为自己排忧解难。除了感激，他真不知还能说些什么。就这样，马强的工厂经过整改顺利通过了检查。

工厂上了轨道，可马强发现刘莉的脾气越来越暴躁，经常在电话或微信中对什么人发脾气，她和娟子之间好像也出了问题。有时候，娟子打来电话，刘莉明明就在马强身边，却撒谎说她在外地。马强觉得很奇怪，这个涂料厂可是娟子帮忙介绍的，好几个大客户也是她引荐的，刘莉不应该这样对人家啊！

刘莉解释说，她和娟子在单位竞争上岗，娟子在背后说她坏话。还说，如果娟子来找马强说什么，让马强千万别理她。马强看女友在气头上，就答应了。可后来，刘莉和娟子的矛盾好像越来越大。现在娟子意外身亡，会不会与刘莉有关呢？

这边，警方传来消息，确认刘莉与娟子的死确有重大关联。原来，警方在刘莉家提取到了她的指纹，经比对，与在娟子尸体上提取到的指纹一致。很快，警方在邻近城市将刘莉抓获。

刚开始，刘莉并不承认，可当警方把她带到殡仪馆，让她辨认娟子的遗体时，刘莉一下子瘫软在地，失声痛哭。在警方的询问下，刘莉终于道出了她为了保住和马强的爱情，杀害娟子的经过。

原来，刘莉现年 37 岁，离过婚，还有个 4 岁的孩子，根本不是她对马强所说的 29 岁。她之所以说谎，是因为她离婚后，曾向原单位的一名男同事表白。可没想到，对方竟然把刘莉的表白微信，发到了朋友圈里，嘲笑刘莉不自量力，离异有子还想和他在一起。刘莉无地自容，备受打击，离开了原单位。

为了填补刘莉情感上的空白，娟子到处托人给刘莉介绍男友。可一听说刘莉三十多岁，还带着孩子，人家要么推脱，要么就介绍一些五六十岁的人给刘莉。刘莉的心情低落极了。娟子经常陪伴开导刘莉，说刘莉还年轻，总有一天会遇到一个好男人。

可刘莉心想，自己离过婚，又带着个孩子，谁会愿意帮自己养儿子呢？想到这，刘莉做出了一个大胆的决定，她决定隐瞒年龄和婚史，先处对象，等两人好上了，对方离不开自己时，再道出实情。怕娟子不认同自己的想法，刘莉没有告诉娟子。

就这样，刘莉把儿子送回老家，交给妈妈，还换了手机和微信号，准备重新开始。正好娟子所在的公司招聘，在娟子的大力推荐下，刘莉顺利入职，两个人成了同事。

就在这时，爱情也来敲刘莉的门了。刘莉在网上认识了一个叫马强的小伙子。听说马强生意失败，又被未婚妻悔婚，或许是因为两人都受过情感伤害，很快互生好感。可马强今年才30岁，足足比刘莉小了7岁，还是个大小伙子呢。刘莉担心马强无法接受自己，她决定先和马强相处一下，等两人关系稳定了再道出实情。刘莉便骗马强说自己单身，比马强小一岁。

很快，两人相约见面了。一见面，刘莉便被眼前这个一米八儿的个头、浓眉大眼的马强深深吸引住了。虽然马强一再说，他没房没车又没钱，但刘莉觉得，马强为人诚恳，值得托付。马强对刘莉也很满意。两人很快确立了恋爱关系。

刘莉的心里其实很不踏实，毕竟自己在年龄和婚史上撒了谎，该怎么收场呢？想来想去，刘莉还是决定找娟子商量。娟子一听，极力反对，让刘莉实话实说。

刘莉急哭了说："我都快40岁了，如果说实话，肯定又和之前一样被人甩了，难道你想让我孤独一辈子吗？"

看刘莉痛哭流涕，娟子心软了，劝刘莉说："那你也要尽快跟人家说实话，如果他不接受你，就早点儿结束，不然迟早会穿帮的。"刘莉点头答应，说一定找机会说出实情，还求娟子代表娘家人和马强见个面。娟子答应了。就在刘莉准备向马强说出实情时，一件事情的发生让刘莉改变了主意。

原来，娟子和马强见面那天，无意间听说马强是学化工的，喜欢钻研化工涂料。事后，娟子正好有个朋友要转让涂料厂，便介绍给了马强。但对方要25万元的转让费，马强无力支付。刘莉私下找娟子借钱，她知道，只要她开口，娟子一定会想办法帮忙。

这也难怪，娟子与刘莉两家从小就是邻居。娟子母亲去世后，父亲再婚，后妈没少欺负她。刘莉的父母看娟子可怜，经常让娟子在自己家吃住，把她当女儿一样养。只要刘莉有的，娟子一样都没少过，这让娟子从小就对刘莉一家充满感激。

果然，娟子二话没说，东拼西凑了 25 万元给刘莉。刘莉说，等工厂一盈利，马上还钱。这边，为了让马强念自己的好，刘莉故意说自己是把炒股赚来的钱，拿出来给马强用。马强非常感激，也加倍疼爱刘莉，三天两头给刘莉制造各种小浪漫、小惊喜。刘莉觉得幸福又甜蜜。

可没想到，涂料厂因环保问题，又需要 20 万元整改资金。刘莉只得再找娟子借钱。可娟子也是工薪阶层，哪有这么多钱。情急之下，刘莉劝说娟子，作为单位的财务，干脆就挪点儿公款给自己用用，等工厂整改后，很快就能赚钱还款。

经不住刘莉的软磨硬泡，想到刘莉好不容易找到如意郎君，又想起刘莉家人这么多年来给自己的关爱，娟子同意再帮刘莉一次。但她让刘莉尽快还款，以免被单位发现。刘莉满口答应。这次，为了让马强永远都念自己的好，刘莉又骗马强说，这是自己的嫁妆钱。马强很感激，说一定要让刘莉成为世界上最幸福的女人。刘莉心里像喝了蜜一样甜。

其间，刘莉也曾想过，向马强坦白自己离异有子，还大马强 7 岁的实情，可每每看到马强对自己体贴又温柔，再加上两人婚期临近，刘莉实在怕生变故，每次话到嘴边又咽下了，一直没有勇气说出口。

娟子听说刘莉还没跟马强坦白个人情况，不停地催刘莉，说别结了婚还瞒着人家。刘莉却说："我自有分寸！你就别瞎操心了！"

其实，刘莉心想，反正儿子已送回老家，有妈妈带，自己就和单身一样。至于年龄，就说报户口时，为了多分点儿父母村里的分红款，故意把年龄报大了。等两人结了婚，生了孩子，再见机行事吧，毕竟自己这是爱的谎言嘛。就在刘莉自认为一切都天衣无缝时，她却接到了娟子的最后通牒，让刘莉立刻还钱，但刘莉却还不上了。

原本马强的涂料厂整改过关后，生意不错，马强也提出要还钱给刘莉，可刘莉为表真心，硬是说支持马强扩大生产，不急用钱。可没想到，就在这时，涂料厂的现金流出了大问题。他们最大的采购商投资失利濒临破产，无力偿还涂料厂近百万元的货款。这样一来，涂料厂收不到货款，又把原有的资金都投入到扩大生产上，缺乏流动资金，连买原材料的钱都没有。眼看，工厂就要停工停产了。

距离娟子挪用公款已经近3个月了，马上单位就要展开审计了，她心急火燎，不停地催刘莉还款。刘莉却根本无力偿还。娟子劝刘莉：“实在不行，就让马强把厂子卖了吧，能卖多少卖多少，以后还有别的机会！”可刘莉坚决不同意，说：“我跟马强说钱是我的，他不知道是你借的，现在让他卖厂，我怎么跟他说啊？”

听了这话，娟子很不高兴：“你究竟还要瞒多久啊？如果马强知道你谎话连篇，他还会和你在一起吗？我再给你几天时间，你自己跟马强说清楚，不然我去找他，把真相全说出来！”

看着娟子头也不回地离开，刘莉一下子跌坐在沙发上。她不禁回想起自己和马强在一起的点点滴滴，他那么阳光、那么努力，两人那么幸福甜蜜，再过不久就要结婚了，自己所有的付出与坚持，就要有一个圆满的结局了。

可现在，让马强卖厂，无异于要拆穿自己所有的谎言。难道告诉马强，自己其实快40岁了，离过婚，还带着孩子，钱也是娟子挪用的公款？如果马强知道这一切，他会接受自己吗？就算他可以，他的父母能接受吗？如果两人分手，自己苦心经营的一切不就全都白费了？可如果不听娟子的，不卖厂，娟子把这一切都告诉马强，自己又该怎么办呢？

想来想去，她突然有了一个可怕的念头：如果娟子死了，她就没办法告诉马强实情了；而且借她的钱就不用还了，挪用的公款也不用给了，说不定娟子还会被认定为挪用公款畏罪自杀，一切就都不用再担心了。想到这些，刘莉决定，除掉娟子，并想办法造成她自杀的假象。

第二天，刘莉给娟子发去微信，约娟子晚上8点在公司附近的一个工地见面，商量挪用公款的事。娟子没多想就答应了。晚上，躲在黑暗中的刘莉见娟子如约而至，趁其不备，用石头向娟子的后脑狠狠砸去，娟子当场晕倒在地。为了造成娟子挪用公款畏罪自杀的假象，刘莉把娟子拖进了工地电梯，上到顶楼，把娟子推了下去。事发后，刘莉因为害怕，便跟马强说有事外出，连夜离开了这座城市，到邻近城市避风头。

事情真相大白。在刘莉的指认下，警方找到了刘莉杀害娟子使用的那块石头，并在上面提取到了刘莉的指纹和娟子的血迹。

同时，警方也进一步提取到刘莉多次劝说娟子挪用资金供她使用的微信记录，以及娟子挪用了单位30万元并转账给刘莉的银行流水记录。

马强得知真相后痛哭流涕，他无论如何也无法把自己眼中那个天使般的女友，和残忍杀害发小的杀人犯联系在一起。他变卖了涂料厂，四处筹款共计80多万元，交给娟子的家属，争取能让刘莉得到宽大处理。

很快，公诉机关以故意杀人罪、挪用资金罪，将刘莉起诉到法院。法庭上，刘莉对故意杀人的罪行供认不讳，但她说挪用资金的人是娟子，不是自己。何况自己又不是公司财务，不具备挪用资金的工作便利和身份条件。所以，她不应构成挪用资金罪。对于刘莉的辩解，法院将如何认定呢？这就涉及一个法律知识点：教唆犯。

《中华人民共和国刑法》第二十九条第一款明确规定："教唆他人犯罪的，应当按照他在共同犯罪中所起的作用处罚。"

其实，教唆犯就是用威胁、利诱、怂恿、唆使等方法，把自己的犯罪意图灌输给本来没有犯罪意图的人，让他人按教唆人的想法，实施犯罪行为。这个教唆的人，就是教唆犯。

根据上述法律规定，我们国家并没有教唆罪这一罪名，而是把教唆犯按照被教唆的人所犯的罪名，以共犯论处。本案中，娟子的行为无疑构成挪用资金罪，因她已经去世，无法再追究其刑事责任。但刘莉作为教唆的人，应按挪用资金罪的共犯论处。

鉴于娟子的家属出具了谅解书，最终，法院判决刘莉犯故意杀人罪，判处死刑，缓期两年执行，剥夺政治权利终身；犯挪用资金罪，判处有期徒刑四年六个月；数罪并罚，决定执行死刑，缓期两年执行，剥夺政治权利终身。

宣判后，刘莉跪倒在法庭上掩面而泣。为了追求爱情，她撒下弥天大谎，甚至唆使发小挪用公款，最终还将她残忍杀害。为此，她也将付出沉重的代价，无法为父母尽孝、无法陪伴孩子成长。

马强也来到现场。征得法官许可后，马强和刘莉抱头痛哭，他不停地责怪刘莉：“你为什么要骗我？你怎么能为了和我在一起，做这么多坏事啊？这样的幸福能长久吗？”刘莉不停地点头：“我错了，我错了！”

刘莉追求爱情本没有错，但她为了追求爱情，谎报年龄、隐瞒婚史，甚至为了表忠心，唆使发小触犯法律，终将她这艘以爱之名的小船，推向万劫不复的深渊。而娟子，帮人报恩应当有原则、有底线，不能不计代价、不计后果，否则，助纣为虐终将害人害己。

听信挑唆生祸端

汪　洋

法律知识点：交通肇事罪与故意杀人罪的区别

2019 年 3 月的一天晚上 8 点，南方某城市一栋写字楼里，蒋建强忙完手头的工作，习惯性地点开手机上的监控软件，回看家里的情况。看见妻子刘芳除了买菜做饭、做家务以外，没什么异常，蒋建强准备关闭软件回去。可这时，画面中突然出现了一个年轻男人的身影，在自家客厅里对妻子刘芳搂抱亲吻，妻子半推半就，没有严厉制止。蒋建强赶紧按下暂停键，放大画面，仔细查看，发现这个男人不是别人，正是自己的下属张小伟。蒋建强只觉得血液上涌，浑身紧绷，整个人都僵住了。妻子是什么时候和他好上的？他们两人怎么会走到一起呢？

蒋建强今年 38 岁，是一家建筑工程公司的老板。他的妻子刘芳，是他的同乡，也是他的初恋，今年 34 岁，是个全职太太。两人结婚已经 14 年了，有个 13 岁的儿子，在寄宿学校上初一。丈夫事业有成，妻子温婉贤惠，一家人幸福美满。可一个月前发生的一件事，打破了这个家的平静。

这天下午，蒋建强要去外地出差，并订好了机票，他从公司回家收拾行李。刚走到家门口，蒋建强就听到家里传来一个男人的声音。他开门一看，只见妻子刘芳正和张小伟拉拉扯扯。一看蒋建强突然出现，刘芳和张小伟立刻停止了拉扯，赶紧分开了。

刘芳很不自然地捋了捋头发，拉了拉衣角，神情紧张地说：“你怎么回来了？张小伟他……他是来给我送点东西的，马上就走，马上就走。”说着使了使眼色，让张小伟快点离开。张小伟没吱声，看都没敢看蒋建强一眼，低着头一溜烟地离开了。蒋建强满脑子疑惑，可是怕延误登机，只好收拾行李赶赴机场。

一路上，蒋建强心乱如麻。张小伟怎么会出现在自己家里？妻子和张小伟的反应太不正常了，两人之间有什么不可告人的秘密呢？

张小伟今年32岁，一米八的大高个子，浓眉大眼，高大帅气，平时收拾得也干净利索。他不仅是蒋建强的下属，也是他的同乡。去年春节，蒋建强回老家过年，邻居张大娘带着儿子张小伟找到蒋建强，求蒋建强给他找个活儿干。十几年前，张大娘和蒋建强的妈妈一起去城里买东西，路上有辆车撞过来，张大娘推开了蒋建强的妈妈，结果自己的腿脚却因此落下了严重残疾。看大娘求自己帮忙，蒋建强就答应了。

过完年，蒋建强就把张小伟安排进了自己的工程公司，还给他安排了宿舍。可蒋建强怎么也不能相信，张小伟会和妻子走到一起。他们之间究竟是什么关系呢？

想来想去，蒋建强决定偷偷在家里安装监控，看个究竟。很快，蒋建强趁着妻子回娘家的时候，在家里安装了监控并连接到自己手机上，每天下班后，他都会回看录像，看看妻子有无异常。

一连一个月过去了，妻子也没什么异常，就在蒋建强怀疑自己是不是想多了的时候，今天竟然亲眼看到张小伟登门入室，和妻子举止亲密。蒋建强再也无法抑制内心的怒火，一把抓起桌上的钥匙，冲出门去。

回到家，妻子刘芳正在拖地，蒋建强冲上去一把抢过拖把，狠狠地摔在地上，大声质问：“说！你和张小伟到底是什么关系？要不是我在家装了监控，我都不知道你竟然和他搞在一起！说吧，你俩在一起多久了？发展到什么程度了？”

看着怒气冲冲的蒋建强，刘芳一下子脸色煞白，愣愣地杵在原地，半晌说不出一句话。突然，她扑通一声跪在蒋建强面前，放声大哭起来：“对不起，对不起，都是我的错，我不该相信张小伟！要不是我太疑心，听了他说的那些话，我不可能和他……”

听了这话，蒋建强蒙了，踉跄了几步瘫坐在沙发上。虽然自己认定妻子和张小伟有不正当关系，可这事妻子亲口承认，还是让蒋建强觉得字字扎心。张小伟究竟对妻子说了些什么？他们两人究竟发生了什么事呢？在蒋建强的追问下，刘芳声泪俱下地道出了实情。

去年，张小伟刚进公司不久的一天下午，刘芳正在做家务，突然传来了一阵急促的敲门声，刘芳开门一看，只见张小伟满头大汗地站在门口。还没来得及进门，张小伟就焦急地说：“嫂子，我摊上大事了，您可得帮帮我啊！”

原来，刚进公司的张小伟，既没什么工作经验，又啥也不会，被蒋建强安排在一个工地刷墙。一天，张小伟在工地上抽烟，烟头竟然点燃了工地上的建筑材料，引发了火灾，一下子烧坏了价值一万多元的工程材料。蒋建强知道后，让张小伟赔偿所有的损失，如果没钱赔，就从他的工资里扣。张小伟觉得蒋建强太不近人情了，就过来求刘芳帮忙求情。

看张小伟态度诚恳，连连道歉，刘芳就答应了。当晚，刘芳就跟蒋建强说起这事。蒋建强说，自己没给张小伟做岗前培训，也没交代他工地严禁抽烟，这次引发火灾，自己确实也有责任，这次就算了，下次绝不姑息。他决定先把张小伟调到仓库管货，让他熟悉熟悉环境。

第二天，刘芳就接到了张小伟的电话，说蒋建强不用他赔钱了，还给他安排了个管仓库的活，活少人闲，他实在是对刘芳感激不尽，以后做牛做马也要报答刘芳。

从那以后，张小伟经常帮刘芳买米买面，搬抬重物。得知刘芳每个星期三晚上都要去给住校的孩子送饭，来回车程两个小时，张小伟就每周三晚来帮刘芳开车。张小伟的关心和帮助，让刘芳感觉温暖极了。

另一方面，蒋建强工作忙，对刘芳也没以前那么上心了，加上业务好、应酬多，经常半夜三更才回来，一回家也是筋疲力尽，倒头就睡。刘芳渐渐发现蒋建强和自己的话越来越少了，两个人的感情也疏远了。有时候刘芳跟蒋建强吵上两句，蒋建强就十天半个月对刘芳不理不睬。看蒋建强对自己这么冷淡，刘芳开始怀疑蒋建强外面有人了，经常疑神疑鬼、捕风捉影。这让两人的关系更加紧张，甚至经常发生冷战。

渐渐地，刘芳开始把这些烦心事讲给张小伟听。张小伟总是耐心聆听，不仅非常理解和同情，还经常劝刘芳，一定要留个心眼儿，看好蒋建强，不要被别的女人抢走了。这让刘芳的心得到了很多慰藉，也觉得张小伟的提醒很有道理。就在刘芳已经把张小伟当成亲信的时候，张小伟又出事了。

张小伟被人举报，说他在做仓管员期间，利用少计入库、多计出库的方法，私自截留公司建材拿出去倒卖。经清点，张小伟共卖了 5 万多元。蒋建强为此大发雷霆，说要到公安局报案，告张小伟职务侵占，让他把牢底坐穿。

这回张小伟是真害怕了，他跪在刘芳面前，一把鼻涕一把泪地说："嫂子，我求求你了！当年我妈为蒋总的妈妈挡了车，留下残疾，蒋总一点都不念旧情，定要送我去坐牢。我知道错了，那钱我砸锅卖铁也会还给他的，求你救救我吧！"

经不住张小伟的软磨硬泡，想到张小伟平时对自己的照顾，刘芳又心软了，答应去求蒋建强试试。刘芳求蒋建强看在张大娘的份儿上，再给张小伟最后一次机会。不然，亲手把张大娘的儿子送进大牢，怎么跟张大娘交代，村里人又会怎么说呀。说着，她拿出 6 万块钱交给蒋建强，说是张小伟送到家里来的赔偿款。其实刘芳是拿了自己的私房钱，想让蒋建强对张小伟网开一面。听说张小伟主动赔款，蒋建强觉得张小伟可能是真的知道错了，最终没有去公安机关报案，同意再给张小伟最后一次机会。

听说刘芳劝住了蒋建强，并且自掏腰包帮他赔了 6 万块钱，张小伟请刘芳吃饭表示感谢。饭桌上，张小伟给两人倒满酒，敬刘芳说："嫂子，除了我妈以外，你就是这个世界上对我最好的人了！你这么好的女人，就应该得到幸福。虽然我没啥本事，但是你放心，以后我会帮你看着蒋总，绝不让他有机会背叛你。"

从那以后，张小伟开始有意请蒋建强的司机、公司大门口的保安吃饭喝酒，和他们成了好兄弟，并借机打探蒋建强的行踪。

张小伟发现，蒋建强和公司的秘书小玲走得很近，两人不仅一起去商场购物，还经常一起去餐厅和KTV，甚至本地的一些旅游景点。有一次，张小伟按照自己了解到的行踪，陪刘芳跟踪蒋建强去商场，竟然发现蒋建强在一家珠宝店和小玲一起挑选首饰。这让刘芳怒火中烧，气愤不已。

就在刘芳准备质问蒋建强时，张小伟的一句话点醒了刘芳："嫂子，你就算问蒋总，他也肯定不会承认。如果他真不和你过了，那咱也得先沉住气，掌握好家里的财政大权，别到时候人财两空，那可就亏大了！"刘芳觉得张小伟说得很有道理，决定先暗中观察，并且把家里的钱好好归整归整。可接下来发生的事情，完全超出了刘芳的想象和控制，让刘芳后悔不已。

这天下午，蒋建强打电话说要去省城出差，要两三天才回来。刘芳赶紧给张小伟打电话核实，没多久张小伟就回复了："嫂子，我问了，蒋总确实是要出差，但是，我还听说……"张小伟吞吞吐吐，欲言又止。刘芳催张小伟赶紧实话实说。张小伟接着说："我听说小玲也请了两天假，估计是和蒋总一起的。"听到这话，刘芳目瞪口呆，没想到蒋建强当真是要背叛自己，背叛家庭，怪不得他和小玲老是一起逛商场，吃饭唱歌，现在竟然还去省城私会，可怜自己在家里当牛做马，蒋建强却在外面和别的女人风花雪月。想到自己和蒋建强十几年的婚姻即将走到尽头，刘芳伤心欲绝，借酒浇愁，自斟自饮起来。

不知过了多久，门口响起一阵急促的敲门声。刘芳从昏睡中醒来，强撑着身体蹒跚地打开房门，只见张小伟拎着打包来的饭菜，站在门口。看刘芳酒醉成这样，张小伟一把扶住刘芳："嫂子，你这样太让人心疼了！"听了这话，刘芳一下子放声大哭起来。

张小伟把饭菜放到餐桌上，摆好碗筷，嘱咐刘芳一定要多吃点，保重身体，多为自己着想。刘芳却只想借酒浇愁，边喝边哭。张小伟拿起酒杯，也陪刘芳喝了起来。不胜酒力的刘芳倒在了张小伟的怀里。张小伟也在刘芳的耳边轻轻地说："嫂子，其实从你第一次帮我，我就已经喜欢你了。我虽然没钱没本事，但我会好好珍惜你，以后就由我来照顾你吧。”那一刻，刘芳没有拒绝，两人发生了关系。

第二天早上，张小伟离开了刘芳家。刘芳心里很是忐忑，她有点后悔昨天晚上没有把持好自己，和张小伟发生了一夜情。但转念一想，明明是蒋建强对不起自己在先，那你做得了初一，我如何做不得十五？而张小伟，他虽然没钱也没什么本事，但是他细心又温柔，温暖又贴心，自己想要的不就是这样平淡简单的生活吗？就在刘芳刚刚做好心理建设时，让她万万没想到的事情发生了。

几天后，蒋建强在家里突然接到一个电话，打来电话的不是别人，正是公司的秘书小玲。她说自己已经回家处理完了父亲的后事，但父亲走得太突然，母亲一时无法接受，住进了医院，家里还有很多事没办妥，还要再多请两天假才能回来上班。蒋建强不停地安慰她，叮嘱小玲和家人节哀顺变。

听到两人的对话，刘芳简直不敢相信自己的耳朵，她小心翼翼地向蒋建强求证小玲父亲过世的事。没想到，蒋建强竟然随手拿出手机，翻出小玲祈祷父亲一路走好的朋友圈，一边感慨世事无常生命脆弱，一边自言自语说，有个很难缠的女客户，是小玲陪自己给她选了首饰当作礼物，还多次和自己一起陪客户吃饭唱歌，打卡旅游景点，工作跟进得很细致，客户对小玲的工作非常满意，本来后面还有大生意，但现在没人对接了，说不定会影响后面的工作进展。

此刻的刘芳已经听不清蒋建强在说些什么，她跌坐在沙发上，只觉得大脑一片空白。看来，两人没有一起去省城，他们之间也没什么私情。难道自己错怪了蒋建强？错信了张小伟吗？此刻的刘芳无比后悔和张小伟发生了一夜情，无比怨恨张小伟无事生非，让自己疑神疑鬼，错怪丈夫。可是现在说什么都来不及了，刘芳实在不知道该如何收拾残局。

第二天，刘芳找到张小伟，告诉他昨天的事，气愤地说：“这事都怪你，没有搞清楚状况，就胡乱通风报信，我就是因为相信了你的话，才和你发生了一夜情。你走吧，我不会再见你了，就当我们俩从来就没有认识过!”

一听这话，张小伟就换了一副嘴脸，立刻反驳说:“你想甩了我，没门!你要是不跟我好，我天天到你家来闹，不然，我就直接跟蒋建强摊牌好了，看他愿不愿意戴这顶绿帽子!你呀，还是赶快把你家的财产分分，带着你的家产，好好跟我过得了。”

此刻的刘芳又气又悔，如果跟蒋建强摊牌，他怎么能原谅自己的过错?可如果真的离了婚，张小伟这样的人，怎么敢托付一生?刘芳陷入巨大的痛苦之中。可张小伟却逼得更紧了，经常打电话发短信，甚至直接到刘芳家里逼她快点离婚。看刘芳这边迟迟没有离婚，张小伟再度去刘芳家里对她强行搂抱，逼她快点跟蒋建强分家产。刘芳害怕张小伟直接去找蒋建强，所以半推半就，不敢强烈反抗，这才出现了蒋建强在监控里看到的那一幕。

看着泣不成声的刘芳，蒋建强简直不敢相信自己的耳朵，他怎么都没想到妻子竟然和张小伟做出这种事情。他一字一顿地说，离婚吧。蒋建强提出房子给刘芳，家里的存款120万元，自己拿走其中的100万元，用于生意周转及再交个房子的首付。儿子跟自己，不用刘芳给抚养费。看着蒋建强斩钉截铁的样子，想想自己确实做了对不起蒋建强的事情，刘芳没有脸面再挽留，只能答应了。

很快，蒋建强从家里搬了出来，并和刘芳办理了离婚手续。张小伟听说刘芳分了一套房子，还有20万元现金，便从蒋建强的公司离了职，更加肆无忌惮地骚扰刘芳，逼刘芳和他结婚。

离了婚的蒋建强陷入痛苦之中，因为无心工作，很多工程质量和进度都出现了问题，业主纷纷要求更换施工队，这让公司的资金链出现重大问题，陷入困境。因为业绩下滑，员工收入骤减、纷纷跳槽，公司濒临倒闭。就在这个时候，又传来一个噩耗，刘芳竟然服安眠药自杀了。

此刻的蒋建强悲愤交加，生意失败，公司濒临倒闭，好端端的一个家，也被搞得家破人亡，蒋建强觉得这一切都是因为张小伟无事生非、挑拨离间所致。蒋建强决定为自己，为刘芳，为整个家，找张小伟讨个说法。于是，蒋建强通过同事找到了张小伟的住所，连续数日跟踪张小伟，想趁他在街上闲逛之际，伪造一个交通事故现场，让张小伟付出代价。

摸清了张小伟的行踪后，趁张小伟在街上闲逛时，蒋建强驾车踩足油门向他冲去。张小伟被撞击跌伤致颅骨骨折，颅内出血，手术后被转入重症监护室。经过 7 天的抢救，张小伟终因颅脑严重损伤抢救无效而去世。

交警部门通过现场勘验等认定本案存在犯罪事实，移交公安机关立案侦查。公安机关以故意杀人罪侦查终结，将本案移交检察院，起诉至法院。

法庭上，蒋建强辩解说，张小伟害自己家破人亡，公司倒闭，自己只是想教训一下张小伟，让他付出应有的代价，但并没有想要置他于死地。再说，张小伟本身也有错，要不是他挑拨离间，诱骗刘芳和他发生关系，导致二人离婚，刘芳也不会自杀身亡。张小伟落得今天的下场，是罪有应得，自己最多只是构成交通肇事罪。

但是公诉机关却认为，从公安机关的现场勘验结果及视频监控来看，蒋建强开车撞上张小伟的撞击点，到车辆停下后的车头位置，超过 35 米，现场没有明显的刹车痕迹。也就是说，蒋建强驾车撞人时，根本没有采取制动措施，没有任何减速的迹象。撞到张小伟后，蒋建强还顶着他行驶了 30 多米才停下来。从蒋建强的行为表象上看，明显是希望达到张小伟死亡的后果。另外，事发后，蒋建强并没有第一时间积极救助，是路人拨打了 120 急救电话。这也充分说明，蒋建强希望达到张小伟死亡的后果，他所辩解的“没想到也并不希望张小伟死”的说法，明显与事实不符。

法院将如何判决呢？这就涉及一个法律知识点：交通肇事罪与故意杀人罪的区别。

《中华人民共和国刑法》第一百三十三条规定，“违反交通运输管理法规，因而发生重大事故，致人重伤、死亡或者使公私财产遭受重大损失的，处三年以下有期徒刑或者拘役；交通运输肇事后逃逸或者有其他特别恶劣情节的，处三年以上七年以下有期徒刑；因逃逸致人死亡的，处七年以上有期徒刑”。从字面上看，交通肇事罪与故意杀人罪具有明显的不同。

交通肇事罪多指违章违规引发交通事故，致人重伤死亡或财物受损。而故意杀人罪，就是要置人于死地，剥夺他人生命。但是在司法实践过程中，如果因开车撞了人，导致他人死亡的，还是要区分行为人的主观故意是什么。交通肇事罪是一种过失危害公共安全的犯罪，是过失犯罪；而故意杀人罪是故意犯罪，明确了这一点就有助于本案的定罪量刑了。

蒋建强在开车撞张小伟的时候，究竟是不小心撞了他，还是故意要撞他呢？显然，通过刹车痕迹、车辆速度、蒋建强事发后的表现，都可以看出蒋建强就是为了让张小伟付出代价，张小伟因此而死亡，那也是完全符合蒋建强的心理期望的。

最终，法院经审理认为，蒋建强主观上有故意杀人的目的，客观上确实有开车撞人的行为，符合故意杀人罪的构成要件，因此判决蒋建强无期徒刑，剥夺政治权利终身；他用于犯罪的轿车予以没收，并需赔偿受害人家属各项损失 140 余万元。

判决后，蒋建强流下了悔恨的眼泪，他没有上诉，在监狱里开始了无尽的后悔和思念。他开始后悔自己在家庭出现纠纷时没有平心静气地分析问题，缓和矛盾，化解危机，让刘芳放弃了自己的生命。后悔自己得知真相后，一时冲动，不计后果和代价，让自己的后半生在监狱里度过，让孩子没有了父母亲的陪伴。可是现在一切都晚了，他只能祈求，孩子能够健康成长，并下决心好好改造，争取能早日和亲人团聚。

在柴米油盐的婚姻生活中，爱情或许会渐渐褪去最初的颜色，但激情退却后，有效沟通仍应是夫妻相处的重要方式。夫妻之间多一点沟通，多一点理解，有问题及时解决，避免信任危机，避免误解，才能化解婚姻危机，获得家庭幸福。

诈死真丧命

汪　洋

法律知识点：敲诈勒索罪与诈骗罪的区别

2016年盛夏的一天中午12点，骄阳似火。北方某城市一座高档写字楼里，前台文员正准备下班。一对年纪50多岁的夫妇气势汹汹地闯了进来，还没站稳，女人就大喊："姓谭的，你给我出来！今天你不给我个交代，我就让你好看！"说着，两人就冲进办公区，一间一间地推门找人。前台赶紧拦住两个人，保安也赶了过来。一看这架势，女人跺着脚气急败坏地大喊："姓谭的，你快给我滚出来！"话音刚落，一个西装革履的年轻男人从一间办公室里跑了出来。一看到这两人，他先是一愣，然后赶紧连拖带拽地把他们拉进了办公室。

一进门，女人啪的一声，把一张纸拍在男人的办公桌上，怒气冲冲地说："看你干的好事！逼死了我们的女儿，这笔账怎么算！"男人抓起桌上的纸一看，顿时脸色煞白，一屁股跌坐在沙发上。

男人名叫谭军，今年36岁，是这家公司的总经理，已经结婚生子。纸上写的是一份遗书，写遗书的人正是他的情人小娇，来闹事的是小娇的父母。遗书上说，当年谭军说他没结婚，和小娇交往，等小娇知道自己当了第三者，想要结婚的时候，谭军却死活不肯。小娇逼婚未果，才绝望自杀。看到这里，谭军猛然想起两天前发生的一幕。

那天，谭军和妻子在老丈人家吃饭，情人小娇不断打来电话。怕被家人发现，谭军都挂掉了。没想到，小娇发来一条微信："今生无缘，来世再见！”谭军没有理会。这也难怪，小娇最近一直在逼谭军离婚，为了吓唬谭军还寻死觅活，现在肯定又是因为这事，谭军索性关了手机。难道那天小娇真的自杀了？

看谭军若有所思，小娇母亲拍着桌子哭喊：“姓谭的，你有家有口，还骗我女儿。她现在自杀了，是被你逼死的，我一定要告诉你老婆，你别想好过！”说着，和小娇的父亲一起扑上去，对谭军又撕又打。

谭军害怕极了，小娇父母这么一闹，自己的婚外情不就全曝光了！他连忙安抚说：“叔叔阿姨，我真不知道小娇会自杀，不然我肯定会拦着她的！你们说，只要能让你们心里好受点，我怎么都行！走，我现在就跟你们一起，去给小娇下跪！”

小娇母亲连连摆手：“现在去还有什么用！你都把她害死了，还有脸去！我们绝不同意你再靠近我们家小娇半步！你给我们20万块钱，算我们倒霉！不然让你好看！”

谭军生怕被人听见，连连点头：“好，我不去，我不去！20万元我给！不过您得保证，这事您不能再和任何人讲！”小娇母亲倒也爽快，当即说：“行！今天下午3点，要是不见钱，就别怪我不客气！”谭军连连点头，连推带哄地把小娇父母送出门去。看到小娇父母离开，谭军长长地松了口气，不禁回想起自己和小娇的过去。

两年前，谭军在一家高档会所认识了当领班的小娇。小娇当时才20岁，温柔漂亮，谭军经常去会所消费，有几次喝多了，小娇一直在旁照顾。事后，谭军送礼物给小娇，说自己是个单身汉，多亏小娇的照顾。看谭军高大帅气，年纪轻轻又事业有成，小娇很崇拜。谭军也很享受这种感觉。两人很快开始交往。小娇带谭军见了父母，看谭军仪表堂堂彬彬有礼，小娇的父母都替女儿高兴。谭军也经常到小娇家接送她上下班。

后来，小娇发现谭军是有妇之夫，便提出要谭军离婚，和她在一起，可谭军却说只能让小娇做情人。小娇不答应，逼着谭军离婚，说要么长相厮守，要么同归于尽，还时不时拿自杀相要挟。谭军开始厌烦小娇，甚至想要分手，只是没想好怎么开口。现在听说小娇死了，谭军突然有一种莫名的轻松感。如果20万元能把这事了结，自己也就清静了，再也不会被小娇纠缠了。谭军东拼西凑了20万元，在公司楼下的咖啡厅，把钱交给了小娇父母。

看着小娇父母远去的背影，谭军本以为一切都已经过去，可接下来的一通电话，却把他推进了万劫不复的深渊。

就在收钱后的第二天，小娇的母亲就变卦了，说小娇的离去给他们带来的打击太大了，20万元根本无法弥补，让谭军再给30万元。否则，他们就去找谭军的妻子，告发他的婚外情。这下谭军急了，这事一旦曝光，之前的遮掩就前功尽弃了。

谭军原本出身农村，家境贫寒，但长得高大帅气，一直是班里女同学追捧的对象。上大学时，他被富家千金，也就是现在的妻子看上。妻子的父亲是个大老板，身家上千万。谭军觉得，只要结了婚，自己可以少奋斗几十年，就做了上门女婿，进了老丈人公司，担任总经理，他妻子做起了全职太太。

仗着家境优越，妻子骄纵跋扈，经常对谭军呼来喝去。谭军在家里毫无尊严，没少受气，这让他一直很憋屈，才有了婚外情，没想到情人小娇却为自己自杀了。为了息事宁人，自己已经给了小娇家20万元，可没想到小娇父母坐地起价，还想再要30万元。

谭军急坏了，家里的经济大权一向都是老丈人和妻子掌管，平时自己给小娇买个礼物给个小钱还行，这刚东拼西凑了20万元，一时间上哪儿再弄30万元啊？可不给行吗？一旦让妻子和老丈人知道，就全完了！

想到这里，谭军决定给钱做个了断。怕小娇家人日后再要钱，他提出让他们写一份保证书，保证这是最后一次要钱。否则，就要把50万元全还给他。另外，30万元也不是个小数目，凑钱需要时间。最终，双方约定，10天后付款。

谭军拼命筹款，把自己的小金库，甚至留给父母的养老钱都拿了出来，终于提前凑够了30万元。因为怕转账留下记录，他准备上门给钱。

约定付款的当天，谭军按原计划来到小娇家。刚进门，就看见小娇的母亲坐在地上，抱着小娇的衣服痛哭流涕。小娇的父亲也在一旁安慰。谭军“扑通”一声跪在小娇父母面前，流着泪连声说对不起。临走前，他把30万元交给了小娇的父母。

然而，谭军前脚刚走，小娇父母就接到了派出所打来的电话。听说是民警，小娇的父母满脸疑惑。民警说：“请问二位是小娇的父母吗？我们在一个小区，发现小娇身亡，请你们二位来派出所接受调查。”小娇的父母一下子瘫软在地。其实，那天小娇自杀后被他们抢救过来，还被他们送到了亲戚家休养，可民警怎么说小娇死了呢？

民警说，小娇住的单元楼里，有邻居报警说有异味，警方排查后发现，气味是从小娇居住的房间里发出的。因联系不上房东，他们破门而入，竟然发现小娇已经身亡。他们迅速封锁现场，展开调查，通过小娇的手机通讯录，找到了小娇父母的电话。

小娇的母亲难以置信，小娇的父亲连连摇头说：“这几天天太热，我痛风又发作了，好几天没去看小娇了。我怕她一担心，又回来照顾我，也没给她打电话。但你们肯定是搞错了，小娇答应我们，不会再自杀了。之前我们说小娇自杀，那是骗谭军的！她明明还好好的，你们怎么说她死了呢？”

这下，民警也糊涂了，小娇确实已经死亡，小娇的父亲为什么说小娇是假自杀？他们又为什么要骗谭军呢？看警方不信，小娇的父亲道出实情。

那天，小娇的父母发现小娇喝下安眠药自杀，还留下遗书，得知谭军竟然是有妇之夫，骗女儿当了第三者，还不想负责，才让女儿绝望自杀，他们立刻把女儿送到医院抢救。好在发现及时，小娇最终保住了性命，醒了过来，一家三口抱头痛哭。

小娇的父母边哭边责怪女儿：“我们就你一个孩子，你要是有个三长两短，我们可怎么活啊！你把人家当个宝，以命相搏，人家从你出事到现在，连个电话都不打，你的死活，人家根本不管啊，你怎么这么傻啊？”听了父母的话，小娇哭得稀里哗啦。从鬼门关走了一遭，再看看父母为自己心力交瘁，小娇也越发为自己觉得不值。她答应父母一定好好活下去，再也不会干傻事了。

好在抢救及时，第二天，小娇就可以出院了。可是家里到处摆放着谭军献殷勤时买的小礼物，小娇的父母实在不想让女儿回家后再睹物伤情。他们一合计，决定把小娇送到亲戚家的空房子里休养，也好换个环境。趁这个时候，也可以把家里好好收拾一下，把谭军送的东西全都扔出去。小娇理解父母的苦心，决定和谭军断绝关系。看小娇已经想通了，再加上家里清理布置也忙，小娇的父母让她多休息，自己照顾好自己。他们隔一两天再去探望。

可回到家，小娇的父母越想越气。女儿差点就没命了，住院抢救花钱不说，洗胃灌肠也没少受罪，谭军却压根就不知道，甚至什么责任都不用承担。想到这些，两人决定不能就这么算了。女儿差点为谭军而死，谭军却跟没事人一样。不行，他们不但要让谭军愧疚一辈子，还要让他付出代价，不然就告诉他妻子，看他怎么收场。

老两口瞒着小娇，拿着遗书，以小娇为谭军自杀为由，大闹谭军公司，最终他们拿到了谭军给的 20 万元。钱到手后，小娇父母觉得还是便宜了谭军，于是又多要了 30 万元。谭军最终也给了钱。在小娇的父母看来，一切都已经过去，可现在警方为什么说女儿死了呢？

警方告诉小娇父母，他们在现场找到小娇的手机，有一条未发出的微信，内容是：“爸妈，来世再见！”床头柜上，还有一个空的安眠药瓶。表面上看，小娇似乎是自杀。但小娇的身体上有打斗伤，脖子上有掐痕，法医鉴定小娇的死因是窒息而亡，并非是服用安眠药而死亡。警方初步判断，应该是有人故意杀害小娇，又伪造了她自杀的假象。这个杀害小娇的人会是谁呢？

小娇父母首先想到的就是谭军。可转念一想，谭军第二次送钱的时候，也没什么异常啊。如果不是他，又会是谁呢？

很快，警方调取了事发小区周围的监控，果然发现了谭军的身影。更重要的是，在法医确定的小娇死亡时间之前，谭军竟然出现在小区门口的一间药店，还买了一瓶安眠药。警方认为谭军有重大作案嫌疑。经比对，谭军的指纹和脚印，与警方在小娇死亡现场提取到的一致。面对警方出具的证据，谭军终于交代了实情。

原来，谭军提前凑齐了30万元，怕夜长梦多，就在当天晚上7点多到小娇家送钱。可他万万没想到，自己竟然看见小娇的母亲把一个保温桶递给小娇的父亲，送他出门，还千叮万嘱，让他一定要让小娇把汤喝完。

谭军简直不敢相信自己的耳朵。看来，小娇没死，而是被她的父母藏起来了。他们联手骗自己，唱了这出苦肉计，不就是利用自己怕被家人知道的心理，想狠敲自己一笔吗。想到这里，谭军决定尾随小娇父亲，一探究竟。他一路跟踪，来到一个小区，亲眼看到小娇的父亲开门走进房间，半小时之后又离去。

谭军确信小娇在那间房里，她根本就没有自杀，一切都是在演戏。自己这些天吃不下睡不着，如坐针毡，战战兢兢，小娇一家却把自己玩弄于股掌之间。谭军觉得自己肺都要气炸了，他决定当场戳穿小娇的谎言，好好教训一下她。

谭军去敲小娇家的门。小娇以为是父亲忘了拿东西，很快开了门。看到突然到访的谭军，小娇愣住了。她没想到谭军会大半夜突然出现在门口。她疑惑地拉着谭军的手，欣喜地说："你是不是想通了？你是不是决定和我在一起了？"

谭军一把推开小娇，大吼："你别再装了！你们演这出戏，不就是想骗我钱吗？我告诉你，你就死了这条心吧，我一分钱也不会给你！我要告你们诈骗。你要死就赶紧死，不要再在这里扮可怜！"

小娇愣住了，根本不知道谭军在说什么，她还以为是谭军回心转意，回来找自己，可谭军的话太让她伤心了。看自己以命相搏的人，竟然用这么恶毒的语言来诅咒自己，她使出全身力气，扑上去拼命厮打着谭军，声嘶力竭地哭喊："你怎么这么没有人性，这么绝情！我妈说得对，我一定要好好活着，等我养好了身体，我一定要去你家，揭穿你的婚外情。"

谭军急了，他一把将小娇推倒在地，骑在小娇身上，死死地掐住她的脖子，他只想让小娇彻底闭嘴。慢慢地，小娇停止了挣扎，四肢无力地耷拉下来。谭军一下子回过神来，瘫软在地。

小娇死了！自己杀人了，肯定要面临法律的严惩，那自己的一切不就全完了？该怎么办呢？想来想去，谭军突然想到一个自认为绝妙的主意。小娇之前自杀过，如果她又想不开，说不定还会自杀啊。不如将计就计，伪造一个小娇再次自杀的现场，让小娇假死变真死。

对于小娇的父母，他们不是早就说小娇自杀吗，现在伪造一个小娇再次自杀的情景，他们无论如何也不会想到是自己杀的。这样一来，麻烦解决了，自己也脱身了。

想到这里，谭军把小娇抱上床，把床褥清理整齐，拿起小娇的手机，以小娇的口吻编写了一条给父母的诀别微信，但没发出去。接着，谭军去小区附近的药店买了一瓶安眠药，倒光里面的药片，再把空药瓶放在了床头，造成小娇服用安眠药自杀的假象。最后，他清理好现场，离开了那里。

怕小娇家人揭发自己的婚外情，谭军决定按原计划，在约定给钱的当天，给小娇家人送去 30 万元。而小娇的父亲在那晚送过汤后，痛风发作，小娇母亲一边照顾他，一直忙着收拾屋子，也就没和女儿联系，当然就没有及时发现女儿已遭遇不测。直到小娇的邻居因异味报警，警方才发现小娇遇害了。

了解事情的真相后，小娇父母痛哭流涕，后悔不已。如果当初不是为了报复谭军，或许就不会编造女儿自杀身亡的谎言，更不会用揭穿婚外情来要挟谭军。如果不是因为他们的贪欲，找谭军二次要钱，或许谭军也不会恼羞成怒，对小娇痛下杀手。如果还有如果，或许小娇现在已经康复，开始忘记过去，甚至遇到新的爱情，一切都将重新开始。可现在说什么都没用了，小娇再也没有机会重新开始了。

很快，公诉机关以故意杀人罪将谭军起诉到法院。小娇的父母也向法院提起刑事附带民事诉讼，要求谭军赔偿各项损失及精神损害抚慰金 60 多万元。可案件还没开庭，小娇的父母就被警方带走了，这又是怎么回事呢？

原来，小娇的父母前后两次找谭军共要了50万元，公安机关认为他们的行为已涉嫌犯罪。大家纷纷猜测，两人到底犯了什么罪？有人说，小娇的父母以揭发谭军的婚外情相要挟，找谭军要钱，这明显是敲诈勒索。但也有人说，小娇明明没死，小娇的父母却说小娇为谭军自杀了，找谭军要钱，他们说了谎，这应该是诈骗。

小娇父母找谭军要钱的行为，究竟是敲诈勒索还是诈骗？这就涉及一个法律知识点：敲诈勒索罪与诈骗罪的区别。

敲诈勒索罪是以非法占有为目的，对被害人使用威胁或要挟的方法，强行索要公私财物的行为。它强调的是，某一件事情让被害人感到害怕，而被害人因为害怕，最终选择给钱了事。诈骗罪是以虚构事实或隐瞒真相的方法，使被害人受到蒙蔽，也正因为被骗了，而心甘情愿地花钱解决。

简单来说，两者的主要区别在于，被害人给钱的原因是什么。如果是被骗后心甘情愿地给钱，那就是诈骗；如果是因为害怕，被逼无奈才给钱，那就是敲诈勒索。

本案中，小娇的父母虽谎称小娇为谭军自杀，却以曝光谭军的婚外情来要挟他给钱，这让谭军感到很害怕，最终被逼无奈才同意给钱。也就是说，谭军给钱不是因为被骗，而是因为害怕自己的婚外情被家人发现。所以，小娇的父母构成敲诈勒索罪，不构成诈骗罪。最终，公诉机关以敲诈勒索罪，将小娇的父母起诉到法院。

庭审当天，小娇的父母后悔不已，他们说，当初要不是一心报复、一时贪念，就不会找谭军要钱，请求法院看在他们护女心切才犯下罪行的份儿上，减轻对他们的刑罚。同时，他们说会全额退赔谭军给的50万元，恳请法庭宽大处理。

另一案件中的谭军，在法庭上也流下了悔恨的泪水，他后悔没有珍惜家庭，将小娇残忍杀害，最终害人害己。他请求法院轻判小娇的父母，以告慰小娇，以及减轻他的负罪感。

最终，法院经审理认为，小娇父母积极退赃，认罪态度较好，又取得被害人谭军的原谅，判处有期徒刑三年，缓刑五年，并处罚金5万元。谭军故意杀人一案，因小娇的父母敲诈勒索在先，存在一定的过错，最终法院判处谭军死刑，缓期两年执行。同时，谭军应赔偿小娇父母各项损失及精神损害抚慰金共计60多万元。小娇父母本应退还谭军50万元，现在不再退还，由谭军直接补足十几万元的差额。

判决生效后，谭军的妻子正式向他提出离婚，谭军恳请妻子替他向小娇的父母补足赔偿款，并同意净身出户。谭军的妻子念及夫妻一场，答应了谭军的请求。

婚外情是个不定时炸弹，随时都可能引爆。关键是，如果能早点儿悔改，理性解决，或许还能减少对双方、对家人的伤害。更重要的是，婚外情某一方的家人知情后，应妥善处理，依法解决。不要用错误的方式，去惩罚错误的行为；否则，自己也会深受其害。

刘春晓 / 主讲人简介及普法心得

1. 刘春晓简介

刘春晓律师，山东威海人，中共党员。2004 年毕业于西南交通大学，广东国匠律师事务所主任、高级合伙人。现任广东省青年联合会常委兼法律界别秘书长、广东省律师协会常务理事、广东省律协会员福利与文体工作委员会主任、广东省预防青少年犯罪研究会副会长、广东省山东威海商会常务副会长，广州律协职务犯罪委员会副主任、广州市首批涉案企业合规第三方监督评估专家。

踏入律师行业 16 年，辛勤耕耘，办理各类案件数百件，践行执业格言“不畏浮云遮望眼，愿替百姓辨真情”，勤勉尽责，兢兢业业，依法维护当事人的合法权益和公平正义，为促进社会和谐稳定，为大众提供优质的法律服务，在律师执业道路上诠释正能量和社会担当。经过十几年的积累沉淀，在刑事辩护、企业合规等领域形成了自己独特的专业优势。执业以来，曾代理多起刑事案件无罪辩护成功，办理的某涉案合规业务在行业中有较大影响力，代理的案件曾成功入选“2018 年推动法治进程十大案件”“广州中院 30 年最具影响力十大案件”。

2011 年开始担任电视节目的法律观察员和特约评论员，积极参与社会、媒体普法工作，先后与众多媒体合作，如中央广播电视总台《法律讲堂》、广东卫视《社会纵横》《财经郎眼》等，受到大众的欢迎和好评。

2. 刘春晓公益普法心得

古籍《韩非子》记载：法莫如一而固，使民知之。意思是法律

应当始终如一而且稳定，并让人民知晓。央视九年普法，初心不忘，“使民知之”。作为当代法律人，应走出书房，深入实践，从群众中来，积极融入群众中去，摆脱大家对法律知识晦涩难懂的印象，以深入浅出的方式，用浅显、简单、朴实、真挚的语言，让人民群众听得懂、记得住、用得上。

想挣大钱入歧途

刘春晓

法律知识点：数罪并罚

“曾经有一份让人羡慕的工作和一个美满的家庭摆在我的面前，而我却没有好好珍惜。等到我真正失去的时候，才追悔莫及，人世间最痛苦的事莫过于此……”这不是出自《大话西游》里的台词，而是一个死刑犯临终前的忏悔。他叫秦刚，是一名从农村走出来的大学生，通过努力成为某商业银行的副行长，年薪数十万元，在大城市成家立业，在其同辈人中可谓“成功人士”。那么，他为何会成为死刑犯？他的命运为何会发生大逆转？一切都要从一次同学聚会说起。

2012年，秦刚高中毕业15周年，他和同学们相约回乡聚会。在同学们眼里，秦刚事业有成，家庭幸福，是大家羡慕的对象。秦刚也认为自己这次是衣锦还乡，毕竟同学们经常开玩笑说秦刚是妻子、孩子、票子、车子、房子“五子登科”，样样都有，不可谓不成功。让秦刚没万万想到的是，聚会一开始，所有人的目光都聚焦在另一个人身上，自己的风头完全被这个人抢走了。只见这人一身名牌，坐着百万豪车赶到聚会现场，一副财大气粗的样子。秦刚一时恍惚，在同学的提醒下，好不容易才想起来这个人究竟是谁。此人叫李志伟，读书时成绩很差，高考落榜后就出去打工了。没想到人家现在混得这么好，真是士别三日，当刮目相看啊。

聚会上，大家纷纷来给李志伟敬酒，李志伟很受用。秦刚反倒被冷落了，心里不免有点失落。看到这个情况，李志伟主动走过来安慰秦刚。秦刚显得有些不好意思，出于好奇，就问起李志伟是做什么生意的。面对秦刚的询问，李志伟毫不避讳，分享起了自己的生意经。原来，李志伟是帮他人办理“出国产子业务”的。简单来说，就是有些人想把自己的孩子生在国外，由于对外国法律及环境并不熟悉，在国外联系医院、产后护理等事情都需要有人引荐和帮助，而李志伟就是提供这一中介服务的。

听李志伟说完，秦刚有点吃惊。他原本很看不上这样的中介服务，觉得充其量就是赚个“跑腿费”，万万没想到背后竟有这么大的利润。

同学聚会结束了，秦刚心里五味杂陈。回到家后，秦刚经常夜不能寐，总是陷入深深的思索，“看来这真是不比不知道，一比吓一跳啊。”李志伟初中都没毕业，可现在住着别墅，开着豪车，一年轻轻松松赚几百万元。自己一年到头这么辛苦，也就 40 多万元，住的房子不足 100 平方米，还是按揭的。车也是十几万元的代步车，一对比简直是天壤之别。其实自己和李志伟比，哪里都不差，唯一的区别就是人家做生意，当老板，而自己是打工的。没读书的李志伟都能发财，难道我堂堂研究生还不能？此后的秦刚便一门心思想着如何做生意发大财。

秦刚的妻子叫蒋婷婷，是一家大学 EMBA 培训班的老师。收入虽然不多，但很稳定。两人有一个可爱的儿子，蒋婷婷对目前的生活很满意。看到丈夫最近总是“魂不守舍”，她就问起了原委，于是秦刚就把同学聚会上的所见所闻一一道来。本以为妻子会很惊讶，但没想到她却很平静地说：“这很正常啊，我培训班里就有很多学员去国外生孩子。这些人可都是千万富翁，你同学做这些人的生意，不赚钱才怪呢！”

言者无心，听者有意。听妻子讲完后，秦刚的脑海中有了一个创业计划。秦刚心想，既然李志伟能做这个生意，我为何不能？他觉得自己比李志伟聪明，这在读书时已经被充分验证了。除此之外，他不担心没有客户，妻子完全可以把班上的学员介绍过来，这叫“近水楼台先得月”。自己是研究生学历，妻子是大学学历，既然一个初中都没毕业的人都能做好这笔生意，两个大学生、研究生怎么就不能呢？虽然秦刚当时并没有把自己的想法说出来，可思想上却已经发生了变化。他整天想着创业发大财，再也没有心思好好工作，而且一改往日爱岗敬业的作风，变得散漫起来。就在这时，单位新调来一位行长，做事风格与前任差别较大，秦刚在与新领导的合作中，总是觉得很别扭，他心里感觉越来越压抑。终于有一天，秦刚因为一件小事情和领导发生了口角，一气之下就递交了辞职报告，留下一句掷地有声的话："此处不留爷，自有留爷处。"然后，在同事们诧异的眼神中，他昂首阔步走出了银行。

晚上，蒋婷婷回到家里，得知这个消息后很震惊。毕竟银行这么好的工作，轻易辞掉了确实可惜。看着妻子满面的愁容和不解，秦刚抛出酝酿已久的想法——他也要创业，也要做"赴外产子"的生意，而做这个生意，最需要的就是客户，刚好蒋婷婷可以介绍培训班里的学员过来。秦刚提出让妻子与自己"里应外合"，边工作边帮自己招揽客户。

得知秦刚的想法后，蒋婷婷没说什么。因为她了解丈夫的性格，他不轻易做决定，但一旦决定了就很难改变。现在辞职已是事实，再劝也没有用了，于是她只能接受了丈夫的决定。

就这样，夫妻二人开始了风风火火的创业之路。他们一面在国内租了办公场地，招揽客户；一面在国外联系好酒店，雇好保姆。夫妻两人既当老板又做员工，所有工作都亲力亲为，力求做到细致到位。很快，他们优质的服务得到了客户的认可，赚到了创业的第一桶金。这也让两人非常兴奋，觉得这一步确实是走对了。

常言说，"想让一个人灭亡，往往得先让他疯狂"。秦刚被眼前的大好形势冲昏了头脑，为了让公司的业务发展得更快，他有了一个大胆的想法，也正是这个想法最终将他们推向了深渊。

这个大胆的想法就是，先为客户提供前期的一系列服务，等客户的小孩出生后，领取了当地的身份证明，再让客户付钱。同时，他们还承诺，完成不了服务，会对客户进行高额赔偿。秦刚夫妻的这一决定，像一颗原子弹爆炸一样，迅速产生了轰动效应。因为对客户来说，这样的做法没有一点风险，这样的好事谁不乐见呢。于是，他们的客户量迅猛增加，一下子签了几十单。夫妻两人看着厚厚的订单，仿佛看到了印钞机在嗒嗒地印着钞票，心中别提有多开心了。有了大量的订单，夫妻两人的工作热情也格外高涨，虽然工作繁忙，但也都安排得井然有序，一切似乎都在按照计划进行。

然而，天有不测风云。2012年底，正当两人准备大干一场的时候，意外发生了。在带两名客户赴某国时，因为蒋婷婷自身也怀孕好几个月了，海关产生了怀疑。在盘查时，客户交代了他们委托蒋婷婷代理赴国外产子一事，因为此事，该国海关禁止蒋婷婷5年内入境。这样的变故，简直就是晴天霹雳。由于此前对外联系主要都由蒋婷婷负责，现在她被海关禁止入境，一时间很难找到其他合适的人跟进，“赴外产子”项目很快陷入停滞。

此事犹如多米诺骨牌倒了一样，引发了连锁反应。已经为客户垫付的高额费用都打了水漂，即便如此，客户还是不依不饶，坚决要求他们按合同约定赔偿违约金。没办法，夫妻两人四处筹借了一大笔钱后总算摆平了客户。夫妻两人本想再借钱东山再起，可因为破产的消息传得沸沸扬扬，没有人愿意再借钱给他们了，夫妻两人的第一次创业就这样彻底失败了。

正所谓“贫贱夫妻百事哀”，随着第一次创业的失败，夫妻两人的感情也出现了裂痕。两人经常吵得不可开交。有一次，秦刚没控制住自己，动手打了蒋婷婷，造成她流产。一时间，夫妻二人的关系跌到了冰点。

可争吵和冷战本身并不能解决问题，毕竟两人有个可爱的儿子，还是有感情基础的。所以冷战了一段时间后，两个人都冷静了下来，进行了一次彻夜长谈。秦刚检讨了自己过往的种种错误，向妻子进行了真诚道歉。蒋婷婷也理解丈夫承担的压力，承认自己也有做得不好的地方，原谅了丈夫。二人和好如初。夫妻两人觉得，毕竟自己都还年轻，未来的路还很长，跌倒了还可以爬起来，一切似乎又在朝着好的方向发展。

接下来的一段时间，日子过得风平浪静，可蒋婷婷总觉得丈夫有些怪怪的，跟以前不太一样，但哪里不一样却又说不出来。事业遇挫后，秦刚并没有重新找工作，而是一个人整天待在家里无所事事。秦刚觉得身边所有人都看不起自己，特别是难以面对当初银行的同事，辞职时那句“此处不留爷，自有留爷处”的豪言壮语久久回荡在耳边，而债主无时无处不在的逼债更令他夜不能寐，寝食难安。秦刚心想，无论如何，自己一定要在最短的时间内二次创业，东山再起！

秦刚绞尽脑汁、想尽各种办法要“二次创业”，但都没有成效。在这种情况下，秦刚变得特别焦躁，脾气越来越差，心中的邪念也不断涌现。有一天，秦刚在电视上看到一则报道，说东南亚某国绑架犯猖獗，当地很多富人被绑架，用以索要钱财。看完这则报道后，秦刚茅塞顿开，一个邪恶的计划在他的脑海中逐渐形成，他决定铤而走险，放手一搏。

这天是两人结婚五周年的纪念日，晚上蒋婷婷炒了几个家常菜，夫妻二人喝了点酒，回顾了结婚五年来的风风雨雨。二人相拥在一起，秦刚突然抓住妻子的手，提出了一个大胆的计划，听完之后，蒋婷婷吓得面无血色。

这究竟是一个什么样的计划呢？原来，在过去的一段时间里，秦刚内心经历了煎熬与斗争，他决定铤而走险，通过绑架富人勒索一大笔钱财，然后出逃国外。听完这个计划后，蒋婷婷胆战心惊，觉得十分荒唐。但看到秦刚已经扭曲的表情和喷火一样的目光时，她知道自己已经没有办法再阻止丈夫了。一方面，是出于对丈夫深深的爱；另一方面，是这些天来，债主们的催讨已让她筋疲力尽，而身边亲戚朋友歧视的目光，更让她近乎绝望。于是，她竟然鬼使神差地同意了丈夫的计划。

决定好后，夫妻两人迅速行动起来。首先，他们开始寻找那些有钱人作为作案目标。夫妻两人决定，从豪车豪宅入手，寻找有钱人。经过几天的筛选和物色，秦刚最终在某网站上确定了一个中年女人作为目标。这个中年女人叫王敏，现年 55 岁，有一套价值近 3000 万元的别墅，想卖了别墅移民美国投奔女儿。这些条件都很有吸引力，因此王敏成了秦刚夫妇心中的最佳目标。他们的计划是这样的：先把自己包装成富豪，以买房的名义取得别墅主人王敏的信任，然后绑架王敏，向她的家人勒索一大笔钱，得手后两人再出逃国外。

在确定作案目标后，秦刚夫妻开始了精心的准备工作，他们先在偏僻的郊区租了一间屋子，然后从网上购买了迷药，最后由秦刚出面购买了一辆二手小汽车。一切准备就绪，夫妻两人就开始了他们的绑架计划。第一步，先由蒋婷婷在网上租了一辆奔驰轿车，见到车主后，趁车主没有防备，给他喝下掺有迷药的饮料，将车主迷倒后，开车把他扔到一处偏僻的树林中。因为之前已经和王敏约定了看房时间，于是蒋婷婷又做了一番精心打扮，然后才开着豪车来到王敏所住的别墅区，结果比约定的时间晚到了半个小时，王敏显得很不高兴。蒋婷婷于是将计就计，解释说自己迟到并不是故意的，同时为了表示歉意，邀请王敏找个地方喝杯咖啡，顺便再商量一下买房子的细节。看着蒋婷婷穿着时髦，谈吐文雅，又开着豪车，王敏对她的购买诚意深信不疑，欣然答应了她的邀请。

见王敏已经上钩，蒋婷婷认为他们的绑架计划胜利在望，决定实施第二步计划。在路上，蒋婷婷哄骗王敏喝下加了迷药的饮料，看到王敏昏昏睡去，蒋婷婷将车开到一处废弃的工地。此时，秦刚早已驾车在此等候。由于担心之前被迷倒的奔驰车车主醒来后会报案，所以夫妻两人迅速将王敏转移到了秦刚的车上，然后朝着郊外的出租房飞驰而去。路上，秦刚夫妇俩既紧张又兴奋……

到了出租屋后，王敏慢慢恢复了知觉，醒来后发现自己躺在一个又脏又乱的破房子里，手脚还被绳子捆住，她意识到大事不好，本能地大喊救命。这几声“救命”可吓坏了秦刚夫妇。万一被外面路过的人听到，那还得了？于是夫妻两人迅速上前按住了王敏，拿起安眠药又是一顿猛灌，直到王敏再次昏迷。夫妻两人商量了一下，觉得这个出租屋还是不安全，于是决定连夜开车前往秦刚的老家。路上，由于担心王敏再次醒来，大喊大叫被人发现，秦刚让妻子每过一段时间就给王敏灌一次药。经过一夜狂奔，夫妻二人已是筋疲力尽，路过某地时停车打了个盹儿，谁知一觉睡到了天亮。秦刚突然醒来，赶紧找王敏，发现人还躺在车上，可用手一探鼻孔，发现人已经死了。原来，因为被灌入太多的安眠药，王敏被活活毒死了。这下，两人吓坏了！蒋婷婷感觉整个脑袋“嗡”一下炸开了，心想，这次算是完了，钱没到手，却闹出了人命，她忍不住大哭起来。一阵忙乱之后，还是秦刚先冷静下来。他就地找了一个小山沟，拉起已经瘫倒在地的蒋婷婷，两人抬着王敏的尸体扔到了山沟里，并找来一些蒿草将尸体掩盖住。做完这一切后，两人迅速回家看了看儿子和父母，然后准备出逃。尽管两人的计划看上去很周密，但天网恢恢，疏而不漏，案发后不久，两人就在住处被公安机关抓获。

很快，公诉机关便以二人涉嫌绑架罪、抢劫罪向人民法院提起公诉。“夫妻本是同林鸟，大难临头各自飞”，法庭上二人的表现可真应了这句话。这边，妻子蒋婷婷大呼冤枉，称所有事情都是因丈夫而起，所有计划也都是丈夫制订的，自己只是被动执行，而且也是迫不得已，所以不能怪自己，要怪只能怪丈夫太贪心。另外，自己归案后坦白交代，自愿认罪，应当从轻处罚。那边，丈夫秦刚也喊冤，声称虽然自己有绑架他人的想法，但具体落实却是由妻子完成的。迷倒奔驰车车主、迷倒受害人王敏，都是妻子单独完成的，自己只是辅助。因此，应当认定自己是从犯，从轻处罚。

法院经过开庭审理，认为被告人秦刚和蒋婷婷抢劫奔驰车车主，绑架王敏，致王敏死亡的行为已经构成了抢劫罪和绑架罪。在抢劫罪的共同犯罪中，蒋婷婷全程参与，作用更大，是主犯，判处有期徒刑十三年，剥夺政治权利三年，并处罚金二万元。秦刚是配合和协助，被认定为从犯，判处有期徒刑十年，并处罚金一万元。在绑架罪的共同犯罪中，两人均参与谋划，并积极参与实施，因此均被认定为主犯。考虑到两被告是夫妻关系，且蒋婷婷的主观恶性相较于秦刚更小，所以判处秦刚死刑，剥夺政治权利终身，并处没收个人全部财产。判处蒋婷婷死刑，缓期两年执行，剥夺政治权利终身，并处没收个人全部财产。数罪并罚后，决定判处秦刚死刑，蒋婷婷死刑，缓期两年执行，两人均被剥夺政治权利终身，没收个人全部财产。

为什么明明两人实施的是两项犯罪行为，甚至在抢劫案中蒋婷婷还是主犯，最后的判决却没有体现出来？判决结果似乎和绑架罪的量刑结果一致？这里涉及一个法律知识点：数罪并罚。

《中华人民共和国刑法》第六十九条规定：判决宣告以前一人犯数罪的，除判处死刑和无期徒刑的以外，应当在总和刑期以下、数刑中最高刑期以上，酌情决定执行的刑期，但是管制最高不能超过三年，拘役最高不能超过一年，有期徒刑总和刑期不满三十五年的，最高不能超过二十年，总和刑期在三十五年以上的，最高不能超过二十五年。

数罪中有判处有期徒刑和拘役的，执行有期徒刑。数罪中有判处有期徒刑和管制，或者拘役和管制的，有期徒刑、拘役执行完毕后，管制仍须执行。

数罪中有判处附加刑的，附加刑仍须执行，其中附加刑种类相同的，合并执行，种类不同的，分别执行。

本案中，虽然秦刚夫妇在抢劫罪中有主次之分，量刑也有轻重，但由于在绑架案的量刑中两人都被判死刑，因此，两人都是绑架罪中的死刑直接吸收了抢劫罪中的有期徒刑，所以才有了以上法院最终的判决结果。

本案至此尘埃落定。曾经的天之骄子秦刚，落得这样悲惨的结局，让人感慨不已。物质财富的充足绝不是幸福的全部，可秦刚却一味地把追求物质财富当成唯一的目标，认为有更多的钱，就会有更多的幸福，甚至不惜搭上原本美满幸福的家庭。这样的想法是很偏执的，做法是很自私的，结果也是很悲哀的。秦刚案不是个案，社会上确实也有这样一部分人，以为幸福就是争名逐利，高官厚禄，甚至为了达到目的，不择手段，违法乱纪，结果终将是害人害己。 记得有一首歌叫《幸福在哪里》，曾经很流行。我认为，幸福是家人的平安，幸福是亲友的团聚，幸福就在你我平凡生活的点点滴滴里。

“无辜”的共犯

刘春晓

法律知识点：共同犯罪中的“概括故意”

一天傍晚，正值下班高峰期，我国南方某城市的一家工厂门口人来人往。突然，路人看到两个男人争吵起来，随后扭打在了一起。紧接着，其中一人掏出随身携带的尖刀，连刺对方数刀。被刺的人倒地不起，刺人者顿时吓傻了，也瘫坐在地。路人见状，赶紧报了警。救护车到场时，医务人员确认伤者已经失血过多，当场死亡。刺人者被警方带到派出所讯问。

案件发生时，不远处的人群中站着一个人，默默目睹了这一切。他就是本案的主人公周海峰，正是眼前这一起凶杀案件，彻底改变了他的命运。

那两个人为何打架？光天化日之下刺死人该当何罪？路人们的猜测和唏嘘，不断灌入周海峰耳中，回过神后，一脸煞白的周海峰离开了现场。回到家，周海峰坐立不安，诚惶诚恐。但接连两天的平静让他渐渐放下心来，然而就在这个时候，警察却找上门来。另外两个人打架斗殴出了人命，警察找周海峰做什么？周海峰目睹了案件经过后，为什么会坐立不安？他与工厂门口发生的一切有什么关系？

周海峰 25 岁，他和女友感情很好，已经到了谈婚论嫁的地步，两人都在出事的那家工厂上班。说起周海峰这个人，大家都说他爱思考，脑子转得快，工作能力强，领导们也都很喜欢他。同事们都认为，这次工厂内部选拔年轻干部，周海峰机会很大。周海峰心里也这么想。因此，他准备升职了就向女友求婚，来个升职、结婚双喜临门。

然而，计划赶不上变化。原本十拿九稳的升职竟然泡汤了。原来，周海峰工作能力强，性格活泼，领导对周海峰的印象总体上是满意的。但周海峰有个坏毛病，私下经常爱对他人评头论足，喜欢拿别人说笑开涮，日子一长，大家难免心生不满。但碍于领导对周海峰的器重，大家敢怒不敢言。按理说，领导都发过话了，周海峰升职本该十拿九稳，可让人没想到的是，在工厂的年会上，周海峰硬生生把自己升职的机会弄丢了。

人在喝了酒的情况下，容易说话不过脑子，更何况，周海峰平时就是个嘴上不饶人的主儿。在年会上，大家聊着聊着，话题就扯到了一位领导身上。这位领导名叫王鹏，各方面都挺优秀的，唯一的缺点就是年纪不大就谢顶了。听着大家谈论王鹏，周海峰评头论足的老毛病又犯了。他先是说人家："年纪轻轻就谢了顶，这以后找对象都是问题，不过现在植发技术先进，花点儿钱也不是不可以解决……"说到兴起，还调侃人家，"早早就谢顶了，这不是'早谢'吗？"大家听了都忍不住跟着笑起来。

正所谓"好事不出门，坏事传千里"。本来周海峰只是酒后胡说几句，但没想到这边年会刚结束，那边就有人把话添油加醋地传到了王鹏耳中。王鹏听后气坏了。周海峰知道后暗恨自己，怎么就没管住这张嘴呢？这下好了，得罪领导了吧。事情到这里并没有结束。周海峰也没想到，自己的胡言乱语，还在关键时候坑了自己。

年会结束后没多久，升职的候选人就定下来了，最终的升职人选，以几个领导的投票为准。看到投票领导的名单时，周海峰心里"咯噔"一下：完了，自己得罪的王鹏，这次也有投票权。本来心里就七上八下，到了投票的时候，让周海峰更加忐忑不安的事情发生了。看了投票顺序，周海峰当下就觉得嘴里发苦、心里发毛。王鹏是最后一个投票的，也正是这最后一票，直接决定了周海峰能不能升职。

果然，情况在周海峰的意料之中，王鹏最后没有将票投给他。不仅如此，王鹏还当着大家的面，让周海峰感受了一把当众被人评头论足的滋味。王鹏当着大伙的面对周海峰说："你这人工作能力确实不错，但为人浮躁，爱夸夸其谈，做事急中不带稳，需要学的东西还多着呢。”周海峰没想到，事情会变成这样。但看着眼前的形势，他也不敢再说什么。

前面说到，周海峰为人活泼又管不住嘴，因此升职一事还没定，就被他嚷嚷得人尽皆知。结果他不但没升职，还当着那么多人的面被批评，经过大家的添油加醋，不到两天，周海峰就成了工厂里的饭后谈资。对此，周海峰心里很是窝火，但想到厂里给的待遇和工资，他又舍不得走，只好憋屈地在工厂里继续上班。

升职失败成了定局，同事们的议论也让周海峰很郁闷。可让周海峰没想到的是，屋漏偏逢连夜雨，升职失利仅是自己走霉运的开始。没过几天，周海峰的女友就跟他提出了分手，并且很快就离开了工厂。

原来，女友之前一直觉得周海峰是潜力股，愿意跟他一起打拼。这次这么好的升职机会，原本女友以为是周海峰命运的转折点，等他条件好了以后，可以直接向自己的父母提结婚。可没想到，就因为周海峰管不住自己的嘴，酒后失言，痛失大好前程。女友觉得周海峰就是扶不起的阿斗，跟着他也不会有美好的未来，所以提出分手。

得知这一切后，周海峰很失望，也很痛苦。可他转念一想，这一切的罪魁祸首就是王鹏。此时的周海峰不从自身出发反思，反而偏执地将升职落空、女友离开都归咎于领导王鹏。周海峰恨透了王鹏，心想，一定要报复王鹏。

可说起报复，怎么做才好呢？都在一个单位，人家又是领导，想要报复，谈何容易？经过一番思索之后，周海峰觉得君子报仇，十年不晚，暂时先这么待着，静静等待机会。说来也巧，正在周海峰苦于找不到机会的时候，机会来了。

一天晚上，周海峰突然接到一个电话，电话里的人自称刚子，说是周海峰的老乡。一开始，周海峰并没有想起对方是谁，在对方的提示下才想起来，这人是他在一次老乡聚会上认识的。当时，两个人对彼此印象不错，所以这次两人简单寒暄了几句后，刚子就向周海峰打听他所在的工厂是不是有个叫王鹏的男子。听这个语气，周海峰立刻感觉刚子这么着急找王鹏，里面肯定有事。周海峰心里暗想，刚子和王鹏既没有业务往来，也不是亲戚同乡，加上这打听的口吻，恐怕是要找王鹏麻烦的。

果然不出周海峰所料，刚子找王鹏，就是想来教训他的。那么，刚子为何要教训王鹏呢？他俩之间有何恩怨？

原来，刚子有个漂亮的女朋友，两人感情很好。但同居一段时间后，女友发现刚子虽然长相高大，风趣幽默，但整日游手好闲，打架滋事，也没有稳定的工作，有时甚至还要自己拿钱回来补贴生活。渐渐地，女友对刚子的感情冷淡下来，想跟刚子分手。恰巧这时，刚子的女朋友在一次聚会上认识了王鹏。王鹏英俊帅气，成熟稳重，又有高收入，刚子的女朋友对王鹏很有好感。而王鹏见刚子的女朋友长得漂亮，也对她一见倾心，随即展开了猛烈的爱情攻势。

窈窕淑女，君子好逑，这都是正常的。如果刚子的女友一开始就跟王鹏说明白，自己已经有同居男友了，也就没什么大事了。但问题在于刚子的女友偏偏对王鹏态度暧昧，两人互动又频繁，一来二去，这件事情就被刚子发现了。刚子心想，我刚子的女人你也敢动，必须得给你点儿颜色看看。于是，刚子偷偷记下王鹏的微信，然后添加了他，警告王鹏离自己的女友远一点儿。两人话不投机，在微信上展开了骂战，互不相让。刚子后来在微信上警告王鹏，等着挨收拾就行了。

刚子嘴里说要教训王鹏，可问题是他并不认识王鹏，要给人一个教训，总要先找到人才行啊。后来经过打听，刚子才知道王鹏在某工厂上班。一听工厂名字，刚子并不陌生，这个厂子在当地还是很有名的。可工厂门口都有保安，外人根本进不去。如果等着王鹏自己出来，又怕人多认错了，那可就闹笑话了。所以，必须找个认识王鹏的人帮忙指认一下才行。想到这里，刚子突然想起自己的老乡周海峰就在这个工厂上班，于是就拨通了周海峰的电话。

听完刚子的介绍，周海峰心想，如果当初不是王鹏添堵，自己升职的事情就不会泡汤，女友也不会离开自己。现在有个机会教训王鹏，为自己出口气，还不用自己动手，周海峰心里有点激动。他心想，动手的也不是自己，就算出了事也追究不到自己身上，怎么能错过这个好机会呢？想到这里，周海峰心里一阵窃喜，爽快地答应了“帮忙”。

两人约定第二天下午，刚子提前到工厂门口等着，周海峰下班先出来，然后帮刚子指认王鹏。第二天，刚子早早地来到了工厂门口。下班时间一到，工人们成群结队地走出工厂。周海峰早早地就走到了门口，等到王鹏出来的时候，周海峰迅速向等候在门口的刚子指认了王鹏。刚子看了后，也指向王鹏。周海峰点头确认，然后就快速闪到了马路对面。此时的王鹏还不知情，他像平常一样安静地走在人群中，突然一个人蹿出来将他拦下。这个人不是别人，正是等候已久的刚子。刚子先是和王鹏发生了言语上的冲突，路人看到有人争执，下意识地和他们保持了距离。随后，争执中的两人扭打在一起。扭打中，刚子突然抽出身上的匕首连刺王鹏数刀，王鹏倒在了血泊中。

看到王鹏被刺，人群中的周海峰也愣住了，事情的发展大大超出了他的预料。他原本以为刚子最多也就是揍王鹏一顿，解解气也就算了。他万万没想到，刚子一言不合就抽刀，直接放倒了王鹏。看到王鹏倒在血泊中，周海峰心里波澜起伏，想要上去扶起他。可这个时候的他，根本不敢站出来。在挣扎犹豫中，他看到有人叫了救护车，并且报了警。为了不被牵连，他快速离开了现场。

回到家里，周海峰犹如惊弓之鸟，心惊肉跳的。后来，得知王鹏因失血过多而死时，周海峰心里更慌了，他很害怕警方找到自己。毕竟，刚子之所以能够认出王鹏，就是因为他的指认。但冷静下来后，他又不断地自我安慰。周海峰觉得，就算警方找到自己，他也不需要负责，因为他觉得自己也不过是个路人，帮忙指认了下人，没什么大不了的。毕竟，人又不是他杀的，而且他也不知道刚子说的来教训王鹏就是来杀人。然而，事情真如周海峰所想得那么简单吗？

警方经过现场侦查和取证，行凶者刚子很快就被抓捕归案了。随着案件侦查的深入，警方判定案件是由于当事人网上对骂，从而发展成线下寻仇的纠纷。然而，让警方不解的是，根据警方所掌握的证据，案发前两人的生活并无任何交集。刚子不满王鹏对自己的女友示爱，与王鹏交涉时，王鹏所使用的微信号中没有任何个人照片。刚子是怎么在熙熙攘攘的人群中一眼就找到王鹏的呢？

要知道，从两人网上对骂到发生命案，不过几十个小时，双方此前完全没有见过面，而工厂的下班高峰期，走出工人多达上千，刚子是如何认出王鹏并精准实施报复的呢？面对警方的讯问，刚子始终闭口不言。为此，警方继续对案件进行调查。

命案发生后，警方第一时间调取了工厂门口的监控。起初，警方在对事发当天的监控录像进行筛选时，并没有发现什么异常。出于对案件负责的态度，警方决定重新查看监控录像。经过对监控录像的再次分析查看，警方发现，案发前，刚子早早赶到了工厂门口，和厂里出来的一个人握手交流了几分钟。重要的是，监控录像显示，画面里的这个人，似乎有指认王鹏的动作。

警方当机立断提审刚子，在证据面前，刚子终于松口，说就是视频中的男子，为他的报复行为提供了帮助。警方的疑惑终于被解开，案件中隐藏的细节终于浮出水面。刚子的口供指出，为他的报复行为提供指认的人是他的同乡——周海峰。

经过再次审讯，刚子向警方明确表示，案发前，他联系上了周海峰。对于自己的行动，周海峰是知情的，正是因为有周海峰的指认，他才能够在这么多人中第一时间认出王鹏，并行凶报复。根据刚子的口供，警方依法对周海峰进行了传唤。

被传唤到案后，周海峰先是否认了自己的指认行为，在警方的证据面前，他最终承认是自己帮助刚子指认了王鹏。随着警方对案件的层层侦破，在一系列证据面前，真相得以浮出水面。公诉机关最终以故意杀人罪，对刚子、周海峰提起了公诉。

法庭上，公诉机关指控周海峰是刚子故意杀人罪的共犯，面对公诉机关的指控，周海峰拒不认罪。周海峰辩称，自己事先并不知道刚子要伤害王鹏。他坚称，作为同乡，自己只是帮忙认了下人，“就跟别人问路一样，我只是指了个路。何况人也不是我杀的，凶器也不是我提供的，人也不是我指使的，跟我没关系啊！”难道就因为自己在人群中多指了一下，就要被认定为杀人犯？这对自己也太不公平了吧。有鉴于此，周海峰坚持要求法院判决他无罪。

周海峰到底是不是这起杀人案件的共犯呢？认定周海峰犯故意杀人罪的主观故意的证据是否充分？

这就涉及一个法律知识点：共同犯罪中的概括故意。

概括的犯罪故意是指，当事人对于事情的具体内容并不明确，但明知自己的行为会发生危害社会的结果，而希望或者放任结果发生的心理态度。比如，有人在自家门前的路上挖了个大坑，明明知道有人路过会掉下去，却不设置警示标志或者进行有效阻拦，这就是概括的犯罪故意。本案中，周海峰可以辩解说自己不知道刚子要杀人，但当刚子在电话里明确提出自己找王鹏的目的是要“教训”他，而且在厂门口时，周海峰作为成年人，足以判断刚子来者不善，也足以判断刚子接下来的举动必将给王鹏带来威胁，甚至伤害。在这样的前提下，周海峰依然为刚子做了指认。正是因为这非常关键和致命的指认，导致刚子与王鹏两人相遇，随之产生冲突，最终两人发生打斗，造成王鹏死亡的结果。

从接到刚子的电话，到现场指认王鹏，再到刚子和王鹏打斗，最后王鹏被刺，整个案件发生过程中，周海峰不止一次有机会制止刚子减少对王鹏的伤害，或者挽救王鹏的生命，但周海峰并没有在任何环节站出来。由此我们可以推断，周海峰对王鹏的伤亡是持放任态度的。

最终法院认为，被告人周海峰，在明知被告人刚子意图时，却依然为其提供指认。双方打斗过程中，被告人周海峰一直在场，也没有任何制止的行为。因此，法院认定，被告人周海峰为故意杀人罪的共犯。鉴于其属于从属帮助的地位，认定其为从犯。最终法院以故意杀人罪，判处刚子无期徒刑，判处周海峰有期徒刑五年。

周海峰因为一次看似“顺水推舟”的指认，让自己付出了沉重的代价。这件事情，看似是刚子“连累”了周海峰，但回想一下事情的经过，我们就会发现，周海峰也不完全值得同情，他的“不幸”并非别人造成的，而是他亲手将自己推入了这个境地。如果他跟王鹏之间没有矛盾，刚子找来的时候，也许他就会做出另一种选择。他对王鹏心存不满，无非是觉得在升职一事上，王鹏公报私仇，害得他不仅丢了升职机会、沦为大家的笑柄，还被女友抛弃。暂且不说王鹏是不是故意为之，如果一开始周海峰没有对王鹏评头论足，如果两人没有矛盾，即使王鹏那一票不投给他，遇到同样的选择，周海峰还会为刚子指认吗？由此推测，这一切的源头，还是在周海峰的为人上。本案告诉我们，在生活中要保持警惕，不是什么“忙”都能帮的，如果因为我们的行为，给他人带来了伤害或损失，我们是要承担责任，甚至付出代价的。除此之外，我们也要时刻提醒自己，管好自己，尊重他人，不要随便议论别人。自我约束，可以让我们避免很多麻烦。

如何防卫才“正当”

刘春晓

法律知识点：1. 故意伤害与正当防卫
2. 正当防卫和防卫过当

案例一：为救妻子杀醉汉

2016年夏天的一个晚上，南方某地一处空旷的建筑工地边上，突然传来打斗声。路人纷纷停下来围观，只见一名小伙子被四人围追堵截、拳打脚踢。双拳难敌四手，小伙子明显落了下风。双方的打斗很激烈，围观的人不免猜测，这几个人之间有什么深仇大恨呢？殊不知，就在几分钟前，斗殴双方还互相不认识。

被追打的小伙子叫方明。方明和妻子李娟是北方人，当初经人介绍，两人一见钟情，很快结婚组建了家庭。婚后，小两口做了一个美好的规划，先努力攒钱买房子，再生个孩子，小日子就很美满了。为了实现目标，新婚不久，方明就带着年轻漂亮的媳妇来到了南方一处工地打工。打工的生活虽然辛苦平淡，但是两人感情好，过得很充实。然而，平静的生活很快就被一群不速之客打破了。

这天晚上，方明和李娟吃完晚饭，稍作休息后就回到工地干活。他们希望能赶在午夜前，把这一车的混凝土都卸完。夫妻俩分工合作，效率很高，两人一会儿就能装满一小推车，再由方明负责把车推到工地上。刚装完一推车，方明走后，工地上只剩下李娟一个人。这时，刚好路过四个醉汉，为首的马彪眼睛直勾勾地看着李娟，摇摇晃晃走上前，开始出言调戏。看到有醉汉过来，李娟本能地躲闪，可还是被这四个人围在中间，无法脱身。李娟只能大声呼喊丈夫的名字。

听到妻子的呼喊，方明赶忙扔下小推车，冲到他们中间，把瑟瑟发抖的妻子护在身后。方明呵斥四人："工地不允许外人随便进入，你们别捣乱，赶紧走，不然我就要叫人了。"可方明的话不但没有吓跑几个醉汉，反而让他们得寸进尺，辱骂起了方明。

闻到这四人身上有浓烈的酒味，再看他们的神情和动作，方明判断这四人喝了不少酒。方明心想，如果跟醉汉讲道理，根本讲不通。想到这里，方明并不打算与他们纠缠，他拉起妻子的手就往外走。

而马彪等人不依不饶，将两人围住，推推搡搡，骂骂咧咧。突然，马彪趁李娟不注意，直接摸了一把她的屁股，吓得李娟大叫起来，其他三人见状，也趁机起哄。双方的矛盾瞬间激化。

马彪等人仗着人多势众，动手殴打方明。方明以一敌四，毫无胜算可言，只好边打边躲。可对方变本加厉，还在工地上找到了"武器"。四人当中最嚣张的就是马彪的表弟阿军，他找到一把铁铲，拿起来就往方明的身上拍。李娟不忍心丈夫一直挨打，企图拉开阿军。没想到，阿军随手就用肘部顶向李娟，李娟随即摔倒在地。

看到妻子跌倒，方明赶紧过来护着她，马彪等人继续上前殴打方明。其中一人抄起地上的一根钢管就往方明头上砸。尽管方明戴了安全帽，头还是被震得嗡嗡响。忍无可忍的方明，掏出了随身携带的弹簧刀。平日里在工地里干活，方明随身带着一把弹簧刀，既方便拆包装，也可以用来削水果。

此时，方明半蹲着，四人又一次围了上来。方明见状，一手护着倒下的李娟，一手拿着弹簧刀，朝着四人挥舞。就这样，马彪手臂上被划了几道口子，阿军腹部被捅了一刀，另外两人也受了不同程度的伤。这时，双方的打斗声引来了方明的一群工友。平时大家关系就很好，看到方明有难，工友们抄起干活的家伙就冲了过来。马彪等人看到对方有工友们赶来，赶紧四散跑开，逃离了现场。

方明夫妻俩看到马彪等人跑了，原本绷紧的神经也一下松懈了下来，连连感谢工友们的仗义相助。就在此时，方明却“哎哟”一声，原来，在刚才混战中，方明的手臂被打伤了，现在放松下来才发现。于是，方明和李娟赶紧打车去了医院。经医生检查，方明只是轻微伤，简单包扎下便可。方明夫妇俩终于松了一口气。然而第二天，方明却被警方带走，理由是“涉嫌故意伤害罪”，这又是怎么回事呢?

警方告诉方明，当晚参与殴打方明的阿军受了重伤，后来为躲避方明工友们的追赶，慌乱中跑进了工地的杂物房躲藏起来。等大家都散去的时候，阿军因为受伤失血过多，再也站不起来了。第二天上班时，工人到杂物房取工具，发现了阿军冰冷的尸体，随即报警。经法医鉴定，阿军是因失血过多而死。因为方明曾和阿军发生过打斗，警方便将方明锁定为犯罪嫌疑人，带走调查。

警方查明案件事实后，很快将案件移送到了检察院。检察院以方明涉嫌故意伤害罪，向法院提起公诉。

在法庭上，方明眼含热泪，向法官求情:“是他们先调戏我妻子，几个人先动手打我们的，我拿刀伤人是迫不得已，属于正当防卫。”那么，方明的辩解是否成立呢?这就涉及一个法律知识点:正当防卫和故意伤害。

《中华人民共和国刑法》第二十条第一款规定:“为了使国家、公共利益、本人或者他人的人身、财产和其他权利免受正在进行的不法侵害，而采取的制止不法侵害的行为，对不法侵害人造成损害的，属于正当防卫，不负刑事责任。”

《中华人民共和国刑法》第二十条第三款规定:“对正在进行行凶、杀人、抢劫、强奸、绑架以及其他严重危及人身安全的暴力犯罪，采取防卫行为，造成不法侵害人伤亡的，不属于防卫过当，不负刑事责任。”

《中华人民共和国刑法》第二百三十四条规定:“故意伤害他人身体的，处三年以下有期徒刑、拘役或者管制。

犯前款罪，致人重伤的，处三年以上十年以下有期徒刑；致人死亡或者以特别残忍手段致人重伤造成严重残疾的，处十年以上有期徒刑、无期徒刑或者死刑。本法另有规定的，依照规定。”

由此可见，正当防卫与故意伤害的区别是法律性质不同，正当防卫是指面对正在进行的不法侵害，而实施的制止不法侵害的免责行为。故意伤害罪是在故意的主观心态下希望他人的身体受到伤害继而实施的犯罪行为。

本案中，马彪等人调戏方明妻子，本身就有错在先。其次，在人多势众的情况下使用器械对方明进行殴打，如果不是方明戴了安全帽，后果将不堪设想。马彪等人的不法侵害行为，已不是一般的斗殴行为，而是行凶行为，会严重危及方明夫妇的人身安全。此时，如果方明不进行反击，必将造成非常严重的后果。方明使用弹簧刀反击，是出于保护自己和妻子免受不法侵害的目的，符合特殊防卫的条件，在这个过程中造成不法侵害人伤亡，不负刑事责任。

最后，法院依法认定方明构成正当防卫，判决方明无罪，驳回原告附带民事诉讼的诉讼请求。

庭审结束后，方明获得了自由，夫妻二人抱头痛哭，感慨万千。思索再三，他们决定离开打工的城市，一起回到家乡，继续开启新的生活。

当方明和妻子的生命安全受到严重侵害和威胁时，方明“忍无可忍”“奋勇反击”，受到法律保护。这既能对犯罪分子形成震慑，也体现了《中华人民共和国刑法》为了“惩罚犯罪、保护人民”的立法目的。

案例二：岳父“杀”女婿

2018 年初冬的一个凌晨，我国北方的一座县城里，大部分人已经进入了梦乡，可陈百川家里却灯火通明，院子的大门敞开，门口停着警车和救护车。只见陈百川右手满是鲜血，蹲在门口瑟瑟发抖。院子正南角落躺着一个人，一动不动，仰面朝上，胸口的白衣服被鲜血染红。现场到处都是打斗的痕迹。经诊断，地上的人已经死亡，血腥的场面让人不寒而栗。死亡的人是谁？案发现场究竟发生了什么？

正当大家疑惑的时候，陈百川缓缓站起来，颤抖着说："人是我扎的，死者是我女婿邢强。"陈百川为何会对女婿行凶？两人之间究竟有何冤仇，最终引发命案？要想解开这个谜题，还要从一段"离奇"的姻缘说起。

陈百川今年 62 岁，是某县城一名退休工人，性格内敛，为人朴实。陈百川有个女儿叫陈娟，大学毕业，工作稳定，是陈百川夫妇的骄傲。转眼间，陈娟到了适婚年龄，来陈家提亲的人络绎不绝，可偏偏就没有一个人入得了陈娟的法眼。眼看着女儿的年龄一天天大了，陈百川很为她的婚事着急。

正所谓，踏破铁鞋无觅处，得来全不费功夫。一天晚上，陈娟在回家的路上被几个小流氓尾随纠缠，就在危急时刻，一个男人"从天而降"，大声呵斥那几个流氓。看着来人高大强壮，几个小流氓一时间被吓住，灰溜溜地走了。这个人不是别人，正是邢强。着急无助的陈娟看到见义勇为的邢强，万分感激，两人当场留下联系方式，从此成为朋友。

随着时间的推移，陈娟了解到，邢强的生活挺不容易的。邢强自幼父母离异，他和哥哥跟随母亲生活，继父对他母亲不好，时常为家庭琐事殴打兄弟俩。邢强年纪轻轻就辍学了，做过很多工作，吃过很多苦，最后因承包工地上的食堂赚到了一些钱。虽说事业小有成绩，可一晃他也 30 多岁了，到现在还没结婚。

一个男未娶，一个女未嫁，又经历了一场现实版的"英雄救美"，这不就是上天安排的姻缘吗？陈娟和邢强很快就谈起了恋爱。

然而，陈百川一开始就对女儿的这段恋情并不看好，他觉得邢强文化程度不高，初中毕业就出来闯社会，他担心女儿和邢强没有共同语言。更重要的是，陈百川觉得邢强性格刚猛急躁，容易意气用事，担心婚后过日子二人不好相处。可老两口的苦口婆心，怎能抵得过女儿对"救命恩人"的欣赏和仰慕？就这样，两人最终还是走在了一起。

既进一家门，就是一家人。婚后，陈百川也没把女婿邢强当外人，考虑到邢强还没有买房子，他就让小夫妻住在自己家里，反正自己就这么一个女儿，家里房子也大。陈百川的家，北面是联排的六间大瓦房，带着一个宽敞的院子。南面是大门，院子的西边搭了一个棚子，里面是厨房，东边的墙上也开了一个门，与隔壁邻居的补胎店相通。

婚后不久，陈百川担心的问题就出现了。邢强经常酗酒，而且酒后乱砸东西，陈百川几次制止，可邢强人高马大，陈百川根本管不了。久而久之，这些事情也传到了邻居那里，陈百川觉得既无奈又丢人，只能唉声叹气。后来，邢强和陈娟生了个女儿，但女儿的到来没有改变邢强，反而使他变本加厉。

一次，邢强又喝得大醉，竟然动手打了陈娟。一气之下，陈百川把邢强赶出了自己家。随后，陈娟也向法院提出离婚诉讼。可邢强态度强硬，坚决不离。开完庭后，更是三番五次上门纠缠陈娟。接连几次，陈百川都让他吃了闭门羹。眼看见不到陈娟，邢强急了，几次酒后偷偷溜进陈家，撒泼打滚。这也让陈百川一家更加心寒，陈娟更坚定了要离婚的想法。

陈家的忍让并未换来和平，而是邢强更加肆无忌惮的骚扰和纠缠。这天晚上，陈百川正在院子里乘凉，突然听到大门被猛烈撞击，还伴随着刺耳的辱骂声。邢强叫陈百川开门，让他把陈娟交出来。陈百川隔着门缝一看，邢强满脸通红，满嘴的酒气扑面而来。陈百川知道，邢强又喝多了，是来找事的。可陈百川哪里敢开门啊！就在三天前，邢强喝醉了酒，顺着与隔壁补胎店相连的门，直接冲进了陈百川家的院子里。见陈娟不在家，他竟然把停放在院子里的小汽车的玻璃全给砸烂了。想到这里，陈百川心有余悸，他让邻居劝说邢强赶紧走，说女儿不在家。事实上，当天晚上，陈娟去同学家了，也的确不在家。

可邢强不肯离开，又辗转来到隔壁补胎店，发现门被堵住了！一番折腾之后，邢强骂骂咧咧地开车走了。听到邢强走了，陈百川紧张的心也慢慢平静下来。可就在他关灯上床，躺下后不久，外面又传来踹门的声音。天啊！那个可恶的邢强又回来了。眼见踹门没人回应，邢强直接踩着汽车爬上了陈百川家的院墙，骑在上面叫骂，并从墙上拆下砖头瓦片，朝院子里扔。

看到这个情形，之前的一幕幕又浮现在眼前，陈百川被彻底激怒了。他找到一把钢叉来到院子里，和墙头上的邢强对峙。邢强非但不收敛，反而继续向其扔砖头。无奈之下，陈百川先是拨打了报警电话，接着跑到西边的窝棚下，从里面抽出一把过年杀猪宰羊的尖刀，嘶吼着让邢强赶紧滚。可邢强不但没走，反而还借着酒劲从院墙上跳到院子里，与陈百川发生打斗。慌乱中，陈百川脑袋一热，大叫一声，拿刀直接朝邢强的腹部捅了一刀。邢强被刺中，鲜血直流，很快倒地身亡。看到这一幕，陈百川也吓傻了，他在恐惧中等待着警察的到来。

陈百川被公安机关带回调查，交代了事情的来龙去脉，包括刀是哪里来的，当时为什么要用刀，等等。之后，警察也对有关证人进行了询问，印证了陈百川的供述属实。但有一个疑点困扰着他们，也困扰着陈百川，那就是：当晚邢强既然已经离开了，为什么又回来了呢？

警方发现，邢强折返前曾接到过哥哥的电话。于是，警方立即对邢强的哥哥进行询问，这才弄清了原因。原来，邢强离开以后，陈百川给邢强的哥哥打了个电话，让他劝说弟弟不要再来闹事了，如果下次再来，他就真的报警了，让邢强一切后果自负。邢强的哥哥出于好意，给邢强打了电话。可酒后的邢强哪里听得进去，这通电话反而激怒了他，于是他又开车折返了回来。

一切调查取证完成之后，案件移送到了检察院。检察院以陈百川涉嫌故意伤害罪，向法院提起了公诉。

法庭上，陈百川大喊自己冤枉，他坚持认为自己当时用刀是被逼无奈，他是为了保命才捅死了邢强，属于正当防卫。那么，陈百川的辩解，能否成立呢？这就涉及一个法律知识点：正当防卫和防卫过当的区别。

《中华人民共和国刑法》第二十条第二款规定："正当防卫明显超过必要限度造成重大损害的，应当负刑事责任，但是应当减轻或者免除处罚。"

也就是说，正当防卫并不是没有限制的，如果超越了法律规定的防卫尺度，就构成防卫过当，应当负刑事责任。

本案中，首先需要明确的是陈百川的反击行为具有正当性。原因有三：第一，邢强的一系列行为均属于正在进行的不法侵害；第二，邢强的行为呈现升级趋势，具有一定的危险性；第三，邢强离开后再次返回，执意在深夜时对陈百川实施侵害，他的不法行为具有一定的紧迫性。

在这个前提下，陈百川先是找人规劝，继而报警求助，始终没有与邢强斗殴的故意，提前准备工具也是出于防卫的目的。因此，陈百川的反击行为具有防卫的正当性。

但是，考虑到邢强上门闹事滋扰是因为不愿离婚，希望能与妻子和好继续共同生活，这与离婚后可能实施报复的行为有很大区别。虽然邢强实施了一系列违法行为，但整体仍在闹事的范围内，且没有直接证据显示邢强的行为危及陈百川的生命。同时，陈百川已经报警，也有继续周旋、安抚、等待的余地，但他却选择使用刀具，在撕扯过程中直接捅刺邢强的要害部位，最终造成了邢强当场死亡。

综合本案来看，陈百川的防卫行为，在防卫措施的强度上不具有必要性，在防卫结果与所保护的权利对比上也相差悬殊，应当认定为明显超过必要限度造成重大损害，属于防卫过当，依法应当负刑事责任，但是应当减轻或者免除处罚。

最终，法院认定陈百川系防卫过当，其行为构成故意伤害罪。鉴于陈百川有自首情节，判处其有期徒刑七年，并向民事诉讼原告人，也就是邢强的母亲赔偿丧葬费 3 万元。听到判决后，陈百川百感交集，老泪纵横。虽然邢强不会再继续纠缠女儿了，但是亲手结束一个鲜活的生命，也绝不是他的本意，何况这个人还是他外孙女的爸爸，等她长大后知道了这一切，又该如何面对？

清官难断家务事，如果当初陈百川面对邢强的不断骚扰，在及时报警后，能想办法继续与他周旋，等待警察来处理，或许会有不同的结局。

这两个案例中，主人公都认为自己是“正当防卫”，但因为“防卫”的程度和时机不同，一个重获自由，一个身陷牢狱。正当防卫给了人们“该出手时就出手”的底气，同时也警醒人们要有“小不忍则乱大谋”的定力。正当防卫是把“双刃剑”，只有掌握好分寸，才能真正保护自己、保护他人。另外，遇到事情，要有对生命的敬畏，尽量避免冲动，以免为自己的“愤怒”付出代价。

莫名的损失费

刘春晓

法律知识点：敲诈勒索罪

“偷鸡不成蚀把米”“赔了夫人又折兵”，我们在日常生活中经常听到这两句话，说的都是自以为聪明却办了糊涂事，聪明反被聪明误的情况。

2014年农历腊月二十六，家家户户张灯结彩，装扮一新，准备迎接春节的到来。赵亮一大早就起来忙里忙外，把家里收拾得干干净净，还特意抽空去理了发，穿上了新买的衣服，这一切都是为了迎接外出打工的妻子归来。

焦急地等了整整一天，夜幕降临的时候，妻子才回到家里。赵亮看着快一年没见的妻子，觉得她瘦了很多，但是显得更成熟，更有韵味了。正所谓“小别胜新婚”，吃过晚饭，赵亮急不可耐地想和妻子亲热，孰料妻子却推说自己坐车累，拒绝了他。看着妻子这般冷淡，赵亮心里有点难过，尤其是今天自己精心做了这么多准备。不过转念一想，几个小时的车程下来确实也够辛苦的，他也就不再坚持。可是接下来的几天，妻子不是以自己累为由推脱，就是勉强应付，这让赵亮心里十分憋屈，也引起了他的怀疑，“会不会是她外面有人了”？于是，赵亮带着心中的疑问，开始悄悄监视起了妻子。赵亮发现妻子回来的这几天几乎不出门，总是摆弄自己的手机，似乎在给谁发信息。这让他更加生疑。于是一天晚上，赵亮趁妻子去洗澡的时候偷偷查看了她的短信记录。不料，这一看让他怒火中烧。原来他的猜测是对的，妻子在短信里向一个叫王志刚的男人倾诉着相思之苦，而且言语间十分亲密和露骨。看到这些信息，赵亮没等妻子穿好衣服，就把她从浴室里像拎小鸡一样拎了出来，扔在床上，质问道：王志刚是谁？你为何与他偷情？妻子支支吾吾也说不出所以然，这彻底激怒了赵亮，他对着妻子就是一顿毒打。此时，妻子哭喊着说："老公，别打了，我是被他强奸的。"赵亮一下子愣住了，立刻停了下来，追问道："快说，到底怎么回事？"

既然妻子是被他人强奸的，那为何她还要和那人发露骨的短信？如果妻子和他是偷情，又为何要撒谎说是被他强奸的？

赵亮的妻子叫田芳，两人结婚后感情一直不合，经常吵架，有时候赵亮还动手打人，于是，田芳为了逃避他才选择了外出打工。当时的田芳也是一时冲动，等她真正来到了外面，才发现对于一个没有学历、没有背景的农村姑娘来说，想找份合适的工作是多么困难。几经波折，她最终在南方某市郊区的一家制衣厂落脚，做了一名制衣工人。每天十几个小时的高强度劳动，加上恶劣的住宿条件，几乎让她吃不消。不过，由于身边没有了赵亮的纠缠，她觉得再苦再累都是可以接受的。田芳的生活就这样一天天平淡地过去了，直到她生病住院，平静的生活被彻底打破。那天，田芳因为感冒发烧住院了，一个人躺在诊所的病床上，举目无亲，心里颇为酸楚。就在田芳觉得孤立无援的时候，一个年轻人走进了她的生活，这个人就是王志刚。王志刚来自西南某市，家里有妻子和一个女儿，为了给家人提供更好的生活，他选择了南下打拼。王志刚在田芳工作的制衣厂里担任品质管控经理，平时在工作中对田芳照顾有加，看到田芳生病住院了，就主动过来关心照顾，这让田芳非常感动。田芳病好后，也经常叫王志刚来她的出租屋吃饭，帮他洗衣服。一来二去，日久生情，最终两人超越了道德底线，发展成了情人关系。此后，两人干脆同居了，就像身边的不少工友一样成了一对临时"夫妻"。两人一起工作，一起生活，那段时光一度成为田芳最美好的回忆。她觉得，王志刚才是她的真爱。

时光荏苒，很快，半年多过去了。春节期间厂里放假，田芳和王志刚都要回家过年。临别的头一天晚上，两人依依不舍。由于双方都知道对方有家庭，因此约定春节回家期间不联系，等春节过后再聚。可是，田芳回到家后发现，相较于王志刚的风趣幽默，丈夫赵亮显得越发粗俗，所以她选择冷淡对待赵亮。由于禁不住对王志刚的想念，田芳就发短信向王志刚倾诉相思之苦，结果被赵亮发现了。

虽然田芳撒谎说王志刚强奸了她，但赵亮不知实情，信以为真。他追问田芳："快说，到底是什么时候的事？"田芳一看这个谎言有效，没办法，就只能接着撒谎。于是，她就发挥了一下自己的文学才华，生生把自己和王志刚的偷情说成了王志刚利用领导职务之便多次威逼她，并且在她生病期间强奸了她，后来她自己觉得已经失身于他，干脆就破罐子破摔和他在一起了。听到这里，赵亮恶狠狠地说道："这小子，是想找死，非得好好教训他一顿不行。"可是转念又一想，不行，揍他不解气，不如直接告他强奸，让他进个十年八年的监狱。

听到这里，田芳一下子觉得事情严重了。如果赵亮去揍王志刚一顿就能解气的话，这件事情也就这样过去了。可是，万一赵亮把王志刚扭送到派出所，警察一调查发现不是这么回事，那时候自己就没法收场了。得赶紧想个办法才行。想到丈夫小气贪财的毛病，一个"两全其美"的主意在田芳脑海中形成了。她想，如果让丈夫向王志刚要点儿钱补偿一下，也许他就不会再追究了。王志刚毕竟和自己好过，给点儿钱补偿一下，也是应该的。这件事情兴许慢慢就过去了，等以后有机会她再向王志刚解释。想到这里，田芳对赵亮说："老公，我觉得强奸这件事，就不要去告了，毕竟传出去不好听，我以后还怎么做人？"听到这话，王志刚一下子急了："不告？难道这件事就这么算了？"田芳赶紧说道："那倒不是，我觉得我们可以找他要点儿钱，赔偿我的损失。"听田芳这么一说，赵亮也觉得有道理，毕竟事已至此，还是要点儿钱来得实惠。于是，戏剧化的一幕出现了，刚才还打得不可开交的两个人竟然坐下来仔细谋划如何向王志刚要钱。田芳说："过几天就是他的生日，我把他提前约过来，这样你就有机会捉到他，到时就好办了。"赵亮想，这个办法不错，到时自己还可以再叫上几个堂兄弟，人多也好办事。于是，当天夜里两人就将教训王志刚的方案谋划出来，并把每个细节都推敲了一番。之后，田芳以害怕丈夫发现为由，再也没有跟王志刚联系过。

转眼到了正月初五，夫妻俩兵分两路。这边，王芳打电话对王志刚说："再过五天就是你的生日了，我们提前回去，我帮你过生日吧，我还找表妹从外地帮你买了生日礼物！"王志刚欣然允诺，于是对妻子撒谎说厂里有新任务，要提前回去。那边，赵亮则把他的三个堂兄弟约到家里，说道："你们三个跟我去要笔账。"堂弟问，什么账？赵亮叹了口气："家丑啊，你嫂子被她领导强奸了，我们去要损失费，你们去不去？"几个堂兄弟本身就血气方刚，更何况"打虎亲兄弟，上阵父子兵"，听到嫂子被人欺负，那怎么能不出头？三人一齐点头答应了。此时正火急火燎赶回来的王志刚哪里想得到，等待他的是一个甜蜜的圈套。

约定见面的时间越来越近了，田芳心里也充满了焦虑和矛盾。一方面，是她出的主意向王志刚要钱，而且还和丈夫谋划设局，因为她知道如果不这样，丈夫是不会善罢甘休的；另一方面，她又担心王志刚吃亏，希望王志刚能主动配合，免得受皮肉之苦，而且她还想着将来能取得王志刚的原谅。

按照之前在电话中的约定，田芳会在出租屋等他，于是王志刚到了南方某市后，顾不上旅途的劳累，拿着行李就直接来到了田芳的出租屋。二人一见面，就热烈地拥抱，倒在了床上。正当两人缠绵之时，忽然一声巨响，门被踹开了，只见赵亮带着三个彪形大汉冲了进来。一看赵亮他们进来了，田芳马上大哭起来，边哭边喊："老公，你可来了，我是被强奸的，你可要给我出气啊！"听到田芳喊"强奸"，王志刚一下子蒙了，这怎么是强奸呢？还没等他解释，赵亮他们对着王志刚就是一阵疾风暴雨般的拳打脚踢。

一顿拳脚过后，赵亮揪住王志刚的衣服问道："小子，这事你想公了还是私了？"王志刚赶忙问道："公了怎么算？私了又怎么算？"赵亮说："简单，公了就是打一顿，然后交派出所，告你强奸，判你个三年五年的！"听到赵亮要去告强奸，王志刚也急了，赶紧解释："我们这样是不对，可是我真的没强奸她啊。”不料王志刚的解释更加刺激了赵亮的情绪：“好你个王志刚，今天我抓了现行你还说没强奸？你强奸我老婆半年了，你以为我不知道啊？”接着，几个人对王志刚又是一顿殴打。看到这里，田芳赶紧向赵亮求情：“老公，别打了，这样会把他打死的。”转头又对王志刚说：“你就别硬撑了，他们已经捉了现行，说什么都没用了。再说，强奸不强奸，你说了不算，我说了才算。”听到这里，王志刚算是彻底明白了，原来今天是他们设的一个局。他心知，再多的辩解都没用，此时他心里百感交集：这还是原来那个女人吗？难道自己对她的好她都忘记了？这回他才真正体会到“女人心，海底针”这句话的含义了。他瞪了一眼田芳，然后说道：“看来我也没有别的选择了，还是私了吧。”见王志刚已就范，赵亮赶紧抛出了他的条件：“私了可以，拿出10万元，这个事咱们两清！”王志刚一听要10万元，连忙道：“大哥，我没有那么多钱啊。”“你没有？你亲戚朋友总该有吧，快打电话让你亲戚朋友凑，我就不信你要钱不要命！”说着，赵亮把手机放在王志刚面前，让他打电话筹钱。怎奈一轮下来，竟然没有凑到10万元。看到这种情形，赵亮主动降低了筹码：“看你这个熊样也凑不到10万元，算了，打个折吧，5万元，少一分都不行。”

可是一番折腾下来，王志刚竟然连5万块钱也没凑到，赵亮等人非常失望。此时的王志刚却渐渐平复了心情，他觉得赵亮这些人，就是表面凶神恶煞，其实笨手笨脚，没有什么社会经验。于是，一个大胆的自救计划在王志刚脑海中迅速闪现。看到此时赵亮也是筋疲力尽，王志刚主动说：“大哥，我想起来了，我有个堂弟是开皮具厂的，他有钱，我们两个关系还不错，我给他打电话，让他给我筹钱，也许有门。”听到王志刚这样说，赵亮一下子来了精神：“算你小子识相，快打！把钱早点儿送来！”于是，王志刚拨通了堂弟的电话，直接用方言说道：“堂弟，你别出声，我被绑架了，我说你听。”赵亮听到王志刚说家乡话，也很警觉：“为什么不说普通话，别耍花招！”王志刚解释说，自己和堂弟平时说的都是家乡话，如果说普通话堂弟会听不习惯的。赵亮趴在王志刚的耳边小声说道：

“说普通话，别耍花招！快让他打钱过来。”于是，王志刚接着用普通话对堂弟说：“我在南方某市，做生意遇到点儿困难，赶紧帮我凑 5 万块钱送过来！如果凑钱有困难，可以去找舅舅要一下。”还没等堂弟弄明白怎么回事，王志刚就把电话挂了！接完堂哥的电话，堂弟一头雾水，心想，既然哥哥说被绑架了，怎么会打电话呢？莫不是开玩笑的吧。不过后来又一想，哥哥后面说做生意需要钱，还让他去找舅舅要，有很大的问题。因为他知道堂哥在工厂上班，没听他说在做生意。虽然他们确实有个舅舅，不过前年就过世了，而舅舅生前就是做警察的。他心想，堂哥再怎么开玩笑，也不会拿去世的长辈开玩笑。于是，堂弟一下子明白是怎么回事了，找舅舅其实是堂哥在暗示他找警察。容不得半点耽搁，堂弟迅速拨通了报警电话。当天下午，当赵亮等人挟持王志刚外出吃饭时，被闻讯赶来的民警一举抓获，王志刚被成功解救了。也就是在当日，民警在不远处的一个公园里将正在等候“捷报”的田芳抓获。

到了派出所，赵亮竟然不明白他究竟犯了什么罪，嘴里愤愤地喊着：“我老婆被人强奸了怎么没人管？他白睡了我老婆半年，要点儿钱还不行吗？”听到还有强奸案，警方果断决定立案调查。事情到了这一步，田芳当初是万万没有想到的，她知道再也不能隐瞒真相了。于是，面对着讯问的民警，田芳将实情娓娓道来。

原来，田芳也是个苦命人，她长相出众，读书时品学兼优，一直很受欢迎。没想到造化弄人，她连续两次高考失利，这对她的打击很大，让她一度变得自卑和孤僻。田芳的父母看到女儿的样子，心里着急，考虑到女儿也到了适婚年龄，就寻思着给女儿找个婆家，有了新的生活，女儿的心情也许就能好起来。在众多的应征者中，赵亮表现得一直很好，不仅勤快、热情、主动，而且对女儿百依百顺。老人家很满意。那个时候的田芳日子过得浑浑噩噩，虽然对赵亮一直没有感觉，但最后还是在父母的撮合下和赵亮结了婚。谁知婚后不久，赵亮就暴露了与婚前截然相反的真实面目，不仅懒惰、贪财，而且脾气不好，甚至动不动就对田芳拳脚相加。这让田芳苦不堪言，由于怕父母担心，她也不好向他们倾诉。在万般无奈的情况下，田芳只能选择外出打工逃避丈夫。在工厂，她认识了王志刚。王志刚对她很好，后来他们就在一起了。她和王志刚的事情被丈夫发现后，因为担心丈夫一直殴打自己，怕被活活打死，田芳才撒谎说自己是被强奸的。然后又将错就错，和赵亮一起谋划敲诈情人王志刚。得知这一切，赵亮气得差点吐血。

很快，检察院以赵亮和田芳等人涉嫌敲诈勒索罪向法院提起公诉。

在法庭上，田芳辩称，当初自己是害怕丈夫赵亮殴打自己，才谎称被强奸，而且在整个案件中，她并没有直接参与挟持殴打王志刚的行为，更没有直接开口向王志刚要过钱，因此，不构成敲诈勒索罪。赵亮辩称，自己是被田芳撒谎误导了，在讨回公道的过程中采取了不恰当的行为，主观恶性小。而且，自己的老婆和别人通奸，他才是受害者，因此他也不认为自己的行为是犯罪。

那么，田芳、赵亮等人的行为是否构成敲诈勒索罪呢？这就涉及一个法律知识点：敲诈勒索罪。

敲诈勒索罪是指以非法占有为目的，对被害人使用威胁或要挟的方法，强行索要公私财物的行为。本案中，田芳与王志刚偷情被丈夫发现，因害怕被丈夫殴打，才谎称被强奸，并与赵亮谋划设局，逼迫王志刚拿损失费“私了”；而赵亮即使存在被误导的情况，但是依仗自己所谓的“家丑”，与田芳合谋，纠集几个堂兄弟一起挟持并殴打王志刚索要损失费，两人的行为均已构成敲诈勒索罪。赵亮的几个堂兄弟对于索要损失费一事，事先均已知情并积极参与，因此成为敲诈勒索罪的共犯。

关于敲诈勒索罪，我国法律有明确的规定。《中华人民共和国刑法》第二百七十四条规定：“敲诈勒索公私财物，数额较大或者多次敲诈勒索的，处三年以下有期徒刑、拘役或者管制，并处或者单处罚金；数额巨大或者有其他严重情节的，处三年以上十年以下有期徒刑，并处罚金；数额特别巨大或者有其他特别严重情节的，处十年以上有期徒刑，并处罚金。”

法院经审理认为：被告人赵亮、田芳及赵亮的三个堂兄弟以非法占有为目的，敲诈勒索公民财物，数额巨大，其行为均已构成敲诈勒索罪，且系共同犯罪，依法应予惩处。五名被告人在实施犯罪的过程中，由于意志以外的原因没有得逞，是犯罪未遂，依法可比较既遂犯减轻处罚。且五人归案后如实供述自己的罪行，依法可以从轻处罚。

最终法院以敲诈勒索罪，判处赵亮有期徒刑一年三个月，并处罚金三千元；田芳与赵亮的三个堂兄弟判处有期徒刑一年，并处罚金两千元。

因为一个“善意”的谎言，赵家五人锒铛入狱，让人唏嘘！经此一事，王志刚也是身心俱疲。他在外面有情人且被情人敲诈的事已经成为他所在小镇的饭后谈资。王志刚的妻子也明确提出要离婚，虽经王志刚多次努力，还是未能挽回。最终，两人协议离婚，离婚后的王志刚选择远走他乡，重新开始自己的生活。

人生不如意事十之八九，对于田芳来说，不管是高考失利，还是自认为嫁错了人，都不应该成为其“糊弄”人生的理由，更不是对婚姻不忠诚的“借口”。对于赵亮来说，遇到问题不选择法律途径，而是自认为聪明，选择“私力救济”，结果因为愚昧无知，让自己从受害者变成了阶下囚，让人惋惜，可谓“赔了夫人又折兵”。王志刚的出轨行为，虽然得到了一时之快，却因此被敲诈，并最终失去了家庭，也悔之晚矣。

卖个猪肉成罪犯

刘春晓

法律知识点：非法持有、私藏枪支、弹药罪

如今，我们的生活越过越好了，餐桌上的食物也越来越丰盛了。有些人嘴里吃着鸡鸭鱼肉，心里还惦记着飞禽走兽。然后，自然有人打着野味的旗号做买卖。本案例的主人公就声称自己打到了野猪，高价卖给了村民。可最后他非但没赚到一分钱，反而被判了刑。这是怎么回事呢？

2015 年秋的一个夜晚，王家村老王家里传出激烈的争吵声。老王的家在山脚下，是村子的最深处，平时来人本就不多，大晚上的，是和谁吵成这样呢？

村民们纷纷寻来看热闹。一进大门，就瞧见和老王吵架的不是别人，正是村里的一个暴发户，外号叫“胖头”。村民们都觉得奇怪：这两人怎么掐起架来了？要知道，两人都已年过五十，而且性格差别很大，平日也没有来往。

说起老王，他过去确实挺风光的。早些年，他是村里生产队队长，手里握有几分实权，受人敬重。当时，胖头只是个普普通通的社员，日子穷苦。

哪知道，风水轮流转。改革开放后，胖头靠着灵光的头脑，很快发家致富了。而老王几十年来就盯着自己家里的那几亩地，日子过得很平常。

不过，在村民眼里，这两人人品还是挺好的，不知道为什么，这会儿却吵得不可开交。老王家院子的正中央有一张石桌子，桌子周围是四个石凳子。只见胖头站在桌子旁边，满脸涨红，指着桌上一块肉冲老王直嚷嚷："今天你必须给我退钱！"老王坐在旁边的一个石凳上，态度也很强硬，来来回回就一句话："坚决不退！"

看到这个情形，就有村民站出来当和事佬。经过了解，大家才知道事情的原委。几天前，胖头听人说老王打到了一只野猪，吃不完，要拿出来卖，就赶紧让自己的老婆到老王家买了一条猪后腿，花了 2000 多元。可是后来煮了一吃，发现味道和普通的猪肉没什么差别。胖头心里泛起了嘀咕：难道这个猪肉有问题？本来 2000 多元钱对胖头来说不算什么，可关键是他还把猪肉送给了几个重要的客户，其中一位客户吃了以后，打电话给胖头，抱怨这野猪肉味道不正宗。

野猪肉要是假的，那胖头的脸可就丢大了。他赶紧拿出冰箱里还没吃的一块肉，比对网上下载的野猪肉照片，断定这野猪肉就是假的，这才连夜跑到老王家来要说法。

听胖头讲完原委，村民们炸开了锅。因为前两天他们也来老王家买野猪肉了，价格可是比普通猪肉贵了好几倍，怎么能是假的呢？

很快，老王卖假野猪肉、胖头上门吵架这件事，就在村里传开了。买过肉的村民，也顾不得看电视剧了，个个都跑到老王家要求退钱。

不过，事情过了好几天，很多人把肉都吃了，哪来的钱退？而且老王一口咬定野猪肉货真价实，野猪是自己拿猎枪打的，没有半点水分！为了证明自己的观点，老王指着桌上的肉给大家看："喏，枪伤还在呢！"

借着院子里的灯光，大家凑上来一看，猪肉上确实有一道伤。看着这个伤，村民们心里很矛盾，到底该相信谁呢？首先，胖头的判断会出错吗？要知道，胖头在生意场上打拼得这么好，靠的就是谨慎、实在。再回想起这野猪肉，吃起来也似乎没传闻中的筋道。

但是，老王会骗人吗？村民们也不信。乡亲邻里都知道，老王当生产队队长的时候，工分记得是清清楚楚、明明白白的，这些年更是没坑过谁、骗过谁。真相到底是什么？刚开始村民们是摇摆不定的。不过，经过胖头在老王家这么一闹，局面就有些尴尬了。老王若坚持不承认自己卖假肉，倒显得胖头欺负人了。

无奈之下，胖头悄悄走出门，拿起手机报了警。警察出警很快，不到二十分钟，警车就开到了山脚下。民警进门后，老王有些惊讶。村民们可管不了那么多，纷纷上前介绍情况。

两天前，老王打到一头野猪的消息在村里传开了。最早传出这个消息的，是本村的一个村民，名叫李三。李三说，我亲眼看到老王在他自家玉米地里打到了野猪。

王家村毗邻的这座山林，以前野猪很多，野猪经常会趁夜色下山觅食，糟蹋靠山的农田。那时候，村民们会自发组织起来打野猪，然后将得来的肉分来吃。由于野猪常年吃草，又在山林里奔跑，肌肉结实，比起家猪肉味道香不少。后来，野猪被列为国家保护动物了，没人敢公然抓捕售卖，就再也没人吃过野猪肉，野猪肉的味道也成了“传说”。

所以，一听说老王抓到了野猪，村民们的心情都沸腾了，也没人怀疑消息的真实性。因为他们相信，老王有抓获野猪的能力。老王的父亲是一名猎人，老王年纪轻轻就学会了使枪，经常上山打猎，满载而归。天气好的时候往山上走，村民们常常能看见老王站在家门口，轻轻擦拭着枪口，一副志得意满的样子。后来国家政策有了变化，禁止上山狩猎，就再也没人看过老王摸枪。

那天夜里，不少人都往老王家跑，一是想看看野猪，二是想买一点野猪肉回家尝尝。在朦胧的月光下，村民们果真见到了一头又肥又壮的黑猪，奄奄一息地躺在老王家的院子里。老王拿木棍，指了指猪后腿上汩汩流血的伤口，村民们更加深信不疑，相信这头野猪是老王打来的。于是，村民们掀起了一轮抢购热潮，不但自己买，还打电话叫亲戚朋友来买。结果，三下五除二，一头野猪很快就被分得精光。这边，老王看着鼓鼓的腰包，得意扬扬。那边，村民们买到了野猪肉，心满意足。可谁曾想到，这野猪肉竟然是假的。

听村民们讲完后，民警并没立马回应，而是死死地盯住了猪肉上的枪伤，转头问老王：“你说这野猪是你打的，那你说说，怎么打的？”

老王说，最近这段日子，经常有野猪来他家田地里糟蹋玉米，看了实在叫人心疼。他气不过，就拿枪在地里守了两天。终于，野猪又来了，他立马提枪追了上去，最终把野猪撂倒了。

说完，老王低下了头，等待民警继续发问。他完全没意识到，这番讲述不管是真是假，都已经暴露了一件事情，那就是他手里有猎枪。

听老王讲完，民警并不着急表态。只见民警匆匆走出门去，打了个电话，回到屋里后，注意力明显还停留在猪肉的那道枪伤上。

没过多久，又来了一辆警车。警车里走下来一位民警，表情严肃，一进屋就向先前来的民警使了个眼色，直接向老王出示了一张搜查令。接着，民警们不容分说就开始搜查老王家。看到这个情形，村民们心里很疑惑：不就是查个野猪肉嘛，至于弄这么大阵仗吗？

不料，民警一开口，就把大家都吓了一跳。原来，就在王家村不远处的山林里，有一个野生动物科研站，曾经依照国家政策申请配备了一把枪。然而，就在前几天的中秋之夜，科研站的监控录像显示，有人蒙面潜入站内，把枪给偷走了，到现在都没破案。

邻近的这几个村，这几年经济发展得挺好，民风还是很淳朴的。村民们低声嘀咕起来，居然有人会干这等偷鸡摸狗的事？偷的还是公家的枪支！谁的胆儿这么肥？

民警继续介绍，案件发生后，有关领导十分重视，要求公安机关以最快的速度破案。因为枪支一旦流入社会，将会造成很大的隐患和威胁。民警们分析，这起案件，作案人这次是奔着枪来的，很大可能是枪支爱好者，或者是要用枪再犯案。

说到这里，民警顿了顿，突然转头问老王："既然你是用枪打的野猪，从猪肉上的伤口来看，也的确如此。那么我来问你，你的枪是从哪里来的？是不是用站里丢失的那把枪？你最好如实交代！"

听这意思，民警怀疑老王是偷枪贼？村民们惊呆了。前些日子，他们确实听说过某处发生了一桩盗枪案，但谁会联想到老王啊！可如今，换个角度想想，到目前为止，这十里八乡的人也就只有老王一人会用枪、用过枪。更何况，那边刚丢枪，这边就用枪撂倒了野猪，天底下真有这么巧合的事情吗？

那么，老王真的偷枪了吗？且不说盗窃的名声多么难听，一旦盗窃枪支的罪名成立，可是要坐牢的啊！在民警的追问之下，老王大气也不敢出，他耷拉着脑袋看着地面，几乎要哭出来。在村民们的印象里，老王从来没这么胆小过。当年在山上打猎，为了守住一只狍子，他敢一夜不回家。就是这么一个天不怕、地不怕的老王，听到民警怀疑他偷枪，竟然吓得浑身发抖。

就在这时，老村长也闻讯赶来了。他向民警说明了一个情况。十几年前，老王家里就有把猎枪，后来按政策收枪时，老王说，自己在山上摔了一跤，枪掉到山崖里，找不到了。由于担心日后生事，村长反复盘问了他好几次，老王都说枪真的没了。村民们也纷纷表态，说自那之后确实没再见老王摸过枪。可是，刚刚辩解的时候，老王已经亲口承认自己有枪了啊。

那么，老王的枪到底是从哪里来的？会不会是偷的呢？

在村长回忆往事的时候，搜查的民警也有了收获。民警从老王家的衣柜里搜出了一个包裹。打开一看，里面是用牛皮包着的一支猎枪，枪管擦得油光锃亮的，包裹里还有一个布做的小口袋，里面包着三发子弹。

民警拿着枪端详了半天，然后摆在桌子上。这下老王又傻眼了，在物证面前，他无法抵赖，只得承认这是他自己的猎枪。他解释说，枪一直都在家里，早些年他骗了村长，说枪丢了。但他发誓，科研站的枪绝对不是他偷的！

他越是一副紧张的样子，民警越表示怀疑。民警问老王，中秋节那天干什么去了。老王的额头上冒出豆大的汗珠，滴到地上，手有点颤抖，心里有话，却什么都说不出口。

老王一副心虚的样子，里面肯定有问题！村民们纷纷议论起来，大家不再关心野猪肉的真假问题了，更多的是好奇，老王中秋节那天究竟干什么去了？从老王家里搜出来的这支枪，究竟是不是科研站丢失的那支？

就在村民的一片议论声中，站在人群里一直没说过话的李三突然站了出来。他清了清嗓子，一副大义凛然的样子，向在场的村民和民警说，中秋节那天夜里，他和老王在隔壁县的一个亲戚家里，他保证，老王肯定没有偷枪！

李三的话可信吗？要知道，老王打野猪的消息，一开始也是他传出来的。

听李三说中秋夜和老王在一起，民警就追问李三："中秋之夜，人家都是一家团圆的时候，你们俩为何跑到外地，当时在做什么？"

李三回答说，那天晚上，他和老王两个人在隔壁县表哥家的饲养场里，整夜都忙着运猪，老王根本没有作案时间，这个事当地也有几个人可以作证。

听李三的话都说到这里了，老王知道再也瞒不住了，只好如实交代。原来，桌上的猪肉确实不是真正的野山猪。正如李三所说，猪是中秋夜他们从隔壁县的养猪场买来的，是家猪和野山猪培育出来的杂交山猪。为了让这头猪看起来更像被猎杀的野猪，他特意拿出藏起来的猎枪，朝猪身上打了一发子弹。

天啊！这野猪肉还真是假的！老王也太不厚道了吧！听到老王亲口承认，村民们关注的焦点又回到了野猪肉的真假，人群又骚动起来。

老王这般煞费苦心做骗局，究竟图什么？据老王交代，他纯粹就是想多赚点儿钱，才想出这个馊主意。老王说，前段时间，他从网上看到一则新闻，说有个人回家饲养杂交野山猪，销路很好，赚了不少钱。老王心想，杂交的都这么受欢迎，要是弄到真的野猪肉来卖，那还不发财了？他把藏起来的猎枪悄悄拿了出来，擦亮了枪膛，一趟一趟上山。可是看了两个月，也没有打到野猪。正懊恼时，他遇到了好友李三。听李三说，他的表哥在隔壁县开养猪场，里面有野猪和家猪配种的杂交猪，肉比家猪好吃。两个人一合计，就想到了一个赚钱的办法。中秋夜，趁着大家都在自家过节，他们两个悄悄地去养猪场，买了一头杂交猪回来。为了以假乱真，老王特意在猪腿上补了一枪，然后让李三负责放消息做托，吸引村民来买。

可是，老王真的就这么缺钱吗？为了钱能干出这么缺德的事情，欺骗邻里？要知道，以前他见义勇为，人家给他送感谢金他都不要，为什么现在变成这样了？到底有什么难言之隐呢？

接下来，老王给出了解释。老王说，这一切，都是因为老婆的刺激。这几年，村里不少人外出挣钱，新屋子一间间地盖起，而老王一家却一直住在十几年前的老屋子里。老婆怨气很大，经常在他面前抱怨，嚷嚷着让老王外出赚钱。可老王觉得外面的社会太复杂，还是待在家里踏实。

前不久，老王的老婆看到从省城回家探亲的老婶子，穿得比自己时髦多了，又找老王闹脾气，跳着脚骂老王没有赚钱的头脑。老王过去可是堂堂的生产队队长，如今却被老婆这样责骂，忍不住就和老婆吵了起来。结果，老王的老婆闹脾气，一气之下就去了城里的亲戚家，到现在都没回来。这下，老王可算被逼急了。但他仍然不愿意进城打工。为了证明自己在家也一样有本事赚钱，他和李三筹划了这一切，买来杂交野猪，往猪身上打一枪，冒充真正的野猪，卖大价钱。

听到这里，民警突然一笑："老王，你终于肯说实话了。"

话音一落，村民们面面相觑。什么意思？难道民警早就掌握了情况？原来，民警确实早就判断出这块猪肉是冒牌货，最近科研站确实丢过一把枪，老王的样子也确实有嫌疑。但后来赶到的民警看过丢失的枪支照片，与老王的猎枪一对比，他就知道不是同一支了。只是在猪肉问题上，老王百般抵赖，这些不大不小的纠纷，也着实不好处理。于是民警灵机一动，故意把猪肉的枪伤和最近的失枪案关联在一起，吓唬吓唬老王。

听民警讲完后，老王如释重负。他什么话也没说，赶紧把前几天卖猪肉的钱全部拿出来，如数退给了大家。这时，有人为民警的智慧鼓掌，也有人鄙夷老王的所作所为。

不过，不管怎样，事情总算弄清楚了。现在，既然失枪案和老王无关，猪肉钱也都退给大伙儿了，那么事情就结了，大伙儿总算可以放心了。正当大伙儿准备走的时候，民警却掏出了手铐，要把老王带走。老王又惊又蒙，这又是为什么？刚才不是把事情弄清楚了吗？他卖的不是野猪肉，科研站的枪也不是他偷的，为何还要抓他呢？

答案很简单——枪，也就是从老王家里搜出来的那支猎枪。这支猎枪虽然不是老王偷的，是他之前就持有的，但老王的行为，已经触犯了《中华人民共和国刑法》，涉嫌构成私藏枪支、弹药罪。村民们一听老王因为私藏枪支犯罪，顿时都蒙了，没想到事情会闹得这么大。在村民们的议论声中，老王被民警带走了。

老王归案后，由于事实清楚，证据充分，很快，检察院便以私藏枪支、弹药罪对老王提起公诉。在庭审中，老王对公诉机关指控他藏有枪支、弹药的事实供认不讳。但是，他提出自己之前是有持枪证的，希望法院量刑时能予以考虑。在此之前，他向公安部门提交了一份 1994 年办理的《持枪证》。

那么，既然老王曾办有持枪证，为什么还要被提起公诉，追究刑事责任呢？

这就涉及一个法律知识点：非法持有、私藏枪支、弹药罪。

我国对枪支的管理非常严格，无证持枪会构成非法持有枪支罪；但是，即使曾经是指依法配备、配置枪支、弹药的人员，在配备、配置枪支、弹药的条件消除后，私自藏匿所配备、配置的枪支、弹药且拒不交出的，也会构成犯罪，也就是私藏枪支、弹药罪。

关于非法持有、私藏枪支、弹药罪，《中华人民共和国刑法》第一百二十八条第一款规定：违反枪支管理规定，非法持有、私藏枪支、弹药的，处三年以下有期徒刑、拘役或者管制；情节严重的，处三年以上七年以下有期徒刑。

经公安部门调查核实，老王的《持枪证》虽然是真实的，但已经过期了。因此，法院经审理后认为，老王违反枪支管理规定，私藏枪支、弹药，其行为已构成私藏枪支、弹药罪。鉴于老王认罪态度良好，悔罪明显，法院依法判决：老王犯私藏枪支、弹药罪，判处有期徒刑六个月，缓刑一年，并没收其私藏的枪支及子弹。

案件宣判生效后，老王回到家里，大门不出，二门不迈。他这一辈子最看重的就是颜面，想到这次因为自己自作聪明，本想以假乱真，结果却牵连出私藏枪支案，成为大家的笑柄，他夜夜睡不好，半年下来，人看上去竟像老了十多岁。好在患难见真情，老王出事后，他的老婆也很自责。她反省自己，平时不该虚荣攀比，不断抱怨，给了老王太多的压力。所以，等老王回来后，她对老王日夜陪伴，悉心照顾。最终，老王在她的陪伴下，慢慢从挫折中走了出来，恢复了往日的生活。

老王一生洁身自好，却在晚年时遭遇了牢狱之灾，着实可惜。回头想想，老婆攀比给他的压力只是外因，他自己内心缺乏对法律的了解和敬畏才是根源。

假护士　真情人

刘春晓

法律知识点：故意杀人罪未遂

2019年10月的一天晚上，我国北方某医院的病房内，病人李小月刚做完急性阑尾炎手术，在麻药的作用下，她还在熟睡中。就在此时，一名护士悄悄溜进病房，走到李小月的病床前，准备给李小月的滴瓶中加药。正常情况下，护士给患者打针或加药之前，需要跟患者确认，以免出错。但这名护士看了一眼病床上的李小月，并没有喊她，也没有对床头的输液单据进行任何核对，就直接对准留置针管开始加药，并快速将针管里的药水推进了李小月体内。紧接着，一阵剧痛顺着手臂蔓延到李小月全身，她迷迷糊糊地睁开了眼，只见床前站着一个护士，挺着大肚子，正在给自己打针。李小月有些心慌，也有些疑惑，一来是眼前这个护士很陌生，在此之前她并未见过；二来，新注射的药实在是太疼了，她受不了。疑惑之下，李小月赶紧问护士，给自己注射的是什么药？面对李小月的质疑，护士小声告诉李小月，她的身体状况需要补钾，这是医生专门开的药，注射的过程中有点刺痛是很正常的。

听完护士的话，李小月心里稍微安定了些，可伴随着药剂推入，李小月疼得实在受不了，直接哭了起来。见李小月哭了，这名护士迟疑了一下，但她没有安慰李小月，而是继续将里面剩余的药物全部注射进了点滴瓶，然后匆忙离开。

神秘护士离开不久，李小月因为疼痛难忍而号啕大哭。李小月的哭声引来了当天值班的护士，她发现病人有异常，紧急停止了输液。这时，李小月的疼痛舒缓了一些。她向护士提起了刚才的事，值班护士查看之后，发现医生根本就没有安排护士给李小月补钾，那名神秘护士离开现场后也没有再出现。

鉴于此事蹊跷，医护人员怀疑有人潜入医院作案，当即选择了报警处理。神秘护士究竟是谁？她为何要对李小月下手？

很快，民警到达现场，对李小月进行了询问。李小月回忆说，那位神秘女护士身高 1.6 米左右，20 多岁，黑色长发，上身穿着白大褂。从进入病房到离开，大约 5 分钟。听完李小月的介绍，警方问她，之前是否见过此人，有没有跟其他人有过矛盾？李小月都一一否认了。

警方通过提取输液器内剩余的液体，发现其中含氯化钾成分。这个结果让大家都心有余悸，因为在医学上，静脉快推或者过量注射氯化钾，足以致人死亡。幸好发现得及时，不然李小月的命恐怕就没了。事情到这一步，警方初步判断本案涉嫌刑事犯罪，对方很可能想置李小月于死地。通过调取医院及周边的监控视频，警方最终在医院附近的一家药店门口的监控中，发现了嫌疑人，她也是今天案例的主人公——杜鹃。

随着调查的深入，事情的真相慢慢浮出水面。原来，杜鹃根本不是医院的护士，而是冒充医护人员给李小月输液。杜鹃和李小月本来无冤无仇，二人的命运之所以发生交集，全是因为一个男人——王帅。王帅是李小月的丈夫，跟杜鹃是情人关系。杜鹃年纪轻轻为什么要做别人的情人？她又为何杀李小月？

杜鹃出生在一个农村家庭，小时候，父亲跑运输，常年不在家。时间久了，父亲对家庭的感情渐渐淡了，他抛弃了杜鹃母女俩，另组家庭。杜鹃长相漂亮，性格很要强，知道母亲一个人拉扯自己长大不容易，所以学习一直很努力，成绩也不错。后来，母亲生病了，这对杜鹃影响很大。初中毕业时，杜鹃没有选择上高中，而是报考了卫校，就是希望早点儿踏入社会，赚钱养家，照顾母亲。

卫校毕业后，杜鹃选择去医疗器械公司做了一名销售人员。做销售想要高收入，必然要承担高压力。没有任何资源和人脉的杜鹃，举步维艰。虽然早出晚归，到处推销，但她迟迟没能打开局面，公司给杜鹃下了最后通牒，如果一个月内再不“开张”，就直接清退。重压之下，杜鹃几乎崩溃。这天，杜鹃冒着大雨拜访一家医院的采购科主任王帅。交谈中，王帅了解到眼前这个被雨淋湿的小姑娘是自己的老乡。也许是因为看着杜鹃软磨硬泡，觉得她实在可怜；也许是因为念及老乡之情，正好医院有这个需求，王帅就给了杜鹃一个机会，指导医院购买她们公司的医疗器械。这个订单对杜鹃来说可谓救命稻草，不只是让杜鹃拿到了一笔不错的提成，还让她在公司站稳了脚跟。杜鹃特别感激王帅，把王帅当成恩人。此后，她经常请王帅吃饭，一来二去，两个人渐渐熟悉起来。

慢慢地，杜鹃对王帅的情况也有了一些了解。没想到，在杜鹃眼里高大帅气、事业成功的王帅竟然也有烦心事。

原来，王帅和妻子李小月结婚十多年，两人生了个女儿。虽说女儿贴心乖巧，但王帅的父母思想比较守旧，总是希望能抱上孙子。王帅本人又很孝顺，觉得没有完成父母的心愿，很遗憾。没遇到杜鹃之前，随着二胎政策开放，王帅夫妻俩也动过心思，希望再要个儿子。可随着年龄增长，43 岁的李小月已经力不从心了，两口子对此颇为遗憾。再加上结婚十几年，柴米油盐过日子，夫妻间难免争吵，时间磨掉了两人的温情，感情也渐渐变淡了。可父母却偏偏吵着让他们生二胎，王帅苦不堪言。

有一天，王帅和杜鹃一起吃饭。借着酒意，王帅向杜鹃吐露了自己内心的痛苦。知道了王帅的处境以后，杜鹃突然很心疼他，对王帅好一阵安慰和劝导。经过一段时间的接触，杜鹃觉得王帅不仅事业有成，而且孝顺体贴。杜鹃内心泛起了涟漪，她已经深深喜欢上了王帅。或许是看到杜鹃对自己的仰慕和喜爱，王帅也渐渐喜欢上这个漂亮又坚强的小姑娘。接下来的日子里，杜鹃和王帅越走越近，杜鹃忘了自己最初的理智，而王帅也没抵挡住年轻貌美的诱惑。最终，两人发展成了情人关系。

王帅和杜鹃在一起没多久，杜鹃就怀孕了。对于孩子的到来，王帅很慌张，甚至觉得有点造化弄人，为什么怀孕的不是妻子李小月呢？毕竟，他一直没有动过离婚的念头。为了让王帅减轻压力，也为了证明自己为了爱情可以不求名分，甘于付出，杜鹃主动打掉了腹中的胎儿。杜鹃的善解人意让王帅心生愧疚，接下来他对杜鹃更加疼爱和怜惜。此后，王帅经常以出差为由，跟杜鹃同住，还利用职务之便让杜鹃获得更多的经济利益。

但人总是会变的。随着两人感情越来越深，杜鹃开始不满足了，她不想只做一个不能见光的情人。杜鹃从王帅这里得知，王帅的父母一直期待着能抱孙子，为此，王帅妈妈和李小月婆媳之间闹过多次不愉快。杜鹃相信，如果自己生出来的是一个男孩，一定能让她在王帅的父母面前站稳脚跟、顺利成为“正室”。为了赢得爱情的果实，杜鹃开始了她的筹划。

在杜鹃的精心准备下，一年多以后，她又怀孕了。等到孩子可以检查出性别后，她立马做了鉴别，结果显示杜鹃怀的是个儿子。杜鹃觉得，这次连老天都在帮自己。随后，杜鹃拿着鉴定单，往王帅面前一放，让他给自己一个态度。得知杜鹃这次怀的是个男孩，王帅一开始很是兴奋。可当杜鹃提出让王帅离婚，给她一个名分时，他犯了难。妻子李小月已经四十几岁了，要想再生育其实很难。如果这次不要杜鹃腹中的男孩，自己这辈子就不太可能有儿子了。但李小月也曾努力过，是身体条件不允许，她才没有为自己生下儿子。结婚时自己一穷二白，李小月也没有嫌弃；在自己创业时，李小月也给了足够的支持。更重要的是，两人之间还有一个可爱乖巧的女儿。想到这些，王帅觉得，自己对李小月实在说不出“离婚”两个字。

在杜鹃看来，王帅的犹豫就是对他妻子李小月的不舍。自己为了这个男人，愿意赌上最好的青春。自己付出那么多，到头来，王帅还牵挂着那个黄脸婆？杜鹃越想越偏激，她逐渐由爱生恨，想要报复。但是杜鹃恨的不是王帅，而是他的妻子李小月。她有多爱王帅，就有多恨李小月。

一开始，杜鹃想用极端的手段得到王帅。她没有跟李小月当面对阵，而是以另一个女人的口气辱骂李小月，说她不顾家庭，搞婚外情。杜鹃把这些话打印出来后，贴在王帅家的楼道和车上，一心想把李小月的名声搞臭，目的就是让王帅怀疑李小月，然后心生隔阂，从而提出离婚。

然而让杜鹃没想到的是，王帅根本不上套。发现有人污蔑自己的妻子，王帅立即开始调查。通过调取监控，他发现是杜鹃干的，碍于两人的情分，也为了保护杜鹃，王帅选择把这件事压了下来，没有报警。但是王帅对妻子李小月更加愧疚了。

看到这一招不灵，杜鹃直接告诉王帅，说自己不会再打胎了，如果再打胎，可能会造成一辈子都不能怀孕的后果。如果王帅不让她生，不肯给她名分，她就带着孩子跳楼。面对杜鹃的威胁，王帅却态度模糊，不肯正面回应。杜鹃见这一招也行不通，便想让李小月自己主动提出离婚。她故意在王帅的衣服上喷香水、放自己有颜色的头发等，想让李小月发现丈夫的婚外情。但杜鹃的心思早就被王帅发现了，每次回家，王帅总是先小心地把衣服换下来，进门前也会仔细检查带回去的东西，以免杜鹃搞鬼。日子就这样一天天过去了，正当杜鹃苦恼找不到解决办法的时候，机会来了。

这天，王帅在杜鹃的住处吃饭，突然接到李小月的电话。李小月告诉王帅，自己因为急性阑尾炎，住院了。接到电话后，王帅不顾杜鹃的阻拦，拿起外套就往医院赶。看到这种情形，杜鹃既愤怒又嫉恨，这个口口声声说爱自己的男人，终究不是完全属于她一个人的。想到自己付出了那么多，而李小月一个电话，就能让王帅扔下自己赶到她的身边，这让杜鹃实在无法接受。再说，哪有那么巧的事，李小月得阑尾炎，分明就是装的，为的就是让王帅回去陪她。在嫉妒和愤怒的催化下，杜鹃竟萌生出了弄死李小月、彻底占有王帅的想法。

经过查询，杜鹃得知，静脉快推或过量注射某种药物，可能造成心脏骤停。想了一夜，杜鹃决定偷偷潜入医院，通过给李小月注射这种药物，让她神不知鬼不觉地死亡。在杜鹃看来，李小月住院是一个很好的契机。如果李小月在住院期间发生“意外”，她就能顺利得到王帅。

第二天，杜鹃先到医院踩点，弄清楚了李小月的病房号。接着，她又到一家诊所内，找借口购买了注射器和某种药物。因为杜鹃曾就读于卫校，有一定的医学常识，在购买时，杜鹃表现出来的镇定和专业，让卖药的人没有察觉到丝毫不对劲。之后，杜鹃又去医院附近，谎称自己是护士，顺利买到了白大褂和医用口罩。

一切准备就绪后，事发当晚八点左右，杜鹃携带事先准备的作案工具前往李小月住院的医院。在卫生间里，杜鹃将买好的药物抽入注射器。调整好自己的呼吸后，杜鹃向李小月的病房走去，把准备好的药物注射进李小月挂点滴的瓶中。机关算尽的杜鹃，却忽略了至关重要的一点。那就是这种药物注射之后，会有疼痛感，很快会引起人的注意。果不其然，药物注射进去没过多久，李小月就疼得受不了，马上叫来了护士，李小月因此保住了性命。而杜鹃的“杀人”计划，最终也落空了。

杜鹃在案发后一星期被抓捕归案。当时离开病房后，杜鹃迅速离开了医院。在回家的路上，杜鹃将作案工具白大褂、口罩、注射器等分散到各处丢弃。在调查审讯过程中，通过杜鹃的指认，警方找到了她作案时使用的部分工具。根据医学鉴定，氯化钾需要稀释，用量过多会导致心脏停止跳动。幸亏李小月反应强烈，被及时发现，所以体内注入的药量很少。经过紧急治疗后，李小月脱离了生命危险。

在被抓捕归案后，由于杜鹃身怀有孕，公安机关暂时对她进行取保候审。几个月后，杜鹃顺利生下一个儿子。此后，案件进入了审判阶段。检察院以故意杀人罪将杜鹃起诉至法院。

在法庭上，面对法官的质询，杜鹃辩解称，自己只想让李小月尝点儿苦头，放弃王帅，自己并没有想要杀李害小月的意图，所以这一行为属于故意伤害。而且，自己在作案时是孕妇，应该从宽处罚。

杜鹃的行为到底是杀人还是故意伤害，她的一系列辩解是否成立？这就涉及一个法律知识点：故意杀人罪未遂。

本案中，杜鹃客观上实施了对李小月的伤害行为，这是没有争议的，有争议的是这一行为的背后，到底怀有什么样的目的。杜鹃的行为是构成故意杀人罪还是故意伤害罪，关键在于其主观故意。简单来说，故意伤害罪并不想置人死地，只是追求被害人身体上的伤害。而故意杀人罪则不同，其直接追求被害人死亡，或者明知自己的行为可能会导致被害人死亡的，却继续放任这种危害结果的发生。

在案发前，杜鹃曾经通过手机浏览过以下信息："怎样让一个人死亡像正常死""怎样开车出意外""氯化钾"，这些证据足以证实，杜鹃因与李小月的丈夫之间的情感纠葛，而产生对李小月的报复心理，具有杀人动机。且作为卫校毕业生，她在明知注射某种药物的危害，熟悉其使用流程的情况下，依然伪装成医护人员，给李小月注射。显然，杜鹃的行为是直接追求李小月的死亡。李小月最终没有死亡，是因为她剧烈的疼痛感让医院护士发现了端倪，从而挽救了李小月的生命，这个结果是杜鹃意志以外的原因造成的。因此，杜鹃的行为属于故意杀人罪的犯罪未遂，不影响其行为构成故意杀人罪。

对于未遂犯，我国法律有明确规定。《中华人民共和国刑法》第二十三条规定："已经着手实行犯罪，由于犯罪分子意志以外的原因而未得逞的，是犯罪未遂。对于未遂犯，可以比照既遂犯从轻或者减轻处罚。"

法庭上，辩护律师和检察官唇枪舌剑，争锋激烈。辩护律师当庭提交了一份"重磅"证据，让大家都大感意外。这份证据，是一份谅解书。在谅解书中，李小月表示，案件发生至今，她的身体状况良好，考虑到杜鹃的儿子年幼，杜鹃一旦重判，这个孩子的成长期将错过母爱。因此，她自愿放弃对杜鹃及其家人的赔偿款项，愿意谅解杜鹃，让其有改过自新的机会，早日回归社会。在不要求任何赔偿的情况下，直接原谅一个谋杀自己的"仇人"，李小月的大度和胸襟，感动了在场很多人。

听完李小月的谅解书，杜鹃异常羞愧，想想自己都干了什么？介入别人的家庭，破坏别人的婚姻。明明是自己伤害别人在先，却还想置人于死地，真是鬼迷心窍，丧心病狂。此时此刻，杜鹃才真正意识到自己是多么自私和愚蠢，当庭流下了悔恨的泪水。

最终，综合以上诸多情节，杜鹃因故意杀人罪，被依法判处有期徒刑六年。

案件宣判生效后，杜鹃的孩子最终由杜鹃的母亲代为抚养照顾，王帅支付抚养费，直至孩子年满 18 岁。此案发生后，王帅婚外情的事情闹得沸沸扬扬，而且他还利用职务之便，不惜损害单位利益，让情人杜鹃获益。为此，单位对王帅做出了降职处分。李小月虽然没有提出离婚，但这件事情发生以后，两人开始了分居生活，他们的夫妻感情能否回到从前，还是个未知数。

本案中，因为一次邂逅，杜鹃和王帅在生活中有了交集。因为对王帅的盲目崇拜和感谢，让杜鹃对一个有夫之妇越了界。因为对于“柴米油盐酱醋茶”这一平淡生活的疲累，加上对父母重男轻女封建思想的“愚孝”，王帅出了轨。一对本不该走到一起的男女，突破道德束缚，走到了一起。最终，因为杜鹃的“占有欲”和贪婪，导致她付出六年的青春和自由。最让人心痛的是，杜鹃和王帅的非婚生子，从一出生就要在没有父母的环境下长大，这对孩子来说太过残酷。

被成名之后

刘春晓

法律知识点：非法控制计算机信息系统罪

一名艺术学院的女大学生，一直梦想成名却未能如愿，没想到一次修电脑事件，却让她“意外成名”。但成名后却让她苦不堪言，甚至几乎葬送了自己的梦想。

肖敏是国内某艺术学院的大三学生，她自小就生得亭亭玉立，十分漂亮，即便在这个众星云集的艺术高校也丝毫不逊色。按理说，如此优质的形象会让她在学校里脱颖而出，演艺生涯也会很顺利，可实际上却并非如此。甚至可以说，肖敏是郁郁不得志。这又是为什么呢？原来，肖敏虽然长得漂亮，但表演基本功还是不过硬，加上来自小县城，当初在学校里非常受欢迎，众星捧月，性格难免孤傲。可来到大学后，大家都是个顶个的优秀，一向自信的肖敏感到有些自卑，所以过得不如意。

眼看着再过一年就要毕业了，肖敏开始有些担心。因为身边的同学很多都已经接到广告和商演了，有些已经在电视剧里露脸了。她虽然屡次尝试，最后都没成功。她知道漫无目的地等待不是办法，自己必须有所改变才行！于是，肖敏打算趁着即将来临的暑假，留在学校好好努力。一方面，夯实自己的舞蹈功底和形体素质；另一方面，也好静下心来为自己的演艺生涯做个规划。

这个暑假，肖敏确实比以前进步不少，她常常一个人练习舞蹈到大汗淋漓。由于其他同学都回家了，宿舍里没有开放空调，太热的时候，肖敏就会穿得比较“清凉”。宿舍里没有其他人，她会直接在寝室里换衣服。她觉得，没有室友在时，她更洒脱、更自在了。此时的宿舍就是只属于她一个人的王国。

努力的时光过得特别快，也让肖敏觉得生活变得更加充实了。暑假快结束的时候，室友都一一回来了。虽然肖敏和室友们的关系并不是特别融洽，但过完一个人的暑假，肖敏见到她们还是觉得很亲切，因为终于有人可以和自己说说话了。

两个月的用功并没有白费，努力的汗水为肖敏脸上增添了从容与自信。这时候，她的面试之路也开始顺畅了一些。有一次到某小型演艺公司面试，面试人员还说，如果肖敏在毕业前可以继续提升自己的演唱或表演才艺，公司可以结合肖敏的纯情少女形象，参照某一线大牌女明星，将她包装成明日之星。

虽然只是得到了小公司的欣赏，离肖敏心中的巨星梦还有很大的距离，但这毕竟是在通往成功的路上迈出了坚实的一步。肖敏一下子觉得生活有了奔头。可就在这个时候，一个陌生人的电话彻底打乱了她的生活。

这天，肖敏突然接到一个电话。一个男子阴阳怪气地说，想邀请肖敏去宾馆拍写真视频，价格可以谈。肖敏觉得莫名其妙。接下来，肖敏频繁地接到拍视频的短信邀约，宣称可以让她做女一号，只要她和平常一样自然表现就行，说她上传的那些视频就很自然，而且可以获得非常丰厚的拍摄报酬。肖敏很激动，但也知道天上不会掉馅饼。一番电话追问，肖敏才知道对方是要自己拍摄色情视频！她气得直跺脚，直接就将电话挂了。

更让肖敏疑惑的是，最近走在校园里，总感觉有人在背后对她指指点点。等肖敏带着满肚子疑惑回到宿舍，室友急急忙忙冲进来，说学校领导让她赶紧去趟办公室。肖敏非常吃惊，学校领导怎么会找自己呢？要知道，平时在大学里见学校领导一面都挺难的，更何况，还是校领导主动找自己。

莫非是自己的努力感动了大家？可之前接到的那些电话又让肖敏隐约觉得，学校领导找自己似乎并不是什么好事。

刚踏进校长办公室，她就感觉气氛有些严肃，好几个学校领导都在。这时，系主任说话了，她客气地问起肖敏的个人生活，还问肖敏，是不是家里出了什么事，急需用钱。肖敏一副懵懂的样子，感到疑惑不解，自己家里一切正常，并没有什么起落，学校领导怎么会突然关心起自己来了？

见肖敏一副茫然不知所措的样子，教导处主任忍不住了，他将桌上的电脑往肖敏这边用力一推，单刀直入，质问肖敏："你为何要将自己半遮半裸的视频传播到网上？是想出名吗？你这样做，不但毁了你自己，还把学校的声誉也毁了！幸亏有同学向我们举报，否则学校还一直被蒙在鼓里！"

肖敏一听，顿时傻了眼。她火冒三丈，正想要回嘴，只见教导主任手指一点，电脑屏幕里出现了她这辈子都不想再记起的画面。屏幕中一个女子衣不遮体、摇摇摆摆。她定睛一看，立刻脸色煞白，瘫坐在地上，这画面里的人怎……怎么会是自己？肖敏感到脊背直发凉，她震惊！恐慌！委屈！

缓过神来后，肖敏坚持称自己是无辜的。她满脸是泪却异常坚决地说，如果大家都不相信她的话，就要以死证明自己的清白！学校领导看到她的反应也有些出乎意料，开始怀疑是不是有人要陷害肖敏。为了揭开疑惑，学校领导陪同肖敏一起去报了案。

警方调看了全部的视频资料，经过研究，发现了一个问题：这些视频拍摄的角度高度统一，地点也一致，最终可以确定，就是在肖敏宿舍拍摄的。这下，校方对肖敏更有意见了。教导处主任恶狠狠地指着肖敏说道："现在算是'人赃并获'了，连警方都证明这些视频是在你宿舍录制的。据我们事先调查，暑假你们宿舍就你一个人申请了留宿，你还想抵赖？"

肖敏百口莫辩，也更加委屈，自己真没干过这样的事情啊！她痛苦地央求警方一定要还自己一个清白！随后，她向警方反映，这个暑假宿舍确实只有她一个人，但她保证自己绝对没有录制过这些视频。凭借多年的办案经验，民警觉得肖敏的样子不像在说谎，为了查明事情真相，民警检查了肖敏的电脑。结果令人非常震惊。民警发现，肖敏的电脑竟被人安装了偷拍软件，可以远程控制摄像头！肖敏非常恐慌，她向民警反映说：整整一个假期，这部电脑一直在自己身边，自己也从没有将电脑借给任何人。

事情的真相到底是什么？究竟是谁拍摄了视频，又是如何在肖敏的电脑里装了偷拍软件？

警方反复询问肖敏。经过层层引导，肖敏记起来，暑假前的一个周末，她回老家看望父母时，曾将电脑带了回去。因为电脑故障，无法开机，她便将电脑送到当地一家服务站维修，回校前将电脑取回。可当时并无异样，再次开机使用时，也没发现有什么不妥，之后电脑就一直在自己身边。

听到这里，民警隐约觉得事实真相与这次电脑维修有关。他们火速赶到肖敏老家的服务站展开调查。经过层层摸索，警方锁定该服务站的维修人员张伟有重大作案嫌疑。

经过民警对张伟的讯问，事情的真相再次让大家吃惊不已！曾经一段懵懂的恋情就这样浮出水面。原来，张伟和肖敏两人是高中同班同学。那时候，肖敏长得漂亮，成绩又好，追求者很多。而张伟虽然头脑聪明，可心思完全不在学习上，鬼点子倒是层出不穷。肖敏是家里的独女，父母对她寄予了厚望，因此，平日里对她要求非常严格。肖敏受够了家里严苛的要求，和张伟在一起时觉得既轻松又有趣。另外，张伟确实很会讨女孩子欢心。就这样，一对青年男女情窦初开，谈起了恋爱。两人早恋的事很快就传到了肖敏父母的耳朵里，肖敏父母无论如何都不能接受女儿早恋的事实。一打听，这个张伟成绩还很差，品性也一般。既然这样，不用猜，肯定是张伟在勾引肖敏，教坏自己的女儿。为了这件事，他们坚持要让肖敏转学。只因当时高考就要来临，又有老师出面，才让他们最终打消了这个念头。

早恋的事情败露后，肖敏的父母对她看管得更严了，但她还是偷偷与张伟保持着恋爱关系。但肖敏也知道，这样下去不是办法，唯有寄希望于考上大学！最终，肖敏考上了某重点艺术院校，而张伟因为不学无术，高考落榜了。父母的强烈反对，加上异地恋，张伟又是一副吊儿郎当的样子，肖敏初恋的热情很快就被磨灭了。两人就这样不了了之。

高考失败，加上失恋，张伟心灰意冷。看着同学们陆陆续续去大学报到，张伟更显落寞。在此期间，他偷偷打过几次电话给肖敏，但肖敏的回应很冷淡。张伟觉得，他什么都没有了，即使父母找人给他弄了一个进当地专科院校学习的机会，他也直接放弃了，选择进了这家维修服务站做学徒。就这样，张伟一干就是三年。

那天，肖敏进店来修电脑时，张伟正坐在维修站的一个角落里。听到那个清脆又熟悉的声音，张伟整个人都愣住了，他一眼就认出了肖敏。但当时张伟没有勇气上前和肖敏搭话，等到肖敏办理完维修手续离开后，他才默默起身。后来，是张伟主动向店长请求维修肖敏的电脑。

对这一切，肖敏并不知情。当初和张伟的爱情不了了之以后，她就再也没有听到张伟的确切消息，只是从两人共同的朋友那里得知张伟放弃了上专科学校的机会，选择出来工作。可肖敏无论如何也想不到，自己的初恋男友竟然就在这家服务站工作，更想不到张伟会主动要求维修自己的电脑。

多年之后重见初恋女友，张伟既吃惊又怀念，怀念昔日与肖敏在一起的美好日子，青春岁月里彼此间单纯的爱恋之感涌上心头，令张伟心驰神往、难以抗拒。他隐约觉得，是两人之间的缘分未尽。好几天，张伟都无声息地想念着她。他想重拾往日恋情，但又不知道肖敏是否也和自己一样。

一天晚上，张伟实在忍不住对肖敏的想念，一个人喝了几杯闷酒。借着酒劲，他通过同学拿到了肖敏现在的电话。电话接通后，耳边传来了让他魂牵梦绕的声音。三年来，这个声音竟然一点儿都没变，莫非这就是上天注定的缘分？张伟已控制不住忐忑的心情，电话那头清脆的声音依旧悦耳。寒暄几句后，张伟紧张地问肖敏是否新交了男友。听到肖敏说自己是单身的时候，他开心极了。这次电话后，张伟更加坚信两人之间有复合的可能。

在拿到肖敏的电脑后，张伟没有按照正常的维修程序操作，他想知道肖敏这几年过得怎么样，也寻思着对症下药，找到追回她的方法。于是，张伟就像着了魔一样，他不仅翻看了肖敏的电脑，还私自安装了偷拍软件！

人总是容易活在回忆中，却难以认清现实，张伟也不例外。当肖敏将维修好的电脑取回后，他通过远程操控摄像头，偷拍了很多关于肖敏的视频，里面不乏肖敏裸露身体的片段。并且他总是靠着这些视频打发日子，对肖敏的思念可以说已经到了疯狂的地步。同时，通过肖敏的电脑日记，张伟也知道肖敏的大学生活并不如意。她心酸地记录道：为什么比自己姿色差的女生可以混得比自己好？为什么大城市里的女孩可以靠关系找到出镜机会？自己怎么就红不起来！看着肖敏的内心独白，张伟觉得很心疼。其间，张伟给肖敏打过很多次电话请求复合，但肖敏都想方设法拒绝了。任凭张伟怎么苦口婆心，肖敏还是不肯答应复合。

但张伟不死心，他觉得，既然肖敏单身，自己就有追她的权利。于是他决定亲自去找肖敏，当面告诉她自己的心声！去肖敏学校前，张伟鬼使神差地将偷拍的视频随身带着。

通过电脑日记，张伟知道肖敏每周六下午都会一个人在艺术大楼的舞蹈室练功。这天恰逢阴雨天气，张伟提前出发到了学校，又不想打扰肖敏练功，就忍着性子在一个小角落等候。他觉得肖敏见到他这么执着，一感动，说不定就答应继续交往了。想到这里，张伟内心特别激动。

即将见面，张伟心里既兴奋又紧张，可当舞蹈室的门打开的一刹那，张伟所有的兴奋感顷刻降到了冰点。从舞蹈室里与肖敏一起走出来的竟然还有一个男生！汗水将两人的衬衫浸得透明。张伟努力说服自己，两人一定只是同学关系，肖敏不是还告诉过自己，她仍然单身吗？张伟努力压制住不满的情绪。就在他想要上前给肖敏一个惊喜的时候，男生一把将肖敏拉进伞底，还顺势搂住了她的腰，动作显得亲昵又熟练，两人就这样有说有笑地从张伟面前走过。

看着他们亲密的背影，张伟觉得天都要塌了，他心里满是怒火。自己大老远赶来，还等了这么久，看到的却是肖敏和另一个男生打情骂俏。肖敏为什么要说自己是单身！为什么要欺骗自己？

事实上，这个男生确实是肖敏的男朋友，肖敏之所以说自己单身，是因为她知道张伟爱面子，害怕直接告诉他会伤到他，所以没将自己有男友的真相告诉张伟。

可张伟哪知道肖敏的一片苦心呢。看着肖敏和另一个男子亲昵的画面，张伟觉得肖敏纯情的形象荡然无存。他越想越来气，想到随身带着的U盘，张伟蠢蠢欲动，他决定报复肖敏对自己的欺骗！于是，他径直来到网吧，坐在电脑桌前，打开一个色情网站，眉头紧锁，嘴角微微颤抖，眼睛似乎要喷火一样。他咬咬牙，将偷拍的肖敏的私密视频全部上传到这个网站上。那些约肖敏拍视频的人，就是在网站上看到了肖敏，根据网上留的电话联系到肖敏的。

当初，学校领导也是接到学生举报后看了视频，觉得情况很严重，才找肖敏对质。其实，张伟将视频上传后，不久就后悔了。虽然肖敏的拒绝当时让他很受伤，可转念想想，肖敏不接受自己也很正常，毕竟现在两人之间差距很大。但视频已经上传了，想要撤回来也不是那么容易。他又转念一想，现在很多女生借助网络爆红，肖敏长得这么好看，身材又好，说不定可以借机走红，刚好帮她圆了明星梦。于是，张伟也打消了将视频撤回的念头。他甚至一度觉得自己很伟大，如果肖敏真的红了，那他张伟就是幕后“英雄”。

很快，公安机关传唤了张伟，他主动到案。对于私自安装偷拍软件、上传视频的事实，张伟供认不讳，但他辩解道，自己上传视频，既没有获利，本身也无恶意，甚至一定程度上帮助肖敏完成了成名的愿望，他甚至不清楚自己的行为犯了什么罪。张伟的辩解成立吗？这就涉及一个法律知识点：非法控制计算机信息系统罪。

非法控制计算机信息系统罪是指对国家事务、国防建设、尖端科学技术领域以外的计算机信息系统实施非法控制，情节严重的行为。

《中华人民共和国刑法》第二百八十五条规定：违反国家规定，侵入国家事务、国防建设、尖端科学技术领域的计算机信息系统的，处三年以下有期徒刑或者拘役。

违反国家规定，侵入前款规定以外的计算机信息系统或者采用其他技术手段，获取该计算机信息系统中存储、处理或者传输的数据，或者对该计算机信息系统实施非法控制，情节严重的，处三年以下有期徒刑或者拘役，并处或者单处罚金；情节特别严重的，处三年以上七年以下有期徒刑，并处罚金。

提供专门用于侵入、非法控制计算机信息系统的程序、工具，或者明知他人实施侵入、非法控制计算机信息系统的违法犯罪行为而为其提供程序、工具，情节严重的，依照前款的规定处罚。

单位犯前三款罪的，对单位判处罚金，并对其直接负责的主管人员和其他直接责任人员，依照各该款的规定处罚。

本案中，张伟私自在肖敏电脑中安装偷拍软件，并远程控制摄像头的行为，已属于非法控制他人计算机信息系统的行为。同时，部分裸露片段视频的流出对肖敏的个人形象造成严重损害，已达到情节严重的标准。

考虑到被告人张伟经公安机关传唤后，主动到派出所投案，并能如实供述自己的罪行，认罪态度良好，系自首，依法可予以从轻处罚，法官最终采纳了公诉机关提出的量刑建议，认定被告人张伟犯非法控制计算机信息系统罪，判处有期徒刑八个月，并处罚金人民币两千元。案件尘埃落定，给主人公带来的影响却远远没有消除。虽然经过审判，大家知道了那些视频的流出不是肖敏造成的，可视频毕竟已经流出了，而且并不是所有场合，肖敏都有机会和精力一一去解释。每当看到周围人诧异的眼神，肖敏心里都特别难受。最后，经过一段时间的考虑，在征得父母同意后，肖敏选择出国深造，她想在一个新的环境里，用时间慢慢去消除一切本不该由她承受的困扰和压力。而张伟因为一时的冲动，也给自己人生留下了一个抹不去的污点，着实可惜！

“复活”的女儿

刘春晓

法律知识点：窝藏罪

2017年秋天，我国南方某地的一个小山村，原本寂静的清晨被阵阵撕心裂肺的哭喊声打破，哭声牵动了在场乡亲的心。原来，这里正在举行一场“声势浩大”的葬礼。死者名叫周婷婷。周家父母办的这场仪式，参照了乡里最隆重的做法，设灵堂，做法事，摆酒席，一个都不少。

葬礼上，悲痛的不只有周家父母，乡亲们也都沉浸在周婷婷死亡的悲伤中。闻者惊心，听者落泪。在乡亲们的印象中，婷婷自小就乖巧优秀，看着她长大的乡亲们，平时提起她，无不交口称赞。这么一个开朗活泼、积极自信的姑娘，年纪轻轻的，怎么突然自杀了呢？按照村里的风俗，亲友会对死者的遗体进行送别，然后再封棺入殓。然而今天，院子里摆着的棺材却在亲友告别前就被封住了。对此，周家父母给出了解释。周母瘫坐在地上，哭着对亲友们说，女儿是谈恋爱遇到了骗子，性情太耿直，一时想不开跳河自杀，在水里泡过，尸体变了样，她生前最爱美了，不想让大家看到她凄惨的样子。悲痛欲绝的周父也站出来解释，感谢亲朋好友的关心，就让婷婷生前最美的样子，留在大家的印象中吧。听了周家父母的话，大家也很理解，纷纷上前安慰。

女儿的遗体入土后，周家父母回到家中，一屁股瘫坐在凳子上。兴许是劳累了一整天，两位老人明显很疲惫，可诡异的是，隔了一会儿，两人在对视后竟会心地笑了起来。这是怎么回事？虽说结束了烦冗的仪式，但照理来说，这又不是操办完喜事，两口子失去唯一的女儿，怎么可能笑得出来？此时两人脸上丝毫不见白天的悲痛，就像换了张面孔！不仅如此，随后，周父像是想到了什么，慌忙站了起来，走到院子里东张西望一番，确认屋外没人后，蹑手蹑脚地将院子大门反锁了。只见他前脚刚迈进屋，周母就拿出手机打开了视频电话。视频里和他们通话的女孩不是别人，正是他们刚“入土为安”的女儿周婷婷！这真是活见鬼了！周婷婷不是死了吗？棺材都埋了，怎么又活了过来？给大活人办葬礼，周家人究竟唱的哪一出？这背后究竟隐藏着什么不可告人的秘密？

事情的来龙去脉，得从周婷婷说起。

出身农村的周婷婷，长相漂亮、头脑聪明，学习成绩又好，不仅是父母眼里的宝，也一直深受大家的喜欢。周婷婷从小心气就很高，觉得自己和村里人不一样，特别是当村里的小姐妹们纷纷外出打工，而她却通过努力考上不错的大学时，她就更加认定自己与众不同。周婷婷暗暗发誓，一定要走出小山村，闯出一番天地，为父母争光。

大学毕业后，周婷婷没与父母商量，就留在了大城市。可周婷婷无依无靠，选择留在大城市，要想站稳脚跟谈何容易！周婷婷先是在报社工作了两年多，在这期间，拿到的工资扣除房租、生活费等各种开销后，每个月所剩无几，有时遇到生病等突发情况，就得勒紧裤腰带过日子。这样窘迫的生活，想要出人头地，并不容易。

前两年，父母对周婷婷特别鼓励和支持，知道年轻人在外面闯荡不容易，尽可能不给女儿增加压力。可时间一长，父母看到女儿在外事业没什么起色，别人家的孩子又承欢膝下，就特别盼望女儿回家。每逢过节，周婷婷回到家里，父母总在她面前唠叨，村里那谁谁谁，书没读多少，但你看看人家现在，嫁了个有钱老公，日子过得老滋润了。所以，婷婷啊，女人工作找得好，不如嫁得好。现在县里有钱人多了，你回来吧。就凭你的样貌，绝对可以找个比她更好的！每次听到父母这样念叨，周婷婷既心烦又窝火，心想，难道女人成功就非得靠嫁人不可？正因如此，每次在家待不了几天，周婷婷就赶紧找理由离开。可回到大城市里，她又陷入孤身一人的处境，期望的成功也遥遥无期。

思来想去，周婷婷知道当前的工作不会有大作为，一番挣扎之后，她辞去了原来专业对口的工作。在朋友的介绍下，来到一家装修公司做销售员，期待大干一场。周婷婷头脑非常聪明，又有极强的适应能力，再加上不服输的信念，没过多久，她就在公司站稳了脚跟。随着业绩增加，收入也水涨船高，这让周婷婷慢慢找回了昔日的自信。恰逢这时，公司区域经理一职空缺，想到自己蒸蒸日上的业绩，周婷婷觉得，这个职位非她莫属。她再次暗暗发誓，等坐上经理的职位后，一定要好好干出一番成绩来！

周婷婷所在的装修公司，经常承接当地和周边的豪宅、别墅装修，周婷婷也因此结识了不少有钱人。其中有个叫程军的客户，是个成功的商人，有很多产业，不仅有钱，还出手阔绰。在和周婷婷接触的过程中，程军深深喜欢上了周婷婷，经常利用人脉关系给她介绍业务。而周婷婷也明白程军的别有用心，但考虑到程军足足比自己大了十几岁，又有家室，所以周婷婷对程军的示好若即若离，一直刻意与他保持着距离。

原本凭着自己的努力和贵人相助，周婷婷已经过上了不错的生活。但是，常年接触这些有钱的客户，也给周婷婷带来了一些消极影响，她创业的信念开始动摇了。特别是看到豪宅中那些女主人，才貌都不如自己，却整天什么都不用做，就可以过上豪门生活，周婷婷就更加不淡定了。她想，都是女人，命运的差别怎么就这么大呢？

就在这时，公司部门经理的任命通知出来了。原本势在必得的周婷婷没有被选上，这让她特别失落。私下向同事们打听后得知，新上位的这位年轻经理是公司老板的亲戚，这让年轻气盛的周婷婷彻底心凉了，她愤然提出辞职。

周婷婷辞职后又尝试了两份工作，待遇还不如之前。她也尝试着自己创业，可创业这种事，光靠努力是不行的。周婷婷没什么经验，干什么赔什么。眼见仅有的本钱都赔了进去，周婷婷万念俱灰！可已对父母夸下海口，她现在是骑虎难下。自尊心极强的她究竟该何去何从呢？

一天晚上，无聊的周婷婷看了一部电影。电影里，一个商人为了过上更好的生活，一生都在骗钱，却依然通过种种狡猾的手段逍遥法外，过着奢华的生活。这部电影给了迷茫中的周婷婷很大启发，她如梦初醒，觉得自己也很聪明，完全可以模仿电影里的这个人！周婷婷决定铤而走险，放手一搏。

一番精心谋划之后，周婷婷开始行动了。凭借在装修公司积累的资源，她谎称自己握有工程订单，然后说服客户给自己投资。同时，她又在朋友圈里谎称自己经营信用卡代还业务，利润很高，并以经营这些业务资金短缺为由，陆续向身边的人借钱。为了坚定这些目标客户的信心，早期，周婷婷会在拿到客户钱的一两周内，先支付对方高息作为回报。

很快，周婷婷的一番操作，获得了大家的信任。离职一年后，周婷婷以投资或借款为名，先后向十余人拿到资金共计200余万元。这些钱，大部分都被周婷婷用来购买奢侈品、做美容保养等，其余被用来支付给所谓的投资人。

随着开支越来越大，又没有真的利润收入，周婷婷开始付不起所谓的投资收益，大家纷纷要她退钱，周婷婷只能用补签借条的方式应付。可借款也要还利息，她连生活开支都成了问题，更别说担负利息了。眼看着就要走投无路，周婷婷决心孤注一掷！

这年春节期间，周婷婷抱着一夜暴富的幻想，向高利贷公司借了100万元，她将这些钱用来赌博，希望在赢钱后还账。然而老话说得好：十赌九输。周婷婷不但没翻盘，反而越赌越输。最后，100万元被输得精光。随着债务的雪球越滚越大，借钱又越来越难，周婷婷逐渐意识到，这种“拆东墙补西墙”的骗局已经难以为继。周婷婷知道，以家里的经济状况，要还清这300多万元钱比登天还难。周婷婷开始不断失眠、掉发，万般无奈之下，她甚至想一死了之！

可在享受过奢侈的生活后，周婷婷惜命如金，等真要去死的时候，她又打起了退堂鼓。就在反复纠结的关头，周婷婷偶然间在网上看到有人通过假死来躲避债务的消息。看到这个，周婷婷又来了灵感，决定效仿。

可这么大的事，仅凭一己之力，如何能瞒天过海呢？这时，她想起了乡下的父母，必须有父母的配合，这场“自杀身亡”的戏码才能上演。于是，周婷婷偷偷回到乡下。看着久别的女儿，周母激动得直掉眼泪，可她又隐约觉得女儿有些不对劲，朋友圈中的女儿明明是容光焕发、神采奕奕的样子，现在怎么这般无精打采？在母亲疑惑的目光中，周婷婷把这几年的经历和遭遇向父母和盘托出，哭诉自己欠下高额债务无法偿还，无奈之下，只能“假死”躲债的想法。

听完女儿的计划，老夫妻二人如五雷轰顶，痛哭流涕。他们心目中原本成功乖巧的女儿，怎么走到了今天这样糟糕的局面？可再怎么悲伤，也改变不了女儿欠下巨债的事实；更何况，女儿态度非常坚决，如果不予配合，她可就真的选择去死了。可怜天下父母心，磨不开女儿的威逼，他们只能选择顺从。

假死是定了，可怎样才能以假乱真？一家人围坐在一起，商议怎样更好地编造“周婷婷死亡”的假象。经过一番商议，周婷婷想出用“跳河自杀”的方式死亡，然后让父母按照老家做法将她安葬，并在身后事办好后进行销户。

这次回家，周婷婷是半夜偷偷回来的，所以村里还没人见过她，加上外面的债主一直打电话催债，给出的最后还债限期也到了。所以，事不宜迟，这件事必须尽早有个了断！小山村里大家互相串门是常事，再加上拖久了怕别人起疑，为免夜长梦多，一家人决定，第二天就是周婷婷“死亡”的日子。当天晚上，周婷婷偷偷离开老家，按计划给母亲发送要轻生的消息，并假意告诉母亲，让他们好好照顾自己，养育之恩只有来世再报了。接着，周家父母连夜赶到约定好的地方，下河假装寻找女儿的尸体，并在第二天一大早买了一口棺材，在棺材里放了块大石头及衣服、棉絮，假装女儿的尸体就在棺材里。

周家父母把棺材运回家，跟村民、村干部说，自己的女儿周婷婷前一天跳河死了。周婷婷“下葬”后，周家父母紧接着就找村里的干部开具了死亡证明。周母拿着死亡证明，到村委会盖了章，前往当地派出所办理了周婷婷的销户手续。

大戏落幕，担心被催债的事情暂时可以放下了，可事情还没真正解决。周婷婷名义上死了，可实际上人还活着，一个大活人东躲西藏的滋味可不好受，迟早会被人发现。现在她要怎么办？

左思右想中，周婷婷想到了曾经爱慕她的程军。于是，已经“死亡”的周婷婷联系了程军，对他说，自己跟家里人吵架了，不知道怎么办。电话那头，程军回应：“吵架了不要紧，冷静一下就好了，要不来我身边，我带你去散心？”于是，周婷婷将计就计，连夜赶到程军身边。看到孤身一人的周婷婷，程军立刻对她展开强势关怀，不仅嘘寒问暖，还主动说：“要不我给你找个地方住？”周婷婷支支吾吾的。看到周婷婷半推半就，程军心领神会，看来这次是主动给自己机会啊。之后，他用自己的身份证在某高档酒店给周婷婷订了房间，还提前支付了几周房费。周婷婷觉得程军就是她的救命稻草，她必须好好抓住！

当夜，二人外出吃饭时，周婷婷又说自己手机坏了，电话卡也没法用。程军没有多想，就在附近的手机店给周婷婷买了一部新手机和新的电话卡。但是，周婷婷在接过手机时，眼神飘忽不定。联想到这次突然见面，以及周婷婷不像是心情不好的状态，种种迹象引起了程军的警觉。他立即追问周婷婷，是不是有什么事瞒着自己。周婷婷见大事不妙，又不想失去程军这颗摇钱树，于是把自己假死躲债的事情和盘托出。

听完周婷婷的话，程军傻了眼。眼前这个漂亮的姑娘，竟然有胆量做这样的事？自己现在接纳她，会不会有危险？可他转念一想，钱是周婷婷骗的，假死也是她自导自演的，与自己无关，反正自己说得清楚。想明白之后，程军又给了周婷婷一万元钱，供她住酒店时消费。看到程军对自己这么好，周婷婷无比感动，当晚与程军发生了关系，两人成为情人。

有了程军的关心和支持，周婷婷安心了不少。其间，她曾打电话回家，听父母说，果真有债主找上门来。但得知周婷婷已经跳河身亡，村里还举办了祭奠仪式，人就埋在村后的小山坡。看着周婷婷父母伤心落魄的样子，债主们带着巨大的失望和疑惑，陆续离开了村子。

假死成功的周婷婷究竟能否躲掉300万元的巨额债务？别有用心的程军究竟靠不靠得住呢？在程军安排的酒店里，周婷婷化名“李萍”，过上了一段平静而幸福的生活，两人尽享鱼水之欢。但很快，东窗事发了。

这天，两人在房内缠绵之后，周婷婷戴着口罩，挽着程军走出房间。两人有说有笑，准备下楼吃饭。然而，当周婷婷和程军正兴致勃勃地吃饭时，警察出现了，说周婷婷因涉嫌诈骗罪要被刑事拘留。周婷婷顿时蒙了，到底是谁报的警呢？

原来，报警的不是别人，正是周婷婷的一个女债主。她当天也入住了这家酒店，正好住在周婷婷隔壁。周婷婷和程军有说有笑地下楼吃饭，她的笑声正好被女债主听到。听到那个熟悉的声音，女债主还怀疑是不是自己看错了人，周婷婷明明已经跳河自杀了呀！可这人的眉眼、动作像极了“过世”的周婷婷，特别是这一米七几的身高，天下怎么会有如此相似的两人！于是，女债主尾随二人来到餐厅，当周婷婷摘下口罩时，女债主确认，眼前这个人就是周婷婷，她为了逃债竟然诈死！于是，女债主赶紧报了警。就这样，警方将周婷婷抓获！

在民警的讯问和关键证人的指认下，周婷婷交代了假死躲债的事情，这出大戏的谜底终于被揭开！然而，被抓的不仅是周婷婷，还有程军和周婷婷的父母。

很快，公安机关侦查完毕，周婷婷因涉嫌诈骗罪，周家父母因涉嫌包庇罪，程军因涉嫌窝藏罪，均被人民检察院提起了公诉。

周婷婷的行为涉嫌诈骗，这好理解；周婷婷的父母涉嫌构成包庇罪，也不难理解。可作为外人的程军，为什么献媚博取美人好感就触犯了法律呢？他触犯的又是什么罪名呢？这就涉及一个法律知识点：窝藏罪。

《中华人民共和国刑法》第三百一十条规定：明知是犯罪的人而为其提供隐藏处所、财物，帮助其逃匿或者作假证明包庇的，处三年以下有期徒刑、拘役或者管制；情节严重的，处三年以上十年以下有期徒刑。

犯前款罪，事前通谋的，以共同犯罪论处。

本案中，程军是否涉案，关键在于其是否知情。程军从周婷婷口中得知事件的来龙去脉，主观上，他在明知周婷婷涉嫌犯罪的情况下，仍为其提供帮助，具有主观上的犯罪故意。客观上，他实施了为周婷婷提供住宿酒店，给予现金、手机等财物的具体帮助行为。所以，程军的行为已经构成了窝藏罪。

最终，法院以窝藏罪，判处程军有期徒刑六个月，缓刑一年；周婷婷的父母因犯包庇罪，被判处有期徒刑十个月，缓刑一年；周婷婷本人，则因犯诈骗罪，被判有期徒刑十三年。

面对这个判决结果，周婷婷的父母痛哭流涕。女儿走上歧途，他们没有和女儿一起想办法解决，而是存心袒护，企图为孩子开脱，最后不仅没能救得了女儿，还搭上了整个家庭。

案件虽落幕了，但也带给我们深深的思考。周婷婷作为一名大学毕业生，原本可以通过踏实工作过上稳定的生活，可她偏偏选择靠旁门左道来实现自己出人头地的目标，最后落得个锒铛入狱的下场，让人惋惜。

程军本来事业有成、家庭美满，但由于不能约束自己，抛却了对家庭的忠诚，又知情不报、窝藏他人，落得这样的下场可以说是咎由自取。不管是周婷婷还是程军，都缺乏自律能力。所以，加强自律，随时警醒自己，才有可能幸福平安。

钟铁蕙 / 主讲人简介及普法心得

1. 钟铁蕙简介

钟铁蕙律师，女，汉族，中共党员，毕业于湖南湘潭大学，法学硕士。北京大成（广州）律师事务所合伙人，中央广播电视总台《法律讲堂》栏目主讲人，广东省律师协会公益法律事务工作委员会主任、广东中立法律服务社理事长、广东省法学会律师学研究会理事会理事、广东省法律援助基金会理事会理事，广州市律师协会法律顾问专业委员会副主任、广州市律师协会女律师工作委员会副主任、广州市工商联合会执委委员、华南师范大学律师学院兼职教授、广州市天河区人民法院特邀调解员、广物金融集团独立董事等。

此外，钟铁蕙律师常年担任政府部门、大中型企事业单位、社会团体的法律顾问。擅长商务谈判工作，在公司法、民商法、行政法等专业领域拥有丰富的实务经验和深厚的理论造诣。曾在《人民之声》《中国律师》等期刊发表多篇学术文章。荣获2019—2020年度广东省律师行业优秀共产党员、2016—2019年度广州市优秀律师、广州市律师协会优秀专门委员会委员、2018年度广东省公益爱心律师等荣誉称号。

2. 钟铁蕙公益普法心得

“回首来时路，葱郁满云山。我们广东律师一直走在法治公益的路上，多年来默默奉献，锦旗更是挂满墙壁。我们分享着同一份荣光，这份荣光写在困难群众的心上，写在法治中国的进程中。2023年是全面贯彻落实党的二十大精神的开局之年，高质量发展的号角已经吹响。法治中国需要我们再立新功，公益中国需要我们踏歌而行。”

这是我作为广东省律师协会公益法律事务工作委员会主任在代表委员会述职时的结语，也是我这些年来在公益普法过程中的深刻心得体会。

律师队伍是全面推进依法治国工作的重要力量，律师这一职业群体在日常生活中能够与广大人民群众近距离接触交流，因此，作为律师的我们更应肩负起为人民群众普及法律知识、树立法治观念的责任与义务。为当事人、为整个社会提供更优质的法律服务是我们庄严的承诺，让人民群众在每一个司法案件中感受到公平正义是我们持之以恒的追求。

血染的火车票（上）

钟铁蕙

法律知识点：保险诈骗罪

2017年的一个下午，年轻的家庭主妇薛丽回到家，刚打开家门，突然有人从身后闪进来，她吓了一跳，定睛一看，竟是父亲。父亲走进家门后，立即拉上窗帘，像是在躲什么人，然后一把抓住薛丽的手说："小丽，爸爸对不起你，可这次是真的没办法了，你帮帮爸爸，不然我只能去死。"接着，父亲支支吾吾地告诉薛丽，他因为赌博借了高利贷，放高利贷的人正追他还钱，说再不还钱就砍掉他的双手。无奈之下，他只好来找女儿帮忙。

听到这话，薛丽不禁怒从心头起，她一把甩开父亲，生气地说："跟你说过多少次了，不要再赌了，你就是不听。我妈已经不在世了，你现在这个样子，怎么对得起她！"想到亡妻，薛父眼眶一红，不禁泪流满面。一年前，薛丽的母亲因车祸去世，薛父痛苦不已。为了摆脱痛苦，麻痹自己，薛父跟着朋友去打牌，没想到竟染上了赌瘾，隔三岔五就找薛丽要钱还赌债，这次竟然欠下了20万元的高利贷。看着父亲可怜的样子，薛丽无奈地叹了一口气。自己只有父亲一个亲人了，生气归生气，也不能眼睁睁地看着他去死啊。可父亲这次欠下的是20万元，她一个家庭主妇，上哪儿找这么多钱！

薛丽大学毕业后嫁给了大学同学田大保，当起了全职太太。虽然丈夫开公司，生意经营得有声有色，但因为最近经济不景气，公司负债累累，陷入困境。为了应付债主，田大保已经出去借钱了，现在还不知道能不能借到钱。况且，去年薛父已经找田大保要了几万块钱去还赌债，还信誓旦旦地保证从此不再赌博。现在，他又故技重施，张口就要20万元，薛丽怎么好意思再跟丈夫开口呢？父亲离开后，薛丽辗转反侧，一夜无眠。想来想去，还是决定等外出的丈夫回来，她相信丈夫不会见死不救的。

第二天一早，薛丽急忙去市场买菜。丈夫中午到家，她打算精心做一顿丰盛的午餐，借机提一提父亲的事。正当薛丽热火朝天地在厨房里忙活时，突然接到一个电话，差点把她吓得晕过去。

电话是派出所打来的。警察告诉薛丽，她丈夫田大保在高速公路上发生车祸，车毁人亡，通知薛丽尽快去现场处理。听到这个噩耗，薛丽两眼发黑，瘫倒在沙发上。丈夫开车一向小心，怎么就出车祸了呢？本想着马上就能见到丈夫，现在却已阴阳两隔，薛丽感到天都塌了。她硬撑着起来，泪汪汪地准备出门。没想到一开门，竟看见丈夫站在门外，正拿着钥匙开门。薛丽一把抱住丈夫，喜极而泣："你不是出车祸了吗？你要把我吓死了！"这就奇怪了，田大保不是车祸身亡了吗，怎么会出现在家门口？田大保看着妻子激动得又哭又笑的样子，也感到莫名其妙。薛丽把接到警方电话的事情告诉了他。听到自己出了车祸，车毁人亡，田大保十分震惊，半天说不出话来。那么，田大保的车发生交通事故后，车上死亡的那个人又是谁呢？事实上，那人是田大保的三弟田三保。

田家有三兄弟，田大保大学毕业后，留在城里创业开公司，两个弟弟都在老家做生意。田大保因为公司欠债，这次外出去找自己的三弟田三保借钱。田三保最近在老家搞了个建筑队，当起了包工头，经营得不错。听到大哥公司经营困难，他爽快地答应借钱帮大哥渡过难关，田大保非常感动。为了担保借款，田大保提出把自己的车作为抵押，暂时交给三弟使用，什么时候还了钱，什么时候把车取回。尽管三弟一再表示不用担保，但田大保还是坚持把车留给了三弟。

谈完事情之后，三弟开车把田大保送到高铁站，而后就开车回家。随后，田大保一路往家赶。没想到刚到家，却从妻子口中得知发生车祸的噩耗。田大保推测，大概是因为车毁人亡，尸体无法辨认，警方误以为发生车祸的人就是车主田大保，才会给薛丽打来那通电话。薛丽听丈夫说明了缘由，一方面庆幸丈夫安然无恙，只是虚惊一场；另一方面得知死者是自己的小叔子，心情又变得沉重起来。她让丈夫马上打电话告知家人这个消息，但田大保摇了摇头，眉头紧锁。突然，田大保急匆匆地走进卧室，过了好一会儿，拿着一份文件走了出来。薛丽凑近一看，丈夫手里拿的是一份保险合同，这是她两年前给丈夫买的一份巨额人身意外保险，被保险人是丈夫，受益人是自己。薛丽感到很疑惑，丈夫这个时候拿出这份合同做什么？没想到，田大保接下来说的话，把薛丽吓出了一身冷汗。

田大保提出，既然警方已经认定死者是自己，不如将错就错，由薛丽出面认领尸体，让自己“假死”。之后，薛丽就可以去保险公司申请300万元的赔偿金。这样一来，刚好解决了公司的燃眉之急，况且，三弟已是人死不能复生，等他们拿到赔偿后，也可以给父母一笔钱，不枉他们白白养了这个儿子。薛丽一听，觉得丈夫是想钱想疯了，她脱口而出：“这不是骗人吗？万一被发现怎么办？”田大保信心满满，打包票说他的计划万无一失。他告诉薛丽，等拿到保险赔偿款、还清了债务后，就让她带着孩子远走他乡，找个没人认识的地方重新生活。至于他自己，到外面隐姓埋名过上几年，等风声过去之后，他再买一个假身份证，换个名字回归家庭。这样一来，就可以神不知鬼不觉地把骗保的秘密掩藏下来。看到妻子还是犹豫，田大保着急地说，自己的车已经没了，三弟生前答应借钱的事也无法兑现。如果不这样做，公司将面临倒闭的局面，债主们也会纷纷找上门来，到那时候，这个家就永无宁日了。听到丈夫说“债主”二字，薛丽这才想起父亲欠下20万元高利贷的事。想到父亲现在正等钱救命，他独自一人在外躲藏，万一被放高利贷的人找到，还不知道会发生什么事。而且女儿才两岁多，薛丽怎么舍得让她从此跟着大人一起吃苦？如果配合丈夫假死骗保，自己能拿到这笔赔偿金，那么所有麻烦都将迎刃而解。几经权衡，薛丽答应了丈夫，帮他假死骗保。

于是，两人按照田大保的计划开始行动。田大保找了个地方藏起来，与此同时，薛丽匆匆赶往事发地点。当薛丽见到被烧得面目全非的遗体时，不由得悲从中来，失声痛哭。等薛丽平静下来，警察告诉她，因为在高速上超速行驶，车辆撞到护栏上后开始燃烧，等警方赶到时，人已经烧焦了，警方根据车牌号和现场遗落的行驶证判断车主身份是薛丽的丈夫。听完警察的介绍，薛丽谎称现场遗落的手表等物品是丈夫田大保的。核实了身份之后，警方按照规定带薛丽办理了认领手续。

随后，薛丽把田大保“出车祸”的事告诉了田家人，田家二老悲痛不已。看到公公婆婆痛不欲生的样子，薛丽好几次都想告诉他们真相。但转念一想，同样都是失去一个儿子，说出真相也不能减轻他们的伤痛。更何况，此时此刻，流离失所的父亲和年幼无辜的女儿更需要自己的保护。想到这些，薛丽只能硬着头皮把谎言进行到底。

薛丽按照老家的习俗，办完了丈夫田大保的丧事。然后，便去保险公司办理申请理赔的手续。几个星期后，薛丽顺利拿到了 300 万元保险赔偿金。

与此同时，公安局也接到了田家三嫂的报案，说田三保失踪了。事实上，田三保已经遭车祸身亡，他永远不可能回来了。警方查来查去，自然查不出所以然来，只好把田三保列为失踪人口。田家再次受到巨大的打击，尤其是田三保的妻子，痛不欲生，四处寻找丈夫。知道这些，薛丽心里也不好受，但事情走到这一步，她也无法再回头了。在还清父亲的高利贷和丈夫公司的债务后，薛丽将剩下的 100 万元交给田家二老，自己留下 30 万元。处理完这些事情，薛丽便按照与田大保事先商量好的，带着孩子和父亲搬了家，去了一座新城市，重新开始生活。同时，薛丽也期待一切风平浪静后，田大保再偷偷回来。

一晃五年过去了，薛丽和田家的生活也逐渐恢复了正常。薛丽用剩下的 30 万元，又贷了一些款，开了一家美容院，父亲也帮忙一起打理。当初，女儿是用女婿的赔偿金替自己还了钱，薛父因为不知情，认为这钱就是女婿拿命换来的。虽然自己从高利贷的泥沼中脱身了，但女儿却从此陷入痛苦之中。看着女儿年纪轻轻就守了寡，还带着年幼的外孙女，薛父意识到自己必须振作起来，不能再放纵自己赌博了。薛丽的父亲曾在一家公司工作，有一定的公司管理经验。这五年，他彻底戒了赌博，专心帮女儿经营美容院。但是他也明白，自己不可能看护女儿一辈子，他希望女儿再找一个对象。

这五年里，薛丽虽然和女儿、父亲一起住在外地，但依旧与田家人保持着联系。除了逢年过节给田家二老打电话问候，平日她也会带女儿去田家看望公婆。田家二老对这个情深义重的儿媳，也是既感动又心疼。时间一长，老人家也开始劝薛丽，不用再顾虑他们的感受，如果有合适的，就改嫁吧。

事实上，经过这几年的打拼，薛丽早已不是以前的那个家庭主妇，而是成了当地小有名气的美容院老板。在外界看来，薛丽事业有成、风韵犹存，追求她的人可不少。而薛丽一方面要照顾年幼的女儿，又要兼顾事业，实在没有时间和精力考虑个人的事；另一方面，她始终记得丈夫田大保并没死，所以也没打算考虑情感问题，而是一心扑在事业和家庭中。可随着时间的推移，对于父亲和公婆的不断劝说，薛丽也开始动心了。毕竟，这种守活寡的日子太痛苦了。作为一个女人，每到夜深人静时，薛丽也不由得感到孤独。在无助时，她也渴望有人能够保护自己。虽然田大保并没死，但为了掩人耳目，两人已经五年没有联系了。对于薛丽而言，这个丈夫已经名存实亡。就在这时，另一个男人闯进了她的生活。这人是薛丽的初恋情人。两人几年前在一次同学聚会上再次相遇，薛丽对他隐瞒了丈夫假死的真相，说丈夫车祸身亡了。初恋情人还没结婚，得知薛丽的“遭遇”后，对薛丽旧情复燃，开始追求她。而薛丽心里很清楚，丈夫不久后还会回归家庭，就不敢接受初恋情人的感情。尽管多次婉拒，但初恋情人一直默默守护在薛丽身边，后来又多次在薛丽遭遇困难时竭力相助，生活上也非常关心她。长期的悉心陪伴，加上两人原本的感情基础，薛丽渐渐放下顾虑，两人再次成为恋人。时间一长，初恋情人开始向薛丽求婚。想到丈夫还会回来，薛丽不敢答应，只好以“上有老、下有小”，不想拖累情人为由拒绝了。这在初恋情人看来，薛丽重情重义，是个不可多得的好女人，反而越发爱她，说要一直等薛丽，等到她愿意嫁给自己的那天。这让薛丽既感动又不知所措，只能过一天算一天，祈祷丈夫不要回来。

正当薛丽沉浸在新感情中时，消失已久的田大保却突然打来了电话。原来，田大保这五年隐姓埋名，一直过着见不得光的生活。因为怕被人发现，他只能在偏僻的乡镇做些苦力活过日子。日子过得很苦，他常常感到后悔，但“开弓没有回头箭”，自己做的决定，无论如何都只能撑下去。为了不被人发现，这几年无论再苦再难，他都没有跟家人联系。直到有一天，他意外在报纸上看到了关于美容院的报道。得知薛丽这些年混得风生水起，相比之下，自己却狼狈不堪。虽然当初为解决公司债务，田大保想出“假死骗保”的办法，也做好了吃苦的准备，但回过头来想想，自己其实得不偿失。即便可以通过买假身份证回归家庭，但他的真实身份永远见不得光，更不要说再开公司、东山再起了。而薛丽却通过这件事，从家庭主妇变成了女企业家。田大保隐隐感到，两人的位置已经发生了翻天覆地的变化，他越想越觉得不平衡。于是，田大保打电话给妻子，提出要拿一笔生活费。薛丽没想到消失五年的丈夫会在这时出现，她当然不愿意田大保回来，“死”人想要复活，会惹来无穷无尽的麻烦。为了尽快打发田大保，薛丽办了一张银行卡，在卡里存了 5 万元钱，再把卡和密码寄到田大保指定的地址。田大保拿到钱后，很久没跟薛丽联系。可没想到，等到田大保把钱挥霍光了，就又一次打电话来要钱。薛丽不愿意当年骗保的事情公之于众，对田大保的不断索取，她不敢拒绝，只能有求必应。田大保从最开始的几万元，到后来一开口就是十几万元。短短一年，田大保向薛丽要了 100 多万元。

终于有一天，当田大保再次打电话来要钱时，薛丽受不了了，她对田大保说：“你从我这儿搜刮的钱，早已超过了骗保时我拿到的钱，这笔债我算是还清了，就算以后保险公司要找，也只能找到你家里去了。”田大保却笑薛丽想得太简单，他说：“你以为只是还钱的事吗？骗保是犯法的，一旦事情败露，你我都要坐牢。我现在是烂命一条，坐不坐牢都无所谓，你可不同，是有名的企业家了，你舍得失去这一切吗？”薛丽大惊失色。她一直以为，即使骗保的事情败露，大不了就是把当年骗的钱还回去，但万万没想到，自己会因此坐牢。看田大保说得很肯定，薛丽无奈之下，只能用钱再一次打发了丈夫。

给完钱以后，薛丽陷入了恐慌之中，她咨询了律师。田大保夫妻当年假死骗保的行为是否真的构成犯罪？这就涉及一个法律知识点：保险诈骗罪。

《中华人民共和国刑法》第一百九十八条第一款规定，有以下情形之一，骗取保险金达到一定金额就构成保险诈骗：（一）投保人故意虚构保险标的，骗取保险金的；（二）投保人、被保险人或者受益人对发生的保险事故编造虚假的原因或者夸大损失的程度，骗取保险金的；（三）投保人、被保险人或者受益人编造未曾发生的保险事故，骗取保险金的；（四）投保人、被保险人故意造成财产损失的保险事故，骗取保险金的；（五）投保人、受益人故意造成被保险人死亡、伤残或者疾病，骗取保险金的。

根据上述第三种情形，投保人、被保险人或者受益人编造未曾发生的保险事故，骗取保险金，进行保险诈骗活动，数额较大的，即构成保险诈骗罪。本案中，虽然车祸事故并非田大保和薛丽夫妻二人故意制造，但田大保作为投保人和被保险人，薛丽作为受益人，二人明知死者另有其人，却将错就错，以非法获取保险金为目的，利用现成的车祸事件，伪造成田大保意外死亡的假象，向保险公司申请理赔，并顺利得到巨额保险赔偿金。实际上，被保险人田大保未曾发生过车祸，更未曾意外死亡，二人骗取的保险金高达300万元，他们的行为已构成保险诈骗罪，依法应当承担相应的刑事责任。

听完律师的介绍，薛丽彻底绝望了。她没想到，当初一时心存侥幸，酿成今日苦果，更没想到如今会被丈夫一次次敲诈。而这一切，薛丽瞒着所有人，包括她的父亲和情人。可想而知，此时的薛丽心里有多痛苦。就在薛丽完全迷失了未来方向的时候，田大保却找上门来。

一天深夜，薛丽正准备休息，突然收到了一条短信：丽丽，我在你小区内的假山背后等你，不见不散。落款是“田大保”。显然，田大保找到了薛丽的住处，要跟她见面。

收到丈夫的短信，薛丽又惊又怕。惊的是，她没想到田大保竟然能找到自己的家；怕的是，她不知道田大保这次要提出什么要求。薛丽不敢耽搁，赶紧出门。看到田大保，薛丽感慨万分。几年时间，田大保就像是换了个人似的，还不到四十岁，头发已经花白，脸上尽是沧桑。曾经共同生活多年的丈夫，此时看起来却像是陌生人。看到薛丽，田大保伸出手想拥抱她，薛丽却轻轻避开了，说道：“别这样，小心被人看见！”田大保略微尴尬地搓了搓手，说明了来意。他说让薛丽赶紧给他买个假身份证，让他以新男友的身份回归家庭。但对薛丽来说，她现在是不可能满足丈夫的要求的。一方面，她现在已经有了新感情，对方很爱自己；另一方面，在外流浪几年的丈夫跟她现在的差距实在太大，两人不可能再回到从前。面对丈夫的要求，薛丽十分恐慌，只好谎称父亲现在跟她生活在一起，她需要跟父亲解释这件事，让田大保再给她一点儿时间。田大保意味深长地看着薛丽：“你是不是在外面有人了？”薛丽心里一惊，表面上却不动声色：“你想多了，这么多年，我父亲一直以为你死了，现在要告诉他真相，我怕他一下子接受不了，要是他对外说漏嘴，那就麻烦了。”田大保听了，将信将疑地说：“那我等你消息！”然后悄悄离开了。

丈夫离开后，薛丽感到如临深渊。这几年，薛丽一直提心吊胆。之前，她担心骗保的事被发现，自己会有牢狱之灾，就不断满足丈夫，拿钱给他。现在，丈夫竟然要回来，这不是明摆着要毁了自己吗？

血染的火车票（下）

钟铁蕙

法律知识点：窝藏罪　正当防卫

考虑到丈夫三番五次敲诈她，且两人现在的差距太大，最重要的是，她现在已经有了新的恋情，薛丽最后拿定主意，绝不能跟丈夫复合。薛丽寄希望于给田大保更多的经济补偿，让田大保知趣而退。可就在田大保离开后不久，一个人的到来，彻底打破了薛丽的幻想。

找上门来的是田大保的二弟：田二保。自从丈夫假死后，薛丽每年都会带孩子回田家探望老人，但田家人却从未主动来找过她。薛丽感到很疑惑，田二保怎么会在这个时候上门?

很快，薛丽就明白了田二保的来意。原来，田大保两天前给二弟打电话，向他坦白了真相，说当年车祸身亡的是三弟田三保，而不是自己，自己只是冒充他的身份骗保。尽管田二保一开始很震惊，甚至对于自己被欺骗多年很愤怒，但得知田大保还没死，他仍然感到欣慰，也原谅了田大保。为了帮田大保继续隐瞒，田二保暂时没有将这个消息告诉田家其他人。此次，田二保是受大哥所托，来劝薛丽接受丈夫回归家庭的。薛丽的心一下子揪紧了，感到心神不宁。敷衍着把田二保送走后，她陷入了焦虑之中。薛丽觉得，丈夫此时向田二保袒露真相，怂恿他上门来劝和，分明就是在给她警示：如果薛丽不接受他回归家庭，他真的要拼个鱼死网破了。

果然，薛丽刚送走田二保，就接到了田大保的电话，只听他得意扬扬地说：“别以为我不敢现身，逼急了，我俩就一起坐牢！下面我是不是应该给警察打个电话？”面对田大保的威逼，薛丽感到自己已经到了绝境，一时间完全没了主意。

放下电话后，薛丽失魂落魄地呆坐在房间里，晚饭时也借口身体不舒服，躲在房间里没出去。薛丽心里充满了悔恨。悔的是，当初一不小心走上犯罪路；恨的是，田大保不但是始作俑者，拉她下水，现在还要把她往深渊拖。其实，田大保刚找薛丽要钱时，她是充满了歉疚的。因为薛丽知道，丈夫这些年逃亡在外一定吃了不少苦，而自己却接受了新的感情，有了新的恋人。她内心深处还是对丈夫怀有歉意，所以，才会一次又一次给钱。但后来，因为自己不堪重负，向丈夫提出抗议时，丈夫却用骗保的事来威胁她，这让薛丽彻底寒了心，也彻底死了心。薛丽明白，这几年她和丈夫的疏离是无法弥补的，她无论如何也不可能再接受丈夫了。夜深了，薛丽根本无法入睡，拿了一瓶红酒躲进房间里。正所谓“借酒浇愁愁更愁”，几杯酒落肚，薛丽已是泪流满面。她回想起事情的前因后果，想到自己为了骗那几百万元保险赔偿金，白白搭上了自己的人生，现在后悔也来不及了。这时，薛丽突然感觉到有一只手轻轻地抚在自己头上。她一回头，看到了父亲关切的眼神。原来，父亲发现了她的异常，哄孩子睡下后便过来询问。薛丽为了骗保的事已经压抑了几年，此刻，在父亲面前，她再也忍不下去了，于是借着酒劲，一边痛哭流涕，一边讲述了事情的全部经过。

听完薛丽的话，父亲的脸色变得凝重起来。过了好一会儿，父亲像下定了决心似的，对薛丽说：“傻孩子，你不用担心，这事我来处理。”当晚，父亲又好言安慰了她一阵。第二天，父亲给薛丽订了个旅行团，极力劝说薛丽带着孩子去国外旅游，并说等她去外面散散心回来，一切就会好起来的。同时，父亲还找薛丽要了50万元，说是用来跟田大保谈判。薛丽感到很疑惑，父亲能有什么办法说服田大保？但看到父亲态度坚决，薛丽只好答应了。十天之后，薛丽从国外旅游归来，一回到家，父亲就告诉她，事情已经解决了，田大保不会再来纠缠，叫薛丽不要再多问。薛丽心里隐隐感到不安，她担心父亲会做傻事，把田大保杀了。但她转念一想，父亲年近六旬，根本没有能力杀田大保，而且父亲一直是个老实本分的人，也不敢做杀人这样可怕的事情。父亲肯定是不会骗自己的，他不肯细说，或许是有其他原因。虽然薛丽心里有很多疑问，但也没再多问。接下来的日子，果然就像父亲所说的，田大保就像消失了一样，再也没有来骚扰薛丽。薛丽渐渐开始相信，父亲是真的已经说服了田大保，她一直悬着的心也慢慢放松下来。可是，这样的好日子没过多久，就被一通电话打破了。

原来，薛丽接到了警方的传唤电话，民警说，有个案子可能跟她有关，让她尽快去公安局交代情况。案子？到底是什么案子？是当年的骗保案还是其他什么案子？薛丽来不及多想，胆战心惊地赶到公安局。当警察问她，五年前是不是和田大保串通假死骗保时，薛丽心里一沉，心想，纸终究包不住火，真相还是瞒不住。她面如死灰，点点头，没有说一句话。没想到，接下来警察却告诉她，丈夫田大保已经被人杀死，并且碎尸荒野。薛丽大吃一惊，激动地说："这怎么可能，我明明不久前才见过他，你们是不是搞错了？"警察告诉薛丽，他们接到报案，有人在一个偏僻的山脚下发现了死尸。虽然死者已被碎尸，无法辨认身份，但经过侦查，警方发现死者口袋里面有一张被血浸透的小纸片。警方用相关技术对这张纸片进行了还原，发现这是一张火车票，乘车人是田二保。经过询问，田二保很快便向警察说出了田大保假死骗保的事，承认自己确实坐火车去找过薛丽，后来也见到了田大保。临别前，他曾从钱包里拿出一千元钱给田大保，那张火车票很可能当时就夹在钱里面了。根据田二保交代的情况，当年出车祸死亡的是田三保，田大保并没有死。那么，口袋里藏了火车票的死者很可能就是田大保。警方马上提取了田大保父亲的 DNA（脱氧核糖核酸）进行鉴定比对，结果显示，死者就是田大保。得知大哥的死讯，田二保一口咬定，凶手肯定是大嫂薛丽，她一定是因为不想跟大哥复合就动了杀机。听警察说完，薛丽一下呆住了。她万万没想到，自己居然成了犯罪嫌疑人。薛丽赶紧向警察解释，她在田二保离开后不久，就带女儿到国外去散心了，她对田大保的死完全不知情。

经过查证，警方发现田大保出事那天，薛丽确实不在国内，她没有作案时间。但警察也很疑惑，虽然薛丽有不在场的证明，但她怎么不早不晚，偏偏选在这个时候出国？除了这一点，薛丽身上倒也没有其他疑点。这样看来，人并不是薛丽杀的，警察便让薛丽先回家了。那么，凶手到底是谁呢？

凶手不是别人，正是薛丽的父亲。其实，在得知田大保的死讯时，薛丽心中便明白了一切，一定是父亲故意支开自己，然后杀死了田大保。薛丽马上赶回家质问父亲。父亲承认了自己就是杀人凶手，并说："只有他死了，你才能过上好日子。我早就想好了，一人做事一人当，我去自首，绝不会牵连你。"听到父亲这么说，薛丽失声痛哭。母亲去世后，父亲就是她最亲的人了。这五年来，父亲尽心尽力为她打理美容院，没想到现在一把年纪了，竟然还为了保护她，要搭上自己的性命。薛丽担心警察很快就会查到父亲身上，她绝不能再让父亲为自己送命了。不管怎么样，她一定要救父亲。薛丽一刻也不敢耽误，立即给父亲买了一张去国外的机票，同时安排人马上将他送至机场。

可"天网恢恢，疏而不漏"。薛丽的父亲刚到达机场，就被警方抓获了。警察怎么这么快就查到真凶了呢？

原来，经过调查，警方发现装尸块的塑料袋并不是普通的塑料袋，而是特制加厚的塑料袋，只有当地最大的连锁超市才有。连日来，警方逐个排查连锁超市各家门店的监控视频和购买记录，并在确认死者就是田大保后，安排了田家人进行辨认。终于，他们在监控视频中，发现了一张熟悉的面孔，就是薛丽的父亲。案发前两天，薛父购买了同款塑料袋和麻绳，还买了一把砍刀。于是，警方立刻对薛父实施了抓捕。警察赶到薛丽家，发现薛父已经逃走了。而后，警察调查了薛丽的银行流水，发现了购买机票的交易记录，于是在机场将人截获。同时，警方也在薛丽的一处别墅里，发现厨房里有大量被擦拭过的血迹。经过鉴定，血迹来自死者田大保。

面对警方的讯问，薛丽的父亲一脸平静。他说，自己早就料到有这一天。可是，薛丽的父亲是一位六旬老人，田大保正当壮年，他怎么能杀死比自己年轻、强壮的田大保呢？在警察的讯问下，薛丽的父亲交代了事情的始末。

原来，五年前，薛丽的父亲因赌债求助女儿，偏巧遇上女婿车祸身亡。在女儿用保险赔偿金帮他还了赌债后，看到自己的宝贝女儿从此要孤儿寡母地过日子，他感到非常自责，于是痛下决心戒掉赌瘾。五年来，他一心帮助女儿打理美容院的生意，希望女儿能过得开心一点儿。他也一直鼓励女儿，重新找个合适的人结婚，但每次女儿都会以工作忙碌为借口拒绝。两年前，薛丽终于松口，接受了陪伴她三年的男友。薛丽的父亲对女儿这个新男友的印象很好，他由衷地为女儿感到高兴。但后来，他发现薛丽每隔一段时间就会表现得很烦躁，当时他还以为是因为工作上的事，没太在意。后来他才知道，原来女儿五年前为了帮自己还债，不得不铤而走险，参与骗保，过着守活寡的日子，之后更是被田大保多次勒索，深陷泥潭。一时之间，震惊、悔恨、痛心一起涌上心头，薛丽的父亲百感交集。他总算明白过来，女儿这两年来，时不时地烦躁不安，竟是因为遭到田大保的多次勒索。他万万没想到，这五年来女儿一人承受了如此大的压力。要不是因为他当年滥赌成性，女儿也不会家庭破碎，更不会面临牢狱之灾。现在好不容易遇上一个真心疼她的人，却还要被一个不肯死去的人威胁、恐吓，弄得每日忧心忡忡，生活不得安宁。

看到女儿痛苦的样子，薛丽的父亲感到心如刀割，为了女儿，他决定豁出去，悄悄除掉田大保。他认为，反正田大保是一个已经死掉的人，就算突然消失，也不会有人去追查他的下落，只要自己做得隐蔽些，就不会被人发现。即便最后被警方发现，自己要坐牢，只要能够换取女儿后半生的幸福和安宁，他觉得也是值得的。于是，薛丽的父亲设计了一个周密的计划。首先，他帮女儿订了国外的旅行团，劝她带着孩子外出散心，这样一来，即使最终事情败露，女儿也可以置身事外，不会受到牵连。等把女儿和外孙女送上飞机后，薛丽的父亲便假意约田大保见面谈判，并在田大保的水杯里加了安眠药，哄骗田大保喝下。田大保不知有诈，还以为是薛丽想明白了，要岳父来跟他谈回归家庭的事，乐颠颠地就来赴约了。等把田大保迷晕后，薛丽的父亲用事先准备好的麻绳捆住他，并在砍杀后进行分尸。按照原计划，他本来是想把尸块运到荒山上掩埋，但最后因体力不支，只能丢弃在山脚下的偏僻处，未做掩埋。当薛父得知警察是通过田大保口袋里的火车票，最终确认死者身份，并一步一步查明真相时，他感到非常懊恼。尽管他事先制订了周密的杀人计划，但还是在紧张的状态下“百密一疏”，杀人后没检查口袋，这才给警察留下了破案线索。

至此，真相终于水落石出。很快，检察机关以薛丽的父亲涉嫌故意杀人罪向人民法院提起了公诉。然而，令人没想到的是，几乎同时，薛丽也被警方拘留了，原因是她除了涉嫌犯保险诈骗罪之外，还涉嫌犯窝藏罪。对于保险诈骗罪，因为事实充分，证据确凿，薛丽没有异议。但对于窝藏罪，薛丽认为，自己只是给父亲买了张机票，怎么就构成了窝藏罪？这就涉及一个法律知识点：窝藏罪。

《中华人民共和国刑法》第三百一十条第一款规定：“明知是犯罪的人而为其提供隐藏处所、财物，帮助其逃匿或者作假证明包庇的，处三年以下有期徒刑、拘役或者管制；情节严重的，处三年以上十年以下有期徒刑。”从这项规定中，我们可以看到，窝藏罪是指明知是犯罪的人而为其提供隐藏处所、财物，帮助其逃匿的行为。本案中，薛丽明知父亲故意杀死田大保，父亲的行为已经构成犯罪，但是出于亲情，仍然为父亲购买机票，帮助他出逃，以逃避法律制裁，其行为已构成窝藏罪。

薛丽的父亲在庭审中对自己杀人的事供认不讳，但他也为自己申辩，说是因为女儿不断受到田大保的威胁和骚扰，为了保护女儿，他才痛下杀手。因为田大保有过错在先，自己杀人的行为应当构成正当防卫。那么，薛父的行为是否构成正当防卫呢？这也涉及一个法律知识点：正当防卫的构成要件。

《中华人民共和国刑法》第二十条规定：“为了使国家、公共利益、本人或者他人的人身、财产和其他权利免受正在进行的不法侵害，而采取的制止不法侵害的行为，对不法侵害人造成损害的，属于正当防卫，不负刑事责任。”也就是说，构成正当防卫的前提条件是“不法侵害现实存在”。但是，并不是所有的不法侵害都可以进行正当防卫。只有对那些具有攻击性、破坏性、紧迫性的违法犯罪行为，才能进行正当防卫，比如，杀人、强奸、抢劫等暴力性犯罪。

在本案中，虽然事发前田大保的确多次敲诈薛丽，但田大保的敲诈行为并不具备攻击性、破坏性和紧迫性，因此，不能针对他的敲诈行为实施防卫。在薛父实施杀害行为时，田大保并没有实施可以正当防卫的不法侵害，不符合正当防卫的前提条件。因此，薛父的行为不构成正当防卫。同时，由于被害人田大保的确实施了敲诈行为，在本案的起因上有重大过错，因此对薛父可从轻处罚。

最终，法院以故意杀人罪判处薛丽的父亲死刑，缓期两年执行；以窝藏罪判处薛丽一年有期徒刑，以保险诈骗罪判处薛丽十年有期徒刑，并处罚金二十万元，数罪并罚，最终判处薛丽十年零六个月有期徒刑，并处罚金二十万元。

听到判决结果，薛丽的父亲当庭流下了悔恨的泪水。他原以为，只要杀死田大保，女儿就能彻底摆脱麻烦，却没想到因为自己自作聪明，不仅赔上了女婿田大保一条活生生的性命，还让女儿因为帮助他脱逃而罪上加罪。

在本案中，田大保在金钱的诱惑下，假死骗保，过着不见天日的生活，后来又因为勒索妻子，最终落得被碎尸的悲惨结局。田大保是一步错，步步错。一时的“自作聪明”，断送了他原本美满的家庭和安稳的人生，真是“机关算尽太聪明，反算了卿卿性命”。薛丽父女的遭遇，更是让人唏嘘不已。薛丽为了替父还债，无奈伙同丈夫假死骗保，走上了犯罪的不归路；后来又为了保护父亲，一心帮助父亲逃匿，最终在犯罪的泥沼中越陷越深。作为女儿，她是孝顺的，但这种没有原则的孝顺最终却害了自己。薛丽的父亲因沉迷赌博，欠下的赌债却成了拆散女儿家庭的导火索。在歉疚之下，为了帮助女儿摆脱纠缠，又不惜杀人碎尸，却间接让女儿再添一条新罪。这一对父女为了保护家人，都不惜牺牲自我，这种对家人的爱令人感动，但这种没有原则的爱却突破了法律的底线，最终导致家破人亡。这种爱并不是爱，而是害。

消失的凶手（上）

钟铁蕙

法律知识点：诉讼中止

俗话说得好，“可怜天下父母心”。父母常常会为了儿女的幸福殚精竭虑，而本案主人公刘淑娟的父母却关爱过头，对女儿的婚姻大事一手包办。最后，苦心安排的婚姻反而成了一道枷锁，关爱变成了伤害。

2018 年的一天清晨，刘淑娟早早地起了床，准备做早餐。当她来到厨房，一揭开锅，却发现锅里早已热着南瓜粥，还有香喷喷的烙饼。看到丈夫张福准备了这么丰盛的早餐，刘淑娟却皱起了眉头。按理说，丈夫对自己好，这是每个妻子都渴望的，为什么刘淑娟不喜反忧呢？

原来，刘淑娟和丈夫正在闹离婚。刘淑娟有了外遇，想要和平分手，不料丈夫非但不答应，还跟她冷战，昔日家里温馨的气氛变得冷冰冰的。但不知为什么，最近丈夫的态度突然又发生了 180° 的变化，不但不再提离婚的事，反而像个没事人似的，对刘淑娟嘘寒问暖，今天居然还破天荒地为她准备了早餐。刘淑娟实在不明白丈夫葫芦里究竟卖的什么药，她隐隐地感到不安。

几天后，张福外出去喝喜酒。夜深了，刘淑娟坐在床边想歇一下，她想着最近发生的烦心事，怔怔地出神。突然，刘淑娟闻到一股浓烈的酒气，感觉到有人从背后扑了过来。她吓了一跳，“噌”地一下站了起来，原来是丈夫张福醉醺醺地回来了。张福扑了个空，趴倒在床上，嘴上喃喃地说：“躲什么躲呀，你就死心吧，那小子再也不会回来了。”说完，就倒在床上呼呼大睡了。听到丈夫的话，刘淑娟顿时感到又惊又怕。惊的是自己被丈夫看穿了心事；怕的是，张福的话让她隐隐有了不祥的预感。

刘淑娟的情人叫王志雄，一个多月前，王志雄突然跟刘淑娟说，他要外出一趟，还说等他安顿好之后，会马上联系刘淑娟。然而，一个多月过去了，王志雄却像是人间蒸发了似的，再也联系不上了。王志雄究竟去哪儿了？为什么没有一点音讯？刘淑娟暗自为情人担心，就在这时，张福却在酒后说，王志雄永远不会回来了。丈夫为什么会说这样的话，是酒后吐真言，还是纯属诅咒泄愤呢？难道他对王志雄做了什么？这一晚，刘淑娟辗转反侧、彻夜难眠。第二天，张福酒醒之后却像什么事都没发生一样，照常上下班。看到张福人前人后两副样子，刘淑娟越想越怕，她开始怀疑情人的失踪跟丈夫有关。人往往都是这样，一旦把事情往坏处想了，就越想越糟糕，刘淑娟甚至担心，张福把王志雄杀死了。思虑再三，刘淑娟决定求助警方。

刘淑娟来到派出所，向警察道出了三人之间的感情纠葛，以及丈夫态度突然转变的情况，请求警察调查王志雄失踪的事。

听了刘淑娟的讲述，警察起初是半信半疑，王志雄究竟是失踪还是外出经商，尚不能做出结论。即使王志雄真的失踪了，也不能单凭张福的一句醉话，就认定他有嫌疑。警察让刘淑娟先回去等消息。回家后，刘淑娟得知警察在王志雄家附近进行了走访。据一个邻居说，王志雄曾在一个月前跟他说过，自己要外出一趟，还拜托邻居帮忙照顾养殖场。但王志雄久出未归，现在邻居也联系不上他。警察也传唤了张福。

刘淑娟眼看着丈夫被带走，心里非常忐忑。她既希望警察能从张福嘴里问出实情，又担心张福知道是她报的案，回家后不知会对她做出什么事来。果然，没过多久张福就黑着脸回来了。他看起来很生气，却只是狠狠地对刘淑娟说："你老实一点，别再出去丢人现眼了。"丈夫息事宁人的态度让刘淑娟更加疑惑。按照常理，妻子为了另一个男人控告自己的丈夫，这是任何一个男人都不能忍受的。谁知张福回来后只是说了她几句，好像根本不愿意再提起这件事。这让刘淑娟更加怀疑：张福是心虚了，他一定是对王志雄做了什么。

刘淑娟再次来到派出所，询问案件的进展。警察告诉她，张福一口咬定那天自己喝醉了酒，根本不记得说过什么话了。警察并未查出什么异常，刘淑娟感到很失望，只好落寞地返回家中。

没想到，事情在几天后有了转机。警方接到报案，在村边废弃的枯井里发现一具全裸男尸，尸体已经腐烂，根本无法辨认。死者究竟是谁？为什么会被抛尸枯井呢？警方马上联想起刘淑娟的报案，死者会不会就是失踪的王志雄？

发现无名尸的消息很快在村里传开了，因为之前警察调查过王志雄，一时间谣言四起，有人说王志雄是死于情杀，而嫌疑最大的就是他的情敌张福。听着铺天盖地的消息，刘淑娟心里非常忐忑。奇怪的是，张福倒是很镇定，根本没有受谣言的影响，反而大大方方地照常生活、上班。虽然外面对此事议论纷纷，但在刘淑娟家里，她和丈夫像是达成了某种默契，谁都不提发现死尸的事。很快，法医那边传来的消息让所有人大跌眼镜。尸检结果显示，死者是一名30岁左右的男性，死因是后脑遭受重击，导致颅骨粉碎性骨折，死亡时间是在两个月前。更重要的是，死者身高一米八，而王志雄身高只有一米七，两人身形相差很大。很明显，死者根本不可能是王志雄。死者究竟是谁？他与失踪的王志雄有没有关系呢？

这时候，一名修车行的老板向警方反映，两个多月前，王志雄曾将他的面包车送来重新喷漆，直到现在还没人来取车。警察来到修车行，发现这是一辆九成新的白色面包车，但车身已被重新喷漆。警察觉得很奇怪，既然是新车，为什么要重新喷漆呢？难道是为了掩盖什么吗？警方马上对车进行了仔细的检查，果然在车尾箱的缝隙里发现了一片小树叶，上面有被血浸过的痕迹。车是王志雄送来的，这血迹应该不会是他的。那么，这会与枯井里的死者有关吗？警方马上进行了DNA比对，血迹果然来自枯井里的死者。这样一来，王志雄的嫌疑陡然上升。现在基本可以确定，这辆车是运送尸体的工具，而车主王志雄即使不是凶手，也是帮忙运尸的帮凶。看来，王志雄不是失踪，而是畏罪潜逃了。

警方马上调取了王志雄的通话记录，发现他在失踪前与一个叫虎子的人联系频繁。同时，警察通过调查银行账户，发现王志雄曾从银行取走了10万元，而当天虎子的账户也存入了10万元。看来，这个虎子是关键人物，找到他，很多谜团就能一一解开了。

警方经过调查了解到，虎子是个无业游民，平日里总是偷鸡摸狗，惹是生非。大约在两个月前，虎子与家里失去了联系，家人都不知道他去了哪里。根据虎子家人的描述，警方意外地发现，虎子的身形居然和枯井里的死者十分相似。这时，警察有了一个大胆的推断，枯井里的死者会不会就是虎子？警方马上进行了DNA比对，结果显示死者果然就是虎子。这样看来，王志雄很可能是杀了虎子之后，畏罪潜逃了。两人之间究竟有什么深仇大恨，竟让王志雄动了杀念？刘淑娟来报警说王志雄失踪，那她跟这件事有没有关系呢？同时，警方发现刘淑娟的行为有点异常。她最初报案时对王志雄非常担心，然而当无名尸被发现后，大家都以为死的是失踪的王志雄，她却始终不曾露面，也不再来询问情况。难道，刘淑娟早就知道枯井里的死者不是王志雄？

警方决定再次传唤刘淑娟。这一次，警察单刀直入地问她，是否认识虎子，是否知道王志雄杀了人，是否参与杀人？听到警察怀疑自己是杀人犯，刘淑娟一下子急了。她脸色惨白，一把抓住警察的手，还没开口，眼泪就掉了下来。看到刘淑娟一时说不出话来，警察告诉她，他们在王志雄的车上发现了虎子的血迹，两人还有大额金钱往来，如果刘淑娟说出她所知道的，也许还能尽快找到王志雄。听到这里，刘淑娟的心理防线终于崩溃了。她告诉警察，虎子的确是王志雄杀的，但她完全没有参与。所有事情，都要从五年前说起。

五年前，刘淑娟和丈夫张福通过相亲认识了。张福虽然长相平平，但家里经济条件不错，他本人也在镇上的殡仪馆有一份正式的工作，这在农村是很让人羡慕的。张福一眼就相中了刘淑娟，双方父母对这门亲事也非常满意。两人结婚后，刘淑娟在家料理家务、照顾公婆，既贤惠又孝顺；张福在外挣钱养家，对老婆也是体贴入微，“含在嘴里怕化了，捧在手心怕摔了”。平时家里有什么重活张福都抢着干，生怕累着老婆，两年后，二人生下了一个儿子。在外人看来，这不就是人们常说的“幸福家庭”嘛。可是没想到，一个男人突然闯进了刘淑娟的感情世界，彻底打破了她原本平静的生活。

这个男人就是王志雄，是刘淑娟青梅竹马的恋人。两人从小就是同桌，在成长的过程中彼此相伴相知。王志雄学习成绩很好，但因为父母相继离世，他被迫辍学，之后在村里四处打零工。长大成人的王志雄，既聪明好学又勤恳能干，村里人都夸他踏实稳重，刘淑娟也渐渐爱上了这个上进的男人。她相信，王志雄以后一定会有所作为。然而，刘淑娟父母却嫌弃王志雄家穷，活活拆散了这对恋人。王志雄暗暗发誓，一定要出人头地。于是，他外出打工，进了一家工厂当起了业务员。由于他头脑灵活，又吃苦耐劳，几年后便摸清了销售渠道，借了些钱自己单干，当起了老板。有了钱之后，有人给王志雄介绍女朋友，但他始终忘不了刘淑娟。于是，在离乡五年后，王志雄毅然回到村里开办养殖场。王志雄一回来就找到刘淑娟，想要和她复合。面对昔日恋人的痴情，刘淑娟内心激情澎湃，但她觉得，女人离婚是伤风败俗、遭人唾弃的事，况且婚后丈夫一直对她很好，两人还有了孩子，她只好忍痛拒绝了王志雄。

然而，王志雄并不死心，总是想尽办法跟刘淑娟见面，有一次还被村里人撞见了。后来不知怎的，村里竟传起了两人偷情的谣言。张福也开始疑神疑鬼，尽管刘淑娟一再解释自己是清白的，但张福根本不相信，还经常阴阳怪气地嘲讽她。有一天，两人又因为这件事发生了激烈的争吵，张福冲动之下打了刘淑娟一耳光。那晚，刘淑娟哭着跑回了娘家。

听到女儿被打，刘淑娟的父母既气愤又心疼。刘母告诉女儿，王志雄前几天带了很多贵重礼物上门，并当场许诺会送一栋房子作为聘礼，请求他们同意两人的婚事。刘淑娟的父母看到当初的穷小子成了大老板，还对女儿痴心不改，又看到这几年女儿似乎一直闷闷不乐，他们也开始反思，当初逼女儿分手是不是做错了。无奈女儿已嫁人生子，他们也不敢轻易让女儿离婚。而张福的这一巴掌，让老人彻底偏向了王志雄。他们拿出了当初逼女儿分手的架势，开始劝女儿离婚。刘淑娟一向个性软弱，没有主见，现在听到父母的话，心里的底线也开始瓦解。她开始偷偷跟王志雄来往。

后来，刘淑娟鼓起勇气向丈夫提出离婚，还想带走儿子。张福当即暴跳如雷，冲进厨房拿出一把菜刀，嘴里吼着："想毁了我的家，我要跟他同归于尽。"刘淑娟吓坏了，她没想到张福会有这么强烈的反应，赶紧死死地拖住张福，急切地说："我不离了，不离了。"离婚风波暂时告一段落。

接下来的日子看似平静，但张福变得更加沉默寡言。只是他仍一如既往地悉心照顾妻子。一边是自己爱的情人，一边是爱自己的丈夫，刘淑娟夹在中间左右为难。刘淑娟的苦，王志雄看在眼里、疼在心里。为了能光明正大地和刘淑娟在一起，王志雄决定除掉张福。王志雄辗转找到小混混虎子，花钱雇他去暗杀张福。虎子策划了两次行动，结果都不成功。于是，虎子转头威胁王志雄索要 10 万元，否则就把他雇凶杀人的事说出去。为了根绝后患，王志雄决定杀掉虎子。他假意答应，约虎子深夜出来拿钱，趁其不备，用铁锤打死了虎子，抛尸枯井。杀人后，王志雄心里害怕，决定出去避避风头。临走前，王志雄把他雇凶杀张福不成，反而酿成命案的事告诉了刘淑娟。刘淑娟听后，无比震惊和害怕，她没想到王志雄为了跟自己在一起，竟然干出这种傻事。王志雄还对刘淑娟说，他这辈子就爱刘淑娟一个人，即使是死也要跟她在一起。说完，两人抱头痛哭。事已至此，刘淑娟也只好帮着王志雄隐瞒，她在心里默默祈祷，王志雄出逃一段时间后平安归来。

然而，王志雄久出未归，又失去了联系。刘淑娟本就提心吊胆，没想到丈夫此时又在酒后说出"那小子再也不会回来了"，这让她更担心情人的安危，无奈之下只好求助警方。为了掩盖王志雄杀人的事，最初刘淑娟不敢说出全部实情，只承认跟王志雄是情人关系，其他一概隐瞒。而现在，面对警方找到王志雄杀死虎子的铁证，为了尽快找到王志雄，摆脱自己的嫌疑，刘淑娟只好说出了一切。

刘淑娟有没有参与买凶杀人呢？她真的像自己说的那样无辜吗？警方通过详细排查，发现并无任何证据指向刘淑娟参与杀害虎子，可以排除她的嫌疑。至此，枯井死尸案终于真相大白。

得知儿子死于王志雄之手，虎子的父母悲痛欲绝，他们哭喊着要让王志雄杀人偿命。这时，有人告诉虎子的父母，不仅应该让王志雄杀人偿命，还可以对他提起民事赔偿。虽然王志雄还没有被抓到，但他还有一个养殖场和一台车，可以请求法院先用这些财产进行赔偿。听了这话，虎子的父母一纸诉状告到法院，申请对王志雄的民事赔偿。虎子家人的主张能不能得到法院的支持呢？

这就涉及一个法律知识点：诉讼中止。简单地说，诉讼中止就是法院在诉讼过程中，因特殊情况的发生而暂时停止审理这个案件，等特殊情况消失之后，再恢复审理。关于诉讼中止，我国法律有明确的规定。

根据案发时《中华人民共和国民事诉讼法》第一百五十条的规定："有下列情形之一的，中止诉讼：（一）一方当事人死亡，需要等待继承人表明是否参加诉讼的；（二）一方当事人丧失诉讼行为能力，尚未确定法定代理人的；（三）作为一方当事人的法人或者其他组织终止，尚未确定权利义务承受人的；（四）一方当事人因不可抗拒的事由，不能参加诉讼的；（五）本案必须以另一案的审理结果为依据，而另一案尚未审结的；（六）其他应当中止诉讼的情形。中止诉讼的原因消除后，恢复诉讼。"

根据上述法条列举的第五种情形，在本案必须以另一案件的审理结果为依据时，若另一案件未审理完结，那么法院应当裁定中止审理本案。本案中，虎子被王志雄杀害，虎子的父母有权对王志雄提起民事赔偿的诉讼，但由于该民事赔偿诉讼必须以王志雄涉嫌杀人的刑事诉讼审判结果为依据，因此，在王志雄尚未归案、刑事案件尚未审判完结之前，虎子家人单独提出的民事赔偿只能中止审理，要等刑事案件审理完结后，法院再恢复民事案件的审理。也就是说，虎子的父母不是不能得到赔偿，而是要等王志雄杀人案最终审结后才能得到赔偿。得知这个情况，虎子的父母只能转而催促警方尽快将凶手抓捕归案。

虎子杀人不成，转生贪念敲诈勒索，最后却反遭灭口，虽然他已经自食恶果，但他的行为却给家人带来了无尽的痛苦。俗话说，“君子爱财，取之有道”，自食其力才是一个人的立身之本。虎子“拿人钱财、替人消灾”的做法，不但与我国的法治精神背道而驰，也让自己陷入了万劫不复之地。王志雄本是一个聪明上进、事业有成的人，却为了和情人刘淑娟在一起，不择手段，不惜雇凶杀人，大好青年最终成了犯罪嫌疑人，等待他的必将是法律的严惩！

刘淑娟说出事情的真相后，痛哭不已，她不停地向警察解释，王志雄是被逼无奈才杀人的，希望警方找到他以后能从轻处罚。王志雄到底去了哪里？刘淑娟的丈夫张福酒后说的那句话究竟是什么意思？他与王志雄的失踪到底有没有关系？

消失的凶手（下）

钟铁蕙

法律知识点：正当防卫的构成要件

鉴于没有实质证据指向张福，警方只好围绕王志雄离开本地的过程进行调查。警方认为，王志雄作案后没有开自己的车，说明他离开本地时乘坐的是公共交通。警方排查了市内所有车站的乘客信息和监控视频，始终没有发现王志雄的踪迹。警方又在邻近的几个镇四处走访，也没有查到有关王志雄的任何消息。王志雄怎么会凭空消失了呢？按刘淑娟的说法，王志雄临走时说到外地安顿好以后会跟她联系。为了跟刘淑娟在一起，王志雄不惜背上人命官司，如果他安然无恙，肯定会联系刘淑娟，难道他真的遭遇不测了吗？

此时，距王志雄失踪已经两个多月了，刘淑娟觉得他很可能凶多吉少，这种担惊受怕的日子，对她来说每一秒都是煎熬。警方查不到任何线索，刘淑娟只好处处留心丈夫张福的一举一动。可张福却表现得像什么事也没有发生一样，生活一切如常。有一天，刘淑娟突然想起，张福曾经问过她，是不是王志雄雇人暗杀他，刘淑娟当时自然是否认的，直到后来王志雄准备出逃时，跟她说了雇凶杀张福的事，她才知道确有其事。现在看来，张福一定是发觉了王志雄雇人杀他，这才起了杀心，再加上张福曾经酒后说过王志雄不会再回来了，刘淑娟更加怀疑，张福有可能已经把王志雄杀害了。于是，刘淑娟再一次来到派出所向警察反映此事。

鉴于王志雄失踪已经几个月，人命关天，警察决定再次传唤张福。一开始，张福态度傲慢，一副满不在乎的神情，问什么他都说不知道。可是，当警察问到他是否知道妻子刘淑娟出轨的事时，他的脸色一下子阴沉下来，随后咬牙切齿地说：“这个混蛋，不得好死。”警察又问张福是否知道王志雄曾雇凶杀他，只见张福冷笑了一下，说：“就凭他，哼。”除此之外，警察再也问不出什么来了，只能让他先回去。

时间一天天过去，案件调查陷入了僵局，办案警察反复翻看卷宗材料，希望能有所突破。这时候，警察突然发现，之前他们调查王志雄的通话记录时，主要关注的是手机号码，却忽略了固定电话。警察重新核查，发现其中有一个电话来自镇上某个公用电话亭，而这个电话亭恰好就在张福工作的殡仪馆旁边。这一发现让警察兴奋不已，这到底是无关紧要的巧合，还是百密一疏的破绽？警方通过调取监控录像，发现当时打电话的人正是张福。

因为张福在殡仪馆是负责火化尸体的，警察查看了由他经手的火化名单，发现一名十年前被火化的流浪汉的资料竟重复出现在火化名册里，而他第二次被火化的时间，恰好就是王志雄接到神秘电话的第二天。那天，刚好轮到张福值夜班。一个人怎么会被火化两次？为什么又偏偏发生在张福值班期间？背后到底有何隐情？

警方立即对张福家进行了搜查，结果在沙发坐垫底部发现了被擦拭过的血迹。经检验，血迹并不是张福的。那么，这血迹会不会是王志雄的？警方立即拘留了张福。在一系列证据面前，张福神色黯然，终于承认了自己杀害王志雄的事实，并说出了多年来压在心里的话。

原来，张福其貌不扬，个子也很矮，他常因此而感到自卑。好在他家里经济条件不错，他在镇上的殡仪馆也有一份正式工作。后来，他与刘淑娟相亲，一下子就被刘淑娟清纯美丽的外表所吸引。不但如此，刘淑娟贤惠孝顺，远亲近邻都对她称赞有加。张福觉得自己很幸运，双方家长也对这门亲事很满意，不久后两人就结婚了。婚后，张福对刘淑娟像捧在手心里的宝贝一样，体贴入微，而相比之下，刘淑娟对张福却有些冷淡。虽然刘淑娟嘴上也是客客气气的，却不喜欢和他过度亲密。在外人看来，小两口相处很和睦，但张福总觉得哪里不对劲，他感觉自己没有办法走到妻子内心去。直到后来，张福才知道，妻子在结婚前有个青梅竹马的恋人王志雄。因为家里反对，两人被迫分手，刘淑娟就在父母的张罗下嫁给了他，而王志雄一气之下远走他乡。显然，刘淑娟“身在曹营心在汉”，她虽然嫁给了自己，心中却一直忘不了前男友。张福感到非常痛苦，作为一个男人，他无法忍受妻子心里有别的男人。但这毕竟是以前的事情，他认为，只要他加倍对妻子好，妻子总有一天会回心转意的。于是张福选择压抑自己的情绪，继续与妻子过着貌合神离的日子。

谁知王志雄几年后突然发了财回来，张福听说后如坐针毡。虽然他很爱妻子，但在他内心深处，一直觉得自己配不上妻子。如今，妻子的初恋情人回来了，而且摇身一变成了阔老板，张福更加担心妻子会离开他。人越害怕失去，往往就会越敏感。此后，只要刘淑娟一出门，张福就怀疑刘淑娟是不是去见王志雄了。不久后，村里便开始传出关于妻子的风言风语，甚至还有人说曾亲眼看见两人在一起拉拉扯扯，这些话很快传到了张福的耳朵里。张福感到非常痛苦，他觉得自己最担心的事终于发生了。虽然妻子一再解释，她并没有越轨的行为，但张福已经完全听不进去了，他觉得自己这几年付出的真心成了一个笑话。那段日子，张福走在路上都觉得抬不起头来，他觉得大家看他的眼神，不是在同情他，就是在嘲笑他。他对妻子又爱又恨，在这种矛盾心理的作用下，他经常无缘无故地找碴儿，有一次还冲动地打了妻子一巴掌。当时，张福立马就后悔了，但口舌笨拙的他却又说不出道歉的话，只好眼睁睁地看着妻子含泪跑回娘家。没过几天，妻子从娘家回来就跟他提出离婚，这对张福来说，无异于当头一棒。虽然张福痛恨妻子的心另有所属，也痛恨因妻子不忠使自己被村里人嘲笑，但不管怎么说，他还是很爱妻子的。在此之前，妻子在他眼里几乎是完美的，而且他们的儿子才 3 岁多，正是最招人喜爱的时候。所以，张福心里从来没有想过要离婚。没想到王志雄一回来，妻子就急不可耐地想跟他旧情复燃，自己到头来竟是一场空。张福越想越不甘心，他坚决不同意离婚，还急红了眼，扬言要找王志雄算账。

刘淑娟可能被张福激烈的反应吓住了，一时也不再提离婚的事了。张福以为日子可以继续凑合过下去，没想到不久后便发生了奇怪的事，也让张福彻底改变了想法。

一天，妻子回了娘家，张福一人在家。半夜，张福迷迷糊糊中听到“嘶嘶嘶”的声音，他睁开惺忪的睡眼，打开灯一看，吓了一跳。房间的地面上，竟然有条蛇正在慢慢地爬动，眼看着就要爬到床边来了。张福认出这是一条五步蛇，毒性非常强，他以前见过村里人被这种蛇咬后，还没来得及送医院人就死了。他赶忙拿起床头的打火机，点燃了一条被单，用火光驱走了蛇。事后，他也没多想，农村里偶尔出现一两条蛇，倒也很平常。可是没过几天，又发生了另一件奇怪的事，让张福感到胆战心惊。那天晚上，在单位加完班的张福正往家里赶。当他经过村边一座正在翻修的三层楼房时，突然听到身后传来一声闷响。他回头一看，天哪！原来是一块大砖头从天而降，摔在地上裂成了两半。他顿时感到脊梁骨升起一阵寒意，要是自己走慢几步，恐怕此刻躺在地上的就不是砖头，而是他了。张福回过神来，三步并作两步冲上了楼，想找上面的人理论，却没发现人。难道这砖头是自己掉下来的？张福越想越奇怪。突然，他想起两天前自己独自在家时屋里进毒蛇的事，才意识到这一切都不是巧合，很可能是有人故意要害他，而害他的人极有可能是王志雄。因为自己不肯离婚，王志雄想除掉他。于是，张福怒气冲冲地回到家，一进门就劈头盖脸地对着妻子吼了一通，他质问妻子，是不是王志雄想杀他。刘淑娟当时愣了一会儿，解释说这不可能，是张福想多了。妻子犹豫的态度让张福更加确信，这事一定是王志雄干的。

张福下决心要报复，并精心设计了报复方案。一天，张福意外得知，王志雄过几天会去外地，暂时把养殖场交给一位邻居打理。张福一听，马上意识到这是个千载难逢的好机会。如果王志雄不见了，别人也会认为他是外出经商去了，不会有人怀疑什么。一切准备妥当后，张福趁着下班后人少，特意到殡仪馆外的公共电话亭，拨通了王志雄的手机。电话接通后，他直截了当地说：“你是王志雄吧，我是淑娟的老公。”电话那头，王志雄显然感到有些意外，愣了一下问道："你想怎么样？"张福顿了顿，说道："是男人的话，就来当面解决吧。你不是很有钱吗？那就拿出诚意来，明晚十点你来我家，我们一次性解决。"王志雄痛快地答应了，他以为张福终于想通了，愿意离婚，现在约他去谈，无非想要一点儿分手费而已。

第二天晚上，张福故意把妻子和儿子支回娘家。晚上十点，王志雄按照约定来到张福家中，一坐下就说："你终于想通了，开个价吧！"听到王志雄这么说，再看他一副志在必得的样子，张福再也按捺不住心中的怒火，假装弯腰倒茶，趁王志雄伸手接茶杯时，突然掏出事先准备好的水果刀，对着王志雄的胸部狠狠地捅了过去。王志雄胸前的鲜血顿时喷涌而出，他被这突如其来的袭击吓住了，还来不及反抗，就已经倒在了血泊中。看着在血泊中抽搐挣扎的王志雄，张福产生了一种从未有过的快感，多年来压抑在心中的愤怒、屈辱，终于在这一刻得到彻底释放。他拿起沙发垫，向王志雄的头部狠狠地压了下去，直到他的身体不再动弹。张福终于除掉了王志雄这个"眼中钉"，以后再也没人横在他们夫妻中间了。

随后，张福趁着夜深人静，将尸体运到殡仪馆火化掉；同时，他把多年前被火化的一个流浪汉的资料调了出来，重新登记了一遍。按照惯例，流浪汉被火化后，骨灰会被寄放在殡仪馆。这一晚刚好是张福值班，殡仪馆也没有其他人。神不知鬼不觉地做完这一切之后，他便倒在值班室呼呼大睡起来。天亮后，张福便若无其事地回家了。

杀死王志雄后，张福觉得自己终于搬掉了一块绊脚石，心里也平衡了，打算和妻子重新开始生活，他对妻子的态度也慢慢好起来。那天，张福外出喝喜酒，喝多了以后回到家，本想借着酒劲跟妻子亲热一下，但看到刘淑娟又在想老情人，一时控制不住，便说了那句话，"你就死心吧，那小子再也不会回来了"。酒醒后，张福模模糊糊地记得自己酒后失言，他十分懊悔。没想到，刘淑娟真的因此跑去派出所报案了。张福被警察传唤后十分恼火，他原本打算回家后好好教训一下妻子，但转念一想，觉得还是不要节外生枝，等王志雄失踪的事慢慢淡了，一切就会好起来的。所以他回到家后，并没有对妻子动怒。但张福万万没想到，千算万算，最后却因为那个公用电话亭的电话号码暴露了自己。

跟警察交代完所有事情后，张福觉得如释重负。对于他这个老实人来说，杀人是天大的事，心里装着杀人的秘密，就如同背上了一个沉重的枷锁，如今真相大白，他觉得这件事才算真正有了一个了结。根据张福的指认，警方从张福家的屋后，挖出了他行凶的水果刀和擦拭客厅血迹的毛巾，也在殡仪馆里找到了王志雄的骨灰盒。同时，警方根据刘淑娟之前的供述，以及殡仪馆不寻常的火化名册，认为张福杀死王志雄证据确凿，经人民检察院批准，公安局迅速逮捕了张福，并将逮捕通知书送到了刘淑娟手上。

拿到逮捕通知书那一刻，刘淑娟彻底崩溃了！丈夫被抓，情人丧命，两个爱她的男人都落得如此凄惨的下场，她一下子瘫坐在地上，表情呆滞，嘴里翻来覆去地念叨着"没了……都没了"，之后就是一通胡言乱语。刘淑娟的精神出现了问题。闻讯赶来的刘家父母，看到女儿神情恍惚地坐在地上，怎么喊她都没反应，整个人像傻了一样，他们老泪纵横、悔不当初。当年，为了给女儿找个条件好的对象，他们强行拆散了女儿和王志雄；后来，看到王志雄有钱了，他们又怂恿女儿离婚再嫁。在女儿的婚姻大事上，他们一直大包大揽、强加干涉，甚至利欲熏心地随意左右女儿的婚姻，从来没有真正考虑过女儿的感受和想法。直到现在他们才明白，就算他们能够包办女儿的婚姻，却包办不了女儿的幸福。

至此，案件真相终于水落石出。很快，张福被检察机关以故意杀人罪向人民法院提起了公诉。庭审时，张福的律师提出，张福杀害王志雄的行为应当属于正当防卫。张福之所以杀害王志雄，是因为王志雄暗杀他在先，他是为了保护自己才进行反击的，其行为应当构成正当防卫，因此不负刑事责任。那么，张福得知自己被暗杀后实施的杀人焚尸行为，是否构成正当防卫呢？这就涉及一个法律知识点：正当防卫的构成要件。

《中华人民共和国刑法》第二十条第一款规定："为了使国家、公共利益、本人或者他人的人身、财产和其他权利免受正在进行的不法侵害，而采取的制止不法侵害的行为，对不法侵害人造成损害的，属于正当防卫，不负刑事责任。”也就是说，正当防卫由五个要件构成：（一）不法侵害现实存在；（二）不法侵害正在进行；（三）具有防卫意识；（四）针对侵害人防卫；（五）没有明显超过必要限度。

本案中，虽然事发前王志雄的确想雇凶杀害张福，但事发当晚，王志雄并没有对张福实施杀害行为，反而是张福有预谋地杀害了王志雄。也就是说，在张福实施杀害行为时，王志雄对他的不法侵害已经终止，并没有任何针对他的不法侵害正在进行，不符合正当防卫的第二个要件。因此，张福的行为不构成正当防卫。同时，由于被害人王志雄与张福的妻子刘淑娟有婚外情，并且，根据刘淑娟的陈述和张福的供述可以确认，王志雄曾指使虎子多次杀害张福未遂，在本案的起因上有重大过错，因此可对张福从轻处罚。在这之前，虎子家人向法院提出了民事赔偿请求，由于法院已确认王志雄杀害虎子的事实，最终法院判决，以王志雄现有的个人财产支付相应的赔偿款。

最后，法院当庭宣判张福构成故意杀人罪，依法判处其无期徒刑。听到判决结果，张福一下子瘫坐在椅子上失声痛哭起来，嘴里喃喃地说着：“早知如此，何必当初啊。”他是真心爱刘淑娟的，愿意为她付出一切。可没想到他的执念却亲手毁了自己的家庭。现在他锒铛入狱，留下父母无人送终，妻儿孤苦无依。他开始担心家人以后的生活，更担心有一个杀人犯的父亲，会不会让他的儿子以后都抬不起头来。他很后悔，自己的一时冲动给身边的人带来了这么多伤害。这一刻，他终于意识到，当感情不再，也许放手才是一种解脱，放过别人，其实也是放过自己。

本案的三个主人公其实都令人惋惜。王志雄的童年虽然很不幸，却聪明上进、感情专一，更是在出人头地后还痴心不改；张福虽然胸无大志，但他真心爱护妻子、维护家庭，也算得上是个好老公；而刘淑娟只是一个为情所困、柔弱善良的女人。但三个人却最终都不得善果，王志雄付出了生命的代价，张福付出了自由的代价，刘淑娟也将终生生活在痛苦中。到底是什么酿成了这场悲剧呢？其实，他们都是包办婚姻的牺牲品。如果刘淑娟的父母没有对女儿的终身大事横加干涉、一味包办，而是尊重女儿的感情和选择，或许这场悲剧就不会上演。两位老人本该含饴弄孙、尽享天伦之乐，却因当初包办婚姻酿成恶果，一大把年纪还要照顾精神失常的女儿和年幼的外孙，实在令人唏嘘不已。正所谓“父母之爱子，则为之计深远”，其实，父母操心儿女的终身大事，为孩子选择经济条件好的对象，这本身并没有错，但真正幸福的婚姻必须以爱情为基础，如果只是单纯地追求物质条件，并把自己的意愿强加在儿女身上，最终可能适得其反。

不友好的邻居

钟铁蕙

法律知识点：1. 噪声污染的法律责任

2. 故意伤害罪（致死）与过失致人死亡罪的区别

3. 刑事附带民事诉讼

案例一：噪声大作战

俗话说得好，“远亲不如近邻”。如果遇上好邻居，那可能比亲戚还管用。可是，如果运气差，遇上了不好相处的邻居，那可怎么办呢？年轻的工程师马利民最近就碰上了这样的烦心事。

马利民今年 36 岁，年初刚过了本命年的生日，不久就被公司提拔为项目总工程师。他回到家里，刚和妻子分享了这个喜讯，就见妻子笑盈盈地拿出一张检查单。马利民接过来一看，立即惊喜地大叫一声，抱着妻子转了两圈。

原来，马利民和妻子结婚多年，一直没能怀上孩子。经过一段时间的悉心调理，妻子终于怀孕了。马利民可谓“双喜临门”。为了让妻子安心养胎，马利民放出豪言：“老婆，你把工作辞了吧，我来养你和宝宝！”马利民特意在公司附近的小区租了一套宽敞明亮的大房子，让妻子专心在家养胎。可是没想到，正当两人沉浸在对美好未来的憧憬中时，一件意想不到的事把夫妻俩搞得痛苦不堪。

原来，自从他们搬进新家，每天凌晨五六点钟，楼上就传来“砰、砰、砰”的声音，大约持续半个小时。仔细一听，像是有人用手掌拍打身体、做体育锻炼的声音。好不容易等到没了声音，两人早已没了睡意。马利民是个不想惹事的人，本来以为忍耐两天楼上邻居就会消停，但没想到，这声音就像是定了闹钟似的，一到早上五六点钟就响起来。妻子因为怀孕反应，本就睡得不太好，这几天折腾下来，根本受不了。看到妻子憔悴的模样，马利民决定上楼看看。

马利民敲开门后，非常客气地说明了来意。女主人刘大妈一听，不屑地撂下一句："这是我家！我爱什么时候运动，就什么时候运动，谁也管不着！"马利民见刘大妈这么蛮横，便气不打一处来，两人吵了起来。最后，刘大妈"嘭"的一声把门关了起来，两人不欢而散。

看来，协商解决是行不通了，怎么办呢？生气归生气，事情还是要解决呀。无奈之下，马利民来到了居委会寻求帮助。谁知，一提起刘大妈，大家都连连摇头。原来，刘大妈在小区里可是个出了名的"好战分子"，不讲道理、擅长吵架。去年她刚刚退休，每天一大早就在家里锻炼身体，上一个租户也是因为不堪其扰，最后租期没满就搬走了。居委会的工作人员尝试着给刘大妈打电话，还没说两句，电话那头就破口大骂。得知这个情况，马利民心里暗暗叫苦。碰上个硬茬儿，只能先忍一忍了。然而，当天晚上发生的事，却让马利民夫妇实在是忍无可忍。

这天晚上 11 点多，楼上突然传来一阵阵清脆的声响。仔细一听，居然是扔玻璃弹珠的声音，一遍又一遍，在夜晚显得格外刺耳。马利民明白，这肯定是刘大妈故意报复自己。现在可好，本来只有清晨睡不好，现在连晚上也被吵得难以入眠。妻子既委屈又生气，在家直抹眼泪。无奈之下，马利民只好先把妻子送回了娘家。

惹不起还躲得起嘛？实在不行，搬走就是了，为什么马利民还要忍气吞声呢？原来，马利民当初租房时，为了房租能够优惠些，便一次性预交了一年的租金，如果现在搬走，那损失就大了。

妻子回娘家后，马利民一个人在家，就每晚戴着耳塞凑合过去。他想着，等楼上的刘大妈消停一点，再把妻子接回来。可几个星期过去了，楼上扔玻璃弹珠的声音仍不绝于耳，每晚如此，从不间断，显然就是存心报复。马利民心里的怒火越烧越旺，他决定治一治这个可恶的邻居。

马利民没法忍受家里晚上太吵，便去了单身同事家里借住，只在中午回来休息一下。就这样，大约持续了一个星期左右。这天中午，马利民突然听到有人敲门，并大声说："我是警察，请把门打开！"马利民打开门，警察说，有人报警扰民，便走进房屋查看。果然，警察在客厅发现了一件可疑物品。在警察的询问下，马利民脸色难看地低下头，说这是震楼器。马利民为何要在家安装震楼器，警察又为何知道他在家装了震楼器呢？这一切还是和邻居刘大妈有关。

当初，因为和刘大妈闹得不可开交，无奈之下，马利民咨询了律师。律师告诉他，这件事可以通过起诉对方侵权来维护自身权益。马利民觉得打官司既费时又费钱，刚好他在网上搜索，发现有人推荐了"震楼神器"，还说效果很好。马利民就从网上买了一个回来，安装在天花板上。震楼器其实是一种震动马达，一般使用时把主机固定在天花板上，启动后机器不断敲击墙面，楼上就能感觉到震动和声音。每天中午，马利民就跑回家，把机器通上电，让它不断地敲击天花板。而当刘大妈找上门来时，马利民就在家里装聋作哑，故意不开门。这可把刘大妈害苦了。刘大妈平时有午睡的习惯，但她最近每到要午睡时，总能听到一种规律的、伴随震动感的噪声，让人头皮发麻、心跳不已。刚开始她以为是谁家在搞装修，问了一圈，也没有找到噪声的来源。但每天一到中午，噪声就开始没完没了，让人心神不宁。刘大妈仔细观察后，发现震动来源于地板，她想，会不会是楼下的马利民在搞鬼呢？

刘大妈拉着丈夫气势汹汹地去敲马利民家的房门，里面却没有任何动静，也没有人来开门。这么一番折腾下来，再加上连续几天没休息好，刘大妈又累又气，血压一下子就升高了，不得不住进了医院。第二天中午，地板又开始震动起来。这一回，刘大妈的老公马上报了警。

警察来到刘大妈家，听她老公说明了情况，然后来到楼下马利民家，终于发现了真相。得知马利民在家安装"震楼神器"，并害得自己住进了医院，刘大妈强烈要求警方追究马利民的责任。

马利民是否要承担法律责任呢？这就涉及一个法律知识点：噪声污染的法律责任。

《中华人民共和国治安管理处罚法》第五十八条规定：“违反关于社会生活噪声污染防治的法律规定，制造噪声干扰他人正常生活的，处警告；警告后不改正的，处二百元以上五百元以下罚款。”

本案中，马利民使用震楼设备，制造了噪声，直接干扰了刘大妈的生活。同时，由于震楼器是运用高频震动原理制造噪声，如长期使用这种大功率机器对墙体进行震动，还有可能对楼房造成损坏，影响居住人的安全。因此，马利民必须要为自己的行为承担法律责任。

最后，马利民因故意干扰他人正常生活，被警方处以警告处罚。

刘大妈经过一段时间的住院治疗，所幸并无大碍。在家人的劝说和居委会的教育下，刘大妈也渐渐意识到了，正是由于自己不依不饶，激化了和马利民的矛盾，最后让自己的身体受到了伤害。虽然自己是受害者，但也要负一定责任。在居委会的调解下，马利民同意承担刘大妈的住院医药费 5000 元，而刘大妈也当场写下了一份保证书，答应今后不在房间里运动，确保楼下邻居的休息时间。

刘大妈平日蛮横霸道，与邻居结怨遭报复，结果是“搬起石头砸了自己的脚”；而马利民由于在处理邻里纠纷的过程中采取了极端的报复方式，最终也要承担法律后果。

案例二：谁动了我的果树

江浙地带有个山清水秀的小村子，住着三十几户村民。罗大强是村里数一数二的大户，他家有个大果园，种了一千棵广柑树。这几年风调雨顺，果园收成不错，正巧儿子今年刚刚考上了大学，罗大强可谓“人逢喜事精神爽”，每天都得意扬扬的。孰料，天有不测风云，发生了一件意想不到的事情，给罗大强的心里蒙上了一层阴影。

两天前，罗大强正喜滋滋地巡视自家果园，走到果园深处时，看到了令人震惊的一幕：有两棵广柑树，上面的树枝几乎被硬生生折断了，果子落了一地，被踩得稀烂。看到自己的广柑树被毁成这样，罗大强心里一阵抽痛，赶紧检查了果园里的其他果树。还好，只有这两棵果树被毁坏了，其他的都没事。这是什么人干的？是无意折断，还是蓄意破坏？

罗大强还是第一次碰上这种事，他眉头紧锁。他想起现在正值暑假期间，村里的孩子们每天都成群结队地在外玩耍，说不定是哪家顽皮的孩子来偷果子吃呢。为了防止有人再来捣乱，罗大强增加了巡逻的次数，并在果园入口处挂了“私人果园，禁止进入”的告示牌。罗大强心想，这下应该没事了吧？没想到，在这么严密的防范中，广柑树还是出事了。

两天后，罗大强发现，果园里又有好几棵果树被毁坏了，不但树枝被折断，树干上还留下了几道深深的刀痕，让人看了触目惊心。这哪里是偷果子，分明是毁果树！这刀痕一看就知道不是孩子们能弄出来的，如果说上次果树被毁可能是一场意外，那这次明显是有人搞破坏。到底是谁和自己过不去呢？

罗大强想起了一个人——邻居周刚。为什么他会怀疑周刚呢？事情还得从两周前说起。

罗大强爱打麻将，隔三岔五就邀请邻居们来家里玩一玩。两周前的一天，恰好周刚到家里来打麻将，罗大强的手气很好，一连自摸了好几把，周刚就有些不乐意了，嘴里开始骂骂咧咧的。罗大强一听，立刻出言讽刺道：“没钱输不起，就不要玩啊！”周刚家里条件不好，一家人仅靠他种田养家，没有其他收入来源。罗大强的话刺激了周刚敏感的自尊心，周刚更生气了，他站起身来说：“你有钱就了不起啊！”两人一言不合竟动起手来，其他人赶紧上前拉架。小个子的周刚身上挂了彩，临走前，他撂下一句话，让罗大强走着瞧。

周刚才说过要报复自己，自家的果树就接二连三地遭到破坏，世上哪有这么巧的事！罗大强认定，肯定是周刚在搞鬼。罗大强气势汹汹地冲到周刚家里，叫嚣着要周刚赔偿损失。周刚和儿子正好在家，看到罗大强冲上门来，他讥笑着说：“你家的果树被毁，关我什么事啊？你哪只眼睛看见是我做的？这样的缺德事，我可不敢做！你们是不是做了什么缺德事，遭了报应啊。”

听到周刚夹枪带棒的一通话，罗大强气不打一处来，当即就冲上去和他扭打起来。周刚的儿子也马上冲上去给父亲帮忙。很快，邻居们闻讯赶来，拉开了打成一团的三人。三人都挂了彩，罗大强毕竟“双拳难敌四手”，受伤最严重。一气之下，罗大强报了警。

很快，警察来到了现场。问明事由后，警察带着罗大强一起查看了果园里受伤的广柑树，检查了周边的环境，又询问了附近的一些居民。最后，警方告诉罗大强，因为没有证据，他们无法对周刚进行处理。毁坏果树的人明明就在眼前，却苦于没有证据，罗大强一时间感到束手无策。果园这样被人破坏，难道就真的没有办法了吗？

这时，有人给罗大强出了个主意，让他从网上买监控摄像头，安装在自家楼顶上，正对着果园入口处。如果周刚敢来，就可以抓个正着。罗大强买来监控摄像头，安装好以后，他和家人轮班，每天都死死地盯着监控录像，一刻也不放松。

奇怪的是，接下来的几天风平浪静，什么也没有发生。会不会是周刚害怕了，所以不敢再来？罗大强心里既有些安慰，又有些不忿。虽然果树平安很好，但他还是希望能抓到周刚毁树的证据，狠狠教训他一番，出一口气。

一个星期后的一个傍晚，罗大强刚在监控录像前坐下，就看到一个穿着灰色马甲的人正鬼鬼祟祟地往果园里钻。罗大强赶紧凑近镜头，仔细辨认，正好这人转过脸来，朝向了摄像头。

啊！这人果然就是周刚！罗大强一阵狂喜，心想，终于抓到你了。他赶紧跑下楼，操起一把锄头，一溜烟地冲进了果园。罗大强在果园里远远看到周刚，就高喊：“周刚，你这混蛋，别跑！看我怎么收拾你！”周刚回头一看，罗大强正杀气腾腾地往自己的方向跑来，他吓得拔腿就跑。

罗大强常年料理果园，腿脚十分利索，没过多久，他就追上了周刚，挥舞着锄头往他背上砸去。周刚一个趔趄，栽倒在地，痛得嗷嗷叫，在地上不停地打滚。罗大强一边打，一边骂骂咧咧："今天就打死你这个贼，看你以后还敢不敢作恶。"周刚被狠命殴打着，渐渐地不动了。罗大强回过神来，才知道自己可能打死了人，他仿佛被雷劈了一样呆在原地，手里的锄头也掉在地上。罗大强反应过来后，马上拨打了120急救电话。医生赶到现场，确认周刚已经当场死亡。

看到周刚被自己打死了，罗大强既害怕又后悔。害怕自然是担心坐牢，后悔则是自己下手太重，竟然出了人命。而且，之前的果树被毁伤，是不是周刚干的，也无法知道真相了。很快，警方拘留了罗大强。不久，检察院以故意伤害罪起诉了罗大强。

庭审中，罗大强的律师提出，罗大强的行为应当构成过失致人死亡罪，而不是故意伤害罪。那么，罗大强究竟是构成故意伤害罪，还是过失致人死亡罪呢？这就涉及一个法律知识点：故意伤害罪（致死）与过失致人死亡罪的区别。

故意伤害致人死亡罪和过失致人死亡罪在客观上均造成了被害人死亡，主观上行为人对被害人死亡的结果均出于过失。那如何区分二者的关系呢？从本质上看，区分的关键在于行为人主观上是否有伤害他人的故意。故意伤害罪的行为人认识到自己的行为会发生被害人身体受伤害的危害结果，对危害后果的发生持希望或放任的不反对态度。而过失致人死亡罪的行为人是由于疏忽大意或者过于自信，没有认识到可能发生致人死亡的危害后果，行为人对危害后果的发生是持反对态度的。

本案中，罗大强早就怀疑是周刚破坏他家的果树，所以专门安装了摄像头，想人赃并获，出一口气。当他发现周刚出现在果园时，马上带了工具去追，而且在没有给周刚任何辩解机会的情况下，直接打倒周刚，在周刚倒地且无法反抗后仍持续殴打，他对周刚会因此而受伤是明知的。所以，罗大强主观上具有伤害周刚的故意，而且对周刚身体受伤害的结果具有认识并持希望或放任的态度。

最后，法院经过审理认为，尽管周刚擅自闯入果园，但现有证据尚不能证实罗家的广柑树系周刚所砍，罗大强因怀疑邻居砍了自家果树，故意伤害他人身体，其行为构成故意伤害罪。鉴于本案系民间邻里矛盾引发，后来罗大强家属也积极赔偿，并得到被害人亲属的谅解，结合本案的量刑情节，决定对罗大强从轻处罚。最终，法院以故意伤害罪判处罗大强有期徒刑十年。

案子审理是结束了，但两个家庭遭受的伤痛却远远没有结束。罗大强入狱后，果园无人照顾，只好低价转让，家里的经济状况一落千丈。他的儿子因为有个杀人犯父亲，进入大学后也抬不起头来。得知这些情况，罗大强痛苦不已，因为一时冲动，不但害了自己，更连累了家人。周刚家更凄惨，家里的顶梁柱一下子没了，周刚的老母亲整日以泪洗面，一家人未来的生活也没了着落。

这两个案件的起因都是邻居间的小摩擦。第一个案件中，刘大妈蛮横不讲理，最终引火上身，导致自己身体受到伤害；马利民维权本无可厚非，但采取了“以牙还牙”的偏激手段，不但被警告处罚，还赔偿了医疗费，有理变无理。第二个案件中，罗大强本是受害人，但他在取得证据后，没有依法维权，而是动用武力，最终把自己送进了监狱。这两个案件都让人唏嘘不已。那么，如何避免邻里之战呢？借用古人的一首诗：“千里家书只为墙，让他三尺又何妨。万里长城今犹在，不见当年秦始皇。”

合租房里的黑手

钟铁蕙

法律知识点：1. 盗窃罪的构成要件
2. 强奸罪的加重情形

案例一：不翼而飞的项链

很多年前，有一部风靡一时的电视剧《不要和陌生人说话》，但在如今的互联网时代，每个人都要与陌生人打交道，甚至是与陌生人合租。合租是一把双刃剑，有的人可以因此节约生活成本，甚至收获友谊；但有的人却因为疏忽大意，导致了难以承受的苦果。

一天晚上，沈莎莎接到闺密的电话，邀请她给自己当伴娘。沈莎莎想，自己刚买的红宝石项链不是正好能派上用场吗？放下电话后，沈莎莎赶紧打开抽屉，想拿出项链看看。没想到，她把柜子翻了个遍，也没找到项链。

沈莎莎顿时慌了，这条项链可是花了1万多元呢。她平时都舍不得戴，一个星期前参加客户答谢晚宴时戴过一次，然后就收到了盒子里，现在怎么不见了呢？

沈莎莎赶紧去找隔壁房间的吕薇。吕薇一听丢了项链，也帮着在沈莎莎的房间里找起来。可是，两个人找了半天，什么也没找到。沈莎莎马上报了警。很快，警方来到了沈莎莎的出租屋。

沈莎莎和吕薇合租的是两室一厅的套间，两个卧室都有单独的门锁。

民警仔细查看了房间，门窗都没有被撬开的痕迹，房间也没有被翻乱，看上去并没有什么异常。警察做了笔录后就离开了。

看来，项链是找不回来了。沈莎莎想不明白，项链怎么会不翼而飞呢？这时，沈莎莎突然想起来一件事，不由得蹙起了眉头。几天前，吕薇曾向沈莎莎借项链，说要去相亲。因为沈莎莎很喜欢这条项链，当时就一口回绝了她。难道是吕薇怀恨在心，偷走了项链？沈莎莎越想越觉得可疑，她决定试探一下吕薇。

沈莎莎在网上买了针孔摄像头，并把它装在了衣柜顶上，刚好能将房间里的一切尽收眼中。几天后，沈莎莎以参加婚礼为由，向朋友借来一对钻石耳环，故意在吕薇面前试戴。接下来的几天，沈莎莎一回到房间就检查耳环。令她感到欣慰的是，耳环一直好好地躺在抽屉里。她心想，难道是自己冤枉了吕薇？

一天，沈莎莎下班回家，刚一推开门，就看到客厅的餐桌上正热气腾腾地煮着火锅，桌上还有一个蛋糕。原来，这天是吕薇生日，她请了几个同事来家里庆祝。

看到沈莎莎回来，吕薇马上热情地把她拉到餐桌边坐下。不一会儿，沈莎莎就和吕薇的同事们聊开了。大家喝着小酒，吃着火锅，时不时地一起开怀大笑，沈莎莎连日的郁闷心情也不由得舒缓了许多。

第二天是周末，沈莎莎睡到很晚才醒来。起床后，沈莎莎坐在梳妆台前，顺手打开了首饰盒。这一看吓了一跳，耳环不翼而飞。看来，这个小偷终于下手了！沈莎莎赶紧查看监控录像。小偷果然是吕薇！她居然用钥匙打开了房门，拿走了耳环。

沈莎莎立即拿着录像去找吕薇对质，让她交出偷走的项链和耳环，并声称要报警。吕薇吓得跪在沈莎莎面前，承认项链和耳环都是她拿的，还说自己知道错了，求她不要报警。但沈莎莎不理她，拿出手机准备拨号。吕薇扑上来就要抢手机，两人扭打起来，沈莎莎一时失手，把吕薇推倒在地。

吕薇的手臂顿时撞出了血。沈莎莎吓得立即叫车，送她去医院。所幸，吕薇受伤并不严重，医生给她消炎、包扎后，两人便回了家。吕薇提出私了，如果沈莎莎不报警，她这次受伤也不用赔偿。当然，项链和耳环也都还给沈莎莎。

沈莎莎犹豫了，吕薇受伤的确是自己造成的，赔偿肯定是免不了的。但如果因为害怕赔偿，而掩盖吕薇犯罪的事实，岂不是纵容犯罪？思虑再三，沈莎莎还是决定报警。

果然，警方在吕薇房间搜出了项链和耳环，因两件首饰价值约 1.5 万元，已达到了盗窃罪的立案标准，警方拘留了吕薇。吕薇为何要偷沈莎莎的首饰？她又怎么会有沈莎莎房门的钥匙呢？

原来，吕薇当初租下这套两室一厅的房子后，又发布了招租信息，找来了合租的沈莎莎。当初房东给每个房间都配了两套钥匙，而吕薇只给了沈莎莎一套钥匙。剩下的一套，吕薇想着，万一以后有什么事，也可以应急，就自己留下来了。沈莎莎是第一次租房，没有经验，因为怕麻烦，也没有及时更换门锁。

后来，吕薇因相亲想借沈莎莎的项链，但被拒绝了。吕薇一时鬼迷心窍，用备用钥匙打开房门，拿走了项链。吕薇原本打算戴项链去相亲，用完就偷偷放回去。可她还没来得及把项链还回去，沈莎莎就发现项链不见了，并报了警。当时，吕薇骑虎难下，但后来发现警方竟然查不出什么，她的胆子变得大起来，索性就留下了项链。

当吕薇看到沈莎莎的钻石耳环后，再次想据为己有。她特意在生日当天提前拿走了耳环，然后请同事来吃饭，制造成多人在场的状况，以免沈莎莎怀疑自己。吕薇觉得自己做得天衣无缝，不会有人怀疑到她，所以根本没想过要转移项链和耳环。但没想到，沈莎莎居然在房间安装了摄像头，真相就这样水落石出。

庭审中，吕薇申辩说，她只是把沈莎莎房间里的项链和耳环拿到自己房间，并没有拿到其他地方，且自己是临时借用，又打算还回去，不构成盗窃。那么，吕薇的行为到底有没有构成盗窃呢？这就涉及一个法律知识点：盗窃罪的构成要件。

《中华人民共和国刑法》第二百六十四条规定：盗窃公私财物，数额较大的，或者多次盗窃、入户盗窃、携带凶器盗窃、扒窃的，处三年以下有期徒刑、拘役或者管制，并处或者单处罚金。

本案中，从主体上看，吕薇达到了刑事责任年龄且具有刑事责任能力，主观上又具有非法占有的目的，客观上实施了非法占有沈莎莎财物的行为，虽然她并没有将项链和耳环拿出出租屋，却使沈莎莎失去了对项链和耳环的控制。且沈莎莎的房间属于其个人空间，吕薇潜入沈莎莎的个人空间行窃，其行为已构成入户盗窃。最终，法院认定吕薇的行为构成入户盗窃，判处一年有期徒刑。此外，关于吕薇受伤赔偿的事，因伤势较轻，并没有达到刑事立案的伤情标准，两人就医药费等损失达成一致，沈莎莎向吕薇支付了3000元赔偿金。此事算是告一段落。

案例二：冰冻河里的秘密

张伟是一名销售员，为了能早日在城里买房结婚，他每天风里来雨里去。为了省钱，他与人合租，两个室友各住一个房间，而他就把床搭在客厅，用一块布帘隔开，算有个小小的私人空间。

一天深夜，张伟被电话铃声吵醒。刚接通，女友小美的声音就传了过来："亲爱的，我刚加完班，但发现忘带家里钥匙了。这都深夜了，我爸妈已经睡了，现在回去会吵醒他们，我去你那儿好不好？"张伟一听，赶紧说："快打车过来，我等你，路上小心点儿。"

两人一见面，好好亲热了一会儿，小美又提起了买房结婚的事。张伟一直在拼命攒钱，无奈房价太高，他现在还没存够首付。听到女友又提起这事儿，两人差点要拌起嘴来。最后，两人背对背，生着气沉沉睡去。

第二天早上，张伟被闹钟吵醒了，公司今天要办一场大型促销活动，他得提前去布置。出门前，他看见女友睡得昏昏沉沉，就轻声问："小美，我要去上班啦，要不要跟我一起走？"小美这时还半梦半醒，一头扎进被窝，咕哝着说："我再睡会儿，你先走吧。"

张伟犹豫了一下，现在时间太早，两个室友还没去上班，单独把小美留在全是男生的合租房里，会不会不太合适？

但张伟看到小美睡得正香，又不忍心叫醒她。他转念一想，小美也不是第一次在这里留宿了，再说两个室友也都是老实人。张伟叮嘱两句后就匆匆出了门。

忙了一整天，张伟下班回到家，看到床上的被褥叠得整整齐齐，小美带来的随身物品也不见了，以为小美回家了。张伟给小美打电话，却发现小美关机了，于是赶紧联系了小美的妹妹。谁知，妹妹却说小美从昨晚到现在一直没有回家，家人还以为她跟张伟在一起呢。张伟连忙又打电话给小美的同事，同事说，小美今天没去上班。

这可奇怪了，小美到底去哪儿了？小美的妹妹质问张伟，是不是又和姐姐吵架了。张伟这时才想起来，昨晚小美来留宿时，两人为买房结婚的事拌嘴了，难道小美生自己的气，躲起来了？张伟想起来，之前有一次两人吵架，小美也是一气之下玩“失踪”，一个人跑去外地旅游，其间没和任何人联系。以小美的性格，这次可能又赌气跑出去了？张伟安慰了小美的妹妹一番，决定先等几天看看，可能小美消气后会主动联系自己。可第二天，张伟却接到了去派出所接受调查的通知。原来，小美家人报警了，说小美失踪可能和张伟有关。为什么小美的家人会怀疑张伟呢？

原来，张伟和小美是大学时的恋人，虽然两人如漆似胶，但小美父母却嫌弃张伟家是农村的，一直反对两人在一起。现在小美突然失踪，小美的父母就怀疑是张伟以此要挟他们同意二人的婚事，所以就报了警。在派出所里，张伟告诉警察，自己去上班时女友还在睡觉，下班回来时就发现女友不在了。另外，张伟的同事也证实，他当天一直在促销活动现场，中间未曾离开。

警察来到出租屋调查，张伟的两个室友也证明，那天他们起床时，的确看到小美一个人在客厅睡觉，他们轻轻地洗漱完就出门上班了。

这样看来，张伟的嫌疑消除了。那么，小美究竟去了哪里？时间一天天过去，小美还是音讯全无，张伟饭也吃不下，人也消瘦了一圈。这天晚上，室友黄明亮过来看张伟，并关心地问起警方的调查情况。张伟无奈地说，警方现在什么都没查到。黄明亮灵机一动，说："明天刚好是周末，要不我陪你去贴寻人启事，说不定管用。"张伟听到黄明亮这么说，心里一阵感动。虽然知道这个办法不一定有用，但毕竟可以试试。第二天，黄明亮陪着张伟一起到处张贴寻人启事，张伟心里存着一线希望。可一连好几天，依然没有消息，张伟越来越绝望了，小美难道遇到意外了吗？

几天后，警察又一次来到了张伟的出租屋，因为暂时没查出其他线索，而出租屋是小美最后一次出现的地方，他们决定再来看看。警察发现，出租屋里现在只有两个人住，就问另一个人去哪里了。张伟告诉警察，室友黄明亮前几天刚刚辞职回老家去了。这引起了警察的警觉，便追问黄明亮最近有没有什么异常表现。张伟这才想起，那天贴寻人启事时，他发现黄明亮双手的虎口都受伤了，黄明亮解释说是自己在餐厅厨房工作，剁肉时不小心伤到了手。

这个说法立刻引起了警察的高度注意，剁肉的时候，几乎不可能伤到虎口。警察想起一起曾经侦破的案子，凶手在掐死受害人时，遭到受害人的拼死反抗，凶手的双手虎口被掰开，并被咬得稀烂。这时，另一名室友回来了，他向警方提供了一条重要线索。这名室友说，小美失踪之后，黄明亮每天都开着窗户，还不停地买一些肉放在房间，说是要练习切肉的刀功，那几天屋子里的味道特别难闻。没过多久，黄明亮又买了一个带锁的二手冰柜。几天后，黄明亮又把冰柜卖了。后来，他就辞职回了老家。警察立刻对黄明亮的房间进行了仔细勘验，结果在墙角处发现了几根长头发。

在黄明亮房间发现的头发会不会是小美的呢？此刻小美究竟是死是活？经过 DNA 比对，头发的确就是小美的。据张伟说，小美从没有进过其他室友的房间，为什么小美的头发会出现在黄明亮的房间里？

警方立即将黄明亮列为重大嫌疑人。很快，在黄明亮的老家，警察找到了他。黄明亮面色惨白，两手抱着头，哆嗦着蹲在了地上。在警察的讯问下，黄明亮终于承认，是他杀死了小美。黄明亮为何要杀害小美呢？

黄明亮初中还没毕业就辍了学，一直在城里一家餐馆打工。因为身材矮小，相貌平平，女孩都看不上他。现在他快 30 岁了，还是光棍一个。

他第一次见到张伟的女朋友小美时，心里羡慕极了。小美年轻漂亮，又活泼开朗，经常在周末来找张伟。黄明亮常常暗自感叹，要是自己也有这样一个女朋友就好了。

案发那天深夜，小美的开门声惊醒了黄明亮，他兴奋地从床上爬起来，趴在房门边，偷听客厅里张伟和女友亲热的声音。等外面渐渐没了声响后，黄明亮回到床上，一夜都没睡着，心里愈加狂躁，他一直在幻想着自己和婀娜多姿的小美共度良宵。

早上起来后，黄明亮惊喜地发现，小美竟一个人在客厅睡觉，其他人都不在家。这可是千载难逢的机会！冲动之下，黄明亮爬上小美的床。小美很快便被惊醒，吓得大喊大叫。黄明亮惊慌失措，用手掐住了小美的脖子，强行和她发生了关系。小美极力反抗，拼命掰伤、咬烂了黄明亮双手的虎口。黄明亮疼痛难忍，恼羞成怒，手上的力度越来越大，小美终究还是敌不过，渐渐停止了挣扎。

等黄明亮回过神来，才发现小美竟没有了呼吸。想到室友下班后可能会回来，黄明亮赶紧将小美的尸体拖进自己的床底下，把客厅的床铺好，并把小美的随身物品装进包里，藏在了自己房间。当天晚上，黄明亮害怕被其他人发现房间里的尸体，把房门紧紧锁上，还早早关了灯，假装已经休息了。但尸体还藏在房间里，怎么办呢？

为了驱散尸体腐臭的味道，他打开窗户通风，又买来一些肉，想掩盖这一味道。几天后，黄明亮买来一个二手冰柜，把尸体装进冰柜里，连夜运出去了。他把冰柜运到冰冻的河边，用铁锹凿出一个洞，把小美的尸体和随身物品丢进了河里的冰窟窿，然后清洗了冰柜，又转手卖了出去。

警察上门调查时，黄明亮心里很害怕。为了打听警方调查的进展情况，黄明亮还主动提出帮张伟张贴寻人启事。尽管得知警方没查出什么，但黄明亮还是觉得很不安心，于是辞职躲回了老家。警察找上门来时，黄明亮早已因自责、害怕而痛苦不堪，很快就交代了全部罪行。警方立即拘留了黄明亮，并根据黄明亮的指认，从河里捞出了小美的尸体。由于天气寒冷，小美的尸体在冰窟下保存得十分完整，警方从她的身体上提取了体液和血迹，通过 DNA 检测，证实是黄明亮留下的。

小美的父母得知女儿死于非命，整日以泪洗面，他们痛恨凶手的残忍，更痛恨张伟的一时疏忽。张伟此刻更是陷入了深深的自责和悔恨中，他明知同住室友都是男性，却抱有侥幸心理，缺乏必要的警惕心，不但让小美留宿，还将她独自留下，使小美身陷险境，最终给了恶人以可乘之机，酿成了无法挽回的恶果。很快，检察院以强奸罪向人民法院提起了公诉，认定黄明亮的行为构成强奸罪的加重情形。

黄明亮明明杀害了小美，为什么检察院不以故意杀人罪起诉他呢？这就涉及一个法律知识点：强奸罪的加重情形。

《中华人民共和国刑法》第二百三十六条规定，强奸罪的加重情形包括：（一）强奸妇女、奸淫幼女情节恶劣的；（二）强奸妇女、奸淫幼女多人的；（三）在公共场所当众强奸妇女、奸淫幼女的；（四）二人以上轮奸的；（五）奸淫不满十周岁的幼女或者造成幼女伤害的；（六）致使被害人重伤、死亡或者造成其他严重后果的。

本案中，黄明亮主观上出于强奸的故意，客观上实施了强奸行为，而在强奸小美的过程中，因为小美反抗而掐死了她，属于上述法律规定的第五种情形，即“强奸致使被害人死亡”的加重情形。因此，黄明亮的行为应当认定为强奸罪加重情形，而不应当认定为故意杀人罪。最后，法院以强奸罪判处黄明亮无期徒刑。

黄明亮听到判决结果，当场跪倒在地，痛哭流涕：“都怪我一时冲动，毁了小美，也毁了我自己啊！”迟到的忏悔已于事无补，等待着黄明亮的，将是在监狱度过的漫长一生。

现在在城市打拼的年轻人越来越多，很多人会选择和陌生人合租，分摊租房成本，但合租有风险。这两个案件中，主人公都对合租室友缺乏警惕，一个在入住时没有及时更换门锁，导致了财物损失；另一个带女友留宿合租房，最终给了坏人可乘之机。我们在合租时一定要注意保护自身的人身和财产安全，财物不外露，出入锁好房门。对于新租的房屋，一定要及时更换门锁，千万不要让自己处于危险境地。

不愿过生日的妻子

钟铁蕙

法律知识点：强奸罪　自首

2012年6月的一天，李勇提早下班赶回了家，做了一桌丰盛的饭菜，然后等着妻子回家。说起妻子王婷，李勇觉得，他们真是缘分天注定。

李勇是公司的技术骨干，因为性格内向，眼看着快要30岁了，还是光棍一个。他虽然也相过不少次亲，可每次都是乘兴而去，败兴而归。就在李勇快要对婚姻感到绝望的时候，在一次相亲会上，他见到了王婷。王婷是一个漂亮的姑娘，温婉可人，让人忍不住想保护她，这不正是李勇苦苦寻找的人吗？李勇对王婷一见钟情，而王婷也被李勇的朴实诚恳所打动，相处几个月后，两人就结婚了。两人婚后的生活平静而和谐。虽然李勇并不是很懂得浪漫的人，但他也知道要在妻子生日这天给她一个惊喜。而今天，正是结婚后妻子的第一个生日，李勇精心准备了一大桌饭菜，还买来了红酒和蛋糕，想和妻子好好浪漫一回。过生日前，李勇从没有提到这件事，就是想给妻子一个惊喜。谁知，整个晚上过去了，李勇不但没有等到妻子回家，而且给她打电话也是关机。失望之余，李勇开始担心起妻子的安危，这么晚了还没回家，难道是发生了什么意外？想到这里，李勇冷汗都要出来了。正当李勇准备报警时，王婷回来了。她虽然看上去很疲惫，但是毫发无损。当看到桌上的饭菜和蛋糕时，她连忙向李勇道歉，并解释说，今天刚好遇上她闺密从外地过来出差，两人一高兴，竟然聊天聊得忘了时间，也忘了告诉李勇一声，而且手机没电关机了也没注意。看到妻子安全回来了，又一再道歉，李勇也就不好再说什么，但他内心隐约觉得王婷好像有什么事瞒着他。是自己太小心眼儿了吧，李勇这样说服自己，但这件事还是在他心里留下了一个小疙瘩。

这件事以后，小两口的生活又恢复了平静。虽然王婷在家里话不多，有时候李勇甚至会觉得她有些冷淡，没事总是喜欢对着电脑，但她一下班就回家，把家里的一切都安排得井井有条。李勇心想，过日子嘛，也许平平淡淡才是真。很快，他们就在琐碎的柴米油盐中度过了结婚的第一年。

第二年，又到了王婷的生日，这次李勇吸取了上一次“惊喜”的教训，白天上班时就给妻子发了短信，提醒妻子晚上去餐厅一起过生日。下班后，李勇早早地到了餐厅，把菜都点好，就等着妻子了。可是，一直等到晚上 8 点钟还没见着妻子的身影，李勇便给她打电话，可电话又是关机。妻子究竟去了哪里？平日里安分守己的她，为什么每到生日就神秘消失呢？李勇一个人尴尬地在餐厅匆匆吃了饭，气急败坏地回到家，想要等妻子回来问个究竟。可是左等右等，都不见妻子回家，李勇心火难耐，情急之下想起了妻子每天都对着的那台电脑。以前，他认为妻子不过是用电脑看剧、上网，现在回想起来，他觉得有些奇怪。妻子每天都在看些什么呢？这电脑里会不会有她消失的答案？

对于电脑专家李勇来说，破解电脑密码是轻而易举的事。可他打开电脑后，却从日记里发现了一个惊人的秘密。原来，王婷从小父母离异，单亲家庭的她受尽了别人的讥讽。上高中时，她认识了初恋男友，这个男孩让她找到了被保护的感觉，后来，两人一同考上了大学，毕业后又一起来到同一个城市共同创业。两年前，就在他们准备结婚前的一个晚上，正巧是王婷的生日，两人约好在西餐厅庆祝。那天下着很大的雨，王婷在西餐厅等着男友的到来，可谁知道，一辆车因醉驾突然冲上了人行道，撞倒了男友，男友遭遇车祸不幸身亡。这件事发生后，王婷深受打击，痛苦得无法自拔，原本内向的她变得更加沉默寡言。从此，她再也不过生日，彻底把自己封闭起来，以后每到男友出事这天，也就是王婷的生日这天，她都要一个人到那家西餐厅坐一晚上。后来王婷的母亲病危，临终前让王婷答应她一定要结婚，否则死不瞑目。王婷为了完成母亲的遗愿，终于答应相亲，这才遇到了李勇。虽然王婷对李勇没有太多的感情，但觉得他为人老实可靠，便答应了这门婚事。

看完日记，李勇这下子全明白了。此时的李勇感到十分愤怒，他没想到，自己真心爱着王婷，但王婷心里却还装着其他男人。那自己算什么呢？简直就像个可怜虫！他真恨不得马上找王婷理论一番。但愤怒过后，李勇慢慢平静下来，他没想到看上去柔弱的王婷曾经经历过这么大的感情创伤，更没想到看上去冷淡的她其实是个如此痴情的女人。换个角度看，这样重情重义的人是多么难得啊！更何况，自己能和王婷相识并结婚实属不易。王婷美丽温柔，不正是自己苦苦寻觅多年的女子吗？如果放弃她，恐怕自己这辈子再也碰不上这样的女人了。想到这里，李勇决定放下内心的不满，试着去理解王婷，他想要维护好自己来之不易的婚姻。于是，当天晚上，李勇在家平静地等候妻子。大约晚上 10 点多，王婷终于带着一脸疲惫回到了家。李勇虽然知道了妻子的秘密，但决定不动声色。他假装询问妻子晚归的原因，王婷则向丈夫表示歉意，解释说今天公司下派了紧急任务，她留在公司加班，这才回家晚了。因为事发突然，她也没来得及告诉李勇，手机没电关机了也没注意。李勇见状没多说什么，只是装作有些生气但又无可奈何的样子，之后两人也就不再提这件事了。

打这以后，李勇对王婷更加关心了，不仅经常嘘寒问暖，家务事也抢着做，邻居都说他是个模范丈夫。渐渐地，王婷感觉到李勇是真心对她好，本来对这段婚姻充满抗拒的心也慢慢放松下来。半年后，王婷因为工作表现出色，被升为部门经理，公司还给她配了新助理，一切看上去都是那么顺利。

没过多久，李勇发现，自从王婷升职以后，平时温柔的她回到家总会突然莫名其妙地发脾气，有时还坐着发呆。李勇心想，难道是因为工作压力太大了？这样的情况持续了好几个月。就在李勇百思不得其解的时候，有一天，他突然接到了医院的电话，原来，王婷在上班时晕倒在公司，被同事送到医院了。李勇心急火燎地赶到医院，一推开门，发现王婷正躺在病床上，医生正在和她说什么。李勇马上冲上去问，医生，我是她老公，这是怎么了？医生转过头，责怪他说，你这个当老公的也太粗心了，老婆怀孕了都不知道，高龄产妇不注意很容易出问题的。这次是因为没吃早饭犯了低血糖，下次再不注意，那就麻烦了。李勇听到这个消息，开心得合不拢嘴，同时在心里暗暗责怪自己太大意了。

接下来的日子，李勇全心呵护着王婷，每天都变着花样给王婷做好吃的。而王婷也终于开始有了幸福的感觉，脸上的笑容越来越多。她终于体会到，原来生活也能以更好的方式进行。王婷现在才意识到，其实，这几年来的自我封闭不仅伤害了自己，也给身边的人带来了痛苦。因为自己钻牛角尖、一直拒绝李勇的关爱，所以她才没办法去爱别人。这个孩子可能是上天给她的礼物吧，孩子就像个天使一样，给她带来了看待生活的不同视角，也给她带来了一个充满希望的未来。王婷暗暗下了决心，要告别过去，好好珍惜身边人。她决定封存日记，不再把情感寄托在文字上，而要好好地生下孩子，安心和李勇过一辈子！王婷的转变让李勇惊喜万分，即将出生的孩子更让他感到了从未有过的幸福，他觉得总算是皇天不负苦心人。但是，接下来的日子真的就能一帆风顺了吗？

时间过得很快，眼看着又到了王婷的生日。这一次，李勇小心翼翼地提起了过生日的话头，谁知王婷很高兴地答应了。李勇心中一阵感动，不管妻子态度的变化是因为被他打动了，还是因为怀孕的缘故，这都是件值得开心的事情。下班后，李勇早早地回到家开始准备，他当然舍不得让刚怀孕一个多月的妻子劳累。可是，天渐渐黑了，王婷还是没有回来。李勇开始有些不安，难道妻子这一次又要玩消失？李勇按捺不住，还是拨打了王婷的电话，却始终无人接听。这下，李勇彻底凉了心。他认为，自己的诚心终究还是抵不过妻子对前男友的感情。李勇拿起桌上的酒，一个人喝了起来，因为他知道，妻子今天是不会回来过生日了。李勇一杯接一杯地喝，他想让自己彻底醉倒，这样就不会那么痛苦了。但他仍不甘心，因为他分明能感受到妻子对他的感情变化，还有两人一起讨论孩子时那些开心的时光，这些都是真实的啊。妻子为什么又要玩消失呢？李勇不由自主地把目光又投向了电脑。其实，自从上次偷看了妻子的日记，李勇就再没看过了，因为他觉得还是要尊重妻子的隐私。但此时，他已经焦躁得无法自控，于是，他再次打开了电脑。

这一看，却让李勇感觉头“嗡”的一下就大了。原来这次的问题出在妻子单位新来的助理陈小雷身上。王婷第一次见到陈小雷时，竟然发现他的眉眼很像前男友，尤其是他笑起来时露出的两颗虎牙，简直和前男友一模一样。王婷封存的记忆就这样突然被打开，好不容易平静下来的心情又起了波澜。好几次，王婷看着陈小雷时，都有些精神恍惚，觉得是前男友回来了。作为新人的陈小雷，得到了王婷的关心和照顾，而王婷在工作上处事得体、游刃有余，又让他非常敬佩。渐渐地，陈小雷也对这位看似冷漠的漂亮女上司产生了爱意。王婷心里很矛盾，因为她分明能感受到陈小雷火辣辣的眼神，而这种眼神对她而言，是那么熟悉，又是那么地渴望，她觉得自己死寂的心再一次被点燃了。

看完日记，李勇觉得自己的心在滴血。这篇日记正好写于王婷怀孕的几个月前。他突然想起来，那段时间，王婷表现得很反常，情绪多变、脾气暴躁，李勇原以为是她工作压力大，没想到，当时她的烦恼居然因为另外一个男人。此时，嫉妒、愤怒、委屈，种种情感一时都涌上了李勇的心头，自己为了维护这个家，没有说破妻子的秘密，为何就是得不到妻子的心？而这个从天而降的陈小雷却这么轻易就让她动了心，李勇甚至都开始怀疑起孩子的来历了。李勇看着墙上的时钟，才刚刚过了 7 点，按照以往的情况，妻子要几个小时后才会回来，但他却无法忍受了。他越想越生气，一把抓起酒瓶就开始猛灌。可就在这个时候，王婷居然回来了。李勇“蹭”地一下从电脑前站起来，问：“为什么？你是不是在外面有人了，这孩子是不是野种？”王婷看到李勇喝得醉醺醺的，而且在偷看她的日记，一时语塞，接不上话。李勇见王婷不说话，便认定王婷给自己戴了绿帽子，一时间气血上涌，抡起拳头就砸了过去，把王婷打倒在沙发上。

其实王婷晚上 7 点多回家并不算晚，但对于李勇而言，由于经历了之前的种种，他的内心已经变得非常敏感，等待的每一刻都是度日如年。所以，他这才情绪失控，动了手。

王婷一下子被打得眼冒金星，她捂着疼痛的脸，眼泪夺眶而出。李勇看着妻子委屈的样子，酒一下子醒了。他感到很懊悔，伸手想去扶王婷。然而，王婷冷冷地推开丈夫的手，夺门而出。

出门后，王婷不由得泪流满面，她没想到丈夫居然偷看自己的日记，更没想他到会动手打人。其实，李勇今天真是误会她了。下班前，因客户临时来访，她耽误了下班，而工作结束后她急匆匆地往家赶，手机落在了会议室也没发现。等她满心欢喜地回到家，却发现丈夫在偷看自己的日记，还不由分说地打了她。想着自己受到的种种委屈，王婷心里难受极了。本来，陈小雷的出现确实让王婷的心起了涟漪，甚至产生了动摇，但得知自己怀孕后，她便改变了想法。正是因为孩子的到来，让她明白必须要面对现实，前男友再也不会回来了，陈小雷也只是长得像他而已，而自己的生活还是要继续。李勇对自己无微不至的照顾，也使王婷渐渐放下了过去的偏执，于是，她封存了日记。可这些想法，是产生在王婷得知自己怀孕、封存日记之后，李勇当然不知道。一时之间，王婷觉得百口莫辩。

夜渐渐深了，独自走在街头的王婷感到了一阵阵凉意，本来自己已经决心要忘记过去，重新开始，但丈夫的一拳又将一切打回原形。这世上终究再没有人会像前男友那样爱她、信任她。今天本来是陈小雷的试用期满日，同事们都聚在一起要给他庆祝，因为王婷要赶回去过生日，就没有参加。但这个时候，她不想回家，也不想一个人待着，索性打车去了大家聚会的地点。王婷到后，大家都早已喝得醉意浓浓了。看到王婷到来，大家纷纷起哄：最不该缺席的老板终于来了，要罚酒三杯！没想到，从来滴酒不沾的王婷一把抓起桌上的酒瓶就往嘴里倒。王婷一下子喝光了半瓶白酒，把大家都惊呆了。众人纷纷劝说，别喝了，再喝就醉了。可王婷仗着酒意，不依不饶，还喊着再拿些酒来。大家不知道发生了什么事，场面一时显得有些尴尬，于是众人就提议各自回家。

王婷拉住陈小雷不放手，陈小雷只好送王婷回家。在出租车上，陈小雷问王婷的住处，但她早已醉得不省人事。没办法，陈小雷只好去酒店开了一个房间。他将王婷抱上床，正要离开时，突然听到王婷嘴里喃喃道：“不要走，不要丢下我。”此时，看着紧紧依偎在怀里的王婷，脸上挂着泪珠，是那么无助，陈小雷突然感到一阵前所未有的冲动，他一时把持不住，两人发生了关系。

凌晨5点，陈小雷酒醒过来，发现了躺在身边的王婷，伸手去拍她，却发现王婷身体冰冷，没有了呼吸。这可把陈小雷吓坏了，他马上拨打了120急救电话。遗憾的是，医生宣布王婷已经死亡。陈小雷马上就向公安机关报警了。

李勇得到消息后匆忙赶到，却听到妻子死亡的噩耗，他双腿一软，瘫倒在妻子的遗体旁……王婷为什么会突然死亡？一时间，人们议论纷纷。有人说，这是意外；也有人说，这可能是谋杀。究竟是怎么回事呢？

经法医鉴定，王婷是因为酒精中毒后吸入呕吐物，堵塞呼吸道导致窒息死亡。原来，王婷是由于醉酒，加上剧烈运动，胃液上涌、呕吐物堵塞呼吸道导致窒息死亡，而陈小雷也因醉酒没有注意到她的异样，最终导致了悲剧的发生。这样看起来，这场悲剧就是一场意外。可是，事情真的这么简单吗？正当人们为王婷的逝去感到惋惜的时候，陈小雷却被公安机关正式拘捕，而后检察机关以涉嫌强奸罪向法院提起公诉。那么，这到底是意外，还是犯罪呢？如果是犯罪，为什么不是过失杀人，而是强奸呢？陈小雷的家人为他请了律师，律师经过查阅案卷，在法庭上提出无罪辩护，认为陈小雷和王婷之间是有一定感情的，发生关系是出于自愿。而且，事发当晚，也确实是王婷主动来找陈小雷。因此，陈小雷不构成强奸，王婷的死亡只是个意外。

法院经过审理认为，《中华人民共和国刑法》第二百三十六条规定：以暴力、胁迫或其他手段违背妇女意志，强行与妇女发生性关系的，构成强奸罪。在本案中，尽管陈小雷和王婷互有好感，但双方发生性关系时，王婷已处于醉酒状态、不省人事，陈小雷趁王婷醉酒不知反抗之际，与其发生性关系，其行为已构成强奸罪。而王婷的死亡属于因强奸所造成的严重后果，所以，在定罪上应当定为强奸，在量刑时予以重判。但由于陈小雷事后主动报警，并如实供述罪行，依法认定为自首，可减轻处罚。法院最后判决陈小雷犯强奸罪，判处有期徒刑五年。

陈小雷的同事们在得知消息后，都感到很惊讶，更觉得惋惜。这个本来有着大好前途的年轻人，因为酒后一时冲动把自己送入了监狱，还直接酿成了他人的悲剧，令人唏嘘不已。经过庭审，李勇明白是自己错怪妻子了，但他再也没机会道歉了。李勇虽然为了维系与妻子的感情做出了很大努力，却未能与妻子进行良好的沟通，尤其是关键时刻没能坚持信任妻子，导致功亏一篑，结果鲁莽之下逼走了妻子，也间接导致了悲剧的发生。原本感情专一的王婷，虽一生追求真爱，但由于她过于偏执，使得感情之路异常艰辛，长期走不出过去的阴影，当真正爱她的人出现时不懂得及时珍惜，最后阴错阳差枉送了性命。

时间不能倒流，生命不能重来。我们应该懂得珍惜身边人，避免悲剧的发生。

“爱上”女主播

钟铁蕙

法律知识点：1. 招摇撞骗罪与诈骗罪的区别

2. 共同犯罪中的从犯

案例一：网贷打赏女主播后被骗

最近，年轻的保安马天佑恋爱了。不过，马天佑不仅没感到甜蜜，反而很苦恼。原来，他喜欢这个女孩大半年了，两人却一直没见过面，因为女孩提了一个要求，说完成了这个要求才能见面。这究竟是怎么回事呢？

马天佑今年 22 岁，是个农村小伙，一年前来到县城，通过老乡介绍在商场当了一名保安。上班后不久，马天佑发现同事们都爱刷直播，他也学着开始刷直播，并喜欢上了一个叫小倩的女主播。小倩长得漂亮，歌唱得好听，每当有人在直播间打赏礼物，她都会说一声“谢谢亲，么么哒”，有时还会送上飞吻。很快，马天佑就被小倩迷住了。

为了吸引小倩的注意，马天佑开始学着打赏。每次打赏，他都会得到小倩的飞吻，这让马天佑陶醉不已。为了得到更多关注，马天佑开始疯狂打赏，有时是价值 400 多元的直升机，有时甚至是价值 1000 多元的独角兽。果然，小倩也注意到了马天佑。收到马天佑的打赏后，小倩不仅会给他送飞吻，还会抛媚眼。时间一长，马天佑爱上了小倩。虽然小倩也会向其他粉丝送飞吻，但马天佑觉得，自己跟别人不一样。

为了进一步接近小倩，马天佑提出加微信，没想到小倩同意了。这样一来，马天佑更是把她当成自己的女朋友。马天佑经常找小倩聊天，小倩有时很热情，有时却几天不回复。渐渐地，马天佑不满足于仅通过微信联系，他提出想见面，可小倩总以各种理由推脱，马天佑感到很苦恼。

有一天，小倩告诉马天佑，公司正在考核业绩，如果他能在自己的直播间帮忙刷礼物，让自己升到业绩榜第一的位置，就同意见面。马天佑连忙说："包在我身上，没问题。"话说起来容易，做起来却难了。因为马天佑发现自己没有钱了。马天佑的工资本来就不高，自从给小倩刷礼物后，他就成了"月光族"。之前还预支工资或找老乡借钱来维持，但没过多久，就再也没人借钱给他了。为了实现诺言，马天佑咬牙在网上借了高利贷，但马天佑很快发现自己陷入了无底洞，借来的5万元一下就花没了。怎么办？中途放弃，就前功尽弃了。没办法，马天佑只好又借了5万元。为了帮小倩冲业绩榜第一，马天佑倾尽了所有。他能否如愿与小倩见面呢？

终于，当月最后一天，小倩冲上了业绩榜第一。马天佑约小倩见面，想为她庆祝。但小倩不仅没答应，还告诉马天佑，自己只是随便说说。马天佑顿时蒙了，想到自己为了帮小倩冲业绩榜第一，还欠下了高利贷，情急之下，他大骂小倩骗子。而小倩理直气壮地说："我骗你什么了，还不是你自愿的？我有那么多粉丝，冲到业绩榜第一是你一个人的功劳吗？"马天佑顿时"哑巴吃黄连，有苦说不出"，他说："为了帮你，我借了高利贷，你既然没打算跟我见面，就把钱还给我。"小倩听后说："我可没让你去借高利贷，那是你的事，跟我无关。"说完，小倩就把马天佑拉黑了。

此时，马天佑总算明白过来，自己的满怀深情只是一厢情愿。10万元钱就这样打了水漂，马天佑欲哭无泪。他咽不下这口气，就去直播间骂小倩骗子。没想到，小倩却含沙射影地说："感谢大家的帮助，让我冲到了业绩榜第一，但有人却认为这是他一个人的功劳，还来邀功，真是不知怎么办。"评论区顿时炸开了锅，大家纷纷嘲笑马天佑。马天佑招架不住，就准备撤了，离开前他丢下一句话："你不还钱，我就报警。"

马天佑对小倩彻底死心了，可自己借的钱终究是要还的。面对催债人，他走投无路了。思前想后，马天佑打算报警。这时，马天佑突然接到了一个电话，这个电话对他来说，简直就是救命稻草。

打电话的人自称刘警官，他告诉马天佑，有人举报小倩涉嫌诈骗，警方已立案调查，正在收集证据。马天佑一听，连忙说了自己被骗的情况。刘警官安慰他："你的情况我已经记下了，你就在家等消息吧，我们会帮你把钱追回来的。"挂了电话，马天佑觉得安心多了。

可几天过去了，小倩还是照常直播。马天佑坐不住了，便打电话问刘警官。刘警官告诉马天佑，这个案件涉及面广，需要到外地调查，但办案经费还在走审批流程。马天佑一听，着急地问："办案经费什么时候才能批下来?"刘警官说："这个不好说，我们案件太多，要排队拿经费。虽然钱不多，但我们不可能自己垫，你就耐心等着吧。"马天佑一心想赶快拿回被骗的钱，听到可以垫付经费，便主动说："我帮你们垫吧，你们赶紧调查，等追回钱再一起给我。"刘警官想了想说："既然你这么着急，就先垫两万元，我先安排一下。"马天佑在网上借了两万块钱汇给了刘警官。汇完钱后，马天佑松了一口气。

几天后，刘警官告诉马天佑，他们去了贵州、云南，但涉案人数太多，分布太广，垫付的钱花得差不多了，他们还是要等审批的经费。马天佑听说还差钱，就告诉刘警官："钱不够我可以再垫，你们一定要抓紧破案啊。"放下电话，马天佑又贷了 3 万元转给了刘警官。一周后，马天佑见还是没消息，便主动询问进展。刘警官告诉马天佑："我们这个周又去了长三角，案件调查得差不多了。还有东三省没去，经费还有一周就批下来了，到时再过去。"马天佑又问还差多少钱，刘警官告诉他还需要 5 万元。马天佑心想，经费也快批下来了，也不差这一点儿。于是，马天佑又给刘警官转了 5 万元。算下来，马天佑一共给刘警官转了 10 万元。不知为何，这次转完钱后，马天佑隐隐感到有些不安。

第二天，马天佑打电话给刘警官，没想到对方关机了。震惊之余，马天佑意识到自己被骗了。这回，他毫不犹豫地报了警。所幸，警方根据手机号码实名注册信息，锁定了犯罪嫌疑人，并通过定位信息很快将其抓获。

看守所里，被抓获的“刘警官”交代了犯罪的全部经过。“刘警官”名叫徐齐，也是小倩的粉丝。那天他在直播间看到马天佑要求小倩退钱，并声称要报警，便决定趁机设局诈骗。徐齐通过直播间的账号信息，找到了马天佑的手机号，以“刘警官”的身份打电话给马天佑。马天佑果然上了钩。骗了几次后，徐齐害怕骗局迟早会被发现，就关了手机，躲了起来。没想到，天网恢恢，疏而不漏，他终究没能躲过公安机关的搜捕。

很快，公安机关将案件移交检察院审查起诉，检察院以徐齐涉嫌招摇撞骗罪向法院提起了公诉。这里涉及一个法律知识点：招摇撞骗罪和诈骗罪的区别。

根据《中华人民共和国刑法》的规定，招摇撞骗罪是指为谋取非法利益，冒充国家机关工作人员，进行招摇撞骗，损害国家机关的威信及其正常活动的行为。而诈骗罪是指以非法占有为目的，用虚构事实或者隐瞒真相的方法，骗取数额较大的公私财物的行为。

两罪的主要区别在于：第一，从侵犯的客体上看，招摇撞骗罪侵犯的是国家机关的威信和正常活动；诈骗罪侵犯的是公私财产所有权。第二，从行为手段上看，构成招摇撞骗罪必须有冒充国家机关工作人员的身份或职称的行为；而诈骗罪并没有这样的要求。

本案中，徐齐冒充警察，多次骗取马天佑共计10万元，情节严重。他在主观上具有谋取非法利益的目的，客观上实施了冒充警察招摇撞骗的行为，侵犯了国家机关的威严及其对社会的正常管理活动，构成招摇撞骗罪。

最终，法院经过审理，判决徐齐构成招摇撞骗罪，判处其有期徒刑五年，并退赔马天佑经济损失十万元。马天佑用徐齐退赔的十万元还了部分债务。但花在小倩身上的钱，却要不回来了。因为马天佑打赏小倩，是想取悦小倩，加深两人的感情，打赏是他的真实意思表示，并不构成法律上的诈骗。马天佑无法要回打赏的钱，因此欠下的债务也不得不还，他只能起早贪黑多打几份工，慢慢把这笔钱还完。

马天佑为了获得女主播的青睐和内心的满足，四处负债，被女主播拒绝后，为了要回钱财又陷入新的骗局，最终落得人财两空。

案例二：为得到女主播而杀“情敌”

2019 年的一个清晨，南方某市一个居民小区里，弥漫着周末休假的慵懒气息。在朋友家打完通宵麻将的吴通走进小区，一边打着哈欠一边往家走。刚打开家门，吴通就闻到一股浓烈的血腥味。他看到父亲卧室的房门大开，赶紧跑过去，却被眼前的一幕吓坏了。只见父亲躺在卧室的床上，身上、房间里到处是血。显然，父亲被人杀害了。吴通顿时慌了，赶紧拨打了 120 并报了警。因为昨晚跟妻子杜小娟发生争吵，妻子这时并不在家，吴通马上打电话让她也回家来。

杜小娟回到家时，警察和医护人员早已来到现场。经过检查，医生发现老人失血过多而死。警方经过现场勘查，发现门锁被撬坏，却没有丢失物品。吴通告诉警察，昨晚他跟妻子吵架，妻子负气离家后不久，他就到朋友家打了一宿麻将。杜小娟说，她跟丈夫吵架后，一气之下住进了酒店，直到吴通打来电话，才知道发生了此事。警察经过核实，发现两人说的都是事实，而且老人生前性情温和，与人为善，跟家里人也没什么矛盾。那么，是谁杀了老人呢？

几天后，尸检报告出来了，案情有了新进展。原来，老人是被锐器刺破脏器，造成急性失血性休克死亡。法医在老人的指甲缝里提取到了一份 DNA 样本，经过比对，与一位有盗窃前科的男子相符。这个男子是谁？他为什么要杀害老人？此时，他又在哪里？

警察很快调查清楚了，这个男子叫李明军，36 岁，曾因盗窃坐过牢，出狱后在汽修厂做汽修员。据汽修厂老板说，事发后李明军没来上班。李明军的同事告诉警察，李明军有个网络主播女朋友，叫美美，但大家都没见过。看来，美美就是李明军的女朋友，那么，找到美美，一切疑团就会解开吗？

警察很快调取了李明军的账户信息和通话记录，并查到了这名女主播的实名制资料。没想到，这名女主播竟是吴通的妻子杜小娟。杜小娟怎么成了李明军的女朋友？

很快，警察传唤了杜小娟。当警察把两人的通话记录拿出来时，杜小娟脸色惨白，低头沉默了好一会儿，终于说出了事情的来龙去脉。

原来，杜小娟和丈夫吴通是经人介绍结婚的，双方没什么感情基础，两人都没有工作。婚后，吴通游手好闲，过着“啃老”的日子。一个偶然的机会，杜小娟学着别人在网络上注册账号，做起了直播。为吸引粉丝，她谎称单身。没多久，杜小娟凭着漂亮的长相和动人的歌喉，吸引了众多粉丝。

吴通看到妻子杜小娟火了，便由“啃老”变成了“啃老婆”，经常变本加厉地催她直播。杜小娟觉得，吴通把她当成了“摇钱树”。而在直播时，杜小娟感到粉丝才是真心喜欢她的。在众多粉丝中，有一个叫“阿军”的，每次都在直播间刷屏、打赏。时间一长，两人熟络了起来，互加了微信。再后来，李明军对杜小娟展开了热烈的追求。

“阿军”就是李明军，36岁，单身，虽没有大富大贵，但对杜小娟出手大方，一米八的大高个，浪漫体贴又幽默。杜小娟一下子就被吸引住了，两人很快成了恋人。杜小娟怕被丈夫发现，便与李明军偷偷摸摸地约会，而李明军也很配合。没想到，一个意外打破了杜小娟平静的生活。

一天，杜小娟正在直播，突然有位粉丝质问她，是否结婚了，还放上了她和丈夫吴通的结婚证照片。杜小娟脸色惨白，慌张地关掉了直播。这时，李明军打来电话，要求与她见面。见面后，李明军掏出一把刀，说杜小娟骗他，要与她同归于尽。杜小娟吓得跪在地上，痛哭流涕。李明军看着哭得梨花带雨的杜小娟，心软了，放下了刀。杜小娟告诉李明军，她和吴通没有感情，吴通只是把她当成摇钱树。在爱上李明军后，她决心离婚。但当她提出离婚时，吴通对她拳打脚踢，并扬言，除非他死，否则杜小娟别想摆脱他。杜小娟从此不敢再提与吴通离婚这事了，但又舍不得离开李明军，只好两头瞒着。

看到杜小娟身上的淤青，李明军咬牙切齿地说：“既然他想死，那就成全他。”杜小娟吓坏了，连忙劝他不要冲动。李明军却告诉杜小娟，只有吴通死，他们才能过上幸福安稳的生活。他说，只要计划周密，就不会被警察查出，即使被发现，也不会连累杜小娟。杜小娟想了想，没有再反对。事发当天，杜小娟特地买了一盆花，放在自己卧室门口作为暗号，以便李明军能准确地找到自己的房间，顺利杀害丈夫吴通。

当天晚上，杜小娟故意跟吴通吵架，借机离家。半夜，李明军潜入杜小娟家，伺机杀害吴通。当杜小娟在酒店坐立不安时，接到了李明军的电话，李明军告诉杜小娟，他误杀了吴通的父亲。杜小娟听后，一下子蒙了。她想，明明自己临走前放了盆花作为暗号，怎么还能杀错了人？但不管怎样，大错已经铸成，只能将错就错。两人商量，让李明军先到外地躲避风头，而杜小娟假装不知情，以后的事，走一步看一步。

警察第一次来调查时，杜小娟装作什么都不知道，以为可以蒙混过关。没想到警方根据尸检报告查出了李明军，还找到了杜小娟。面对确凿的证据，杜小娟说出了事情的全部经过，并交代了李明军的下落。李明军被抓后，知道事情败露，对犯罪行为供认不讳。那么，李明军要杀的是杜小娟的丈夫，为何把杜小娟的公公给杀了呢？

原来，案发当晚，李明军潜入杜小娟家，根据杜小娟放在卧室门口的花，很快摸进了杜小娟的房间。他看到床上有人睡得一动不动，以为是杜小娟的丈夫，便举起刀，狠狠向那人捅去。床上的人被扎醒，条件反射地抓住李明军的手，李明军一慌张，抽出刀又猛地捅了好几刀，直到感觉自己被抓着的手松开了，才发现杀死的是一位老人。李明军发现杀错了人，慌乱不已，打电话告诉杜小娟后，就逃到了外地。等杜小娟回家后，发现放在自己卧室门口的花，不知何时被移到了公公卧室的门口，这才恍然大悟。

根据李明军的指认，警方找到了他丢弃的刀具。吴通也向警方证实，当晚，他嫌杜小娟新买的花放在卧室门口碍事，便把花挪到了父亲卧室的门口。

至此，案件终于真相大白。李明军潜入杜小娟家想杀情敌吴通，但没想到吴通无意中把杜小娟特地设置的暗号移到了父亲卧室的门口，导致李明军误杀了吴通的父亲。

李明军被抓后不久，公安机关也拘留了杜小娟。随后，检察院以两人涉嫌犯故意杀人罪向法院提起公诉。庭审中，杜小娟的辩护律师提出，案发时杜小娟不在现场，也没有实施杀人行为，不构成故意杀人罪。那么，杜小娟是否构成犯罪呢？这就涉及一个法律知识点：共同犯罪中的从犯。

《中华人民共和国刑法》第二十七条规定："在共同犯罪中起次要或者辅助作用的，是从犯。对于从犯，应当从轻、减轻处罚或者免除处罚。"

法院经审理认为，杜小娟虽没有直接参与杀人，但她把家里房间位置的情况告知李明军，还为李明军设置了暗号，这为李明军杀人提供了必要帮助，属于共同犯罪中的帮助犯，构成从犯。最终，法院判决李明军构成故意杀人罪，判处死刑，缓期两年执行；而杜小娟作为故意杀人罪的帮助犯，判处有期徒刑十年。

得知判决结果后，杜小娟泣不成声。她原本只想追求爱情，可因为不择手段，触犯了法律的底线，最终让自己和情人都身陷牢狱，实在是追悔莫及。经过这件事，吴通也家破人亡，父亲无辜枉死，妻子成了杀人犯。面对空荡荡的屋子，吴通也陷入了深深的自责，他知道，造成今天的局面，自己也有不可推卸的责任。

粉丝和女主播之间的爱情让人充满遐想，不少人为此做出了疯狂的举动。这两个案件中，一个是坠入自己编织的情网，却遭到了欺骗甚至诈骗；一个为爱情铤而走险，不惜走上犯罪道路。直播是一种商业行为，女主播切忌通过贩卖感情谋取利益。作为粉丝，也要认清直播的性质，不要把商业行为当作感情处理，更不可为了追求所谓的爱情，逾越法律的底线。

南　芳 / 主讲人简介及普法心得

1. 南芳简介

南芳律师，擅长刑事辩护。1999 年开始执业，现任广州金鹏律师事务所合伙人，广东省律师协会经济犯罪辩护专业委员会主任，广东省新的社会阶层人士联合会常务理事，广东省新的社会阶层人士联合会律师分会副会长，广东省涉案企业合规第三方监督评估机制专业人员，广东省首批刑事法律专家库专家，广州市湖南郴州商会副会长，广州市维护公安民警执法权威法律服务团成员。荣获广州市优秀女律师，广州市首届“律政红棉荟——羊城巾帼律师”，广州市首届检察官与律师辩论大赛个人赛二等奖，广东省法律援助基金会“公益爱心律师”。

担任中央广播电视总台《法律讲堂》栏目主讲人，在广东省人大常委会机关刊物《人民之声》发表《如何认定非国家工作人员》等多篇文章，撰写的《在死刑案件的审判程序中辩护律师申请司法鉴定的意见应当得到充分重视》被广东省法官协会、检察官协会、警察协会、律师协会评为“办理死刑案件实务与理论研讨会”论文优秀奖。

2. 南芳公益普法心得

作为一名刑事律师，经常与关押在看守所的当事人打交道，除了常看到当事人的家人焦虑、担心的眼神，更多的是感受到当事人对自己当初不懂法、不守法的懊恼及对不起家人的愧疚。每当这时，我就在想，为当事人的合法权益尽我所能进行辩护是我的职责，可职责之外我还能为预防犯罪及提升老百姓的生活幸福指数做些什么？2014 年，恰逢央视《法律讲堂》栏目编导到广东选拔主讲人，我有幸被选上，从此走上了主讲人的道路，让更多的老百姓通过节目学习刑

事法律知识，通过一个个生动、真实的案例明白罪与非罪的边界，不再因为或莽撞、或侥幸、或义气、或过于轻信等原因稀里糊涂走上犯罪的道路。虽然准备节目稿件和录制需要付出大量时间和精力，但我认为非常值得。我庆幸可以在《法律讲堂》这个平台体现我的专业价值，实现我的愿望，我会在主讲人的道路上一直走下去，愿做一束光，愿做一个温暖他人的刑事律师。

一个电话引发的惨剧

南　芳

法律知识点：放火式的故意杀人罪　放火罪

35岁的赵燕在一家公司做文员，丈夫高志辉是一家外资公司的高层管理人员，女儿12岁，目前读小学六年级。一年前，一家人还过着平静、安逸的生活，却没想到，一个电话彻底打破了这个家庭的宁静，最终导致家破人亡的悲惨结局。

这天晚上，高志辉在外地出差。赵燕听天气预报，得知高志辉出差的地方有台风，就给他打电话，叮嘱他注意安全。电话那头的高志辉淡淡地说了声“知道了”，就挂掉了电话。赵燕感觉丈夫的口气有些冷淡，心里有些纳闷。没想到过了一会儿，丈夫打来电话，赵燕以为丈夫是来请罪的，连忙接通了电话。然而，赵燕“喂”了好几声，也没听见丈夫回应，电话中反而传来丈夫和一个女子说话的声音，还有喘息声，说话内容很肉麻。那一刻，赵燕确信，丈夫正在和别的女人偷情！而且丈夫很可能是故意把婚外情通过电话告诉自己，目的就是让自己主动提出离婚。赵燕愤怒地挂断电话并回拨了过去，但对方没有接听。赵燕被击垮了，她呆坐到深夜。回想起自己当年不顾家人的反对，一定要和高志辉在一起，如今却落得这个下场，不禁悲从中来。

15年前，赵燕在一次旅游途中认识了高志辉，两人一见钟情，成了恋人。但赵燕的父母坚决不同意，他们认为高志辉是农村出身，只是公司的小职员，父母又在农村，赵燕嫁过去肯定要吃苦。赵燕见父母态度坚决，就瞒着父母和高志辉领了结婚证。赵燕的父母知道后非常生气，直到赵燕生下小美，才原谅了赵燕。

婚后，高志辉靠着聪明和勤奋，几年后成了一家外资公司的高层管理人员，还买了独栋别墅。赵燕本以为日子会越过越好，可搬进别墅不到两年，赵燕就觉得高志辉和自己越来越疏远。有时，赵燕跟高志辉几天都说不上几句话，一说话他语气还很不耐烦。赵燕以为高志辉是工作压力太大了，起初并没有在意。

2014 年，高志辉被总公司派到国外工作。一年后，高志辉回国，但是对赵燕的态度并没有好转，还更加心不在焉了。以前，就算加班再晚高志辉也会回家，可现在回国才一个月，他就有四五个晚上没回家，还说是加班太晚直接在公司休息了。

高志辉回国后的变化让赵燕不安，想到自己和丈夫在事业上的差距，以及平日里自己疏于打扮，赵燕怀疑丈夫变心了。为了解开心中的疑惑，她偷偷翻开了丈夫的日记本，结果让她震惊不已。

她知道丈夫多年来都有写日记的习惯，日记本就锁在卧室的抽屉里。过去赵燕信任丈夫，从未想过要偷看，可现在，赵燕迫切地想知道丈夫到底在想什么，就顾不上那么多了。这天，赵燕等丈夫睡着后，偷看了他的日记。这一看，气得赵燕差点昏过去，日记里写着“我深深地爱着阿紫，她美丽、温婉，她就是我今生要等待的女人，我们在国外的日子是我一生中最开心的日子……我想和阿紫永远生活在一起”之类的内容。原来，丈夫有了外遇。

赵燕气得浑身发颤，她立刻叫醒了高志辉，质问他为何在外找情人。高志辉看见赵燕手中的日记，脸上出现了一丝慌乱，但很快就平静下来：“既然你已经知道了，那我也就不瞒你了。结婚这么多年，我们的生活越来越没有激情，我厌倦了。我爱阿紫，我要和你离婚。”赵燕没想到丈夫一张口就要离婚，更是气疯了，她把日记又撕又扯，然后扔到高志辉身上。高志辉则把日记整理铺平后放回了抽屉，然后沉默不语。

看到高志辉的反应，赵燕悲愤交加，她迫切地想知道高志辉是如何与阿紫走到一起的。自己和丈夫有十几年的感情，难道他真的要放弃这个来之不易的家吗？

原来，高志辉在国外出差期间，因水土不服，生病住了半个月医院，多亏同事阿紫的精心照料才得以康复。阿紫的丈夫两年前在一次车祸中去世了，之后阿紫也没有再婚。高志辉的一场病拉近了他与阿紫的距离，两人的感情迅速升温。不久，两人就开始了同居生活。

得知真相后，赵燕很伤心，但还是希望丈夫能回心转意。争吵、冷战、再争吵，几个月后，赵燕看到高志辉态度坚决，不肯回头，只好答应离婚。但她要高志辉答应一个要求，那就是女儿小美才 12 岁，正是叛逆、敏感期，双方老人身体又不好，怕他们受不了这个打击，两人离婚的事必须先瞒着老人和孩子，高志辉还是住在家里，等女儿考上初中后再搬出去。高志辉答应了。不久，两人悄悄办理了离婚手续。

自从办了离婚手续，高志辉在家的时间越来越少，赵燕陪着女儿做完功课，就常常在屋里发呆。想到自己不幸的婚姻，会忍不住哭出声来，还被女儿小美撞见了好几次。每当女儿问起原因，赵燕都是掩饰说，是工作不顺利，挨了领导批评，所以心情不好。赵燕以为自己可以蒙混过去，直到小美拿出日记本问是怎么回事，她才意识到自己太大意了。赵燕看瞒不住了，只好把高志辉和情人阿紫的事情告诉了小美，并把离婚证拿给小美看。赵燕说完后，把小美抱在怀里，哭着说自己有女儿就够了，让女儿不要想太多，安心学习。但没想到，小美说，自己有办法让他们复婚。

小美想到的办法是假出走。她偷偷躲到了小姨家，让父母以为她失踪了，并报了警。在警方的帮助下，父母找到了小美。这时小美要求父母复婚，但高志辉并没有答应。没想到，小美又想出了另一个办法：绝食。小美连续两天不进食，奄奄一息。高志辉不忍心女儿有生命危险，迫于压力，只好同意复婚。

复婚后，高志辉不再提起情人阿紫的事。赵燕身体不舒服时，高志辉会嘘寒问暖，悉心照顾，也不再夜不归宿，下班回到家就陪伴女儿做功课，周六日还陪女儿去周边散心，放松一下。半年后，小美以优异的成绩考上了当地一所重点中学，一家人沉浸在喜悦之中。

就在赵燕相信丈夫高志辉是真心回头的时候，却没想到在小美上初中还不到一个星期时，就发生了本文开头那一幕。这下，赵燕被彻底击倒了：原来丈夫并没有回心转意，一切都是做给女儿看的。赵燕很绝望，却不敢告诉女儿，怕女儿做出更极端的事情。她也没好意思告诉自己的父母，当初是自己执意选择要和高志辉结婚，现在哪还有什么脸面向父母哭诉呢？

第二天是周五，小美要去外公外婆家过周末，赵燕以加班为由，没有跟女儿同去，而是心灰意冷，在酒吧以酒浇愁。突然，她的电话响了。赵燕一看，是个陌生的手机号码，她以为是骚扰电话，没有在意。可接听后，赵燕一下子就跳了起来。原来，打电话的人竟然是阿紫。阿紫在电话中说，高志辉爱的人是她，不是赵燕，让赵燕识趣点儿，不要再纠缠高志辉。最后，阿紫还假惺惺地提醒赵燕，让她趁着还没到40岁，离了婚还有人要，早些离婚；要是等人老色衰再离婚，到时就真没有人要了。说完，阿紫挂掉了电话。赵燕气得把酒瓶和酒杯一把推到地上，然后坐在凳子号啕大哭。

深夜，赵燕摇摇晃晃地回到家中，没想到高志辉已经回来了，正在卧室睡觉。望着这个沉睡的男人，赵燕的心在滴血，当初自己不顾父母的强烈反对，一心要和高志辉在一起，图的是高志辉能给自己幸福和快乐。可结果呢？高志辉辜负了自己，一个情人阿紫就把他的魂勾走了，完全不顾及十几年的夫妻情分。赵燕气得在院子里走来走去，咬牙切齿道："不能就这么算了，要好好教训一下这个没有良心的男人，教训这个有了情人就把糟糠之妻忘得一干二净的男人。"

丈夫的一再背叛和阿紫的刻意羞辱，让赵燕愤怒到了极点。已经失去理智的她，突然看到高志辉从单位带回来的半桶散装汽油，一个可怕的念头在她脑中闪过。高志辉无情无义，用火教训他再合适不过。

赵燕提着油桶，趔趔趄趄地来到卧室，高志辉仍在酣睡中。趁着酒意，赵燕悄悄地朝床头床尾都倒了些汽油，把油桶顺手放在了床边，然后用打火机点燃了蚊帐。本以为火会慢慢地燃烧，可以吓唬吓唬这个无情的男人。没想到蚊帐上的火掉到床上，还掉到了床边的油桶上，火势迅速蔓延，整张床转眼就变成了一片火海。赵燕吓傻了，下意识地打开房门逃到客厅。不一会儿，她便听到高志辉在卧室大叫。很快，高志辉就像一个火球一样狂叫着冲到客厅，在地上翻滚。赵燕吓坏了，酒也醒了不少，她赶紧从洗手间打水往高志辉身上泼。待高志辉身上的火扑灭后，赵燕马上拨打了110、120电话，谎称家里着火了。警察、消防人员迅速赶到，把火扑灭，救护人员赶到后，把昏迷不醒的高志辉送往医院抢救。

抢救期间，警方在现场勘查，发现了床边的油桶，初步分析不是意外起火，于是到医院找赵燕进一步了解起火的原因。赵燕知道隐瞒不住，如实交代了自己放火的全过程。她恳请民警，等高志辉苏醒后，让自己和他说上几句话再跟他们走，民警同意了。

不久，高志辉苏醒过来了。见到赵燕，得知家里起火的真实原因，高志辉懊悔不已。他断断续续地讲述了自己跟赵燕离婚、复婚的真实想法，以及他与情人阿紫相处的情况。

原来，高志辉在出国前就觉得自己是成功人士了，而妻子赵燕还只是一个公司的小员工，没有社会地位，和自己不般配，也没有什么共同语言。再加上赵燕平时也不舍得把钱用在穿衣打扮上，所以看起来比实际年龄要大，高志辉就生了嫌弃之心。后来，他在国外遇到了阿紫。阿紫在他们公司的分公司上班，30岁，身材苗条，妩媚动人，还特别懂高志辉的心思。于是，高志辉觉得阿紫才是适合他的伴侣，铁了心要和赵燕离婚。离婚后，高志辉向阿紫承诺要一起生活，还说等女儿小美考上初中就和阿紫结婚，但女儿的绝食打乱了他的计划，他不得不复婚回到家中陪伴女儿。女儿小美考上初中后，阿紫要高志辉兑现承诺，又担心高志辉优柔寡断，就在高志辉出差的时候，赶到他所在的酒店逼婚。当天晚上，就在二人浓情蜜意时，赵燕打来电话，高志辉简单地敷衍两句就挂了。但阿紫偷偷回拨了赵燕的电话，然后继续和高志辉亲热，目的就是让赵燕知难而退，不要再拿女儿缠着高志辉。亲热完后高志辉一看手机，才知道阿紫做了手脚，还为此和阿紫大吵了一架。出差回来后，高志辉本打算和赵燕好聚好散，却没想到，还来不及交谈，就被赵燕放火烧伤。真相大白后，警方对赵燕依法进行刑事拘留，后予以逮捕。侦查结束后，警方认定赵燕放火事实清楚，证据充分，涉嫌故意杀人罪，遂移送检察院审查起诉。不久，检察院以赵燕犯故意杀人罪向当地中级人民法院提起了公诉。

高志辉的情况也不容乐观，经检查，他全身86%以上的面积被烧伤，几天后，病情恶化，经抢救无效死亡。高志辉去世后，他的父母白发人送黑发人，沉浸在巨大的悲痛之中。然而就在这时，他们接到邻居打来的电话，说孙女小美出事了，已被送往医院，正在抢救。两位老人火急火燎地赶到医院。邻居告诉老人，下午他们看到小美在小区河边徘徊，脸上都是泪，神情有些不对。后来，小美突然跳入河中，他们赶紧把小美从河里救了上来，现在正在抢救。好在小美很快被医生抢救过来，没什么大碍。老人抱着孙女老泪纵横，问小美为何要做这种傻事。原来，小美知道父亲被烧死的真相后，一直很自责，她本想让母亲开心，所以才勉力撮合父亲和母亲复婚，结果好心办了坏事。母亲得知父亲又和情人在一起后，短暂的开心变成了痛心的绝望，愤怒之下把父亲烧死。那自己勉力撮合的结果是什么？父亲失去了生命，母亲要被追究刑事责任。如果当初自己不去干预父母的婚姻，也许就不会发生这些事情。小美悔恨万分，决定一死了之，就想到了去小区河边跳河自杀。

赵燕的公婆知道赵燕放火烧死高志辉的前因后果后，虽然悲痛万分，但通情达理的公婆还是多次向法院提出他们不要任何赔偿，毕竟自己的儿子有过错在先。他们原谅儿媳妇赵燕的行为，请法官手下留情，对儿媳妇从轻判处，千万不要判死刑。他们说，外孙女小美已经失去了父亲，可不能再失去母亲了。

悲剧已经酿成，赵燕因故意杀人罪被检察院起诉。既然赵燕故意放火烧死了丈夫，为何检察院不起诉她放火罪，而起诉故意杀人罪呢？这就涉及一个法律知识点：放火式的故意杀人罪与放火罪的区别。

这两种犯罪区别的关键，在于侵犯的客体不同。放火罪侵犯的客体是公共安全，即不特定多数人的生命、健康或者重大公私财产的安全；而故意杀人罪侵犯的客体是特定人的生命权。

本案中，被告人赵燕在自己的独栋别墅放火，距离周围的别墅有100多米远，而且当时只有她和丈夫在家，针对的只是丈夫一个人，并没有针对不特定的多数人，最终造成丈夫一人死亡，没有造成其他不特定的多数人死亡，也没有造成不特定的公私财产重大损失。所以赵燕的行为依法应认定为故意杀人罪。

最终法院认定，被告人赵燕用纵火的方式，故意剥夺被害人高志辉的生命，致其死亡，其行为构成故意杀人罪。鉴于本案系夫妻矛盾引发，被害人在案发起因上有一定过错，被害人亲属对赵燕表示谅解，依法从轻处罚，判处赵燕有期徒刑十五年。

法院宣判后，赵燕在法庭上痛哭失声："我没想过要烧死他呀，只是想教训一下他，让他珍惜我们十几年的夫妻情分。老公，我对不起你。"赵燕的哭诉让旁听席上的父母及公婆也哭成一团，旁听席的其他人也纷纷摇头、叹息。赵燕没有上诉，判决生效后被送到监狱。

小美在法院宣判后办理了休学半年的手续，她需要时间来治疗内心的伤痛。赵燕的公婆见儿媳妇没有被判处死刑，紧绷的神经一放松，身体再也支撑不住，两位老人双双因高血压和心脏病住进了医院。

这一场外遇使得高志辉死亡、赵燕入狱、老人住院、孩子休学，好好的一个家庭就这样被毁了。究其原因，高志辉和妻子赵燕本没有原则性的矛盾，但他不满足于平淡的生活，嫌弃糟糠之妻，迷恋情人，没有担当，有错在先；对于赵燕来说，如果夫妻缘分确实已尽，勉强维持对双方都是一种折磨，也不利于孩子的健康成长，此时长痛不如短痛，放手未尝不是一种好的选择。但赵燕选择简单粗暴地解决夫妻矛盾，虽然当时出了一口气，但代价实在过于惨重，不仅自己失去了自由，女儿小美也永远失去了父亲。这些结果想必都是赵燕不愿意看到的，却因为自己的一时冲动成了现实，实在是不理性，也得不偿失。

惹祸的朋友圈

南　芳

法律知识点：强奸罪的犯罪手段

2017年春天，夏婉儿和男友曹坤通过交友软件相识。曹坤28岁，高大帅气，研究生毕业后进了一家上市公司工作，是一名工程师。夏婉儿25岁，活泼开朗，大学毕业后在一家公司做业务员，一双大眼睛扑闪扑闪的，像会说话。第一次见面，曹坤就对夏婉儿一见钟情。他宠着夏婉儿，夏婉儿也沉浸在男友的呵护中。恋爱后，两人一起租房同居，享受二人世界。2017年“双十一”这天，夏婉儿在网店购买了打折的衣服和包，但没想到曹坤为此和自己大吵了一架，然后竟然摔门走了。夏婉儿一气之下就发了一条朋友圈，内容是：“男友高大帅气挣得多，但人太小气，我实在受不了，求人领走。”但生气归生气，夏婉儿并没有想和曹坤分手，不过是借此发泄情绪而已。然而，夏婉儿万万没想到，这条朋友圈却是一连串麻烦的开始。

发了朋友圈后，夏婉儿就盼着男友回来哄自己。可眼瞅着半个月过去了，曹坤没有任何动静，夏婉儿郁闷极了。就在这时，邻居罗志伟多次邀请她出去玩。罗志伟就住在他们出租屋的隔壁，做餐馆生意，38岁，胖胖的脸上总是笑眯眯的。平日，罗志伟总是主动和夏婉儿打招呼，两人还互加了微信。对于罗志伟的邀请，夏婉儿有些意外，但她此时正心烦意乱，便答应了。夏婉儿跟着罗志伟一起去吃饭、唱歌，还参加了罗志伟的生日聚会。聚会结束后，罗志伟勇敢地向夏婉儿表白了心意。夏婉儿当场就愣住了，这段时间和罗志伟一起玩，她也能感觉到罗志伟喜欢她。不过，她心里爱的人是男友曹坤，压根儿就没想过做罗志伟的女朋友。于是，夏婉儿拒绝了罗志伟。

聚会结束后，夏婉儿回到出租屋，还是一片冷清，这让她更加惦记曹坤了。看来上次那条朋友圈没有起作用，夏婉儿决定再想想其他办法。

第二天，罗志伟又约夏婉儿吃晚饭。夏婉儿知道，罗志伟是对自己还不死心。她本想拒绝，可转念一想，这不是让男友主动找她的好机会吗？如果让服务员拍下她和罗志伟吃饭的合照，发到朋友圈，曹坤看到后，应该不会无动于衷吧？当晚，夏婉儿就赴了罗志伟的约会，并在吃饭时把两人在西餐厅的合照发在了朋友圈。

发了朋友圈后，夏婉儿就惦记着男友看到后的反应，是点赞？还说评论？但直到用餐结束，男友也没有反应，夏婉儿有些失望。也许男友看到后会直接去他们的出租屋找她。想到这里，她赶紧和罗志伟告别，匆匆回到出租屋里，但里面连男友的半个影子都没有。正在夏婉儿痛苦不已时，罗志伟又过来敲门，他进屋后与夏婉儿聊天，夏婉儿也只好敷衍着。

然而，两人还没聊几句，房门就被猛地推开，曹坤怒气冲冲地走了进来。男友终于出现了，夏婉儿心情激动，“腾”地一下站了起来。见男友用不太友善的眼神盯着邻居，夏婉儿担心男友误会自己和罗志伟的关系，就赶紧介绍：“你回来了！认识一下，这是我们的邻居罗志伟。”曹坤上下打量了一下罗志伟，黑着脸说：“你就是朋友圈那位和夏婉儿吃西餐的大叔吧，我是夏婉儿的男朋友曹坤。这么晚了，你还在我女朋友这儿，孤男寡女的，不太合适吧？”曹坤的一番话，让罗志伟很尴尬，借口有事先走了。邻居一走，曹坤就沉着脸问夏婉儿，西餐厅的合照是怎么回事？夏婉儿暗自窃喜：男友吃醋了！看来，他还是爱自己的。于是，她告诉男友，她和罗志伟只是邻居关系，并解释了发朋友圈的真实意图。见男友脸色有所缓解，夏婉儿又赶紧从包里拿出一张银行卡，还给男友，并保证今后不会再用这张卡里的钱购物了，让男友不要再生气了。

让人不解的是，夏婉儿只是买了自己喜欢的衣服和化妆品，为什么曹坤却大发雷霆？夏婉儿交给曹坤的这张银行卡又是怎么回事呢？原来，夏婉儿和男友曹坤恋爱后就租房子住，两人都憧憬着有一套属于自己的房子，然后结婚。可是两人都工作没多久，暂时还买不起房子。他们粗略算了一下，要在这个城市买一套三室一厅的房子，大约需要300万元。以曹坤的收入，省吃俭用一年可以存20万元，再加上曹坤之前的积蓄，大约3年就能凑齐首付，然后就能按揭买房。曹坤说到做到，几天后，他把一张银行卡交给夏婉儿："我的这张卡里，有我以前的积蓄40万元，之后每个月发工资我都会转账到这张卡里。这样存3年，我们就可以买房了，密码是你生日。"就这样，夏婉儿保管着这张专用银行卡。

两个多月后的一天，恰逢"双十一"，夏婉儿看上了两套衣服和一个包，价格是平日的一半，她心动了。可是她每个月的钱都花光了，怎么办？夏婉儿心想，反正专用银行卡在自己手里，男友一时半会儿也不知道，先用一下卡里的钱，等以后有钱了再还回去，争取不让男友知道。于是，夏婉儿就用专用银行卡消费了2万多元。

然而，当天晚上男友回来后，满脸的不高兴："我收到银行短信通知了，你怎么不遵守约定，乱用专用银行卡的钱？"接着，他又大声责怪夏婉儿。夏婉儿没想到男友这么快就知道了，情急之下辩解道："哪个女孩不喜欢漂亮的衣服、包包，我不过是趁着大优惠买了一点儿，用得着这样上纲上线吗？"男友见夏婉儿不认错，还蛮横不讲理，就与夏婉儿大吵一架，然后气冲冲地摔门离去。

曹坤一生气就回到了父母家。偏偏这个时候，他父亲查出患了胃癌，曹坤和母亲急忙把父亲送进医院，家里好一番忙碌。这段时间，曹坤没顾上跟夏婉儿联系，索性就冷落夏婉儿一段时间。待把父亲在医院的事情安顿妥当后，曹坤点开了夏婉儿的朋友圈，他先是看到求人领走男友的那条信息，接下来就看到夏婉儿和一个30多岁男人在西餐厅约会的照片。曹坤顿时火冒三丈，急匆匆地就赶到了出租屋，要找夏婉儿当面问个究竟。

好在听完夏婉儿解释后，曹坤也明白了夏婉儿发朋友圈是要小心眼、使小性子，并没有找新的男朋友。曹坤叹了口气："这段时间我也在想，你拿着专用卡一买东西就是 2 万多元，好像也没把我们的将来当回事，你到底愿不愿意和我结婚，是不是真心要和我过一辈子？”夏婉儿满脸紧张，生怕男友又生气，赶紧回答道：“愿意，我是真心的。我错了，你原谅我吧。还有这张卡，从现在起由你保管，你把密码也改一下，这样也不用担心我再乱用了。”曹坤见夏婉儿认错了，而且态度真诚，就原谅了她。

夏婉儿因为用买房专用款购物，与男友闹得很不愉快，这次和好后，本以为迎接两人的就是美好生活，却没想到又起了波折。

转眼快到新年了，夏婉儿参加公司的聚会，喝多了，打电话叫男友曹坤过来接她。曹坤从医院赶到餐馆，把夏婉儿接回了出租屋。夏婉儿头晕晕地躺到床上，听到曹坤说：“我还要去医院看一下父亲，我先走了，你好好睡觉。”之后，男友就走了，夏婉儿昏昏沉沉地睡下了。

第二天，夏婉儿醒来，发现曹坤不在身边。她一看时间，才早上 6 点，就打电话问曹坤，你怎么这么早就出去了？但曹坤告诉她，昨晚父亲病情不稳定，他把夏婉儿送回出租屋后就整夜待在医院，并没有再回出租屋。

听到这话，夏婉儿一下子就蒙了。她隐约记得男友昨晚回来了，还和自己亲热了。夏婉儿手忙脚乱地掀开被子，发现床上有两团用过的纸巾，这让夏婉儿非常疑惑。因为男友有个习惯，用过的纸巾是绝不会扔在床上的。分明是夜里有别人来过！夏婉儿慌了，打电话让男友赶紧回来。

曹坤火急火燎地赶回来，听了夏婉儿的讲述，查看了床单和纸巾，异常震惊。那个人是谁？怎么进来的？两人都摸不着头绪，只好报了警。公安机关接警后立刻到夏婉儿家里调查，对现场进行了勘查，提取了床单、床单上的纸巾等证物，调取了监控录像，并带夏婉儿去医院检查身体。两天后，民警告知他们已经抓到了嫌疑人，经过审讯和播放监控录像，嫌疑人承认那天晚上他和夏婉儿发生了关系，不过嫌疑人却强调，夏婉儿当时并没有拒绝他。

监控里的人是谁？夏婉儿究竟是自愿的还是被侵犯了？警方调查后得知，这个人不是别人，正是夏婉儿的邻居罗志伟。自从和夏婉儿成了邻居，罗志伟就一直暗恋漂亮、活泼的夏婉儿。他看了夏婉儿在朋友圈发的求人领走男友的信息后，以为夏婉儿和男友分手了，就对夏婉儿展开了追求。虽然在罗志伟生日那天，夏婉儿拒绝了他的求爱，但在罗志伟看来，这只是一个女孩的矜持。后来，夏婉儿把他俩在西餐厅吃饭的照片发在了朋友圈里，罗志伟更是乐坏了，以为夏婉儿是在暗示他，愿意和他进一步交往。可就在罗志伟信心满满时，没想到夏婉儿的男友杀了个回马枪，又和夏婉儿和好了。之后，夏婉儿就不接他的电话，也不回复他的微信。罗志伟有些不甘心，他在寻找争取的机会。没想到，机会不久就来了。

一个月后的一天晚上，罗志伟从自家房门的猫眼里看到夏婉儿和男友从外面回来。夏婉儿脚步趔趄，头靠在曹坤身上，嘴里还说着“我没醉”。两人进屋约十分钟后，曹坤又匆匆出了门。罗志伟心想，这个曹坤，在夏婉儿喝多了最需要照顾的时候，偏偏走了，莫非两人又吵架了？罗志伟想去关心夏婉儿，于是就来到她家门口，刚想敲门，却发现门上插着钥匙，估计是曹坤走得急，忘拔了。真是天赐良机！罗志伟暗自窃喜，他悄悄地推开门，把钥匙取出来放到客厅桌上，然后进了卧室。看到夏婉儿躺在床上睡着了，他喊着夏婉儿的名字，夏婉儿含糊地应了一声，又睡过去了。看着夏婉儿美丽的脸庞，罗志伟没忍住，和夏婉儿发生了关系。事后，罗志伟悄悄回到了自己家中。罗志伟想，自己这样做，神不知鬼不觉，今后如果夏婉儿知道了，他就祈求夏婉儿的原谅，并表明自己是真心爱夏婉儿，愿意负责到底。他自认为，碍于面子，夏婉儿也不会把这件事传出去。但罗志伟万万没想到，夏婉儿竟然跟男友一起报了警。

案件至此真相大白，罗志伟趁着夏婉儿醉酒之时，进屋与夏婉儿发生了关系，此行为并非夏婉儿自愿，公安机关以罗志伟涉嫌强奸罪对他进行了刑事拘留。

侦查工作还在继续，可夏婉儿和男友曹坤却又起了波澜。自从知道警方抓到的人是罗志伟后，夏婉儿就只收到曹坤的一条信息，说他在医院忙着照顾生病的父亲，这段时间不要联系了。之后，夏婉儿打电话他不接，发微信他不回，他也没有再回出租屋。夏婉儿心里着急，就去医院找男友问个究竟。曹坤支支吾吾地道出了原因，夏婉儿听后，瞬间像掉进了冰窟窿一样。

原来，罗志伟被抓后，曹坤就联想起前段时间他和夏婉儿冷战时，夏婉儿和罗志伟就经常在一起，而罗志伟的经济条件比自己好，会不会是自己没有满足夏婉儿的购物需求，她就和罗志伟玩暧昧，把罗志伟当备胎呢？说不定，那天晚上的事夏婉儿就是半推半就，根本不是被侵犯了。曹坤越想越心烦意乱，干脆就不搭理夏婉儿，眼不见心不烦。听了男友的一番话，夏婉儿气得浑身发颤，自己当时喝酒都喝得迷糊了，哪里会想到罗志伟能进屋和她亲热！什么备胎，什么半推半就，简直就是侮辱自己！两人大吵了一架，夏婉儿伤心地离开了医院。

夏婉儿知道男友心里的疙瘩难以解开，她期待着能早日拿到判决结果，才能跟男友证明自己的清白。

几个月后，夏婉儿终于等到了案件开庭。庭审中，公诉人指控罗志伟构成强奸罪。罗志伟却辩解说，他和夏婉儿互有好感，当晚亲热时夏婉儿并没有反抗，他没有使用暴力、胁迫的手段强迫夏婉儿，他的行为不是强奸，不构成犯罪。罗志伟的辩解能得到法院的采纳吗？

这就涉及一个法律知识点：强奸罪的犯罪手段。

趁妇女酒醉强行发生性关系，是否构成强奸罪呢？《中华人民共和国刑法》第二百三十六条规定：以暴力、胁迫或者其他手段违背妇女意志，强行与妇女发生性关系的，构成强奸罪。也就是说，强奸罪的犯罪手段并不仅限于暴力或者胁迫手段，还包括使用其他手段。司法实践中常见的其他手段有：用药物麻醉的方法，或者利用妇女醉酒或熟睡，趁妇女不知反抗或者不能反抗之时强行与妇女发生性关系，等等。

本案中，罗志伟与夏婉儿发生关系时，夏婉儿没有反抗，但并不是出于自愿，而是因为醉酒不知反抗，罗志伟的行为属于刑法意义上的“其他手段”，应当认定是违背夏婉儿意愿的强奸行为，罗志伟的辩解理由依法不能成立。

最终法院认定，被告人罗志伟趁被害人夏婉儿醉酒意识不清时强行与被害人发生性关系，违背被害人的性意志，构成强奸罪，判决有期徒刑三年六个月。判决后，罗志伟不服，提起上诉，二审维持了原判。得知这个判决结果，罗志伟懊恼不已。自己是真心爱夏婉儿，原本以为趁夏婉儿睡着与她发生关系，就算夏婉儿知道了，也是民事纠纷。真没想到，这竟然是强奸的犯罪行为。早知道是这样，自己无论如何也不会起这样的念头。

自从夏婉儿上次在医院与男友曹坤吵架后，曹坤就没有再与她联系过。她盼星星、盼月亮，终于盼到了法院的生效判决书。她想着，这下就能证明自己清白了。于是，夏婉儿立刻联系了曹坤。可他的电话号码已是空号，微信也拉黑了自己。夏婉儿去医院找，也没见到曹坤，问医生、护士，也没人清楚。于是，夏婉儿去了曹坤的公司，从曹坤的好朋友阿文那里，夏婉儿又得知了一个惊人的消息。

那天，夏婉儿与曹坤在病房的走廊里吵架，内容不慎被曹坤的父亲听到了。得知未来的儿媳遭人侵害，儿子和她的婚事又遥遥无期，曹坤的父亲因为生气，病情加重，第二天突然去世。曹坤万分悲痛，同时他又恨上了夏婉儿，要不是她“作来作去”，自己怎么可能突然失去父亲！于是，曹坤办理完父亲的丧事后，主动申请到外地的分公司工作。临走前，曹坤还嘱咐好友阿文，若是夏婉儿来找他，就请阿文转告夏婉儿，他努力经营的爱情，就这样被夏婉儿给搞砸了，这说明他俩缘分已尽，请彼此珍重，相忘于江湖。

听到这些，夏婉儿哭得跟泪人似的。她后悔自己太任性了，当初与曹坤相爱，曹坤一心想和她存钱买房、结婚，她没有好好珍惜。在和曹坤闹别扭后，她又任性地发朋友圈让人领走男友，还把与邻居罗志伟吃饭的照片发到了朋友圈，惹得曹坤起疑心。在自己被罗志伟性侵后，曹坤心里有疙瘩时，又任性地跑到医院，在曹坤父亲的病房门口吵架，导致老人病情恶化，离开了人世……这些事情的发生，哪一件不是自己“作”的呢？好好的一段爱情，被自己的任性送进了坟墓。事到如今，后悔也晚了，自己酿的苦酒，也只能自己喝。夏婉儿心情沉重地离开了曹坤的公司。

朋友圈用得好，能提高幸福指数，但任性使用却可能导致后患无穷。

夏婉儿发的两条朋友圈，第一条是让人领走男友，引起了邻居罗志伟的误解，以为两人已经分手，这才有了追求夏婉儿的心；第二条是和罗志伟共进晚餐的照片，又引起男友曹坤的猜忌，更让罗志伟坚定了追求之心，这才有了追求不成，不甘心放手，之后性侵了夏婉儿。最终，尽管罗志伟受到了法律的惩罚，但是夏婉儿身体被侵犯，还失去了一段美好的爱情，身心遭受双重创伤，教训可谓深刻！

假复婚为买房

南　芳

法律知识点：窝藏罪

顾磊在北方某城市工作，两年前，他的妻子尤娜执意要离婚，顾磊无奈，只好答应。可就在前不久，尤娜又突然提出要和顾磊复婚，顾磊很惊讶，但还是把家里的钥匙给了尤娜，尤娜带着6岁的儿子涛涛又住回了家中。尤娜和涛涛在顾磊家住了近一个月，顾磊享受到了久违的天伦之乐。这让顾磊觉得，前妻尤娜是真心要和自己复婚。但接下来等待顾磊的，并不是破镜重圆，而是从未有过的恐惧。

2016年9月20日是顾磊30岁生日，也是尤娜重新回家大约一个月的时间。这天早上，尤娜主动提出，晚上为顾磊庆贺生日。快下班时，顾磊收到了尤娜的微信，说公司临时有事要加班，让顾磊不要回家，先自行在外面吃饭，她工作结束后就会联系顾磊，到时候再一起为他庆祝生日。顾磊有些意外，便微信问尤娜，谁去幼儿园接儿子。尤娜回复说，她下午已经抽空去接了儿子，送到孩子外婆家了，还发了一段孩子的视频。这下，顾磊放心了，就在公司附近吃了个快餐，一心等着尤娜的消息。

可等到晚上9点多，也没等到尤娜的消息。于是，顾磊就直接去了尤娜的公司，想看看她到底什么时候能下班。没想到，公司的保安告诉顾磊，尤娜中午就提前下班走了。顾磊觉得有些莫名其妙，给尤娜发微信问她在哪里。尤娜回复说，还在公司加班。顾磊生气地回复尤娜："我就在你公司门口，你到底在哪里？"之后，尤娜没有再回复。顾磊打电话给尤娜，也没人接听，好像她突然消失了。

这下顾磊傻眼了，尤娜到底在哪里？难道已经回家了？想到这里，顾磊急忙往家里赶，到家后已经是晚上 10 点多了。他进屋后，发现尤娜躺在卧室的地板上，全身是血，一动不动。顾磊惊恐万分，立刻报了警。警方和救护人员赶到后，确认尤娜已经死亡。经过法医检验，尤娜身上有多处刀伤，系失血过多死亡，死亡时间已有 8 个小时以上。也就是说，尤娜大约在下午 2 点就遇害身亡了。

依据法医出具的尸检结果，顾磊收到微信时，尤娜已经死亡了。也就是说，给顾磊发信息的人并不是尤娜，而是另有他人。

顾磊颤抖着手拿出手机，把微信对话的内容给警方看，讲述了自己今天与尤娜微信聊天的事情。警方听后，安慰顾磊，然后向顾磊了解情况。顾磊惊魂未定，缓了好一会儿才开始讲述。顾磊和尤娜是大学同学，在大学期间两人开始谈恋爱，毕业后就结婚了。婚后，顾磊在一家科技公司做软件开发员，尤娜在另一家公司做文员。顾磊想让妻子和儿子过上好生活，攒了几年钱后，与朋友合伙做生意，指望能因此挣大钱，买房买车。没想到，生意失败，他不仅没赚到钱，还欠下了几十万元的债务，成天被人追债，搞得家中不得安宁。尤娜为此怪顾磊没本事，多次和顾磊闹离婚，顾磊挽留不住，只好答应了。于是两人办了离婚手续，尤娜带着儿子离开了顾磊。没想到，离婚将近两年时，尤娜又主动提出要和顾磊复婚，并带着儿子回到了顾磊身边。顾磊至今也不知道尤娜要复婚的原因，更不清楚尤娜为什么会被人杀死在家中。

发现尤娜死亡后，顾磊给尤娜的母亲打电话，询问儿子涛涛是否在那儿，老人家说没见到。现在，顾磊很担心儿子的安全，他请求警方尽快破案，尽快找到他儿子。

警方分析，如果这个给顾磊发微信的人就是凶手，那么从他知道顾磊和尤娜的关系来看，应该是熟人作案。而且，这个人还发了孩子的视频，很可能他当时就和孩子在一起。警方决定先从孩子的线索查起。

警方赶往孩子的幼儿园调查。老师反映，下午自己收到了尤娜的微信，称公司要加班，让孩子的叔叔来接孩子。大约下午4点多，一名男子到幼儿园接走了涛涛，涛涛叫那名男子刘叔叔。警方调取了幼儿园附近的监控，发现接走涛涛的是一名30岁左右的男子。

为了尽快查明这名男子的身份，警方通知顾磊和尤娜的亲属来辨认。奇怪的是，大家都说没有见过这个男子。但尤娜的母亲提供了一个重要线索，她曾听尤娜说自己交了一个男朋友，叫刘晓伟，但还没把人带给她看过。

根据幼儿园老师和尤娜母亲提供的线索，带走涛涛的男子很有可能就是尤娜的男朋友刘晓伟。那么，刘晓伟带走涛涛的目的是什么？涛涛是否有危险？

就在大家担心涛涛的安全时，案发第二天凌晨5点左右，监控部门传来消息，通过天网搜寻发现，9月20日下午5点多，那名男子带着孩子涛涛上了一辆轿车，行驶一段时间后停在了一个公园门口，两个人进了公园。大约30分钟后，这名男子走出公园，左右张望了一会儿，独自开车走了。

警方赶到公园，经过四处搜寻，终于在一座雕塑后面的草丛里发现了涛涛。孩子身上没有外伤，像是睡着了，但是摇晃了好几下都没醒，于是警方立刻把孩子送到医院抢救。经检查，孩子服用了安眠药。经过抢救，孩子在早上7点多钟苏醒过来。根据孩子进入公园的时间估算，他服用安眠药大约昏睡了12个小时，因为药量不大，所以没有生命危险，但需要住院观察几天。

顾磊见儿子躲过一劫，松了一口气。待儿子缓过来一点儿后，顾磊问儿子，那个带他去公园的人是谁。涛涛告诉爸爸，带他去公园的人是刘晓伟叔叔，是妈妈的男朋友。昨天下午，刘叔叔到幼儿园接了他之后，带他去了公园，他喝了刘叔叔给的饮料，不知怎么就睡着了，醒来时已经在医院了。警方让涛涛辨认视频中的男子，涛涛认出这个男子就是刘晓伟。刘晓伟有杀害尤娜的重大嫌疑！于是，警方准备立即抓捕刘晓伟。

经过户籍查询，警方查到了刘晓伟的家庭地址，赶到刘晓伟家，开门的是刘晓伟的父母。民警询问他们，刘晓伟是否在家？两位老人神色紧张，颤抖着说："没在家。"经过搜查，警方没有发现刘晓伟，但在卧室衣柜的夹层里搜到了一件T恤和一条牛仔裤，上面有不少血迹。民警询问刘晓伟的父母，这带血的衣服和裤子是谁的？两位老人浑身哆嗦，低着头小声说"不知道"。警方严肃地告诉他们，现在刘晓伟涉嫌故意杀害尤娜，希望他们能协助警方尽快找到刘晓伟，如果窝藏包庇，是要承担法律责任的。刘晓伟的父母听后，对视了一眼，犹豫了一下，终于承认这带血的衣服和裤子就是儿子刘晓伟的。刘晓伟昨天下午慌慌张张地回到家，衣服上有不少血，说把尤娜给杀了。二老问他是怎么回事，他也不肯说，只说要尽快离开这里，不然被警察抓住就完了。二老为了让儿子有地方可去，就给老家的亲戚打了电话，称刘晓伟工作不顺心，要去散心。

很快，警方按照刘晓伟父母提供的地址找到了刘晓伟。见到警察时，刘晓伟惊恐万分，拔腿就跑，但最终还是被警方抓获。经审讯，刘晓伟承认自己杀死了女友尤娜。

刘晓伟是一家公司的中层管理人员，32岁，身材偏胖，性格内向，工作之余就喜欢宅在家里。一年前，他玩微信摇一摇时无意中认识了尤娜。尤娜长相漂亮，身材高挑，性格开朗，刘晓伟被尤娜深深吸引住了。尽管知道尤娜有过一段婚史，还带着一个孩子，但刘晓伟还是对尤娜展开了追求，两人成为恋人。认识半年时，刘晓伟向尤娜求婚，尤娜答应了。但她提出了一个要求，说经历过一次婚姻后，她对婚姻没有信心了，担心第二次婚姻又出现变故，要刘晓伟先为她在市中心买一套100平方米以上的房子，然后再办结婚手续。

尤娜答应了求婚，让刘晓伟高兴得合不拢嘴。不过，尤娜提出的条件却让他很为难，符合尤娜要求的房子大约要200万元，他自己加上父母的积蓄，也就100万元，钱是不够一次性付款的。于是，他硬着头皮与尤娜商量，买房能不能先交首付，剩余的房款就向银行申请按揭。没想到，尤娜大发雷霆，说按揭买房，如果不能按时还银行的钱，那银行随时可以收回房子，这样买房哪有什么安全感！还说刘晓伟父母有一套房子，如果卖出去，也能卖 100 万元，如果刘晓伟真的爱她，就把父母的房子卖了，一次性付款买她想要的房子。

刘晓伟父母名下确实有一套房，但也是父母唯一的一套房。如果卖掉了，那退休的父母住哪儿呢？所以，卖房肯定不行。刘晓伟左思右想，决定还是借钱买房。他和父母商量，请父母帮忙一起借钱。可几个月过去了，刘晓伟和父母只借到了 30 万元，还有 70 万元的缺口。刘晓伟为此几个晚上都没睡好觉，翻来覆去，绞尽脑汁也想不出更好的办法。他只好再次和尤娜商量，向银行借钱买房，还保证等结婚后他会更加努力工作，相信不到 40 岁，就可以还清银行的贷款。但尤娜坚决不肯，还和刘晓伟大吵了一架。

刘晓伟虽然因为贷款买房的事和尤娜有过争吵，但他真心爱着尤娜，也真心希望能和尤娜一起生活，两人的关系并没有恶化到要伤害对方性命的地步。那究竟是什么原因，让刘晓伟将尤娜残忍杀害？

原来，在两人争吵后的一个月，刘晓伟突然收到尤娜的微信，说前夫顾磊向她提出了复婚要求，她已带着儿子住进了前夫家，如果刘晓伟再不买她想要的房子，她会考虑前夫的复婚要求。刘晓伟怎么也没想到尤娜这么任性，自己不能一次性为她买房，她就住进了前夫家中。

这天中午，他尾随尤娜进到顾磊家中。一见面，刘晓伟就质问尤娜："你已经答应了我的求婚，现在就是我的未婚妻，但你却和前夫住在一起，这算怎么回事？"

没想到尤娜态度很强硬："我前夫很疼爱我，想和我复婚，一会儿我就去幼儿园接儿子，晚上为我前夫过生日。你有本事，就一个月内为我买房；没本事，就等着喝我和前夫复婚的喜酒吧。"听尤娜这样说，刘晓伟气得快疯掉了。一个月，他怎么可能筹到剩余的 70 万元呢？尤娜不是故意为难自己吗？他和尤娜再次发生了激烈的争吵。争吵中，他看到茶几上有把水果刀，拿起刀就对着尤娜的脖子，吼道："你就这么看重房子吗？那我们的感情算什么？"

尤娜没想到一向对自己百依百顺的刘晓伟敢用刀对着自己，气得脸色发青，不顾一切去抢刀。刘晓伟一闪，刀划到了尤娜的脖子，出现了一条浅浅的血痕。尤娜疼得大叫，歇斯底里地喊道："对，我就是看重房子才答应和你结婚的！否则，就你这样的，论长相，没有我前夫一半好看；论性格，还是个闷葫芦。不好看也不好用，谁嫁给你谁倒霉！"听到尤娜这样羞辱他，刘晓伟气得失去了理智，发疯似的拿刀对着尤娜一顿乱捅，直到尤娜一动不动。刘晓伟突然意识到，自己杀死了尤娜！他很害怕，拿了尤娜的手机就慌慌张张地逃回了自己家，告诉父母，他杀了尤娜。

为了给自己逃跑多争取一些时间，刘晓伟还用尤娜的手机，冒充尤娜给顾磊发了微信和视频；给幼儿园的老师发了微信，去幼儿园接了顾磊的儿子，在公园里把放有安眠药的饮料给孩子喝下。孩子睡着后，刘晓伟就逃到了乡下，他没想到，自己这么快就被警方抓获了。

真相大白后，警方对案发现场的水果刀，以及在刘晓伟家搜查到的带血的衣裤进行了鉴定。鉴定结果显示，在带血的衣服和裤子上，多处检验出尤娜的血迹，并检验出了刘晓伟的 DNA；水果刀上有刘晓伟的指纹，刀上的血迹与尤娜的血型相吻合。经过一系列调查工作，警方认定刘晓伟是杀害尤娜的凶手，决定提请检察机关对刘晓伟实施逮捕。

刘晓伟的父母正担心儿子的命运时，没想到自己的命运也同样值得担忧：他们也被警方逮捕了！原来，警方在刘晓伟的行李中搜到了将近两万元现金，刘晓伟一开始说钱是自己的，但经过调查，警方证实案发期间刘晓伟没有取款记录，而这期间刘晓伟的母亲用银行卡在柜台取了两万元。面对银行的取款凭证，刘晓伟及其父母都承认了这两万元的来源。这也就意味着，刘晓伟的父母对刘晓伟的逃跑提供了物质帮助。关于刘晓伟父母打电话给乡下亲戚，说刘晓伟要去亲戚家居住的事，警方也予以了核实。于是，警方以刘晓伟的父母涉嫌窝藏罪将二人逮捕。得知自己也犯了罪，刘晓伟的父母顿时蒙了。面对警方的指控，老两口始终认为自己无罪，帮助儿子逃跑是人之常情，希望法院能还他们清白。对于刘晓伟父母窝藏、包庇儿子的行为，法院会如何判决？

很快，检察院以刘晓伟涉嫌故意杀人罪、刘晓伟父母涉嫌窝藏罪一并向法院提起了公诉。庭审中，刘晓伟的父母辩解说，无论是给儿子钱还是给亲戚打电话收留儿子，都是人之常情，怎么就构成窝藏罪了？

刘晓伟父母的行为是否构成窝藏罪呢？这就涉及一个法律知识点：窝藏罪。

窝藏罪是指，明知是犯罪的人而为其提供隐藏住所、财物，帮助其逃匿、隐匿的行为，主要有三种情形：（一）提供隐藏住所，表现为将犯罪人留宿在家中、为犯罪人租赁房屋、介绍至亲友处隐藏等；（二）提供财物，资助或帮助犯罪人逃匿，如提供交通费、住宿费等；（三）帮助其逃匿，主要是指提供其他便利条件帮助逃匿，如为犯罪分子带路、指示逃匿的路线、地点，提供交通便利等。

本案中，刘晓伟的父母明知刘晓伟杀害了尤娜，没有劝其投案自首，反而让刘晓伟到亲戚家躲藏。为了让刘晓伟顺利逃跑，还给了刘晓伟两万元现金使用，属于主观上明知刘晓伟是犯罪的人，客观上实施了为刘晓伟提供隐藏住所和财物，以帮助其隐匿、逃匿的行为，符合上述情形中的第一种、第二种情形，应认定为窝藏罪。

最终，法院认定被告人刘晓伟的父母均构成窝藏罪，鉴于系初犯，考虑本案的犯罪情节，可适用缓刑，判处有期徒刑三年，缓刑三年。

同时，法院认定刘晓伟杀害被害人尤娜，事实清楚，证据确实充分，构成故意杀人罪。考虑到被告人亲属赔偿被害人父母及儿子 100 万元损失，得到了被害人家属的谅解，也考虑到本案是感情纠纷引起，尤娜对此也有一定的责任，对刘晓伟从轻处罚，判处死刑，缓期两年执行。判决书送达后，刘晓伟及其父母均没有上诉。

参加完庭审活动，顾磊才真正明白，前妻尤娜并不是真心要和他复婚，这只是她逼男朋友买房子的一个筹码，这一切都是做给她男朋友看的。顾磊自认对前妻的回头是真诚相待，换来的却是前妻的利用。现在，杀害前妻的凶手已经受到了应有的惩罚，案件结束了，可这件事对他们的儿子涛涛来说，远远没有结束。涛涛住院三天后就出院了，虽然身体恢复了，但精神状态很糟糕。自从涛涛知道妈妈尤娜被刘叔叔杀害后，整个人都变了，原本活泼可爱的他变得沉默不语，夜里总是惊醒，醒来后就哭着要妈妈。看着儿子哭得撕心裂肺的样子，顾磊心如刀绞，他心疼地把儿子搂在怀里，默默祈祷儿子能够早日走出阴影。

无论是恋爱还是婚姻，男女双方都需要安全感，但安全感一定是相互的，是在双方共同努力和经营的基础上产生的。但愿每个人都能清醒地认识到，并非只要物质条件满足就能带来安全感，恋人或夫妻同心，共同面对困难，互相体谅难处，精神相通，才能真正拥有生活的安全感，才能拥有幸福的生活。

占有欲望害了他

南　芳

法律知识点：自首（自首不从宽处罚的情形）

2016年冬天，凌晨四五点钟，天空还只是蒙蒙亮，寒风呼啸。北方的某个小村里，人们还在被窝里做着美梦。突然，一阵猛烈的敲门声打破了村里的宁静，有人喊道："娜娜，出事了，出大事了！"睡梦中的赵娜娜被惊醒，她迷迷糊糊地打开门。只见邻居神色慌张，他告诉赵娜娜："你老公何辉被车撞了，你快去看看！"赵娜娜吓得睡意全无，手忙脚乱地穿上衣服，跟着邻居就往外跑。在路上，邻居说他看到何辉被一辆轿车撞倒，车子从何辉身上轧过去就跑了！赵娜娜拼命赶往现场，见到何辉时，他一动不动地躺在地上，鲜红的血流了一地。何辉一早骑着摩托车去镇上的屠宰场上班，出门时还好好的，怎么一转眼就倒在了血泊里？赵娜娜哭着喊丈夫的名字，邻居赶紧拨打了120急救电话和报警电话，警察和救护人员很快赶到。救护车将何辉送往医院抢救。不幸的是，经过抢救，何辉还是离开了人世。赵娜娜悲恸欲绝，她不明白，到底是谁撞死了丈夫后又逃逸了？警方能找到凶手吗？

赵娜娜在医院处理丈夫的后事时，两名警察来到医院，在确认了赵娜娜的身份后，告诉她，有名男子向公安机关投案，承认他就是肇事司机。因为当天清晨有雾，他没有看到前面有人，等看到时，已经来不及刹车，结果就把人给撞了。当民警告诉她肇事司机的名字叫徐小毛时，赵娜娜瞬间脸色煞白，把头摇得跟拨浪鼓一样，大声说："不可能，不可能，你们一定是搞错了！”民警感觉赵娜娜神情有些异样，就拿出肇事者的照片让她辨认。赵娜娜盯着照片看了很久，脸色惨白，双肩颤抖，大叫一声“老公，是我害了你”，然后晕了过去。医护人员赶紧对她进行紧急施救。赵娜娜苏醒过来后，竟然对警察说，她怀疑是徐小毛杀了何辉。

面对民警的询问，赵娜娜一会儿说自己害了丈夫何辉，一会又说是徐小毛杀了何辉，这到底是怎么回事？赵娜娜为什么要一口咬定徐小毛是蓄意谋杀呢？要揭开其中的谜底，还得从赵娜娜和丈夫何辉的婚姻说起。

赵娜娜的父亲与何辉的父亲是老乡，又是至交，何辉比赵娜娜大5岁，两人从小就在一起玩耍。18岁时，赵娜娜长成了一个亭亭玉立的大姑娘，两条齐腰的辫子又粗又黑，一笑起来，俏丽的脸蛋上还有两个甜甜的酒窝。村里不少年轻人都在追求赵娜娜，何辉也是其中一个。不过，赵娜娜平时喜欢看书，向往浪漫的生活，所以看不上村里这些追求者，也不喜欢老实木讷的何辉，她只是把何辉当哥哥看，所以拒绝了何辉的追求。

赵娜娜的母亲去世得早，平日她与父亲相依为命。父亲在村里承包了一片苗圃，赵娜娜高中毕业后就和父亲一起打理着苗圃的生意。赵娜娜20岁那年，父亲患了肺癌，从手术到化疗，需要几十万元，赵娜娜家根本就拿不出这笔治疗费。何辉知道后，二话不说就拿出了自己在外打工的积蓄，何辉的父母为了这位老朋友的治疗也几乎倾尽所有。可惜，赵爸爸最终还是撒手人寰。弥留之际，赵爸爸拉着女儿的手说，何辉一家对我们有恩，你一定要好好报答人家，何辉是个靠得住的人，你能嫁给他，是我最后的心愿，否则，我就是死也不会瞑目的。当时在场的人除了赵娜娜，还有何辉及其父母。赵娜娜含泪答应下来，父亲这才安然离开了人世。父亲去世一年后，赵娜娜遵从父亲的遗愿和何辉办理了结婚手续。但在赵娜娜心里，她并不爱何辉，嫁给何辉只是为了报恩。何辉也知道赵娜娜的心思，所以就想尽办法对赵娜娜好。

和何辉结婚后，赵娜娜觉得自己的婚姻枯燥乏味，对以后的生活也不再抱有期待。就在这时，一个人的出现，让赵娜娜的生活从此发生了转变。

这个人就是徐小毛，他比赵娜娜大两岁。2014 年，徐小毛来到赵娜娜所在的村里买了一片苗圃，位置就在赵娜娜家苗圃的隔壁。徐小毛不熟悉苗圃经营，经常向赵娜娜请教，赵娜娜则耐心指导，帮助徐小毛顺利度过了最初的艰难期，徐小毛的苗圃生意也慢慢有了些薄利。转眼半年多过去了，赵娜娜和徐小毛因为经营同样的生意，交往频繁，自然成了无话不说的朋友。交往中，赵娜娜了解到徐小毛的婚姻也不如意。

徐小毛因为和妻子吵架而焦躁不安，经营的公司因为几个重大决策失误，生意一落千丈，最后经营不下去，他只好解散了公司。事业和婚姻的不如意，让徐小毛心灰意冷，就想离开家去外面静一静。徐小毛打听到，某村庄有一个苗圃准备转手，价格合适，离家 100 多千米。他交了转手费，留下一张纸条告知妻子，就这样来到了赵娜娜所在的小村经营苗圃，认识了赵娜娜。

赵娜娜觉得，她和徐小毛是同病相怜，婚姻都不如意，也就把自己婚姻的不如意告诉了徐小毛。一番诉说后，赵娜娜忍不住哭了起来。

来村里半年多，赵娜娜对徐小毛照顾颇多。在苗圃最艰难的日子里，是赵娜娜的体贴、善解人意陪伴着徐小毛度过的，徐小毛打心眼儿里喜欢善良、美丽的赵娜娜。之前，他以为赵娜娜婚姻幸福，所以没敢有非分之想。现在才知道，原来赵娜娜是出于感恩才嫁给了自己的丈夫，她的生活并不幸福。看到赵娜娜哭得上气不接下气，徐小毛的心揪了起来。他一把将赵娜娜抱住，说愿意给她幸福。赵娜娜听到这话，像触电一般，一种从未有过的震撼感流遍全身。这一刻，赵娜娜意识到她爱徐小毛。徐小毛安慰着怀里的赵娜娜，赵娜娜却突然从徐小毛的怀里挣脱出来，说她不能和徐小毛在一起。因为，如果她接受了徐小毛，就等于背叛了丈夫，更背叛了父亲的遗愿。赵娜娜心里乱成一团，她拒绝了徐小毛，站起来转身离开了。

这天中午，赵娜娜刚睡完午觉，徐小毛突然跑过来说，你家孩子出事了。赵娜娜大惊失色，忙问发生了什么事。徐小毛说，孩子现在已经平安了，在村里的卫生站观察，让赵娜娜不要太担心。在赶往卫生站的路上，徐小毛讲起了事发经过。

原来，赵娜娜的儿子中午在村里玩耍时，不小心掉入鱼塘里，被徐小毛救上来。当时孩子昏迷不醒，徐小毛还对孩子实施了人工呼吸。待孩子苏醒后，他把孩子送到了卫生站。两人赶到卫生站时，孩子已经没事了，当天下午，是徐小毛把孩子背回了家。

这事让赵娜娜对徐小毛又多了一份好感和依赖。十多天前拒绝徐小毛后，赵娜娜无时无刻不在思念着徐小毛。她甚至想，徐小毛是上天看她婚姻不如意给她的弥补，让她拥有一段浪漫的爱情，而且徐小毛还是救她孩子的恩人，这一切都是天意。想到这里，赵娜娜开始动摇了。当丈夫提出要感谢徐小毛，请他来家里吃饭时，赵娜娜当即表示同意。当晚，徐小毛如约而来，赵娜娜和丈夫备上好酒好菜招待他。何辉不胜酒力，喝醉了。吃完饭，赵娜娜安排好孩子睡觉后，就送徐小毛出门，一直送到了徐小毛的住处门口。借着酒意，徐小毛试探着去牵赵娜娜的手，见赵娜娜没有拒绝，便大胆地抱紧了她。两个人就这样突破了普通朋友的底线，成为情人。

相处一段时间后，徐小毛提出要赵娜娜离婚，他也和妻子离婚，这样，两人就可以光明正大地在一起了。在赵娜娜心里，虽然和徐小毛在一起很快乐，但只要她一想起父亲的临终遗言，就觉得对不起父亲，对不起丈夫。所以，赵娜娜打定主意，不能离婚。于是她告诉徐小毛，自己不能离婚，两人的情人关系也千万不能让家人知道，双方的婚姻各自维持，如果徐小毛不答应，她就不再与徐小毛来往。徐小毛看到赵娜娜如此坚决，只好答应下来。出于私心，他要赵娜娜也答应他一个条件，那就是不能再和何辉生孩子，赵娜娜也答应了。

就这样，赵娜娜和徐小毛一直遵守约定，享受着偷情的快乐。可这种快乐没持续多久，一件事情的发生，让他们的约定没能继续下去。

这天是徐小毛的生日，中午，赵娜娜在徐小毛租住的房子里做了一桌丰盛的饭菜，为徐小毛庆贺生日。饭后，两人正在亲热，突然传来了敲门声。徐小毛以为是苗圃的工人有事找他，就让赵娜娜在卧室等着他，自己披上衣服去开门，没想到来人竟然是他的妻子和女儿。原来，女儿想在生日这天给父亲一个惊喜，瞒着父亲，硬是缠着母亲带自己来到村里，要亲自给父亲过生日。见到女儿手里的礼物，徐小毛惊慌失措，他来不及关卧室门，更来不及让赵娜娜躲起来。结果可想而知，徐小毛和赵娜娜被妻女逮了个正着。当天，女儿哭着冲出门去，妻子扔下一句“离婚”，就去追女儿了。

不久，徐小毛的妻子就提出了离婚，听语气，毫无回旋之地。徐小毛心中已有赵娜娜，对自己的婚姻本就没有太多留恋，于是答应了。两人协议离婚，并很快办理了离婚手续，女儿归前妻抚养。

徐小毛恢复了单身，没有了婚姻的束缚，女儿也不在身边，孤身一人的徐小毛再次想到让赵娜娜离婚，和自己结婚。可徐小毛害怕又被赵娜娜拒绝，为了达到目的，他想出了歪主意。

徐小毛知道赵娜娜是碍于丈夫何辉的恩情，不愿意离婚，于是故意在村里放出自己和赵娜娜是情人关系的消息。不久，村里人都知道了，赵娜娜的丈夫何辉也知道了。本来，徐小毛想以此逼他们夫妻大吵大闹，闹崩了，也就离婚了。他却没想到，何辉很厚道，不仅没和赵娜娜吵闹，还让赵娜娜自己选择，说自己不能给赵娜娜浪漫的爱情，但是能够守护赵娜娜一生。丈夫的一番话，让赵娜娜很羞愧。想起父亲临终前的交代，她一番犹豫之后，还是下定决心不离婚，并和情人徐小毛分手。她给徐小毛发了条微信：“我们分手吧。”为了让徐小毛死心，她还谎称自己怀上了丈夫何辉的孩子，她是不可能和丈夫离婚的。之后，赵娜娜就不再接徐小毛的电话，也不回徐小毛的微信。徐小毛没想到自己一番苦心设计，竟然是这样的结果，心有不甘。

几天后，徐小毛把赵娜娜堵在苗圃门口，要赵娜娜当面给个说法。但是赵娜娜仍然坚持要分手，还说，只要丈夫何辉在世一天，她就不会离婚。说完，她头也不回地走了。

赵娜娜以为，这下徐小毛该死心了。可万万没想到，一个月后就发生了那场车祸。当民警告诉赵娜娜，肇事司机是徐小毛时，直觉告诉她，这不是意外事故。赵娜娜越想越害怕，于是向民警道出了自己的怀疑。她觉得这不是普通的交通事故，很有可能是徐小毛故意造成的。然后她向警方讲述了自己和徐小毛相处的经过，还出示了微信聊天记录。

警方立刻审讯了徐小毛。徐小毛一开始还坚称这是交通事故，他是不小心撞死了何辉；还说他与何辉是好朋友，现在何辉死了，他也很难过。直到警方把赵娜娜手机中的微信聊天记录给徐小毛看，他的目光才黯淡下来，终于承认自己是有意撞死何辉。

原来，那天在苗圃里，赵娜娜说，只要有丈夫何辉在世一天，她都不会跟丈夫离婚。这句话深深触动了徐小毛。在徐小毛看来，何辉就是他和赵娜娜幸福生活的最大障碍。于是，徐小毛决定制造一起交通事故，撞死何辉，然后去自首。这样，何辉死了，他自首也会得到从宽处理，不用多久就可以出来，也就可以和赵娜娜一起生活。案发前几天，徐小毛就发微信给赵娜娜，再次向她确认：是不是何辉不在了，你就会跟我在一起？赵娜娜没有回复。徐小毛自信地以为，这是赵娜娜默认了。于是，他又发了一条微信给赵娜娜：你等着我，我一定要跟你在一起。不久，徐小毛就购买了一辆二手车，多次在何辉出入的地段熟悉道路情况。他摸清楚了，何辉每天早上 4 点钟骑摩托车从家里出门，去镇上的屠宰场上班。案发当天一早，徐小毛就开车在何辉出入的地方等候，看到何辉出来后就紧随其后，然后加大油门从后面朝何辉撞去。何辉被撞倒在马路中间，徐小毛又开车从何辉身上轧过去，便迅速离开了现场。事后，他以交通肇事为由向公安机关自首。徐小毛自信地认为，何辉死了，按照他和赵娜娜的感情，赵娜娜即使怀疑是他有意撞人，也不会把他给供出来。没想到，赵娜娜伤心过度，竟一口咬定他是凶手，更没想到赵娜娜会把他发出的微信出示给警方。

真相大白，原来交通肇事的背后，是徐小毛精心策划的谋杀。警方调取了案发地段的监控录像，还走访了附近的村民，认定是徐小毛故意撞死何辉，于是以涉嫌故意杀人罪对徐小毛实施逮捕，在侦查结束后将案件移交检察院。检察院审查后，向中级人民法院提起了公诉。庭审中，公诉人向法庭建议对徐小毛判处死刑。徐小毛情绪激动，他辩解说，自己是自首，应该要从宽，怎么能判他死刑?！徐小毛的辩解能否成立？自首情节在什么情况下可以从轻处罚？

这就涉及一个法律知识点：自首不从宽处罚的情形。《中华人民共和国刑法》第六十七条规定：“犯罪以后自动投案，如实供述自己的罪行的，是自首。对于自首的犯罪分子，可以从轻或者减轻处罚。其中，犯罪较轻的，可以免除处罚。

被采取强制措施的犯罪嫌疑人、被告人和正在服刑的罪犯，如实供述司法机关还未掌握的本人其他罪行的，以自首论。

犯罪嫌疑人虽不具有前两款规定的自首情节，但是如实供述自己罪行的，可以从轻处罚；因其如实供述自己罪行，避免特别严重后果发生的，可以减轻处罚。”

可见，对于自首的犯罪分子，按照法律的规定是可以从宽处罚，即可以从轻或者减轻处罚，而不是应当从宽处罚。

那么，对于自首的被告人，法院是怎样确定从宽或者不从宽的呢？根据《最高人民法院关于贯彻宽严相济刑事政策的若干意见》第十七条的规定：“对于自首的被告人，除了罪行极其严重、主观恶性极深、人身危险性极大，或者恶意地利用自首规避法律制裁者以外，一般均应当依法从宽处罚。”

本案中，被告人徐小毛虽有自动投案的行为，但他在投案后隐瞒故意杀人的犯罪事实，企图误导侦查机关认定本案是普通的交通肇事罪，而且恶意利用自首规避法律制裁；当侦查人员出示徐小毛与赵娜娜的微信往来信息后，徐小毛才不得不供述自己杀人的动机和行为；而且，徐小毛在将何辉撞飞后，又再次碾轧何辉的身体，手段十分残忍，主观恶性极深。所以，徐小毛的行为属于自首，却不属于可以从宽的情形。

最终，法院认定，被告人徐小毛采取交通肇事的方式，故意剥夺被害人何辉的生命，致人死亡，构成故意杀人罪。案发后，徐小毛虽有自首情节，但根据其犯罪的事实、性质、情节和对社会的危害程度，不足以对其从轻处罚，依法判处死刑，缓期两年执行，剥夺政治权利终身。听到自己被判处死缓，徐小毛这才意识到事态的严重性，开始后悔不该一时冲动撞死了何辉。如今，自己不仅没有得到赵娜娜，还要在监狱度过漫漫长日。徐小毛在悔恨中等来了二审维持原判的结果。

案件结束了，赵娜娜一下子失去了生命中的两个男人，一个是深爱她的丈夫，一个是她深爱过的情人，这件事对她的打击很大。她后悔不该听从父亲的遗愿，嫁给了自己不爱的丈夫，更不该把婚外情当作婚姻的调剂品，在丈夫和情人之间玩冒险游戏，以至于丈夫赴黄泉，情人进监狱，自己也生不如死。

一场婚外情，何辉成了车下冤魂，徐小毛被判处死缓，这一切的根本原因，就是赵娜娜因为想报答何辉一家人而结婚。婚姻建立在报恩的基础上，而不是建立在爱情的基础上，如此缔结的婚姻本身就不牢固。就算没有徐小毛，也可能会出现李小毛、王小毛、周小毛等。如果赵娜娜是嫁给了自己真正爱的人，或许就不会婚内出轨，也不至于酿成悲剧。但愿每一个人都明白，婚姻是一生的承诺，爱情是婚姻的基础，没有这个基础，婚姻就犹如大厦地基不牢，随时有倾塌的可能。

李桐样 / 主讲人简介及普法心得

1. 李桐样简介

李桐样律师，1973 年生，毕业于南昌大学法律系（本科），自 1998 起从事专职律师工作。现担任广东正大方略律师事务所副主任、高级合伙人律师。中央广播电视总台《法律讲堂》主讲人，2012—2016 年度广东省优秀律师，广东省律师协会刑事法律专业委员会副主任，广东省法学会律师学研究会常务理事，广州市律师协会理事、文化宣传委员会副主任，广州律师辩论团团长，华南师范大学律师学院兼职教授。

执业 20 余年来，成功办理各类案件上千起。近年来，他以办理刑辩业务及重大疑难经济纠纷业务为主，其扎实的法律功底、高超的办案技巧、勤勉的工作作风、谦逊的处世风格深得业内外人士好评。长于辩论和写作，多次获国家级、省级律师辩论赛优秀辩手奖、最佳辩手奖，发表法学论文 10 余篇，并著有律师题材小说《愤怒的王冠》。

2. 李桐样公益普法心得

我从事律师工作已经 25 年。这 25 年，公益普法工作一直是我生活的重要组成部分。从进行普法讲座到提供现场咨询，从担任电视台法治节目嘉宾到有幸担任央视《法律讲堂》主讲人……能够利用自己的专业技能，为百姓维权护法，为企业答疑解惑，为政府建言献策，我是快乐的，自豪的。

蓦然回首，我已阅尽半世风光。这半生，未曾闻达于诸侯，不求鹤立于鸡群，可我的半生有浩瀚法典相随，有普法路上的知己好友同行，我是感恩的，也是幸运的。

来世，还做个好律师，还做个好人。

有人要砍掉我的手

李桐祥

法律知识点：敲诈勒索罪与诈骗罪的区别

2014年5月，某个周末的深夜，南方某市一家餐馆的老板朱永贵哼着小曲、兴高采烈地开着车准备回家。朱老板为什么这么高兴呢？原来，这段日子餐馆生意火爆，朱永贵每天都数钱数到手抽筋，这样发展下去，换房换车的计划很快就可以实现了。为此，朱永贵在睡梦中都会笑醒。

开车途中，朱永贵接到了一个陌生电话，这个电话把他吓得魂飞魄散，车都差点翻了。

打电话的人自称“龙哥”，是当地的黑社会头子，手下有100多个要钱不要命的马仔。龙哥说，有人要雇他砍掉朱永贵一只手。朱永贵追问雇主是谁？龙哥说，这个他管不了，但他也不想把事情闹大，只要朱永贵能在48小时内把50万元汇入指定账号，这事儿就算结束了，他可以负责把雇主摆平。否则，就要考虑是砍朱老板的左手还是右手了。朱永贵想继续追问，可龙哥果断挂了电话。

朱永贵胆战心惊，惊慌失措地回到家，躺在床上怎么也睡不着。朱永贵为人虽然精明圆滑，可也没做过什么伤天害理的事情。他仔仔细细地把有可能得罪的人在脑子里过了一遍，可就是把脑袋想破了，也想不出哪个人对他有如此仇恨，一定要砍他的手……极度紧张、焦虑、恐惧、疲惫之后，朱永贵终于睡着了。他做了一个梦，梦见自己被五花大绑地捆在一间破仓库里，一个满脸横肉、凶神恶煞的大汉正挥动着大砍刀朝他扑过来，而大汉的背后，一个女子手中夹着香烟，得意扬扬地笑道："朱老板啊朱老板，你也有今天……"

"对了，对了，会不会是她？一定是她！"在冷汗淋漓中醒来，朱永贵想起了一个女人。他觉得，极有可能就是这个女人要雇人砍他的手。

女人名叫颜梅，两年前曾在朱永贵的餐馆打工，担任领班。颜梅长得颇有几分姿色，而且开朗大方、做事干练，深得客户喜爱，帮餐馆留住了很多客人。对这样一位各方面都很优秀的员工，老板朱永贵自然高看几眼，从而颜梅的生活起居与工资待遇，都明显好于其他员工。一来二去的，两人是干柴烈火、勾搭成奸。

纸是包不住火的，两人的暧昧关系被朱永贵的老婆阿香知道了。阿香也不是省油的灯，而是远近闻名的"河东狮吼"。她在得知老公居然包养情人后，当场就拿起菜刀，声称要把朱永贵剁成肉酱。朱永贵吓得屁滚尿流，连连磕头求饶，幸亏亲朋好友在旁边极力阻止，朱永贵这才保住了一条小命。

阿香虽然勉强原谅了老公朱永贵，却绝对容不下颜梅这个眼中钉、肉中刺。她纠集家人，在大庭广众之下把颜梅痛打一顿，叫颜梅有多远滚多远。

对颜梅，朱永贵心里多少还是有些愧疚的，在知道颜梅准备回老家后，他偷偷把背着老婆攒下的 3 万元私房钱全部给了颜梅。

朱永贵自以为对颜梅仁至义尽，可颜梅却丝毫不领情。钱她是收下了，却对朱永贵放下一句狠话："我瞧不起你这种没有担当的男人，总有一天，我会让你和你老婆都得到报应！"说完，她便头也不回地走了。

朱永贵为这事难过了很久，还托人打听到颜梅在老家的手机号码，可碍于面子，他从来没有打过。两年了，颜梅再没有联系过他，也没做过什么报复的事。朱永贵认为，颜梅所说的"报复"，只是姑娘家一时的气话，慢慢就把这事淡忘了。

可两年之后，朱永贵却接到"龙哥"的敲诈电话。这个龙哥是受谁的指使来敲诈他的呢？朱永贵觉得，颜梅是他唯一得罪过的人，所以决定打电话问个明白。

朱永贵哆哆嗦嗦地拨通了颜梅的手机，接电话的果然是颜梅。颜梅冷冷地问朱永贵有何贵干。当朱永贵支支吾吾地问她是否委托过一个叫“龙哥”的人向他索要分手费，如果不给，就叫“龙哥”砍他的手时，颜梅顿时火冒三丈，说道：“朱永贵你神经病，谁稀罕你的钱！”说完就挂了电话。

从颜梅的语气态度看，除非她是一个天才演员，否则足以排除她雇凶砍人的可能性。这让朱永贵的心情居然有了几分轻松，可他宽松的心情没持续几分钟，又立即紧张了起来。为什么呢？因为被人砍手的危险丝毫没有排除。朱永贵急得像热锅上的蚂蚁，坐卧不宁。

焦急归焦急，餐馆的生意还是要打理。第二天，朱永贵强撑着疲惫不堪的身体来到餐馆，躲在办公室里唉声叹气。

朱永贵的异常表现，引起了一个男人的注意，正是这个男人的一番话，让朱永贵对电话敲诈这件事有了新的看法。这个男人是朱永贵新聘请的餐馆领班王勇。王勇为人处世稳重得体，脑筋也很灵活，还跟朱永贵一样喜欢泡茶、喝酒，时间久了，朱永贵不但把王勇当成事业上的重要助手，也当成生活中的好兄弟。

王勇一上班就看老板朱永贵脸色不对，便找个时间向朱永贵汇报工作，顺便小心翼翼地说道：“贵哥，我看你今天气色不太好，可要多保重身体啊！有什么不开心的事不妨说说，看兄弟能不能帮到您。”

王勇的几句话，简直如春风化雨，滋润着朱永贵的心田。朱永贵再也承受不住巨大的精神压力，像个委屈的孩子，一股脑儿地把收到敲诈电话的事情告诉了王勇，并叫王勇帮忙分析分析，出出主意。

王勇一边认真地听朱永贵述说，一边仔细分析。几分钟后，王勇提出了他的看法，这个看法让朱永贵如醍醐灌顶，一下子清醒了。朱永贵一拍大腿，说道：“对啊！王勇，我怎么没想到呢！我真是左脑进了水、右脑是面粉，脑子一动就成糨糊了，还是王勇你聪明！”

王勇究竟说了什么，让朱永贵有醍醐灌顶的感觉呢？

王勇说，他经常上网，在网上看到过类似的新闻，也有人碰到过和朱永贵类似的遭遇，但这只是一种新型的诈骗方法。那些冒充黑社会的人，往往是骗到一个算一个，骗不到的，就算浪费电话费。王勇让朱永贵不要太紧张，也许他只是运气不好，碰到了骗子而已。不过，王勇最后还是补充道："不怕一万就怕万一，先不要报警，看看这个'龙哥'还有什么动作，判断他究竟是骗子还是真的要砍贵哥您的手，再考虑下一步怎么走。"

听着王勇有理有据、头头是道的分析，朱永贵对王勇佩服得五体投地。朱永贵的脑子早就乱成一团了，他决定，这件事以后就完全听从王勇的安排，暂时按兵不动，静观其变。

可就在两人交谈的过程中，朱永贵收到的一封神秘快递，让两人同时打消了这件事是诈骗的想法，并一致认为这是一起彻头彻尾的"雇凶砍人"事件。

朱永贵打开快递一看，里面有一张打印了银行账户的纸条，还有四五张照片，全是被砍了手脚的人痛苦挣扎的场面。照片中，有的人满地打滚，有的人磕头求饶，有的人号啕痛哭……总之，这些照片就是人间地狱的再现。更让人不寒而栗的是，照片制作者生怕吓不住朱老板，还特意在每张照片的右下角注明了作案时间、地点、原因……

朱永贵当场就吓傻了，拿着照片呆若木鸡。王勇接过照片一看，也是倒吸一口凉气，半天说不出话来。王勇抽着烟，慢慢说道："贵哥，来者不善，善者不来。还是赶快准备钱吧，不怕一万，就怕万一，不要报警，筹钱保命要紧。"朱永贵立刻翻箱倒柜地去找钱。在朱永贵看来，找钱就是和时间赛跑。钱没了可以再赚，如果手没了，成了"独臂大侠"，歪瓜裂枣地度过后半生，他朱永贵还不如不活了。阿香虽然对老公出轨的事情耿耿于怀，但大难临头，她什么也顾不上了，也开始心急火燎地找钱。

朱永贵夫妇这几年餐馆生意虽然做得不错，但买房买车也花了不少钱，所以家里真没多少存款。忙到当天深夜，夫妇俩把压箱底的钱都拿了出来，还东拼西凑借了几万元，总共也只筹到 25 万元，离"龙哥"要求的 50 万元还差一半。朱永贵急得嘴角起泡，一下子从土豪老板被整成劳改犯的模样了。朱永贵时不时地看着手表，离“龙哥”限定的交款时间不到 24 小时了，可剩下的 25 万元，他就是砸锅卖铁也凑不齐了。

怎么办？朱永贵把自己反锁在房间里，一边抽着烟，一边苦思冥想对策。天无绝人之路，朱永贵突然想起一个久违的朋友。

朱永贵想起的朋友叫周大刚，是做假币生意的，朱永贵知道周大刚及其同伙联系了某境外组织，采用了最新科技手段制造假币。假币仿真程度很高，朱永贵亲眼看到过周大刚在超市购物结账时，在真钱里掺杂了大量假币，超市里的验钞机愣是没有验出真假。

周大刚曾多次暗示朱永贵，可以按“朋友价”卖给朱永贵一些假币，这样，朱永贵做生意的成本就会大幅度降低。朱永贵虽然爱财如命，但违法犯罪的事情却是坚决不干的，所以严词拒绝了。

可现在大难当头，如果一天内凑不齐 50 万元给那位“龙哥”，自己恐怕真会被砍掉一只手。朱永贵顾不了那么多了，立刻拨通了周大刚的电话，表示想从他那里买 30 万元的“货”。

周大刚心领神会，一个小时后就来到了朱永贵的办公室。事情紧急，两人顾不得聊天寒暄了。朱永贵谎称，这些钱是为了应付几个上门要债的债主。但周大刚似乎不关心假币的用途，他打开包裹，30 沓崭新的假钞亮晃晃地呈现在朱永贵面前。

朱永贵拆开钞票，左看右看、上看下看，仔细地观察了很久，又拿着自己的真币对比了很久，发现这些假币跟真币就像是真假孙悟空一样，估计除了如来佛祖，谁也分辨不出来。

看到朱永贵对这些假币非常满意，周大刚说，买假币的行情价是 1∶4，贵哥要是真买的话，就按 1∶6 的价格卖，刚好 5 万块钱。朱永贵算了一下，如果用 5 万元真钱买周大刚的 30 万元假币，再加上自己剩下的 20 万元，刚好可以凑到 50 万元应付那位“龙哥”。花 25 万元就能打发那位“龙哥”，朱永贵想想还挺得意的。可就在决定付款成交的时刻，朱永贵却有些犹豫了。因为那位“龙哥”要求朱永贵把 50 万元通过银行汇过去，而朱永贵又不好意思把自己被别人敲诈的事情讲给周大刚听。所以，卖假币的周大刚自然不知道，朱永贵买了他的假币后会去银行汇给别人。

朱永贵知道，用假币是犯法的，用假币买买东西还好说，可公然拿着假币到银行去存，相当于拿着塑料砍刀上战场，简直就是去找死。一旦被银行发现，自己立刻就会被抓。该怎么办呢？这些假币到底该买还是不该买？

周大刚看朱永贵神色不对，就问怎么回事。朱永贵稍稍镇定下来，含含糊糊地表示，30 万元不是个小数目，他希望和周大刚一起，先拿一两万假币，去银行存进周大刚自己的银行卡里试试，如果能通过银行检验，这 30 万元假币他一定全买。

周大刚笑了，说道："贵哥您放心，能验出我的钱真假的验钞机还没造出来呢！行，我跟你一起去银行！"周大刚说完，便顺手从桌上拿起一沓假币，两人一起走出了餐馆。

在存款过程中，朱永贵就像猫盯着老鼠般，一直死死地盯着周大刚。朱永贵惊讶地发现：周大刚真的存款成功了！当周大刚把一万元的银行存款凭条交给朱永贵看时，朱永贵终于彻底相信：周大刚的钱完全可以以假乱真，通过银行给"龙哥"转账不会有问题。

回到餐馆，朱永贵立刻决定买周大刚的假币。由于有 1 万元假币已经被周大刚存入他自己的银行卡，现在只剩下 29 万元的假币，周大刚又立刻叫人送来 1 万元假币，凑足了 30 万元。朱永贵用 5 万元真钱买下了这 30 万元假币。

当天下午，离"龙哥"限定的转账时间已经不到 12 个小时了，朱永贵来到银行，准备把 20 万元真钱、30 万元假钱存入"龙哥"指定的银行账号。

然而，结果却出乎朱永贵的意料。银行发现了朱永贵的存款中有大量假币，立刻报了警，警方很快以涉嫌购买假币罪拘留了朱永贵。朱永贵一下子蒙了，周大刚拿着假币到银行存款时，银行没有发现他的假币，为何自己的假币就被银行发现了呢？

原来，这只是周大刚精心设计的一个陷阱。周大刚知道自己的假币虽然仿真程度高，但一定不能通过银行的检验。于是，他在卖假币的过程中，包里随时备着几万元真币。一旦有人提出要去银行检验，他就利用调包计，拿真钱验。这一次，他用同样的方法欺骗了朱永贵。只是周大刚没有想到，朱永贵买30万元假币是要去银行汇给他人。如果知道朱永贵买假币的目的，他是万万不会卖给朱永贵的。

朱永贵被警方拘留后，悔恨交加，如实向警方交代了因被敲诈被迫购买假币的全部过程。警方根据朱永贵提供的线索，又迅速抓获了提供假币的周大刚，以及涉嫌敲诈勒索的“龙哥”。

这个传说中残忍、恐怖的“龙哥”居然就是朱永贵事业上的“好助手”、生活中的“好兄弟”——王勇！更让人意外的是，朱永贵的“前情人”颜梅也因涉嫌敲诈勒索罪被警方抓获！

王勇被抓获后，向警方交代了作案的动机和过程。这一切，居然都是王勇和他的女朋友颜梅精心设计的敲诈陷阱！

颜梅曾经做过朱永贵的情人，怎么后来又成了王勇的女朋友呢？

原来，两年前颜梅悲痛欲绝、颜面扫地，回到老家后，她开了一家服装店，机缘巧合认识了王勇。二人年龄相仿兴趣相投，慢慢发展成为一对情侣。

可世上没有不透风的墙，没过多久，王勇就了解到颜梅曾经做过别人的情人，他顿时像吃了苍蝇一样，感到恶心，对颜梅冷嘲热讽、非打即骂。王勇虽然嫌弃颜梅，但内心深处又爱着颜梅，二人就这么僵持着。颜梅内心深处也爱着王勇，怎样才能解开王勇的心结呢？颜梅一直在苦思冥想。

一天，颜梅突发奇想：既然男朋友这么恨自己被包养过，如果能从包养她的男人朱永贵手里狠狠敲诈一笔钱回来，王勇的心结会不会打开呢？颜梅把这个想法告诉了王勇。王勇反复思考后，竟然同意了这个想法，并表示要么不做，要么就把事情做大，至少要敲诈朱永贵50万元，方解心头之恨。

于是，二人精心设计了一个敲诈计划，计划的内容包括王勇到朱永贵的餐馆应聘、购买电话卡、购买在电话里能改变人声音的装置、从黑市购买别人丢失的身份证开设银行账号等。

为了实施这个敲诈计划，王勇和颜梅可谓挖空心思、费尽周折。特别是王勇，为了接近朱永贵并取得信任，他“潜伏”在朱永贵身边达半年之久。等到完全取得朱永贵的信任后，王勇和颜梅开始了对朱永贵的敲诈行为。

可让王勇没有想到的是，平日里土豪范儿十足的朱永贵，居然死活拿不出50万元钱。更让王勇没有想到的是，朱永贵居然想出了从周大刚那里买假币凑齐50万元钱，然后去银行转账的馊主意。这个馊主意让朱永贵立刻被抓，也导致王勇、颜梅的敲诈行动失败。警方顺藤摸瓜，把王勇、颜梅、周大刚等犯罪嫌疑人全部抓获。

生活中，很多人也接到过类似的电话，比如，犯罪分子谎称“某人小孩发生车祸，必须立刻转钱到指定账户”的电话，一旦被害人上当受骗，法院都认定行为人构成诈骗罪。而在本案中，同样是打电话骗钱，警方为什么认定王勇、颜梅涉嫌敲诈勒索罪，而不是诈骗罪呢？这就涉及一个法律知识点：敲诈勒索罪与诈骗罪的区别。

敲诈勒索罪是指以非法占有为目的，对被害人使用威胁或要挟的方法，强行索要公私财物的行为。通俗地讲，敲诈勒索罪的被害人是基于“恐惧”而被迫交出财物；而诈骗罪是指以非法占有为目的，用虚构事实或者隐瞒真相的方法，骗取数额较大的公私财物的行为。诈骗罪的被害人是受犯罪分子的蒙蔽，看似“心甘情愿”地交出财物。

本案中，朱永贵之所以到处筹钱，固然有王勇、颜梅虚构“有人要砍掉他的手”的原因，但更深层次的原因，是朱永贵生怕真的被人砍了手变成“独臂大侠”，由此感到极端的恐惧并被迫筹钱。因此，警方以涉嫌敲诈勒索罪，而非涉嫌诈骗罪逮捕王勇、颜梅是正确的。

最终，当地法院认定王勇、颜梅均构成敲诈勒索罪。王勇是该案主犯，虽然由于银行及时发现了假币导致犯罪未遂，但情节特别严重、数额特别巨大，故判处王勇有期徒刑十年；颜梅是从犯，被判处有期徒刑七年。

周大刚并未参与王勇的敲诈勒索犯罪，但构成伪造货币罪、出售假币罪，数罪并罚，被判处有期徒刑十三年。朱永贵虽然是被迫购买假币，但数额特别巨大，且试图通过银行转账的方式使用，属于从重处罚情节，按照法律规定，应处以十年以上有期徒刑或者无期徒刑。最终，法院在综合考虑了朱永贵的犯罪原因、认罪态度的基础上，判处朱永贵有期徒刑十年。

“恶之花”必然结出“恶之果”。本案中，王勇在得知女友颜梅做过别人的情人后，不能正确对待，在心中长出了恶之花，联手女友疯狂敲诈，最终走上犯罪道路，必然会吞下恶之果；周大刚心中有“对金钱无限贪婪”的恶之花，不惜大肆伪造货币、出售假币，也吞下了牢狱之灾的恶之果；朱永贵本来事业有成、家庭幸福，却在心中长出了“垂涎美色”的恶之花，成为犯罪分子的加害目标，最终吞下了“从被害人变成罪犯”的恶之果。愿大家在金钱面前，做到“君子爱财，取之有道”；在美色面前，做到“弱水三千，只取一瓢饮”；在感情面前，做到“不念过往，珍惜拥有”。只有这样，我们才能种下幸福之花，收获幸福之果。

人肉搜索酿悲剧

李桐祥

法律知识点：诽谤罪与侮辱罪的区别

北方某市郊区有一条大河，那里景色秀美、水产丰富。2013 年 9 月 25 日晚上 9 点左右，几位渔民在河里捕鱼时，发现硕大的渔网被不明物体挂住，怎么也拖不上岸。渔民们以为网住了大鱼，都乐开了花。可大伙儿费尽九牛二虎之力把这个“不明物体”拖上岸后，不但笑不起来，反而吓得浑身发抖。原来他们网住的，是一位脚上绑着石头的女孩的尸体。女孩十六七岁、面容清秀、身材匀称。从尸体特征看，死亡时间应该不长，渔民们立刻报了警。

当地警方立刻展开了侦查，很快查明死者名叫杨敏，16 岁，是当地某技校的学生，死亡原因认定为自杀，排除了他杀可能。

杨敏的父母听到女儿死亡的消息，犹如晴天霹雳。杨敏母亲心脏病突发，当场晕倒在地；父亲突发脑出血，当场口吐白沫。幸亏抢救及时，二老都转危为安。杨敏的父亲是工程师，母亲是公务员，家庭条件相当不错，杨敏本人也活泼开朗，这样一个阳光少女，怎么可能会自杀呢？杨敏父母无论如何也接受不了警方给出的女儿是自杀的结论，他们多次找到警方，希望警方做更周密的侦查，找到杀害杨敏的凶手，以祭奠女儿的亡灵。

对这样一起人命关天的案件，当地警方相当慎重。警方虽然从侦查技术的角度认定杨敏的确为自杀，但杨敏自杀的原因是什么？在这起自杀事件的背后，是否存在其他违法犯罪线索呢？为了解开种种谜团，警方立即展开了进一步的侦查工作。

警方在案发当晚对现场进行了勘察，并在河岸边找到一部手机，经确认，机主就是死者杨敏。手机显示，杨敏在当晚 7 点左右，接连发了两条微博，一条是：“某某书店，我一生的噩梦。”另一条是：“另一个世界也没那么可怕。”

从时间上判断，杨敏在发完这两条微博后不到十分钟，就在脚上绑了一块大石头，义无反顾地扑向了波涛翻滚的河流，一条年轻的生命就这样匆匆消失了。

杨敏在自杀之前，还念念不忘某书店，难道杨敏的死与某书店有关联？ 9 月 26 日，也就是杨敏自杀的第二天上午，警方赶到某书店，找到了该店店主魏小燕，拿出杨敏的照片让魏小燕辨认。

魏小燕是个 20 岁出头的女孩，她在看到杨敏照片的第一时间就尖叫起来，说道：“她叫杨敏，她是个小偷，前几天还偷过我店里的书呢，太可恶了！要不是看在她跟我姐魏小红认识的份儿上，我早就报案了！”

杨敏在微博里说，某书店是她一生的噩梦，而书店店主魏小燕为什么又认定杨敏是小偷呢？魏小燕向警方介绍了 2013 年 9 月 23 日，也就是杨敏自杀前两天来她店里的情况。

9 月 23 日中午，杨敏到魏小燕的书店买书。魏小燕的姐姐魏小红和杨敏的母亲是同事，因为这层关系，魏小燕和杨敏也算半个熟人。魏小燕发现，杨敏对其中几本关于美容养颜的书爱不释手，翻来翻去看了又看，可最终她还是离开了。魏小燕发现杨敏离开时脸色绯红，神情紧张，虽略感意外，但由于中午顾客较多，因忙于接待，所以魏小燕也没有把这事放在心上。

当天晚上打烊结账时，魏小燕发现好几本美容养颜方面的书不见了。究竟是谁偷了这些书呢？魏小燕立刻想起中午不断翻书的杨敏，回想起中午杨敏的神态，魏小燕认为，很有可能就是杨敏偷了她的书！

魏小燕对杨敏的家庭状况有些了解，知道杨敏不会缺几本买书钱，可她为什么还怀疑是杨敏偷了书呢?

魏小燕向警方介绍说，她这些年一直开书店，自然也会经常看看书。她对心理学方面的书很感兴趣，知道心理学上有种病症叫偷窃癖，得了这种病的人，会经常做些小偷小摸的事情，但既不是因为家里穷买不起，也不是为了贪小便宜，而纯粹是出于无法抗拒的内心冲动。没准杨敏就有偷窃癖，才偷书呢。

近四天来，魏小燕的书店已经被偷过三次，有些小偷已经把她的书店当成自家的书柜了，如果再不采取措施，估计这个书店会成为小偷的自选书城了。接连几天的憋屈，让魏小燕越想越气——好你个杨敏，你敢偷我的书，我就要在网上把你曝光，让你身败名裂！魏小燕决定先从监控视频里把杨敏的样子拍下来，然后在微博里曝光，让杨敏成为千夫所指、万人痛骂的对象！

可魏小燕在看过监控视频后，对发微博曝光这件事，又有些犹豫了。原来，监控视频里，虽然有杨敏反复翻书、看书的镜头，但杨敏走出店铺的镜头，却只显示了她背着书包的背影，她手上也是空荡荡的，并没有拿东西，所以，监控视频不足以证实是杨敏偷了书。

这件事难道就这样算了吗?魏小燕心有不甘，又观看了好长时间的监控视频，最终，魏小燕确信是杨敏偷了书。因为她发现杨敏走进店里的时候，书包是干瘪的，可走出店里的时候，书包是鼓鼓囊囊的。监控摄像头虽然没有拍到杨敏把书装进书包的画面，但光从书包的形状看，足以确认杨敏就是小偷了！

想到这里，魏小燕立刻把数张能够清晰显示杨敏长相的画面截图发到微博上，并看图说文式地写道:“图像里这个女的偷了我店里的书，大家帮忙人肉这个人，搞臭她、骂死她！这么小就会偷东西，长大了还不会偷人家老公啊！”魏小燕写完还不解气，又附上了几个用锤子砸人脑袋的卡通符号，才发出了这条微博。

接下来的几天，魏小燕照常打理书店生意。有空的时候，魏小燕就关注她发起的人肉搜索小偷的微博。真是不关注不知道，一关注吓一跳！短短几天，这条微博的跟帖就达一千多条，网民们有信息的提供信息，没信息的帮着骂人提供精神鼓励。很快，杨敏的个人信息就像一头肥猪一样，经过网民们的“屠宰”，被分割成若干块，放在网络上供大家点评。网民们把杨敏的读书班级、家庭住址、有没有男朋友等信息都提供得很详细，骂人的技巧也让人惊叹，有作诗填词的，有画画编歌的。魏小燕觉得，网络实在是个好东西！她决定，以后店里如果还发现小偷，都按照这个方法曝光，用这个方法，一定能吓住小偷！

可当警方把杨敏自杀的消息告诉魏小燕后，她在网络上获得的痛快感立刻没有了，相反，她既震惊又难过。在她看来，杨敏还是个小女孩，一时冲动偷了几本书也没什么大不了的，就这样自杀了实在太可惜了。早知如此，自己就把那几本书送给杨敏得了，杨敏和自己的姐姐魏小红比较熟，杨敏做自己妹妹刚好合适。

魏小燕认真配合警方做了询问笔录，并向警方表示，如果有什么需要帮忙的，可以随时跟她联系。

杨敏的自杀与魏小燕的人肉搜索行为有关系吗？由于暂时证据不足，警方没有对魏小燕采取强制措施，但依然在继续侦查。可杨敏父母的再次出现，却让案件更加复杂了，这又是怎么回事呢？

杨敏的父母认为，魏小燕发起的人肉搜索，是对杨敏彻头彻尾的诽谤，杨敏父母情绪激动地要求警方立即逮捕魏小燕。警方耐心细致地给杨敏父母解释，可杨敏父母怎么也听不进去。他们向上级公安机关控告当地警方不作为，老百姓也是眼巴巴地等着案件结果，这让当地警方承受着巨大的压力。

然而，在案发七天后，警方却以涉嫌诽谤罪为由拘留了魏小燕，这又是怎么回事呢？原来，警方到杨敏所在的学校走访了多名师生，大家都反映，杨敏自杀的前几天，情绪非常低落又不肯解释原因，特别是在9月24日中午后，很多同学都已经知道杨敏被人肉搜索了，杨敏更是近乎偏执地一天到晚重复一句话：“我不是小偷，我不是小偷……”

同时，警方还从杨敏家里调取到杨敏的日记，在9月23日到9月

25 日的日记中，杨敏把同一句话写了几百遍：“我不是小偷，我不是小偷……”

警方认为，上述证据能够证实人肉搜索行为给杨敏造成了极大的精神压力，魏小燕在没有证据的情况下，在网上指控杨敏是小偷是一种诽谤行为，而且这种诽谤行为造成了被害人自杀的严重后果，严重扰乱了社会秩序，已经构成了《中华人民共和国刑法》第二百四十六条规定的诽谤罪，并且应当由国家主动提出公诉。所以，警方对魏小燕采取了拘留措施。

魏小燕一下子被警方从闹市书店押入看守所，像是经历了冰火两重天。她怎么也想不通：杨敏明明是小偷，自己仅仅是发了条微博，怎么就构成诽谤罪了呢？杨敏自杀了，固然可惜，可跟自己没有什么关系啊！魏小燕毕竟还是个涉世未深的女孩，她躺在冰冷的看守所里，以泪洗面，心情沉重。

好在，魏小燕的家人立即聘请了律师，律师在最快的时间里会见了魏小燕。律师认为，“杨敏有没有偷过书”是本案的关键问题之一，如果有充分证据证明书的确是杨敏偷了，则说明魏小燕没有捏造事实，故不构成诽谤罪。可魏小燕提供的监控视频不能证实书是杨敏偷的，魏小燕难逃诽谤他人的嫌疑，这让律师也一筹莫展。

正当案件陷入僵局时，魏小燕的姐姐魏小红的出现，给案件带来了转机。魏小燕被拘留时，魏小红正在北方出差，一听到妹妹出事的消息，魏小红立刻飞了回来，并向警方提供了一个非常重要的情况：9 月 24 日，也就是杨敏自杀的前一天，她曾经找过魏小红。杨敏说，想通过魏小红向魏小燕道歉，希望魏小燕不要在网络上搜索她了。说完，杨敏塞给魏小红一张纸条就跑了。

魏小红被杨敏没头没脑的这番话弄得一头雾水，她想问个究竟，可杨敏的身影早就不见了。魏小红打开杨敏送的纸条一看，上面写道：“小红姐，我做了对不起小燕姐的事情，请代我向小燕姐道歉，并恳请小燕姐不要再‘人肉搜索’我了。”

收到这张纸条后，魏小红认为，可能是杨敏和妹妹魏小燕这两个小女孩吵架了，杨敏委托自己向小燕道歉。魏小红很乐意做这个和事佬，修复这两个女孩之间的友谊。可偏偏当天魏小红有急事要去南方出差，同时，她也觉得小女孩之间闹个别扭不是什么大不了的事，等她回来后再处理也没关系。所以，魏小红先登上了去南方的航班，而没有及时找魏小燕。

魏小红做梦也没想到，短短几天时间，杨敏自杀了，妹妹也因涉嫌诽谤罪被抓了。现在看来，杨敏那天找魏小红说“做了对不起小燕姐的事情”，应该就是指在魏小燕店里偷了书的事情。魏小红随即向警方提供了这张纸条，警方慎重地收取了这份物证并制作了询问笔录。警方表示，将依法向检察机关提交该证据。

两个月后，该案进入了审判程序，检察机关仍以魏小燕涉嫌诽谤罪向法院提出公诉。那么，在姐姐魏小红提供了杨敏的道歉信证据后，检察机关的指控能成立吗？

法庭上，公诉人认为，被告人魏小燕捏造“杨敏是小偷”的事实，并通过人肉搜索的方式散布虚构的事实，给杨敏的名誉造成极大损害并导致杨敏自杀身亡。魏小燕的诽谤行为情节严重并且严重扰乱了社会秩序，故应当由国家提起公诉，以诽谤罪追究其法律责任。

魏小燕的辩护律师则认为，视频监控画面、证人魏小红的陈述，以及杨敏的道歉信等证据，已经形成一条完整的证据链，充分证实了“杨敏的确偷了书，并委托魏小红向魏小燕道歉”的事实，故魏小燕不存在捏造事实的情形，不构成诽谤罪。魏小燕通过人肉搜索寻找小偷的方式也许不妥当，但由于散布的事实并不是虚构的，所以不构成犯罪。

法庭上，控辩双方唇枪舌剑、你来我往，辩论异常激烈，法院没有当庭判决，而是宣布择期宣判。这起案件在当地引起了轰动，自然也引起了法律界的重视。有人认为，魏小燕的确已经构成犯罪，但构成的不是诽谤罪，而是侮辱罪。那这种观点能成立吗？这就涉及一个法律知识点：诽谤罪与侮辱罪的区别。

通俗地讲，诽谤罪就是无中生有，故意捏造并散布虚构事实，破坏他人名誉且情节严重的行为。侮辱罪是指以暴力或者其他方法公然侮辱他人，破坏他人名誉且情节严重的行为。

这两个罪名的确有点像双胞胎，初看起来难以区分，但稍加分析，还是容易区分的。诽谤罪强调的是行为人“凭空捏造、无中生有”，比如捏造某人嫖娼、包养情人，到处散布谣言并造成严重后果；而侮辱罪的行为人虽然不一定捏造事实，却“恶意攻击，肆意丑化”他人并造成严重后果，比如给某人剃阴阳头、嘲笑他人的生理缺陷等。

本案中，魏小燕在网络上称杨敏是小偷，这种说法是否属于“凭空捏造，无中生有”呢？由于杨敏已经死亡，她究竟有没有偷书已经无法判断，即“死无对证”，所以不能认定魏小燕属于“凭空捏造、无中生有”，故公诉人关于魏小燕构成诽谤罪的观点不能成立。

可话又说回来，魏小燕的行为虽然不构成诽谤罪，就一定如魏小燕的辩护人所言，是无罪吗？答案是否定的。即使杨敏有过偷窃行为，小偷的人格尊严和名誉权也不能随意侮辱。魏小燕在微博上公然指责杨敏是小偷并要求“人肉搜索”，这是一种利用新兴媒体公然侮辱他人人格的行为，并且造成了杨敏自杀的严重后果，所以应当认定为侮辱罪。

最终，法院既没有采纳公诉方提出的构成诽谤罪的观点，也没有采纳辩护人提出的无罪的观点，而是以侮辱罪判处魏小燕有期徒刑一年。

在聆听了法官入情入理、深入浅出的法律讲解后，魏小燕终于明白了自己行为的严重性，她放弃了上诉，自愿承担刑事责任。

年轻的姑娘魏小燕锒铛入狱，更年轻的姑娘杨敏香消玉殒，但事情远远没有结束。因为不久，杨敏父母就另行对魏小燕提出了民事诉讼，要求魏小燕因其侮辱罪行为支付赔偿费用 100 万元。无奈之下，尚在狱中的魏小燕在父母的帮助下，聘请了律师应付第二场诉讼。

杨敏父母一直承受着白发人送黑发人的悲痛，他们认为，对魏家索赔是告慰女儿在天之灵的最好方式，因此据理力争、寸步不让。而魏小燕的家人则认为，魏小燕因为发条微博就被判刑一年，本来就够冤的了，对方再要求 100 万元的天价赔偿，实在太过分了，所以坚决不同意。法院多次对该案组织调解，却因双方分歧太大，调解不成，案件陷入僵持状态，一直到魏小燕出狱，仍没有结案。

2014年3月，魏小燕因为在狱中表现良好提前出狱，她希望自己的民事案件尽快结案。魏小燕准备洗心革面，好好打理书店，做一个对社会有用的人。

可是，事与愿违。从监狱出来后，魏小燕发现自己也面临着和杨敏一样疯狂的“人肉搜索”，网络上充斥着各种对她的恶意攻击。网民们指责她是杀人凶手，罪行滔天，各种攻击言论“板砖与唾沫齐飞、侮辱共诽谤一色”；甚至有人到她的书店泼粪、泼尿，书店的生意难以为继。

魏小燕这才真切领悟到，当年的杨敏承受了多大的精神压力，这才理解杨敏为什么会自杀。她内心充满了对杨敏的内疚与忏悔；同时，她又产生了一种和杨敏同病相怜、相知相惜的感觉……终于，某天晚上，魏小燕在恍惚中吞下了大量安眠药，好在姐姐魏小红及时赶来并将她送往医院抢救，魏小燕才保住了性命。

惨痛的教训终于让魏小燕和杨敏两家都彻底醒悟了。冤冤相报何时了，得饶人处且饶人。两家人终于言归于好，并在法庭的主持下达成了调解协议。协议中约定：魏小燕因侮辱犯罪行为向杨敏家人道歉；杨敏父母则放弃巨额赔偿要求，象征性地收取两万元精神损害赔偿金。协议签署后，杨敏父母与魏小燕父母四位年近花甲的老人互相握手，老泪纵横。

杨敏是“人肉搜索”的受害者，魏小燕也从最初的“人肉搜索”发起者，变成了和杨敏一样的受害者。杨、魏两家深刻意识到：网络空间虽是虚拟的，网络言论却是真实的，在网络上发言一样要做到遵纪守法、文明礼貌。为此，杨、魏两家在网络上共同发出了“文明安全上网、杜绝侮辱诽谤等不法行为”的倡议，得到了广大网民的响应。

魏小燕终于过上了她向往的安静、平和的生活，只不过，她依然会常常看着杨敏的照片，陷入深深的沉思。魏小燕决定：她以后在网络上发的帖子，必须是帮助人、关心人的帖子，绝对不能是攻击人、伤害人的帖子。

本案中的杨敏究竟有没有偷书呢？这个问题随着杨敏的去世已经无法

查清，但这已经不重要了，真正重要的是，它引发了我们对“人肉搜索”的思考。“人肉搜索”是一把双刃剑。一方面，它可以成为打击腐败、惩恶扬善的利剑；另一方面，若使用不当，也可能成为侮辱诽谤、恶意侵权的帮凶。本案中两位花季少女的遭遇就是活生生的例证。希望我们在使用网络工具搜索信息时，都能严格遵守法律规定，维护网络空间的纯净。只有这样，才能真正走出人间大道、享受人间美好。

拍了不雅视频后

李桐祥

法律知识点：滥用职权罪

罗建国是个农村出身的年轻人，家里经济条件并不好。2017 年上半年，罗建国经过层层考核，成为南方某县公安局的一名协警。协警虽然比不上正式警察，但也是警服在身，威风凛凛，五险一金齐全。罗建国很珍惜这份工作。从当上协警的第一天起，罗建国就认认真真工作，踏踏实实办事，得到领导、同事和老百姓的一致好评。

一天，罗建国下班后准备回单位宿舍时，突然接到一个叫王新的人打来的电话。王新说，有重要的事情找他，要求当天晚上就见面，否则别怪自己不客气。

王新是谁，为何敢这样赤裸裸地威胁一名警务辅助人员呢？短暂的慌乱之后，罗建国觉得，王新的电话可能跟他一个月之前单独处理的一件事情有关。

一个月前刚好是端午节，当地举办了大型龙舟比赛。这天中午，罗建国和同事完成了维持龙舟比赛秩序的任务后，刚好有点事要回老家，就征得单位的同意，开着摩托车回老家。

从县城到罗建国的农村老家，有一条必经的盘山公路。罗建国开着摩托车刚上盘山公路不久，就发现公路旁一片偏僻的小树林里停着一辆小汽车，这车还处于发动状态，没有熄火。

大白天的，怎么会有人把车停在荒山野岭之中呢？职业敏感让罗建国觉得，有必要查个究竟。于是，他骑着摩托车来到小车旁，发现车内一对男女有不雅行为。

罗建国的第一反应是，这有可能是卖淫嫖娼行为。于是，他拿起手机开始拍摄，同时敲打车窗。这对男女看到身穿警服的罗建国，都很紧张，赶紧披上衣服打开车窗，乖乖地接受了罗建国的盘问。经过盘问并审核双方的身份证件，罗建国了解到，男的叫王新，女的叫陆萍，他们各自都有家庭，是婚外情关系。罗建国在排除了卖淫嫖娼嫌疑后，对他们进行了一番批评教育，就离开了。

第二天，罗建国并没有向单位上交这段视频。他想当然地认为，王新、陆萍只是婚外情关系，不属于治安案件，所以不用向单位汇报。可没过几天，县公安局对刚招聘的协警进行了强化培训，这次培训让罗建国紧张了好几天。因为培训教官反复强调，协警不能单独执法，协警同样代表了公安机关，对违法犯罪嫌疑人盘问时，必须使用执法记录仪，否则就是严重违纪，公安局将直接解除劳动合同。

罗建国不听不知道，一听吓一跳。他不但单独对王新、陆萍进行了盘问，还没有使用执法记录仪，这要是被领导知晓，自己最为看重的饭碗立马就得砸了，这可怎么得了？

罗建国思前想后，觉得反正向单位汇报也晚了，不如干脆不汇报，手机视频也不上交。罗建国想，自己并没有给王新、陆萍造成任何伤害，而且这件事涉及他们的隐私，料他们不敢告他，也不敢主动找公安局要回视频。只要他和王新、陆萍三个人都不说出去，一切就平安无事。这样，不仅他罗建国的饭碗可以保住，王新和陆萍的脸面也可以保住。

又过了几天，什么事也没有发生，罗建国的心彻底放了下来。可罗建国并没有删除这段视频，他毕竟是个血气方刚的年轻人，连恋爱都没有谈过，看到这样的偷情视频，当然会觉得新鲜刺激，他把这当作辛苦工作之余的一种消遣。不过，罗建国毕竟是有一定法律知识的协警，知道这种视频绝对不能外传。所以，他看归看，但没有向任何人提起过，更没有给任何人看过。

可一个月后，王新却突然用充满威胁的口气给他打来电话，凭直觉，罗建国感觉出事了。

冷静下来之后，罗建国觉得，自己虽然违法拍摄了偷情视频，但从来没有外传过，更没有伤害过王新和陆萍，反而是王新有隐私掌握在自己手里，不敢把他怎么样。所以，在短暂犹豫之后，罗建国同意和王新见面。

两人很快就在县城的中心广场见面了。眼前的王新，跟罗建国一个月前见他时简直判若两人。一个月前，王新因为偷情被逮个正着，显得特别狼狈，跟罗建国说话的口气也近乎哀求。可现在的王新，却是眼冒怒火。他气势汹汹地质问罗建国，拍了他和陆萍偷情的视频也就罢了，为什么要把视频传到网上去害他们？现在，他妻子吵着要离婚，陆萍也被她丈夫痛打一顿后离婚了。王新说，这事必须要有个交代，否则，他一定会去告罗建国，让罗建国丢饭碗。

大家也许会问，王新跟陆萍怎么会在端午节那天在车上偷情呢？原来，王新是一家餐馆的老板，陆萍则是开服装店的，他俩的店面刚好挨在一起。一来二去，王新终于成了“隔壁老王”，两人发展成婚外情关系。端午节那天，他们各自的配偶都去看龙舟比赛了，王新见机会难得，就开车带着陆萍来到一处偏僻的小树林偷情，没想到被“警察”发现并被拍了视频，好在这个“警察”没有过多为难他们。

第二天，王新缓过神来，觉得这件事很蹊跷。一个警察，怎么可能拿着一部手机就去盘问人呢？只是当时王新和陆萍都蒙了，没想到这一层。这个警察是谁？县城毕竟是个小地方，王新很快在街上再次看到了这个正在执法的“警察”。王新这才发现，这个“警察”胸前标配的是协警标志，显然不是正式警察。他刻意记住了这个协警的警号，并问了一个在派出所工作的朋友，得知这个协警叫罗建国。出于保护自己的本能，王新还向派出所的朋友要了罗建国的手机号码。

不过，王新并没有主动去找罗建国，他觉得这事已经够丢人了，所以不敢找罗建国要回视频。可王新做梦也没想到，这段视频最近被人传到网上去了，他们各自的配偶知道后，两个家庭一下子闹得鸡飞狗跳。王新当然认为是罗建国上传的视频，于是拨通了罗建国的电话，他要找罗建国兴师问罪，这才有了两人在广场的见面。

罗建国听到王新的质问，也觉得很奇怪，他接过王新的手机一看，发现某网站的确有这段不雅视频。罗建国惊讶得目瞪口呆，对王新发誓说，他绝对没有上传过这段视频，他也搞不清是怎么回事。

“视频是你拍的，手机也是你的，不是你传的，难道是鬼传的？别跟我狡辩！我明天就告你去！”王新正在气头上，怎么能听得进罗建国的辩解？

好端端一直躺在自己手机里的视频，怎么就“飞”到网上去了呢？罗建国就是把脑袋都想破了，也想不出其中的原因。不过，保住饭碗的本能让罗建国觉得，这事绝对不能闹大，自己绝对不能跟王新吵起来。

“兄弟，消消气，冷静冷静！”罗建国一边给王新递了一支烟，一边慢慢说道，“这里面肯定有人搞鬼，我一定帮你查个水落石出。可如果你向公安机关举报，我的饭碗当然成问题，但你和陆萍的事会闹得全中国人都知道，你们以后还要不要做人了？只要你不举报，等事情告一段落，我去找你老婆和陆萍老公解释解释，把事情往小处说，说不定还能让你和老婆不离婚，陆萍和她老公复婚。”

王新接过罗建国递来的烟，终于没有那么冲动了。罗建国趁机接着说：“我在公安部门工作，有办法联系网监部门，我尽快通过网监删除这段视频，消除影响。你看怎么样？”

听完罗建国的话，王新沉默了。理智告诉他，罗建国说得在理，现在也只有罗建国能够解决问题。无奈之下，他只能要求罗建国尽快删掉视频，把事情的影响降到最小。罗建国立刻满口答应。

跟王新碰完面后，罗建国急匆匆就往单位宿舍跑。回到宿舍，罗建国立刻打开电脑，联系了有这段偷情视频内容的网站。可这些网站都回复说，这段视频是网民转发的，IP 地址大部分是网吧，发布人也都是网名，根本查不到真人。不过，这些网站收到罗建国的投诉后，都紧急删除了视频，罗建国稍微松了一口气。

可还没等罗建国缓过神来，他很快在别的网站又发现了这段不雅视频。这真是“按下葫芦起来瓢”。几天后，罗建国发现这段视频的点击量已经接近一万次，而且像春天里的韭菜一样还在疯长！

罗建国知道，光靠自己已经没有办法了，他知道，只有公安局的网监部门才能查出幕后真凶。罗建国也答应过王新，会联系网监部门，可他却始终没有这样做。因为他知道，网监部门一旦调查，固然能找出上传视频的幕后真凶，却也能很快查出是他拍摄的这段视频。罗建国很有可能会因此丢了饭碗，这是他绝对不能接受的。在他看来，任何事都不能影响到他的饭碗，否则他宁可放弃。

就这样，罗建国放弃了降低危害的最好办法，依然一个人不停地联系网站删除视频，哪怕这段视频删了发、发了删。他决定赌一把，希望老百姓看热闹的劲头过了之后，这件事会慢慢平息，王新和陆萍能渡过这个难关。

罗建国的努力注定是徒劳的，不雅视频的事情在当地越传越广，成了当地的热门八卦，对陆萍的冷嘲热讽到处都可听到。罗建国很担心陆萍想不开走绝路，好几次买了水果去看望陆萍，可都吃了闭门羹。

王新当然更着急，多次问罗建国事情解决得怎样了。罗建国只能对王新撒谎，说网监部门已经介入了，只是公安侦查需要一段时间，叫王新再等等，很快就能解决。王新无奈，只能继续等消息。

这件事能像罗建国希望的那样，慢慢地平息吗？事情的根源没有找到，问题不可能得到根本解决，罗建国的希望当然也不可能实现。相反，他的拖延行为终于造成了严重的后果。又过了一个月，陆萍顶不住沉重的压力，跳楼身亡了。当地警方立刻立案侦查。

罗建国知道一切都瞒不住了，就主动找到警方，把事情的真相原原本本如实道来。不过罗建国发誓说，他绝对没有主动上传不雅视频，他也希望警方能早日找到上传不雅视频的人。警方对罗建国的行为将如何处理呢？

警方认为，虽然现有证据还不能证明罗建国主动上传了不雅视频，但他毕竟是不雅视频的拍摄者，对不雅视频的流出负有保管不善的直接责任。罗建国身为公安系统工作人员，在知道不雅视频流出后没有主动联系网监部门，是渎职行为，而且造成了陆萍自杀的严重后果，罗建国已经涉嫌滥用职权罪。当地警方没有护短，把案件线索移交给了检察院，检察院很快以涉嫌滥用职权罪逮捕了罗建国。

同时，警方还对不雅视频非法上传事件进行立案侦查。凭借先进的网络侦查技术，警方很快锁定了犯罪嫌疑人赵小强。可就在警方决定对赵小强采取抓捕措施时，赵小强向警方投案自首了。

赵小强是何许人也？他是怎么拿到罗建国手机里的不雅视频的，又为什么要上传到网络上呢？

原来，赵小强是罗建国的老同学。2017 年端午节过后的一天晚上，赵小强约罗建国一起吃饭。老同学好久不见，自然是开怀畅饮。罗建国喝得烂醉如泥，赵小强也醉得不轻，两人都顺手把手机放在了桌子上，搂肩搭背地叙旧聊天。没过多久，罗建国趴在桌子上睡着了。赵小强就准备玩玩手机打发时间。巧合的是，罗建国和赵小强的手机型号、外壳一模一样。赵小强误把罗建国的手机当成了自己的手机，他也刚好想找个视频文件，没想到，在文件夹里居然找到了一段男女偷情的视频。赵小强这才意识到，自己拿错了手机。可这段不雅视频实在很吸引他，赵小强酒醉得也不轻，没能控制住自己。趁着罗建国醉得一塌糊涂的机会，他把这段视频发送到自己手机里，并在罗建国的手机里消除了发送痕迹。罗建国酒醒后，赵小强若无其事地把罗建国护送回家后，再回到自己家中。

回到家中后，赵小强看着这段偷情视频，兴奋得睡不着，就跑到网吧玩游戏、上网。他发现，某网站正在举办“上传新鲜有趣事，赚够积分换奖品”的活动，突然想起，自己从罗建国那里获取的视频，不就是“新鲜有趣事”吗？赵小强脑子一热，趁着酒劲原封不动地把这段视频发送给了这个网站。

第二天早上，赵小强酒醒了，想起自己居然把不雅视频传到了网上，吓出了一身冷汗。可传出去的视频就像泼出去的水，怎么也收不回来了。

这段视频的点击量像芝麻开花一样——节节高。赵小强一开始还担心会连累到老朋友罗建国，想找网站删除这段视频。可后来，他发现这个网站还真讲信用，给了他丰厚的奖品。赵小强仅是个仓库保管员，收入很低，在金钱的刺激下，他忘记了危险，也顾不了和罗建国的同学情义了，又把这段视频发给多家网站，获得了更多的物质奖励。

赵小强意外地发现，通过这种方式，他一个月居然能赚到五六千元钱，比他每月的工资还高。于是，他想方设法又找了很多带有色情内容的不雅视频传到网上，总共赚了一万多元钱。

针对赵小强的说法，警方又找罗建国核实。罗建国终于想起来，端午节后的一天晚上，他的确和赵小强喝过酒。那天晚上他醉得厉害，至于喝醉后的事情，罗建国真的忘得一干二净了。

警方又调取了罗建国、赵小强的手机，发现两个人的手机的确一模一样。至于手机里的不雅视频文件，赵小强虽然在罗建国的手机里消除了发送痕迹，但通过技术手段，足以确认这段不雅视频的确从罗建国的手机传送到了赵小强的手机上，传送时间也和罗建国、赵小强晚上喝酒的时间吻合。因此，完全可以确认，赵小强就是不雅视频的上传者。但赵小强怎么也没想到，这段不雅视频最终会导致当事人陆萍自杀身亡。

赵小强听到陆萍自杀和罗建国被抓的消息后，悔恨不已。他知道自己罪责难逃，还没等到警方抓他，就立刻向警方自首了。很快，警方以涉嫌传播淫秽物品牟利罪逮捕了赵小强。

赵小强以牟利为目的，把带有色情内容的不雅视频传到网上，并且获利一万多元，点击量将近两万次，构成传播淫秽物品牟利罪，这容易理解。可罗建国却说，自己拍了不雅视频，是违法了，但并没有外传，而是保管不慎，被赵小强传播出去的，所以他并没有“滥用职权”，不应构成犯罪。那么，罗建国的辩解理由能够成立吗？这就涉及一个法律知识点：滥用职权罪。

通俗地讲，滥用职权罪就是国家机关工作人员违反了职权法定原则，致使公共财产、国家和人民利益遭受重大损失的行为。

本案中，罗建国的身份是协警，并不能单独执法，然而罗建国不但单独执法，还没有使用执法记录仪；罗建国使用手机拍摄不雅视频后，本来应交给公安机关保存，却因为怕丢工作没有上交，没有尽到不雅视频的保管义务，导致视频外泄；更为重要的是，罗建国在视频外泄后没有主动联系网监部门，导致发生被害人自杀的严重后果，这就属于“知情不报，导致损害加重”的滥用职权情形。因此，司法机关以涉嫌滥用职权罪逮捕罗建国是正确的，罗建国的辩解没有法律根据。

罗建国终于意识到自己的罪行，他说，自己辜负了党和政府的培养，辜负了父母含辛茹苦的抚养，滥用职权导致陆萍自杀的严重后果，应当承担刑事责任。赵小强同样也认识到自己的罪行，对自己因为蝇头小利上传大量不雅视频，并导致陆萍自杀的罪行悔恨不已。赵小强通过家属，主动赔偿了陆萍家属的损失，取得了陆萍家属的谅解。

三个月后，当地法院认定罗建国构成滥用职权罪。鉴于罗建国能够如实供述自己的犯罪事实，依法可以从轻处罚，故判处其有期徒刑八个月。法院同时在另案中认定赵小强构成传播淫秽物品牟利罪，鉴于赵小强系自首，认罪态度好，且主动赔偿了被害人家属的损失，故法院从轻判处其有期徒刑一年。罗建国和赵小强都当庭表示认罪，没有上诉。

王新是这两起案件的证人，他没有资格旁听两起案件的审理，但他主动给了陆萍的父母一笔养老费用，并诚恳地向妻子道歉，承诺后半生一定要做个真正有责任、有担当的男人，以弥补他曾经的过错。两人最终没有离婚，但夫妻感情已降到冰点，何时能恢复到从前的幸福状态，王新还有很多工作要做。

任何婚外性关系都如罂粟，看着美艳动人，实则毒害无穷。每一个有家庭的人，千万不要等到失去后才懂得珍惜和拥有。罗建国本是一个热爱工作、珍惜工作的好青年，但在一系列错误执法后没有主动联系网监部门，导致被害人陆萍自杀身亡的严重后果，手机视频成了“杀人”视频，自己也构成了滥用职权罪，其教训是深刻的。赵小强为了蝇头小利，置社会公德和朋友情义于不顾，大肆传播淫秽物品，走上了犯罪道路，其教训也是深刻的。执法者也要牢记，在执行公务的过程中要积极、主动维护公民的合法权益，严格保护公民隐私；公民的行为也应符合社会公序良俗原则，只有这样，一个和谐、诚信、友善、宽容的社会才会真正形成。

“假车祸”的背后

李桐祥

法律知识点：雇凶杀人案件中主犯、从犯的认定

廖文和曹萍是一对恩爱夫妻，结婚一年多了，美中不足的是，妻子曹萍一直没有怀孕。廖文有点着急，就自己偷偷去医院做了体检，体检报告显示他一切正常。这么看来，问题应该出在妻子曹萍身上。可廖文怕伤了妻子的自尊心，也没多问。他想，结婚两三年后才怀孕的夫妻很多，顺其自然吧。

可是有一天，廖文却发现了曹萍没能怀孕的惊天秘密。这天，曹萍刚好出去办事，廖文在家找东西时偶然发现了一本泛黄的笔记本，笔记本里居然夹着一份病历和一份银行转账单。病历显示，几年前，曹萍做过人流手术。由于当时曹萍还没满 18 周岁，需要家属签字，在家属栏签字的，是一个叫吴向荣的人。银行转账单则显示，吴向荣在曹萍做人流手术前，给她转了 1 万元钱。

看到这份病历后，廖文目瞪口呆！因为吴向荣是廖文曾经的老板，也是廖文和曹萍的媒人。媒人怎么就成了“家属”呢？廖文不由得想起两年前，吴向荣把曹萍介绍给他的过程。

两年前，廖文在吴向荣的公司做司机，他们虽然是上下级关系，但私交很好。吴向荣在知道廖文发愁找女朋友的事后，就给他介绍了一个叫曹萍的姑娘。曹萍刚满 20 岁，是一家餐厅的领班，不但长得漂亮，性格也很温顺。没过多久，廖文就爱上了曹萍。难得的是，曹萍没有嫌弃廖文只是个穷司机，反而觉得廖文人很好，又挺能吃苦的，不到半年，两人就已经好到谈婚论嫁的程度了。

更让廖文感动的是，吴向荣说，廖文既然要成家了，总不能一辈子跟着他当司机，就以各种名义给了廖文25万元安家费，让他回老家找点事情做。不仅如此，曹萍还说，她这几年利用业余时间在网上卖美容品之类的，也攒了10万元钱。廖文一盘算，两人加起来居然有30多万元钱了，足够建立一个小家庭了。

几个月后，廖文、曹萍真的回廖文的老家买房结婚了。曹萍开网店，把家里也收拾得井井有条；廖文则贷款买了部货车跑长途。小两口夫唱妇随，偶尔还一起出去旅游，廖文觉得生活很幸福。

可这样的幸福生活才过了一年多，现实就给了廖文当头一棒。廖文通过病历和转账单判断，曹萍和吴向荣很可能是情人关系，吴向荣当初把曹萍介绍给自己，很可能是想甩掉曹萍，找他廖文来背锅。曹萍一直怀不上小孩，很可能是因为堕胎影响了生育功能！想到这些，廖文瘫坐在沙发上，呆若木鸡。

当天晚上，曹萍回到家，发现丈夫廖文神情沮丧，又发现了桌子上的病历和银行转账单。曹萍先是一惊，然后也瘫坐在沙发上。

曹萍流着泪向廖文坦白了自己的过去。她承认，自己的确做过吴向荣三年的情人，她也不知道吴向荣这样一个大老板，怎么会喜欢上她这个农村姑娘。三年后，吴向荣对曹萍说，做他的情人总不是长久之计，就把廖文介绍给了曹萍。吴向荣说，如果她嫁给廖文，会给他们35万元的安家费。曹萍说，刚开始她心里是抵触的，可35万元对她来讲是个天文数字。所以，她勉强同意和廖文交往。不过交往后，她发现廖文是个靠得住的好男人，所以真心愿意嫁给他，婚后和吴向荣再没有半点往来。

说着说着，曹萍突然跪在了廖文面前。她说，如果廖文能够原谅她，她一定好好珍惜，和他好好一起过日子。可如果廖文不能接受，她也不会勉强，好聚好散。

在知道了吴向荣和曹萍的情人关系后，廖文没有选择离婚。面对妻子曹萍的恳求，廖文没有做任何的表态，当天晚上就与妻子分居了。接下来的几天，廖文经历了地狱般的煎熬。廖文想狠狠揍吴向荣一顿，可他跟着吴向荣很多年，本能地有点怕吴向荣。何况，吴向荣还是个大老板，家庭背景又深厚，自己怎么斗得过他呢？再说了，两人的情人关系毕竟发生在廖文婚前，吴向荣还算有点良心，给了他们35万元安家费。廖文最终放弃了报复吴向荣的想法。

廖文也想过离婚，可曹萍在他心中，曾经是女神一般的存在。曹萍向自己坦白了过去，就说明她愿意悔过自新，好好跟他过日子。既然如此，自己又何必追究下去呢？毕竟，现在的生活也来之不易。

几天后，廖文找到曹萍，说只要她不再找吴向荣，他们就不离婚。听完丈夫的一番话，曹萍再次流下了眼泪，她感激丈夫的宽容，决心后半生好好和廖文一起生活。

廖文的确不想再计较妻子的过去，可说起来容易，做起来难。过去，廖文跑长途前，曹萍总会交代他小心开车，不要担心家里的事，廖文觉得很贴心；可现在，廖文总怀疑曹萍会背着自己去和吴向荣幽会。过去，曹萍在廖文回来时都会端茶倒水、嘘寒问暖，廖文觉得很温馨；可现在，廖文总觉得曹萍虚情假意、让人厌恶。甚至过夫妻生活时，廖文脑子里也不由自主地闪现出曹萍和吴向荣亲热的画面……这种感觉让廖文很痛苦，却无法控制。

慢慢地，廖文再也不像以前那样关心、爱护曹萍了，反而常常对曹萍冷嘲热讽。曹萍因为婚前的过错，只能低眉顺眼地忍让着。自信心被击得粉碎，这让廖文更加怨恨、鄙视曹萍。

廖文很痛苦，就把全部精力放在了工作上。接下来的两年，廖文跟人合伙成立了一家小型运输公司，公司经营得不错，廖文终于从打工仔变成一个身价百万的小老板了。

廖文自卑了半辈子，终于扬眉吐气了一回。妻子曹萍曾经被人包养的耻辱一直让廖文耿耿于怀，出于补偿心理，廖文竟然也包养了个姑娘做情人。

曹萍很快知道了这件事，苦口婆心地和廖文谈了几次。廖文似乎有所醒悟，答应结束和别人的情人关系，两人尽快生个孩子，可曹萍始终没怀孕。医生通过检查后告诉廖文夫妇，曹萍怀孕的可能性很小。

这次检查给了廖文致命的打击，廖文极度怀疑，曹萍婚前不止流产过一次，不止有吴向荣一个情人。虽然曹萍一再解释，可廖文哪里听得进去？对曹萍也从冷嘲热讽发展到非打即骂。

曹萍绝望了，提出了离婚。廖文正跟情人打得火热，便同意离婚，却不肯分给曹萍半点财产。面对无情无义的廖文，曹萍最终选择了一分钱不拿，协议离婚，远走他乡。

廖文认为，只要自己有钱，离婚后照样可以过得风风光光，可是，老天爷又跟他开了一个巨大的玩笑。离婚后不久，廖文运输公司的员工发生严重车祸，造成一死五伤的悲剧，公司面临300多万元的赔偿，受害人的家属又是起诉又是控告。最终，法院判决公司和廖文等几个合伙人承担300多万元赔偿款的连带责任，公司的运营资质也被吊销了。合伙人内部也因为赔偿问题吵得不可开交，廖文的公司很快就破产了。

雪上加霜的是，廖文所谓的情人也很快向他提出了分手，还逼着廖文给了几万元分手费。廖文彻底变成了一个穷光蛋，他这才如梦初醒，开始想念前妻曹萍的好了，他终于明白，曹萍虽然婚前做过别人的情人，但毕竟是年少无知犯下的错。婚后，曹萍是真心爱他，这些都是他能实实在在感受到的，自己就这样把曹萍抛弃，太不应该了。廖文四处打听曹萍的下落，可曹萍就像人间蒸发了一样，再也没有出现。

此时后悔已经晚了，面对巨额债务，廖文只能靠借高利贷来面对危机。结果利滚利，债务越还越多。终于，廖文因为偿还不了20万元的高利贷被人威胁，放高利贷的人警告廖文，如果一个月内不能还钱，一切后果自负！

就在廖文走投无路的时候，一个人意外出现了，并表示愿意帮助廖文。这个人就是吴向荣。一天，吴向荣突然来到廖文家中，说他得知廖文最近生活不如意，就来看看老朋友。吴向荣还说，以前对不住廖文，希望廖文原谅他。

对吴向荣的出现，廖文非常愤怒。他觉得，自己这几年的不幸完全是吴向荣一手造成的，吴向荣居然想简单地说句道歉了事。就在廖文想发火的时候，吴向荣给了廖文两万元钱，叫廖文再生气也别跟钱过不去，这些钱先拿去救急，以后有什么困难可以随时找他。

吴向荣走后，廖文的心情十分复杂：他当然还恨吴向荣；可对吴向荣的雪中送炭，他也微微有些感动。

就这样，廖文和吴向荣又恢复了联系，可廖文的处境还是一样艰难。眼看着还高利贷的时间就要到了，廖文只好连夜开着他唯一的一辆大货车找吴向荣求救，这大货车还是廖文恳求债主们网开一面，为他保留一个赚钱还债的饭碗才留下的。

廖文恳求吴向荣借给他 20 万元。吴向荣犹豫了很久说，20 万元不是不能借给他，但需要廖文帮个忙。吴向荣说，他在生意场上有个死对头，几年来一直陷害他，他忍无可忍，决心除掉这个死对头。吴向荣说，他会想办法让死对头坐在自己的副驾驶位置，届时，廖文只要驾驶大卡车，在指定的时间、地点，和吴向荣的车相撞就可以了，并且要想办法把副驾驶位上的人撞死。

这是地地道道的“假车祸、真杀人”啊！廖文虽然有各种缺点，但从没干过杀人放火的事。他吓得面如土色，拒绝了吴向荣。吴向荣倒是很镇定，他说这个计划天衣无缝，只要我们两个不说，谁都会认为这就是一起普通车祸。吴向荣说，他跟当地公检法的人都很熟，帮廖文争取轻判、减刑都很容易，廖文最多坐个一两年牢就能出来。如果廖文答应帮忙，他不但可以帮廖文还掉 20 万元的高利贷，服完刑后，还可以再给他 30 万元作为补偿，劝廖文好好想想。

当天晚上，廖文翻来覆去睡不着。廖文知道，放高利贷的人心狠手辣，吴向荣答应还的 20 万元成了救命稻草，廖文已别无选择。另外，廖文知道吴向荣在当地的确有能耐，出了问题应该能摆平。坐个一两年牢就能还清高利贷，还能再拿到 30 万元……值！最终，廖文答应帮吴向荣实施杀人计划。吴向荣没有食言，当场就给了廖文10万元定金，为保证计划成功，两个人还反复模拟试验了两车相撞的地点、角度、力度等。

几天后的一个夜晚，廖文按照吴向荣指定的时间和地点，开着大卡车和吴向荣开的小车发生了猛烈碰撞。坐在副驾驶位置的人当场死亡，吴向荣仅仅受了点轻伤。廖文来不及看清死者的长相，拿着吴向荣给的剩余的10万元，开着大卡车匆匆逃逸了。吴向荣则装模作样地报警了。

第二天，廖文用吴向荣给的20万元还掉高利贷后，就假装向警方自首，警方立刻以涉嫌交通肇事罪拘留了廖文。可廖文在接受警方讯问后才知道，那天晚上他用大卡车撞死的，根本不是吴向荣所说的“死对头”，而是他的前妻曹萍！

廖文先是目瞪口呆，随后号啕痛哭。他做梦也没想到，吴向荣居然利用他来杀死曹萍。吴向荣为什么要这样做？廖文虽然想不通其中的原因，可他再也承受不住良心的谴责，把事情的真相告诉了警方。

警方很快抓获了吴向荣，在铁证和强大的政策攻心下，吴向荣终于承认了自己雇用廖文杀死曹萍的事实。吴向荣早已和曹萍脱离了情人关系，为何要在几年之后雇用廖文杀死曹萍呢？这要从曹萍离婚后的情况说起。

感情的伤害、婚姻的失败给了曹萍很大的打击，特别是离婚时廖文居然不分给她一分钱财产，这让曹萍变得仇恨男人了。曹萍没有脸面回老家，就重新回到了吴向荣所在的城市。为了生活，曹萍到夜总会做了一段时间的服务员。在这种场所，她接触的男人都把女人当成玩物，曹萍经常被各种各样的男人骚扰。为了保住工作，曹萍只能赔着笑脸，敢怒不敢言。

慢慢地，曹萍的人生观发生了翻天覆地的变化。她觉得，男人没一个好东西，可自己又没有一技之长，下半辈子要过上体面的生活，还得找个有实力的男人才行啊。找谁呢？曹萍觉得，对比之下，老情人吴向荣还算不错，如果能嫁给他最好，就算嫁不成，估计吴向荣也会给她一大笔钱。就这样，曹萍重新找到了老情人吴向荣。

对曹萍的重新出现，吴向荣心情十分复杂。吴向荣的成功，跟他娶了当地一位手握重权的局长的女儿有很大关系，可妻子性格强悍霸道，总是用一种高高在上的态度对吴向荣，所以，吴向荣的婚姻并不幸福。几年前，吴向荣偶然在餐厅认识了曹萍，发现这姑娘不但漂亮能干，还有一种难得的纯真、质朴，这正好填补了吴向荣孤独的内心。当时，只有 17 岁的曹萍也没有抵挡住吴向荣“大叔”的魅力和金钱的诱惑，成了吴向荣的情人。吴向荣发现，曹萍居然把“第一次”献给了他，这让吴向荣更加珍惜，这种情人关系整整维持了三年。

可慢慢地，妻子对吴向荣的婚外情关系有所察觉了，虽然在他的搪塞下没有东窗事发，可吴向荣觉得，再也不能拿自己的事业和名声做赌注了。所以，他虽然对曹萍仍有一定的感情，可还是忍痛割爱，把曹萍介绍给了廖文，跟曹萍一刀两断。

他满以为曹萍和廖文结婚后，能过上幸福的生活，可这才两三年，曹萍又找上门来。现在该怎么办呢？对曹萍婚姻的不幸，吴向荣多少有些内疚；而且，曹萍依然年轻漂亮，在种种因素结合的作用下，吴向荣重新接受了曹萍。

可不久，吴向荣就发现曹萍完全变了。曹萍以各种理由找吴向荣索要钱财，还要求吴向荣离婚，娶她为妻。吴向荣的事业主要是靠做局长的岳父的支持，他虽然和妻子感情一般，但从未想过离婚。曹萍的要求已经突破了吴向荣的底线，吴向荣开始厌恶、躲避曹萍了。曹萍看自己对吴向荣的逼婚没有结果，就对吴向荣说，不离婚就必须给她 500 万元分手费，否则，她就要找吴向荣的妻子、岳父摊牌！

面对曹萍的步步紧逼，吴向荣动了杀机！怎样才能除掉曹萍呢？经过调查，吴向荣得知曹萍的前夫廖文因生意破产急需用钱后，觉得可以利用廖文达到目的。于是他找到廖文，先是通过小恩小惠以取得廖文的信任，继而在廖文找他借钱时提出了“假车祸、真杀人”的计划。为了避免廖文的心理波动，吴向荣没有告诉他要杀的人是曹萍，而谎称是一个“死对头”。在廖文答应帮助杀人后，吴向荣约曹萍在某天晚上出来谈谈。就这样，吴向荣带着曹萍把车开往某偏僻路段，在廖文的协助下，利用车祸的形式杀死了曹萍。

吴向荣认为，就算廖文后来发现撞死的是曹萍，也不敢向警方透露他是幕后元凶，因为一旦透露，廖文也构成故意杀人罪，这比交通肇事罪严重多了。可吴向荣没有想到，廖文对曹萍还有一定的感情，良心也尚未完全泯灭，再加上对包庇杀人犯的法律后果的恐惧，他向警方如实交代了全部犯罪事实。另外，吴向荣显然低估了公安机关的侦查能力。吴向荣在犯罪准备过程中，留下了与廖文的通话记录、银行的取款记录、模拟撞车的监控视频等众多线索，所以，就算廖文不如实交代，公安机关也能很快判断这不是一起普通的交通肇事案，而是一起故意杀人案。

案件真相大白了，吴向荣、廖文必将受到法律的制裁。但廖文的辩护人提出，廖文在共同犯罪中听命于吴向荣的安排，而且他根本不知道要撞的人是曹萍，否则他一定会拒绝，所以廖文是从犯。这种观点能够成立吗？这就涉及一个法律知识点：雇凶杀人案件中主犯、从犯的认定。

在雇凶杀人案件中，受雇的人是否一律认定为从犯呢？答案是否定的，受雇人如果直接实施了具体杀人行为，对犯罪后果的发生起主要作用，则同样应认定为主犯；受雇人如果仅仅是起次要或者辅助作用，如帮忙望风、提供作案工具等，才可以认定为从犯。

本案中，吴向荣不但出资雇用廖文杀害曹萍，还参与了具体的杀人行为，是主犯；廖文虽然听命于吴向荣，但实施了最直接的杀人行为，对曹萍的死亡起关键作用，因此，廖文同样应当认定为主犯，而非从犯。

最终，当地法院对该案作出一审判决，法院认定吴向荣构成故意杀人罪，吴向荣虽然认罪、悔罪，但由于罪行极其严重、情节特别恶劣，故法院判处吴向荣死刑。吴向荣不服，提出上诉，二审法院维持了原判。两年后，经最高人民法院核准，吴向荣被执行死刑，结束了其罪恶的一生。

法院同时认定廖文是故意杀人罪的共犯，但在犯罪中的作用和地位次于吴向荣，且廖文具有坦白情节，可以从轻处罚，故判处廖文无期徒刑，二审法院也维持了对廖文的判决。法庭上，廖文痛哭流涕，他说自己自甘堕落，被人利用，受雇杀害了心爱的女人，他会用一生去赎罪。

爱一个人，就要接受她的全部。廖文如果能接受妻子曹萍的过去，眼光向前，共同努力，也许他现在已经过上了幸福的生活，而不是像现在这样被人利用，堕落成一名杀人犯。吴向荣道德败坏在前、雇凶杀人在后，对其处以死刑彰显了法律的权威。至于被害人曹萍，她本性善良，年纪轻轻就被人杀害，实属可怜；可她不能正确面对人生的艰难，妄图通过“捷径”追逐金钱，又实属可悲，愿她来生做个真正自立、自尊、自爱的女人。

莫国栋 / 主讲人简介及普法心得

1. 莫国栋简介

莫国栋律师，广东韶关客家人，自2010年正式执业至今，已逾13个年头。执业13年来，莫国栋律师秉持客家人吃苦耐劳、团结友爱、努力拼搏的精神，代理了大量民商事及刑事案件，执业足迹从广东的南海之滨到西藏的世界屋脊，审级从基层人民法院到最高人民法院，都能看见莫国栋律师为追求公平正义而奔走的身影。

2012年被共青团中山市委和人社局评为“中山市青年岗位能手”，2013年获中山市律师协会颁发的“维护社会稳定奖”，2016年被中山市律师协会评为“中山市优秀青年律师”，2017年被中山市律师协会评为“中山市律师协会优秀委员会主任”，2018年被广东省司法厅聘为“广东送法进基层宣讲团成员”，也是目前中山市唯一一名从2020年开始连续三年担任中山市公安局法律顾问的律师。

2. 莫国栋公益普法心得

作为一名“80后”的客家后生，在那个老师还会用客家话给学生上课的时代，我非常幸运，刚上学，就遇到一些普通话说得很顺溜的老师。更没想到的是，这一点点语言优势，让我有机会站上了中央广播电视总台《法律讲堂》的舞台，向亿万观众朋友讲述法律故事，普及法律知识。所以，我不仅仅将此视为荣誉，更视为上天交给我的使命。

全面依法治国的大幕已经拉开，用老百姓喜闻乐见的方式宣讲法律知识，是每一位法律工作者的使命和责任。当年的“80后”，今天也年过四十了。但是，在公益普法的光明大道上，我将“关山初度尘未洗，策马扬鞭再奋蹄”，也将秉持执业初心，不忘客家精神，在追求公平正义的道路上继续勇往直前。

拍完婚纱照之后

莫国栋

法律知识点：1. 自首的认定
2. 故意杀人罪与故意伤害罪的区别

这几天，叶世强的心情有些郁闷。原来，叶世强谈了个女友，叫谢薇，两人都到谈婚论嫁的地步了。可是，叶世强近期收到谢薇前男友的短信，说谢薇和他同居的时候曾经堕过胎，是个“二手货”，劝叶世强离开谢薇。叶世强本就是个猜忌心极重的人，看完谢薇前男友的短信，气得把手机直接扔在了沙发上。一连几天，“堕胎”“二手货”等字眼一直在他的脑中浮现。他本想找谢薇问个明白，但转念一想，万一谢薇真为她的前男友打过胎，自己还怎么娶她？可是，不问清楚，叶世强心里怎么都不是个滋味。他陷入了深深的痛苦中。

叶世强与谢薇是大学时的同班同学，谢薇人长得漂亮，高个子，大长腿，长发及腰，很会打扮，笑起来有小酒窝，特别迷人。总之，谢薇满足了叶世强对女孩的所有幻想，他渴望谢薇成为自己的女友。

虽说叶世强长得也不错，可谢薇早已名花有主，她的男友是学校篮球队队长柯峰，不仅人长得高大帅气，球技也非常好。叶世强自知不是柯峰的竞争对手，也担心对谢薇表白后被拒绝，自尊心受损。所以，叶世强把对谢薇的感情埋在心里，从来没敢流露出来。

或许是命中注定，毕业后，叶世强考上了公务员，谢薇也刚好跟叶世强在同一个城市上班，两人的工作地点离得还挺近。叶世强有事没事就以同学聚会的名义约谢薇聚餐，两人的联络渐渐多了起来。而谢薇与前男友柯峰却因在不同的城市，感情渐渐疏远。最终，柯峰找了个当地的富家女，与谢薇分手了。叶世强在谢薇感情最脆弱的时候给予她无限的关怀，最终俘获了谢薇的芳心。

转眼间，叶世强与谢薇已经相恋了近一年，正当他们觉得会一直相伴着走入婚姻的殿堂时，一场感情危机来了。一天晚上，叶世强与谢薇在一家西餐厅吃晚餐，正吃得高兴的时候，谢薇的前男友打来电话，谢薇起身出去接听，这让叶世强醋意大发、怒火中烧，饭也吃不下了。他没想到，谢薇还跟前男友藕断丝连。没等谢薇接完电话回来，叶世强就咬牙切齿地离开了餐厅。

叶世强与谢薇发生了冷战。不久，叶世强收到了一条让他更加崩溃的信息。一天晚上，叶世强与朋友喝完酒回到家里，突然手机短信提示响了，他打开一看，竟然是谢薇的前男友柯峰发来的。柯峰告诉叶世强，他与谢薇恋爱的时候，谢薇为他怀过孕，说谢薇是“二手货”，让叶世强尽早离开她。尽管心里很痛苦，但叶世强始终下不了决心跟谢薇分手。一来，柯峰的信息并没有得到证实；二来，他心里实在割舍不下与谢薇的这段感情，毕竟谢薇是第一个让他心动的女孩。

时间又过去了一个多月。在一次聚会中，叶世强从谢薇闺密口中得知，谢薇已经彻底与前男友断了联系。叶世强内心黯淡了许久的灯突然亮了起来，仿佛有一种失而复得的欣喜。能够再次从柯峰手中夺回谢薇的爱，简直是天从人愿。他对谢薇的思念就像潮水一般涌向心头。此刻，似乎谢薇是否堕过胎已经不重要了，重要的是，自己内心其实一直深爱着谢薇。他发微信向谢薇认错，谢薇也原谅了他。当晚，两人在晚餐后沿着马路散步，谢薇向其坦诚交流了这个月的心路历程。

谢薇告诉叶世强，那天晚上，前男友柯峰打来电话确实是想跟她复合。原因是柯峰在当地找了富家女友后，两人没有共同的语言，柯峰还常常被有钱女友有意无意地奚落。时间久了，柯峰感觉受到了莫大的羞辱，便跟富家女分手了。这也让柯峰更加怀念那个对他言听计从、无限崇拜的前女友谢薇。听完柯峰的诉说，谢薇内心也考虑过与前男友重新开始，毕竟这是她的初恋。可是，谢薇也意识到，自己现在想要找一个踏实可靠，能彼此温暖的爱人。相较于见异思迁的前男友，叶世强的长情更让她感动。没想到接完电话回来，叶世强一声不吭就走了。谢薇本想打电话跟他解释一下，但转念一想，一个不信任自己的恋人，解释有什么用。听完谢薇的肺腑之言，叶世强内心无比温暖，他的心结彻底打开了，发誓一定会用一生来好好爱护谢薇。

叶世强与谢薇的误会解除之后，两人的情感也尘埃落定，在两家父母的催促下，他们俩先去领了结婚证，决定拍完婚纱照后便摆酒席结婚。但让人万万想不到的是，谢薇的生命却定格在了拍完婚纱照回家的路上。

正所谓“江山易改，本性难移”。叶世强虽然从感情上爱上了谢薇，但性格中的猜忌和狭隘还是在隐隐作怪，他总会不自觉地脑补一些谢薇与柯峰同居时的画面。叶世强一直想找谢薇问个明白，但又不知道如何开口。自从与谢薇领完证后，他觉得机会来了。作为丈夫，他有权知道谢薇的过去。其实，叶世强心里还有个小算盘，如果谢薇没有为前男友堕过胎，那当然最好，这就完全打消了自己心里的疑虑。万一谢薇真的堕过胎，也正好向谢薇证明，自己是真的爱她，就算知道她过去的污点，也愿意娶她。另外，还可以借此敲打一下谢薇，让她知道自己的朋友圈很广，她与前男友的那点破事瞒不过自己，希望她在以后的婚姻生活中老实一点，别把自己当成傻子。可是，有什么方法可以让谢薇说实话呢？

直到婚庆公司安排拍婚纱照的日子，叶世强还是没想到怎么和谢薇开这个口。当天，谢薇沉浸在拍婚纱照的喜悦氛围中，摄影师要求的每一个动作和表情她都极力做到最好，希望为自己留下一生中最美好的回忆。可是，叶世强却心不在焉，动作和神情总是做不到位，弄得谢薇大发雷霆。叶世强赶紧赔礼道歉，谎称近期工作忙，心思被工作分神了，并保证接下来一定把婚纱照拍好。解释完，叶世强还向谢薇敬了个礼。谢薇见他搞怪的模样，扑哧一笑，气也消了。但没想到，就在这样的打闹中，叶世强灵光一闪，终于想出了让谢薇说实话的方法。叶世强开心地一拍大腿，哈哈大笑起来。谢薇还以为他在调整状态，也被逗笑了。由于大家的状态都上来了，没过多久，两人就按摄影师的要求拍完了婚纱照。

拍完婚纱照，在开车回去的高速路上，叶世强向谢薇提出，玩真心话大冒险游戏。这个游戏近年来比较流行，就是两人或多人设定一个问题，参与的人都要诚实回答，否则就要被罚。谢薇此时的心情很好，以为叶世强有什么惊喜要给自己，满口答应玩这个游戏。叶世强强调说："无论听到什么，谁都不许发脾气。而且，过了今天，谁也不许再提。"谢薇见叶世强故弄玄虚的样子，笑着点点头。但让谢薇万万没想到的是，叶世强竟然说，他在与谢薇恋爱期间，曾有嫖娼的行为，他觉得对不起谢薇，希望得到谢薇的原谅。叶世强笑着问谢薇："你最难忘的经历是什么？不许骗我哦。"说完，叶世强心情忐忑地等着谢薇开口。可是，谢薇听完后，整个人瘫坐在副驾驶位上，一时说不出话。过了一会儿，谢薇歇斯底里地哭喊着，叶世强你这个王八蛋，这么肮脏的事你都干得出来！瞒了我这么久，还要我原谅你，门儿都没有！咱们离婚！马上离婚！

叶世强见谢薇反应这么强烈，有些惊慌失措。其实，叶世强并没有嫖娼行为，他之所以这么说，是想通过这种方式，让谢薇能报以同理心，自愧地说出自己为前男友堕胎的实情。见谢薇越闹越凶，叶世强不仅不愿妥协，心里的怨气反而越来越重。他心想，如果不是你跟前男友那点破事，我至于如此卑微，用谎称嫖娼来套你说出答案吗？叶世强冲着谢薇大声吼道："闭嘴！我告诉你，我没嫖娼，我之所以这么做，完全是被你逼的！"叶世强的嘴就像机关枪一样，将整个事件的来龙去脉全倒了出来。

谢薇听完后，哭笑不得，她失望地说："叶世强，我曾经天真地以为，你是最爱我、最了解我的人，没想到，你一直用猜忌、怀疑的眼光看我。你的所作所为实在让我寒心。我是怎样的人，经过这么长时间的相处，你还不了解吗？你太自私了，我打心底里瞧不起你。姓叶的，不管你是否嫖娼，我都不愿意继续与一个自私狭隘的人生活下去，明天我们就去办理离婚手续。"谢薇说完，便将头转向窗外，不再跟叶世强说话。

叶世强彻底慌了神，他感觉到，谢薇不是在跟他开玩笑、说气话。叶世强很后悔挑起这个话题，他恨透了自己，极力跟谢薇解释，想挽回二人的关系，但谢薇已经无心再听，不停地说要跟叶世强离婚。叶世强害怕彻底失去心爱的谢薇，失去他憧憬了无数遍的美好未来，他仿佛看见谢薇前男友的嘲笑和鄙视，情绪渐渐失控，将车子越开越快。谢薇吓坏了，大声命令叶世强赶紧减速停车，但叶世强像得了路怒症一样，根本控制不了自己。突然，一个邪恶的想法从叶世强脑海中产生了——既然我得不到你，我们就同归于尽！叶世强一脚油门把车速提到 180km/h，准备冲出右侧的护栏。副驾上的谢薇拼命拉住方向盘，想把方向盘摆正。可惜，车子还是撞在右侧护栏上了。由于车速太快，车内的几个气囊都打开了，叶世强继续加速，车子顶着护栏继续往前冲了 200 米左右才慢慢停下来。谢薇吓傻了，呆坐在副驾位上，不知所措。

车子停下来后，叶世强跌跌撞撞地走下车，揪住谢薇的头发，硬生生将她从副驾位拖下车。谢薇用惊恐而微弱的声音哀求叶世强住手，叶世强却像着了魔似的，将谢薇的头使劲往地上砸。只听“砰”的一声，谢薇整个人失去了意识。此时，叶世强像中了邪一样，重复着同样的动作，又砸了四五次，直至看到地上有一摊血后才停下来，瘫坐在地上。他恍惚了，脑海中闪现出大学时第一次见到谢薇的情景。那时的谢薇长发飘飘，脸上洋溢着自信、阳光的笑容，如天仙下凡，把叶世强看呆了。回过神来，他看着谢薇的脸在血泊中显得越发苍白，怎么也不敢相信，自己竟然对昔日的女神做出如此疯狂的举动。叶世强情绪崩溃了，他发出撕心裂肺的哭喊声。

此时，一阵尖锐的警笛声传来，一辆警车出现在叶世强面前。警方是怎么知道叶世强在这里呢？原来，因为叶世强车速过快，出了事故，车上的系统自动报警。警方接警后，立即赶到现场。发现高速护栏被撞坏，一辆小汽车停在应急车道上，车子后方七八米处还有一大摊血，一名女子昏倒在血泊中，一名男子呆坐在车尾。交警立即拨打 120 急救电话，将伤者送往医院抢救，并对事故现场展开调查。

警察刚开始以为发生了重大交通事故，对叶世强进行了初步询问。但可能是惊吓过度，此时叶世强目光呆滞，语无伦次，只是重复地说自己该死。交警见问不出什么，便先把叶世强带回了公安局。经过现场勘查后，交警初步判定，这并非一起交通意外，更像是人为事件。可是，从叶世强两人身上的穿着打扮来看，似乎是刚拍完婚纱照。刚拍完婚纱照的两人，应该正是你侬我侬的时候，怎么会人为制造一起这么严重的事故呢？警察一时也是丈二和尚摸不着头脑，只能寄希望于叶世强，等他自己说出实情。

刚回到公安局时，叶世强对关键情节避而不答。次日，叶世强在得知谢薇情况好转后，心情放松了许多，才慢慢配合调查，交代了事情的经过。听完叶世强的话，办案警察面面相觑，完全不敢相信一个刚与心爱的女人拍完婚纱照的男人，会做出这种疯狂的举动。但不管怎样，叶世强的行为已涉嫌刑事犯罪，公安机关对他采取了强制措施，并对案件展开进一步调查。

为了尽快核实叶世强所说是否属实，交警向医院询问谢薇的伤情，是否适合录口供。医生告诉交警，谢薇此时生命体征虽有所稳定，但还处于昏迷中，尚未脱离生命危险，无法录口供。交警只好等待。遗憾的是，第二天，谢薇因伤势太重，不治身亡。交警只能走访婚庆公司等其他与案件相关的人员了解情况。其中，最重要的就是谢薇的前男友柯峰。

警察找到柯峰，将事情简单做了介绍。柯峰听完后瘫坐在沙发上，低着头，使劲地用手抓着自己的头发，不停地说，怎么会是这样?！警察让他平复一下情绪，配合录完口供。柯峰承认，他给叶世强发过信息，但谢薇堕胎并不是事实。柯峰之所以这么做，只是想逼叶世强知难而退，离开谢薇，让谢薇回到自己身边。在场民警听完都很生气，但考虑到谢薇的死也在柯峰意料之外，另外，他的短信并非面向不特定的公众，公开侮辱诽谤谢薇，所以，柯峰的行为并不构成刑事犯罪。于是，民警只是对柯峰进行了严肃的批评教育。

经过数月的侦办，结合相关证人证言及现场勘验的证据，加上叶世强的口供等材料，交警部门查清了案件事实，以叶世强涉嫌故意杀人罪移送检察院审查起诉。

庭审中，叶世强得知谢薇并没有堕胎行为，掩面痛哭：“谢薇，我对不起你啊！”他对法官说，自己在大学时就深爱着谢薇，不会故意杀害她。事发当天，他虽有故意伤害谢薇的行为，但只是想与谢薇同归于尽，是殉情，不是故意杀人，希望法院将罪名改为故意伤害而不是故意杀人。他不想背负故意杀妻的罪名，这让他良心不安。

那么，叶世强的行为究竟应认定为故意杀人罪还是故意伤害罪呢？这就涉及一个法律知识点：故意杀人罪与故意伤害罪的区别。

故意杀人罪，是指故意非法剥夺他人生命的行为；故意伤害罪，是指故意伤害他人身体的行为。二者之间都存在着故意伤害他人身体的行为，那如何区分呢？司法实践中，一般根据行为人伤害他人的动机、打击的部位等客观方面，来综合判断行为人实施的是故意杀人还是故意伤害行为。

本案中，正如叶世强所说，他是抱着与谢薇同归于尽的心态开车撞击栏杆的，主观上积极追求谢薇死亡的结果。而且，在撞击栏杆后，见谢薇没死，还把她拖下车，将其后脑猛烈撞击地面，直到谢薇后脑流血并昏迷才停手。我们都知道，人的后脑是很脆弱的，别说人为的猛烈撞击，即使是意外撞伤后脑，都有可能致人死亡。所以，叶世强主观上追求谢薇死亡的结果，客观上又实施了打击谢薇身体要害部位的行为，其行为应该认定为故意杀人而非故意伤害。

叶世强的辩护人接着又提出，在事发后，叶世强明知车载自动报警系统会自动发送报警求助，未逃离现场，在警察到来后也没有拒捕，属于自首，应当减轻处罚。

那么，叶世强的行为构成自首吗？这又涉及一个法律知识点：自首情节的认定。

《中华人民共和国刑法》第六十七条规定：犯罪以后自动投案，如实供述自己的罪行的，是自首。《最高人民法院关于处理自首和立功若干具体问题的意见》第一条第（一）项规定：犯罪嫌疑人具有以下情形之一的，也应当视为自动投案：1. 犯罪后主动报案，虽未表明自己是作案人，但没有逃离现场，在司法机关询问时交代自己罪行的；2. 明知他人报案而在现场等待，抓捕时无拒捕行为，供认犯罪事实的；3. 在司法机关未确定犯罪嫌疑人，尚在一般性排查询问时主动交代自己罪行的；4. 因特定违法行为被采取劳动教养、行政拘留、司法拘留、强制隔离戒毒等行政、司法强制措施期间，主动向执行机关交代尚未被掌握的犯罪行为的；5. 其他符合立法本意，应当视为自动投案的情形。从法条的规定可以看出，自首的构成要件有两个，一是自动投案；二是如实供述。二者缺一不可。

本案中，叶世强的行为可以认定为自首吗？在交警到来后，叶世强由于惊吓过度，说话语无伦次，眼神呆滞，其是否清楚车载系统会自动报警，不得而知。退一步讲，即使叶世强当时知道车载系统已经报警了，但根据法律及司法解释的相关规定，叶世强应该在到案后，在公安机关的第一次询问中，如实供述犯罪事实。可是，叶世强刚开始并没有如实供述，而是于次日，在了解到谢薇的病情有所好转后，才向公安机关如实供述犯罪事实。其行为显然已不能认定为自首。

其实，现实生活中，有些犯罪嫌疑人在主动投案后，自作聪明，交代犯罪事实的时候，故意避重就轻，不如实供述，最后没被认定为自首，这是很可惜的。

法院经过审理后认为，叶世强在事发后，头脑中一片空白，没有意识到车载报警系统检测到发生事故后，会自动呼叫救援中心并联合 110 报警，不属于“明知他人报案”，主观上不符合主动投案的情形，不构成自首。但考虑到叶世强父母在案件的审理过程中，向谢薇的父母进行了经济上的补偿，谢薇的父母也出具了谅解书。并且，本案属于亲人之间的激情犯罪，并非有预谋的故意杀人，叶世强的主观恶性相对较小。最终，法院认定叶世强构成故意杀人罪，决定判处叶世强无期徒刑，剥夺政治权利终身。

叶世强的悲剧人生，完全是由于他的猜忌与狭隘造成的。因为猜忌，他轻信谢薇曾为男友堕胎，为此耿耿于怀，一直不愿从内心接纳谢薇；又因为自私狭隘，他撒谎说自己嫖娼，在谢微不原谅他、要离开他时，又选择杀害谢薇。归根到底，他爱的不是谢薇，而是极度自私的自己。

真正的爱情到底是什么呢？杨绛先生曾经写道：开心的时候有人分享，难过的时候有人陪伴，有话直说，有事明说，相处时不用防备，聊天时毫无顾忌，这大概就是最好的感情。

迷信公公毁了家

莫国栋

法律知识点：故意杀人罪与故意伤害罪的认定

2017年的一天，张萍像往常一样到菜市场买菜，在经过一个路口时，突然从角落里冲出来一个头戴鸭舌帽的男子，持刀向她砍去。张萍来不及躲闪，颈部和头部被砍了数刀，流下了骇人的鲜血。此时，几名胆大的路人急忙上前制伏该男子，其他路人也纷纷拿出手机报警，持刀男子被当场抓获，张萍则被紧急赶来的救护车送往医院抢救。

经公安机关初步调查，行凶者叫李添顺，与伤者张萍竟然是公公与儿媳的关系！公公为什么要持刀砍伤儿媳？他们之间究竟有何深仇大恨？

说起李添顺，村里人几乎都认识。李添顺所在的村地处城乡接合部，流动人口比较多，老李就在村头开了间小超市。老李家的小超市价格公道，童叟无欺，村里人对他的评价挺不错。就是这样一个老实人，为何要对自己的儿媳下此毒手？经过警方的进一步讯问，李添顺道出了缘由。

这一切，还要从两年前，李添顺的儿子李国浩与张萍准备结婚时说起。两年前，老李的儿子李国浩经人介绍，认识了邻村的张萍，两个年轻人从相识到相爱，相处了一年多，感情发展也挺平稳。于是，二人打算结婚。李国浩把张萍带回家见父亲，他以为温柔贤淑的张萍一定会得到父亲的认可，但事与愿违，眼见快成的婚事差点就告吹了。

见面那天早上，李国浩带着张萍早早就来到家里拜见父亲，老李见乖巧的张萍甚是喜欢，两人交谈甚欢。李国浩在一旁暗自高兴，看来父亲对张萍很满意！午饭过后，李国浩自告奋勇洗碗，留下张萍在客厅跟父亲聊天。老李小心翼翼地问张萍的生辰八字，说没有别的意思，只是乡下人摆酒席的风俗，想找个算命先生挑个吉利的日子。张萍二话没说，就把自己的生辰八字告诉了未来的公公。

第二天一早，老李拿着儿子跟张萍的生辰八字来到算命先生家，请他算一算两人是否合适。可是，算命先生告诉他，按生辰八字测算，张萍命里克夫，建议老李尽快取消这门亲事。老李听完，心里一沉，无精打采地回了家。

晚上，李国浩下班后刚进家门，老李就把他叫住。李国浩见父亲愁眉苦脸，觉得不对劲，就跟着父亲来到客厅。刚坐下，老李就把算命先生的话告诉了儿子，表示不同意儿子跟张萍的婚事，要求儿子尽快与张萍分手。李国浩听完，感觉脑袋“嗡”的一下。他万万没想到，事情居然出现了这么大的反转。他态度坚决地跟父亲表明，非张萍不娶。老李听完后，一拍桌子，大声呵斥道，她会克死你的！没想到，李国浩也毫不示弱，大声说道，你不让我娶张萍，我宁可去死。说完，李国浩转身就回了自己的房间。

老李被儿子气得说不出话，一个人坐在客厅抽起了闷烟，不由得想起这十几年来，自己独自撑起这个家的不易。老李的老伴在儿子李国浩读小学四五年级的时候，因病去世了。这十几年来，老李又当爹又当妈，不知道吃了多少苦，受了多少罪，才把儿子拉扯大。没想到，一向对自己敬重有加的儿子，居然为了一个女人，跟自己发那么大脾气。第二天，李国浩主动跟父亲道歉，希望父亲原谅他。见儿子态度缓和，老李心里也宽慰了些，便想开口再劝劝儿子。可是没等老李开口，李国浩便说，爸，我妈走得早，我打小没有妈，现在难得遇到对我知冷知热的女人，您就成全我吧。说完，李国浩掉下了眼泪。老李听了，不禁想起儿子小时候半夜发高烧，躺在床上哭着找妈妈的情景，不觉鼻子一酸。老李对儿子说，爸也是老糊涂了，这封建迷信的事，怎么能相信呢！爸支持你的选择。听到这话，李国浩高兴得跳起来。

但是，让李国浩没想到的是，正当自己和张萍满心欢喜地筹备婚礼的时候，父亲又在背后搞起了小动作，还引来了妻子与父亲的激烈争吵。原来，虽然老李在情感上接受了儿子的想法，但是，他一想起算命先生的话，心里就怎么也放心不下宝贝儿子。老李再次来到算命先生家里，将情况告诉了算命先生，并向算命先生求破解之法。算命先生摇头晃脑地说，这就是命啊！说完，只见算命先生用手捋着胡子，并没有继续说话的意思。老李立马明白了，赶快从兜里取出一个红包塞到算命先生手里。算命先生用手捏了一下，满意地塞入了口袋，接着将一张写着张萍生辰八字的符放到老李手上，告诉老李，用儿子的内裤包住，压在儿子枕头下面，压足七七四十九天，就可以消除张萍命里的邪气。算命先生特别叮嘱说，七七四十九天内绝不允许打开灵符，否则灵符失灵，从此再无破解之法。老李郑重其事地接过算命先生给的符，高高兴兴地回了家。很快，机会便来了。

李国浩与张萍新婚的当天晚上，老李悄悄溜进新房，按算命先生的要求，把灵符包好，塞进了儿子的枕头里。完事后，老李笑眯眯地离开了新房。当晚婚礼上，老李和亲朋好友喝了个大醉。在醉意朦胧中，他看着儿子幸福的笑容，流下了欣慰的泪水。

时间在新婚的喜悦中过得特别快，眼见还差几天就够七七四十九天了，算命先生的符就要发挥作用，儿媳这辈子也不会克儿子了，老李近期的心情特别好。可是，就在老李满心欢喜地等待着算命先生的灵符显灵时，放灵符的事，却被儿媳发现了。

一天晚上，老李像往常一样在小超市打烊后慢慢走回家。走到家门口时，老李隐约听见了女人的哭声，细听之下，居然是儿媳张萍。老李刚进屋，就看见儿子焦急地在客厅踱步，茶几上放着一张撕碎的灵符。老李顿时明白了，放灵符的事，被儿子、儿媳发现了。李国浩见老李回到家，便赶紧走了过来，开口就埋怨父亲不该这样羞辱张萍。老李见灵符被破坏，心里本就窝着火，听了儿子的话，火更大了。他大声呵斥儿子，什么叫羞辱！我还不是为了你们好，本来就差几天，灵符就显灵了，就可以破除张萍克夫的命格，这下倒好，现在什么都失灵了。说完，老李叹了口气，重重地把房门钥匙往桌上一扔。

这时，一直在房间里哭泣的儿媳张萍，听见公公说自己克夫，便不乐意了。她从房间里气冲冲地走出来，要公公说清楚，自己怎么就克夫了？新婚才一个多月，公公和儿媳就发生了激烈的争吵。争吵完，这对公媳足有一个多星期没有说话。家里的气氛本来就沉闷，屋漏偏逢连夜雨，李国浩又在这个时候失业了。

李国浩原本在当地一家私人小企业上班，这几年经济形势不好，公司倒闭了。李国浩拖着疲惫的身体回到家，把失业的消息告诉父亲和妻子。没承想，李添顺听后，直接说了一句，这扫把星入门，哪有什么好事！张萍听了，被气得眼泪哗哗直流，跑去跟丈夫抱怨。李国浩刚失业，本来心情就郁闷，根本没心情理会父亲和妻子的矛盾。

经过这两件事，儿媳跟公公算是彻底结下梁子了。两人虽住同一屋檐下，但见面能不说话就不说话，家里的气氛更沉闷了。张萍屡次跟丈夫李国浩说，要搬出去单独居住。可李国浩知道父亲的性格，压根儿不敢跟父亲开这个口，每天老老实实出去帮父亲打理小超市，也不正面回应张萍的要求。直到数月后，张萍怀孕的消息打破了这种局面。但是，张萍万万没想到，正是因为这个孩子，差点令自己丢了性命。

经过十月怀胎，张萍终于顺利生下了一个大胖儿子。爷爷见到大胖孙子，喜欢得不得了，对张萍的态度也缓和了不少，这个家庭的气氛也因孩子的到来逐渐活跃了起来。可是好景不长，儿媳与公公在养育孩子方面的分歧越来越大。在一生节俭的公公看来，儿媳给孩子用尿不湿，用一次就要花去好几元钱，实在是太浪费了。他认为，用尿不湿完全是儿媳懒惰，不愿换洗尿片。老李便经常在儿子面前抱怨儿媳不会过日子。张萍却觉得，公公管得太多，她告诉丈夫，用尿不湿虽然贵了点儿，但孩子不会红屁股。她情愿自己省着点儿花，也不让孩子受罪。她让丈夫多去与公公沟通，不要干涉自己带小孩的方式。可是，李国浩与父亲沟通一次就被骂一次。老李说，儿子娶了媳妇忘了本。最后，李国浩也无可奈何，只能眼不见为净，整天留在超市里干活。张萍依然我行我素，根本不理会公公的看法。老李见说也没用，干脆不管了，但心里却堵着一口气。

转眼间，孩子断了奶，张萍主动提出去超市帮忙，跟丈夫一起经营超市，希望公公能帮忙照看儿子。老李觉得，超市迟早还是要交给儿子打理，早点儿让他们夫妻俩接手也好，便同意了张萍的想法。就这样，李国浩夫妻俩每天一早便去小超市看店，直到晚上十一二点才关门回家。老李白天带着孙子逛逛公园、买买菜，晚上陪着孙子睡觉，也是乐得其所。时间久了，爷孙俩也建立了很深的感情。眼见着这个从结婚到现在都没消停过的家庭，总算是开始过些安稳日子了。可是，命运再一次跟他们开了个玩笑：李国浩竟然被公安机关行政拘留了。

一天下午，张萍告诉丈夫李国浩，经过几个月的观察，她发现村口经常有一帮闲散人员在那里无所事事，建议丈夫在小超市门口摆张麻将桌，不仅可以收些台费，而且围观的人多了，还可以增加小超市的收入。但李国浩听了却反问，这样会不会违法啊？张萍听完，一脸怒气地说，那么多人放麻将桌，不见人家违法，你放就违法了？干什么都是前怕狼、后怕虎，就连跟你爸说我们搬出去住，也不敢，真是没用。

第二天，李国浩买了两张麻将桌放在超市门口。不一会儿，就有人过来要开台打麻将。慢慢地，围观的人也多了起来。一天下来，超市的收入比平常多好几百元。张萍一算，照此发展下去，一个月就能多收入几千元，家里一个月的花销就赚回来了。想到这儿，张萍就笑得合不拢嘴。

但让人万万没想到的是，麻将桌刚支起来的第三天早上，李国浩刚把麻将桌抬到门口，几名警察便来到小超市门口，说要对小超市进行调查。原来，派出所接到群众举报，说这里有人聚众赌博，这才来到小超市了解情况。更让李国浩没想到的是，警察在了解清楚情况后，竟然以聚众赌博为由，对李国浩进行了行政处罚和五天的行政拘留。

老李一听说儿子被警察抓了，还要拘留，急匆匆赶到派出所。在得知是儿媳出的馊主意惹来了这场麻烦事后，老李再也压不住心头怒火，当场就对张萍破口大骂，说她就是十足的扫把星，自从进门就没给这个家带来过好运气，现在还害得自己的丈夫坐牢，真是克夫的命！张萍听了，气得全身发抖，委屈地说，自己也是为家里好，谁能想到会是这样的结局。说完，张萍扭头就走，当天就带着儿子回了娘家。

五天之后，李国浩被释放。在了解了情况后，他来到丈母娘家，劝张萍跟自己回去。可没想到，张萍却提出，回去可以，但一定要跟公公分开住，否则就离婚。李国浩见说服不了妻子，便先回了家。他把张萍的要求告诉了父亲。老李听完后，却没像往常那样发火，只默默地说了一句，你已经长大了，自己的事自己决定吧。说完，老李便默默离开了。李国浩看着父亲的背影，想起小时候和父亲相依为命的日子，以及父亲对自己的种种疼爱，不忍伤父亲的心，决定与妻子离婚。

第二天，李国浩将自己的决定告诉妻子，张萍委屈地哭了起来。其实，张萍只是想逼丈夫与公公分开居住，并不是真想离婚。不料，丈夫竟然如此绝情。她想起结婚之初，自己与丈夫两情相悦，是何等幸福！正是这个不讲道理的公公，弄得自己落得如此下场。她决心报复公公。她知道，孙子是公公的心头肉，她对丈夫说，离婚可以，但儿子必须由自己抚养，还要改跟自己姓。李国浩将张萍的想法告诉父亲。老李听完，气得全身发抖，坚决不同意。当天晚上，老李在床上翻来覆去睡不着。张萍自从进了家门，不仅没让自己过上一天舒心的日子，还害得儿子丢了工作，被行政拘留。这还不够，现在，她不仅要跟儿子离婚，还要让自己唯一的孙子改姓，这摆明就是要让村里人看他笑话。想到这里，老李决定，绝不能让张萍把孙子抢走。于是，一个邪恶的想法在他脑海里产生了——他要教训一下儿媳张萍。

第二天傍晚时分，老李戴上一顶鸭舌帽，拿上西瓜刀，来到张萍买菜必经的路口。当老李看到儿媳妇张萍出现时，他带着满腔的愤怒挥刀朝张萍砍去。李国浩听说父亲把妻子砍伤了，妻子躺在医院生死未卜，父亲也被关进了派出所，赶紧关上超市跑去派出所了解情况。警方告诉李国浩，李添顺已涉嫌刑事犯罪，现在还不能会见家属。李国浩又赶紧往医院跑。张萍虽然被砍伤了头骨，但并没有伤及要害，且送医及时，暂没有生命危险。李国浩本想进病房安慰一下妻子，并求妻子不要追究父亲的刑事责任；他同意放弃孩子的抚养权，并给予妻子一定的经济补偿。可是，张萍并不愿意见他。李国浩在张萍家人的驱赶下，被迫离开了医院。

很快，检察院便以老李涉嫌故意杀人向法院提起了公诉。在法庭审理的时候，老李的辩护律师说，老李与张萍之间是家庭矛盾，老李主观上并没有想让张萍死亡的故意，只是想教训一下张萍，让她打消争夺孙子抚养权的念头。因此，老李的行为应该被认定为故意伤害罪，而非故意杀人罪。

老李的行为究竟是构成故意杀人罪还是故意伤害罪呢？这就涉及一个法律知识点：故意杀人罪与故意伤害罪的区别。

故意杀人罪，是指主观上故意剥夺他人生命的行为；故意伤害罪，是指故意伤害他人身体的行为。二者都存在故意伤害他人身体的行为，那如何区分呢？司法实践中，一般根据行为人伤害他人的动机、打击的部位等客观方面，来综合判断行为人实施的是故意杀人罪还是故意伤害罪。

本案中，老李的动机虽然只是想通过伤害行为迫使儿媳放弃孙子的抚养权，但老李打击张萍的部位主要集中在头部和颈部等人体要害部位，抢救不及时就可能会有性命危险。因此，法院最终认定，即使老李不直接追求杀害张萍的结果，起码也是对张萍死亡的结果持放任态度。因此，法院认定老李有故意杀人的行为。但鉴于未造成张萍死亡的结果，且是因家庭矛盾而起的犯罪，故认定老李犯故意杀人罪（未遂），从轻判处老李有期徒刑七年。

张萍经过一番调养之后痊愈出院了，但这个家算是彻底散了。张萍出院后，马上向法院起诉，要求与李国浩离婚，并要求将孩子的抚养权判给自己。法院经过审理，判决李国浩与张萍离婚，并且将孩子的抚养权判给张萍。

收到判决书的当天，张萍带着儿子在法院门口，恰巧跟李国浩不期而遇。儿子见到多日未见的父亲，便冲过去要李国浩抱。张萍和李国浩见此情景，都伤心地流下了眼泪。李国浩更是搂住儿子又亲又抱，不肯放手，张萍从李国浩手里接过孩子，匆匆地离开了。只听着儿子连声喊“爸爸、爸爸”，李国浩泪流不止，仰天长叹。入狱后的老李得知这一消息后，想到自己的冲动，不仅没能留住孙子，反而害得儿子妻离子散，自己也进了监狱，也流下了悔恨的泪水。

俗话说，养儿一百岁，长忧九十九。天下没有不关爱自己儿女的父母，可父母关心、爱护自己的儿女也要讲究方法。本案中，老李用迷信的方法关爱儿子，不仅没能给儿子带来幸福，反而造成儿子妻离子散，自己坐牢的悲凉结局，教训不可谓不深刻。

保姆带贼进我家

莫国栋

法律知识点：盗窃罪与抢劫罪的转化

2018年的一天上午，南方某小区里，一片宁静中，忽然驶来了一辆鸣着警笛、闪着警灯的警车。只见几名警察从车上走了下来，匆匆走向了小区的二号楼。小区里发生了什么事情？

原来，110报案中心刚刚接到一位女士的报警电话，称家里进了贼，保姆受了伤，现在小偷逃走了，希望民警能够尽快过来处理。

民警来到报案女子家，推开门一看，只见屋里一片狼藉，两名女子头发凌乱地坐在沙发上，其中一名女子额头还受了伤，正在流血，另一名女子正在为她处理伤口。民警上前向女子了解案发的情况，并且对案发现场进行了勘察取证。

报案的女子叫张琳娟，是这家的女主人。她告诉民警，自己一早带着二宝回娘家，发现手机落在了家里，便返回来取。可刚一进屋，她就被屋里的景象惊呆了，屋里被翻得一片狼藉，保姆黎姨被人反绑躺在地上，嘴上还贴着封条。张琳娟心里一沉，马上意识到，家里进了贼。黎姨见到张琳娟，示意她尽快地离开。可是没等张琳娟反应过来，一名男子从后面将她死死地抱住。黎姨见状，艰难地从地上爬起来，想要把该男子撞开，却被该男子一脚踹开，一头撞倒在地上，动弹不得。张琳娟见状心急如焚，大声呼喊黎姨。只见黎姨艰难地在地上蠕动了一下身体。经过刚才的那一幕，张琳娟反倒镇定了下来，她告诉该男子，你不就是图财吗？只要你不伤害我们二人的性命，我保险柜里有现金，你去拿就好了。该男子迅速把张琳娟捆绑后扔在地上，并且给她嘴上贴了封条，便开始在家里翻箱倒柜。得手后，该男子迅速逃离了张琳娟家。张琳娟解开绳索，赶紧报警求助。

经过现场勘察，民警发现张琳娟家中门锁完好，没有被破坏的痕迹，窗台也没有攀爬的印记。这让民警十分不解，这个小偷究竟是如何进来的呢？其中会不会有什么隐情？民警叫来案发当时在现场的保姆黎姨了解情况，问她是如何发现小偷的。黎姨可能是刚受了惊吓，显得特别紧张，说话的声音和手都在颤抖。她告诉民警，今天就自己一个人在家里吃饭，便请同小区的黄阿姨帮忙带些小菜回来。下楼取菜的时候，她心想，自己一会儿就上来了，所以没有把门关死，只是虚掩着。可她万万没有想到，自己取菜回来，刚一进屋，便看到一个男人正在家里翻箱倒柜。黎姨本能地想要往屋外跑，却被该男子捆绑住。就在这时，张琳娟碰巧赶了回来。

民警再次和张琳娟、黎姨确认了该男子的体貌特征和逃跑的路线，并叮嘱张琳娟和黎姨，这段时间尽量不要出远门，保持手机畅通，一旦发现新的线索，要第一时间告诉警方。

张琳娟心有余悸地坐在沙发上，她怎么也想不明白，这小偷怎么会把时间掐得这么准呢？偏偏选择仅有黎姨一个人在家的时候作案，而且黎姨前脚刚下楼，他后脚就进了屋。难道说，自己一家人的行踪早就被人盯上了吗？想到这里，张琳娟后背一阵发凉。

入室盗窃案发生后，黎姨一连几天都神情恍惚。张琳娟想起黎姨为救自己被踢的惨状，心里十分不忍，计划周末一家人带着黎姨出去散散心。但令张琳娟万万没想到的是，这次出游却让她得知了无法接受的真相。

周末，张琳娟一家开车来到海边的温泉度假酒店，泡着温泉，吹着海风，心情的确放松了不少。晚饭时，张琳娟还特意挑选了一家装修高档的餐厅吃饭，黎姨从来没有在装修如此高档的餐厅里吃过饭，她既开心又紧张。当晚，饭吃到一半的时候，屋里的灯光慢慢暗了下来。黎姨抬起头，一脸茫然，不知道接下来会发生什么事。此时，只听见房间里响起了轻柔的生日祝福歌声，几名服务员用小车推着插着蜡烛的生日蛋糕来到黎姨的面前，张琳娟夫妇也带着大宝和二宝起了身，走到黎姨身旁，唱起了生日歌。黎姨听了，感动地把脸转过去，擦拭眼泪。

晚上，张琳娟哄大宝和二宝睡下后，刚想躺下休息一会儿，便听见门外响起敲门声。张琳娟打开门，只见黎姨扑通一下跪倒在自己面前。张琳娟赶紧上前一步，把黎姨扶了起来，一脸疑惑地问道，黎姨，你这唱的是哪一出啊？

黎姨低着头，抽泣着说，娟儿啊，姨实在是承受不了内心的折磨，姨对不住你们，姨有罪！那个偷钱的贼是姨放进来的，姨真不是人啊！

张琳娟听黎姨这么说，简直如遭晴天霹雳，惊得一句话也说不出来。黎姨哽咽地对张琳娟夫妇道出了事实的原委。

黎姨四十来岁，是个地道的农村妇女，也是张琳娟丈夫何刚的远房亲戚。黎姨家里有丈夫和两个小孩，她大半辈子都在老家种地，也没见过什么世面。两年前，黎姨的两个儿子相继考上大学，高昂的学费给原本就不宽裕的家庭增加了不小的压力。黎姨听乡亲们说，在城里做保姆可以赚钱，便决定出去试一试。正好，张琳娟家新添了二胎，需要请保姆，在老家亲戚的引荐下，黎姨来到了张琳娟家。

黎姨为人本分，干活利索，还会做地道家乡菜，深得张琳娟一家人喜欢。自从黎姨多了这份做保姆的收入，家里的经济压力也减轻了不少，黎姨干起活来也更加用心。可是，正当黎姨觉得自己会一直干下去的时候，一个人的出现，却让黎姨的命运彻底发生了改变。

几个月前的一天上午，黎姨见天气好，便将被子拿去天台晾晒。这时，一个二十来岁的小伙子主动过来搭讪。小伙子自我介绍说，他叫张自强，是当地一家国有网络公司的员工，经常来这一带检查线路。两人聊起来才发现，彼此居然是老乡。黎姨便告诉张自强，自己儿子也是学网络工程的，将来毕业找工作的时候，还望老乡多多帮忙。张自强满口答应。两人越聊越亲切，便互加了微信。接下来的日子，张自强对黎姨特别关心，没事就打电话关心一下黎姨，还认了黎姨做干妈。

一天，张自强打电话给黎姨，称自己快要被抓去坐牢了，现在不知道如何是好。黎姨急切地问发生了什么事。张自强告诉黎姨，他挪用公款炒股，亏了，月底就要交账给公司，可自己现在一分钱也没有，如果交不出账，恐怕只有坐牢的份儿了。黎姨听了，骂张自强不争气。张自强哭着对黎姨说，自己也是想多赚点钱孝敬父母。并且说，自己父母都是农民，家里没有钱，上大学的贷款，还是他出来工作后才还清的，家里现在根本没钱给他去还公款。他不想坐牢，希望黎姨能出面，向张琳娟家借点钱，帮助他渡过这个难关，他愿意支付利息。听完张自强的介绍，黎姨叹了一口气说，张琳娟根本不认识你，怎么会同意借钱给你呢？张自强仍不依不饶。最后，张自强提出一个大胆的想法，让黎姨惊慌失措。

张自强让黎姨配合他去张琳娟家偷盗。张自强的话让黎姨吓了一跳，她厉声呵斥张自强丧心病狂。可是，张自强接下来的话，却让黎姨犹豫了。张自强告诉黎姨，干妈，你不是让我帮你儿子留意，我们单位招不招人吗？我都跟单位的领导打好招呼了，只要你儿子大学一毕业，就先到我单位实习，一有名额就给他转正。可是，如果我去坐牢了，这个忙恐怕就帮不上了。黎姨听完张自强的话，沉默了。当晚，黎姨躺在床上辗转反侧，内心矛盾极了。她知道盗窃是犯罪，一旦被发现是要坐牢的。但另一方面，她想到儿子的前程，又觉得不能失去这个为儿子谋求工作的好机会。最后，黎姨把心一横，决定帮儿子一把。她心想，儿子一个农村娃，难得考上大学，怎么也不能再让他回家种地。至于张琳娟家的损失，咱先记下，将来孩子赚钱了，再双倍还回去就是了。第二天，黎姨打电话给张自强，答应帮他渡过难关，但是，她语重心长地告诫张自强，将来，一定要帮她儿子安排好工作。张自强听完，满口答应，并保证，如果将来出了事，由他一人承担，绝对不会牵连黎姨。黎姨这才完全放心。

和张自强达成共识之后，黎姨静静地等待着作案时机。没过几天，作案的机会终于来了。那天早上，张琳娟告诉黎姨，明天不用做他们一家人的饭，丈夫何刚有应酬，自己带着二宝回娘家，吃完晚饭才回来。黎姨听了，心中窃喜。晚上，黎姨回到自己房间便迫不及待地把消息告诉张自强，张自强听了，很是兴奋。他告诉黎姨，明天张琳娟一离开家，马上给他打电话，他会假装检修线路进入小区。然后，黎姨假装下楼忘关门，自己便趁机入屋盗窃。这样，即使将来案发，黎姨也可以完全脱身。黎姨听完后，点头表示赞同。

第二天一早，张琳娟带着二宝回了娘家，黎姨和张自强便按计划作案。可是人算不如天算，张自强刚进屋不久，黎姨便在楼下看见张琳娟的车开了回来。黎姨心头一惊，赶紧打电话通知张自强，说张琳娟回来了，我们怎么办？只听张自强在电话另一头咬牙切齿地对黎姨说，到手的肥肉怎么可能就这么放弃了！你先上来，我自有安排。

黎姨心惊胆战地跑上楼，刚一进屋，只见张自强已将面蒙住，二话不说就把黎姨绑了起来。黎姨大声喊，张自强，你想干什么？张自强冷笑一声说，我要假戏真演。他告诉黎姨，先假装将她绑起来，伪装成强行入屋的假象，一会儿张琳娟进屋后，也把她绑起来，他拿完钱便逃走，将来警察追问起来，就将责任全部推到他身上。黎姨已乱了分寸，任由张自强摆布。她从窗台上看见，张琳娟停好车往楼梯口走去。黎姨见张琳娟进屋，本能地示意她快跑，等张琳娟反应过来，张自强已从背后将她死死抱住。

听完黎姨的讲述，张琳娟如遭晴天霹雳，她转过身，一句话也说不出来。黎姨恳请张琳娟夫妇不要报警，她可以尽快联系张自强将盗窃的财产返还。张琳娟的丈夫叹了口气说道：“姨啊，你真糊涂啊！怎么能做犯罪的事呢？”

张琳娟转过身来，要求丈夫何刚报警。何刚却对张琳娟说：“毕竟都是亲戚，不如先让黎姨联系张自强，看看能不能把钱要回来。毕竟，说出去大家都没面子。”张琳娟冷静地想了想，觉得丈夫说的话也有道理，便没再坚持。一家人没了度假的兴致，匆匆回了家。

刚回到家，黎姨就赶紧联系张自强，可张自强的电话关机了。就在张琳娟夫妇考虑是否报警的时候，家门口传来一阵急促的敲门声。夫妇俩打开门一看，是两位身穿警服的民警。民警出示证件后对张琳娟夫妇说，他们怀疑黎姨与这起盗窃案有关，需要带黎姨回派出所协助调查。黎姨听后，整个人瘫软在地，民警随即给她戴上手铐，将她带走了。张琳娟夫妇没想到警察来得这么快，紧张得面面相觑。

警察是如何发现黎姨与这起入室盗窃案有关的？原来，自从那天在案发现场进行勘察后，民警便将小区和周边路段的监控调了出来，很快将张自强锁定为犯罪嫌疑人，并通过侦查手段，将张自强抓获。到案后，张自强承认，他与黎姨是同谋，一起实施了这起入室盗窃案件。于是，警方上门抓捕黎姨。张自强是什么人，为何要选择与黎姨一起进行盗窃？他的目标为何是张琳娟家？

原来，张自强并不是国有公司的员工，而是一名刑满释放人员。张自强经过多次对小区踩点，发现张琳娟经常提个黑色塑料袋回家，直觉告诉他，这个黑色塑料袋里装的一定不是普通的物件。经过一段时间的观察，张自强发现，张琳娟提着黑色塑料袋的时候一定会往银行跑，张自强断定这塑料袋里装的一定是钱，看袋子的大小，里面的钱少说也有十万八万。张自强猜得没错，黑色塑料袋里装的，的确是钱。因为张琳娟家是做生意的，经常有急用钱的地方，所以，家里会备一些现金。张自强发现这个秘密后，到小区踩点的次数就更多了，他做梦也想把张琳娟的钱弄到手。一来二去，张自强跟小区的保安熟了起来，他从保安处得知张琳娟家不仅有钱，家里的保姆还是自己的老乡。于是，张自强便将张琳娟确定为作案对象。之后，张自强谎称自己是网络公司的员工，主动与黎姨套近乎，甚至认黎姨为干妈，目的就是了解更多张琳娟家的情况，以便寻找作案机会。淳朴的黎姨果然没有识破张自强的真面目，与他狼狈为奸，里应外合，共同实施了这起入室盗窃案。

听完民警的话，黎姨像泄了气的皮球，瘫软地上，一句话也说不出来。她怎么也没想到，看似老实的张自强竟然是个大骗子。

很快，检察机关以抢劫罪将张自强和黎姨起诉至法院。在法院审理过程中，张自强和黎姨都提出，自己只是入户盗窃，并不是抢劫，不同意检察院起诉的罪名。张自强和黎姨的行为是构成盗窃罪还是抢劫罪呢？这就涉及一个法律知识点：盗窃罪与抢劫罪的转化。

抢劫罪是指通过暴力、胁迫或者其他方法抢劫公私财物的行为；盗窃罪是指盗窃公私财物，数额较大的，或者多次盗窃、入户盗窃、携带凶器盗窃、扒窃财物的行为。《中华人民共和国刑法》对于盗窃罪和抢劫罪的定罪处罚也是不同的，入户盗窃一般判处三年以下有期徒刑、管制或拘役，即使数额较大，也是判处三年以上十年以下有期徒刑。但是，对入户抢劫，起刑就是十年以上有期徒刑，甚至可以判处死刑。

原本两个独立的罪名怎么会发生转化呢?《中华人民共和国刑法》第二百六十九条规定：犯盗窃、诈骗、抢夺罪，为窝藏赃物、抗拒抓捕或者毁灭罪证而当场使用暴力或者以暴力相威胁的，依照本法第二百六十三条规定的抢劫罪定罪处罚。

本案中，如果张自强和黎姨在盗窃行为被发现后，能够及时停止犯罪行为，那么他们的行为就只构成盗窃罪，处罚也相对轻很多。但是，他们为避免行为败露，使用暴力手段将张琳娟控制，逼她说出保险箱的密码；也就是说，他们在原来盗窃行为的基础上，为掩盖犯罪、逃避抓捕又叠加了一个暴力行为。最终，这两个行为叠加在一起，盗窃行为就转化成了抢劫行为。可见，张自强和黎姨在法庭上辩解自己只是实施了入户盗窃，而回避在盗窃被发现后，为避免行为败露，使用暴力手段威胁张琳娟的行为，完全是避重就轻。

最终，法院经过审理，认定张自强犯抢劫罪，判处有期徒刑十一年，剥夺政治权利三年，并处罚金一万两千元；黎姨构成抢劫罪，判处有期徒刑十年九个月，剥夺政治权利三年，并处罚金一万元。

听到判决之后，张自强没想到这次会判得那么重，当即瘫软在地。而黎姨的脸上也满是悔恨的泪水。张自强和黎姨在法警的押解下离开了法庭。张琳娟看着黎姨消失的背影，心里一阵唏嘘感慨。俗话说，“财不可外露”，在移动支付如此便捷的时代，自己还随身携带大量现金，不仅不方便，还为自己的人身安全招来了不必要的风险。

张自强坐过一次牢后，仍不痛改前非，真是罪有应得，只是可惜了黎姨。俗话说，“可怜天下父母心”。黎姨为了给孩子找工作铺路，误中了张自强的圈套，实在令人痛心。但是，在这看似偶然的悲剧里，其实也隐藏着必然因素。黎姨为了儿子的利益，不顾张琳娟的利益，最终不仅未能帮到儿子，反而把自己送进了监牢。正是，儿孙自有儿孙福，何必枉做亏心事。

孙　敏 / 主讲人简介及普法心得

1. 孙敏简介

孙敏律师，浙江湖州人，民革成员，毕业于暨南大学。北京天驰君泰（珠海）律师事务所主任，同时也是中央广播电视总台《法律讲堂》主讲人、广东省律师协会副秘书长、珠海市律师协会理事及宣联委主任、最高人民检察院民事行政案件咨询专家。此外，还担任广东省新的社会阶层联合会常务理事及律师分会副秘书长等职务，是珠海市“一带一路”法律服务专家库成员、珠海市人民检察院检察听证员，承担多项社会职务，是广东省首批评定的专业律师（婚姻家庭法）。荣获 2021 年度广东省优秀律师、珠海市 2017—2018 年度和 2018—2020 年度优秀律师、2017 年广东省第三届全省法律援助工作先进个人等荣誉称号。

发表过多篇学术文章并曾多次获奖，推崇成人达己的理念，塑造了一支能打“硬仗”的技术派团队，是“天驰君泰·粤港澳高端商事法律服务团队”和“天驰君泰·家族办公室”的创建人，该团队为多家知名公司和多个家族提供高端、优质的法律服务。在民商事领域、刑事领域处理了大量棘手的诉讼和非诉项目。其长期活跃在粤港澳大湾区法律界、商界，擅长商业谈判、疑难复杂诉讼、项目风险评估。

2. 孙敏公益普法心得

首先，我认为公益普法是一名律师的职责，也是律师的使命。普法有利于群众法治观念的增强，也有利于法治社会的建设。在参与公益普法的过程中，我也有一些心得体会：第一，“打铁还须自身硬”，以坚实的职业素质以身作则，更有利于普法工作的进行；第二，普法工作是一个长期的过程，要保有对公益服务的热情和信心，并持之以

恒；第三，普法工作要落到实处就必须重视普法的对象——人民群众，要以人为本，秉持做一名党和群众都满意的好律师的信念，为人民群众提供高质量法律服务，采用人民大众喜闻乐见的方式不断推进普法工作的创新，推动公益普法活动的高质量发展。最后，愿我们在公益普法的道路上“行稳致远”。

好友打死我丈夫

孙　敏

法律知识点：过失致人死亡罪

李琳的家庭美满幸福，夫妻恩爱，孩子活泼健康。但2018年春节后，幸福的家庭却出现了异常。丈夫吴天雄突然对她十分冷淡，对家庭也漠不关心。李琳以为他工作不顺心，谁知丈夫竟然向她提出离婚。这到底是怎么回事呢?

一天晚上，夫妻俩像往常一样吃晚饭、干家务，等孩子做完作业睡觉后，吴天雄把李琳叫到客厅，说有事情要和她说。李琳早就察觉丈夫心中有事，但是一直尊重他，没有过问，现在，知道丈夫终于愿意说出来了，就看着他说："什么事？你说吧！不要老是憋在心里。"吴天雄看着她，犹豫了一下，然后下定决心说："李琳，咱俩离婚吧！"没想到丈夫要说的事竟然是离婚，李琳听了，犹如五雷轰顶，当场就蒙了。

李琳与丈夫吴天雄是经人介绍认识的，他们已经结婚8年了。在认识吴天雄之前，李琳曾经有过一次失败的婚姻，她和前夫是因性格不合离婚的。认识吴天雄时，李琳已经30岁了，比吴天雄大4岁。所以，当李琳把吴天雄介绍给亲朋好友时，大家都觉得他们不合适，认为李琳比吴天雄大好几岁，两人在一起不可能幸福。面对大家异口同声的反对，李琳也有点担心，问吴天雄："女人比男人老得快，将来你会不会抛弃我?"吴天雄信誓旦旦地说，他会对李琳好一辈子的。李琳为此下定了决心，顶住压力和吴天雄结了婚。

婚后，吴天雄果然如他承诺的那样，对李琳百般呵护。夫妻二人勤俭持家，生活条件越来越好。婚后第二年，李琳就生了一个可爱的女儿，李琳的幸福生活犹如芝麻开花——节节高。可谁知道，丈夫吴天雄竟然在这个时候提出离婚。

李琳在震惊之余，自然是不同意。她严肃地问吴天雄："咱们日子过得好好的，你为什么要离婚？"吴天雄沉默了一会儿，对李琳说："不孝有三，无后为大。现在女儿都7岁了，你还不打算要第二胎，我父母已经等不起了，所以咱们也别过下去了。"

李琳马上反驳道："我只是因为女儿还小，不想马上生孩子。如果父母急的话，咱们可以商量啊，我又没说过不给你生。再说，生男生女也不是我说了算。"吴天雄摆摆手说："你现在说这个已经晚了，我对你已经没有感情了，我们还是离婚吧！"李琳觉得丈夫简直是无理取闹，就问他是不是有什么事瞒着自己。吴天雄没有正面回答李琳的问题，而是继续吹毛求疵，说李琳没有尽到妻子的义务，自己已经对婚姻没有激情了，现在提出离婚并不是冲动，是经过认真考虑的。面对吴天雄坚决要求离婚的态度，李琳的观点也非常明确，夫妻感情没有破裂，她绝对不同意离婚。

吴天雄见李琳不同意离婚，就无情地说："现在是婚姻自由的时代，即使你不同意，我也可以向法院起诉离婚，到时候，大家面子上都不好看，所以，我建议咱们还是好聚好散。"夫妻二人各执一词，为此大吵了一架。当天晚上，吴天雄就收拾行李从家里搬了出去。而李琳也一夜没睡，捂着被子哭了一夜。她万万没有想到，自己的幸福生活刚开始，丈夫就无情地要离婚，完美的家庭就要破裂。

第二天早上，李琳去了吴天雄的工作单位，想找他好好谈谈，看看他到底为什么要提离婚。如果是自己不好，她以后努力改正。但她没想到，吴天雄的同事告诉她，吴天雄已经从公司离职了。李琳一听，更蒙了，看来丈夫是铁了心要离婚，为了不让自己找到他，竟然从公司辞职了。那么，接下来自己应该怎么办呢？

就在这个时候，她想起了自己的同学兼老乡黄刚。黄刚和李琳是初中同学，当年，黄刚曾追求过李琳，但李琳对黄刚没有想法，所以两个人没有成为恋人。由于是同学兼老乡，所以二人情感上仍然很亲近，是无话不说的好朋友。黄刚情商、智商都很高，遇到事情点子多，为人也很机灵。李琳有困难时，黄刚总是随叫随到。

黄刚听李琳介绍完情况，让她先别想太多，吴天雄不像是有外遇的人，可能是因为工作压力大，心理负担重，等他冷静下来后，两个人好好谈谈，自然就没事了。听了黄刚的劝告，李琳回到家里，一心等着丈夫回家后再好好聊聊。

可是，李琳等了好几天，吴天雄一直没有回家，打电话他也不接。李琳坐不住了，就给吴天雄发短信，告诉他，如果真想离婚，就出来见面聊聊，躲起来是解决不了问题的。李琳发出这个短信后没多久，吴天雄的电话就打来了，两人在电话里约了见面的时间、地点。

见面后，吴天雄问李琳考虑得怎么样？是不是想明白，同意离婚了？李琳冷笑道："吴天雄，你想离婚可以，但总得让我知道你离婚的真实原因吧？不生孩子肯定不是真实的原因。"吴天雄看了看李琳，叹了口气说："李琳，咱们在一起不合适，除了生孩子以外，你年龄比我大 4 岁，将来也过不到老。"李琳一听，忍不住爆发了："吴天雄，我年龄比你大从来没有瞒过你，当初刚认识的时候你为什么不说咱们不合适，现在我孩子都给你生了，你居然说这样的话。你是不是在外面有情人了？"吴天雄看着李琳，不说话。李琳瞬间恍然大悟，原来丈夫要离婚的真正原因是移情别恋。李琳心如刀绞，怒火中烧，她当场和吴天雄争吵起来。吴天雄承认自己对不起李琳，但感情的事情不能勉强，事已至此，只能面对现实，好聚好散。等李琳想明白了，他们再去办离婚手续。说完，吴天雄拂袖而去。

看着丈夫无情的背影，想想即将破碎的婚姻，李琳伤心欲绝，痛哭了一场。为了女儿的幸福和自己的婚姻，她不能妥协，必须捍卫自己的婚姻。

吴天雄离开后，李琳又约黄刚见面，她把吴天雄有情人、闹离婚的事情告诉了黄刚。黄刚得知后非常气愤，他劝李琳，这样的人不值得留恋，他要离婚就跟他离婚。李琳哭诉道："黄刚，我已经经历过一次失败的婚姻，吴天雄以前对我和孩子真没有什么可说的。现在，吴天雄对不起我，肯定是受到了坏女人的诱惑。为了家庭，我不能轻易离婚。况且我女儿还小，离婚了对孩子影响不好。"

黄刚见李琳不想离婚，决定帮助李琳："既然你说吴天雄有情人，咱们去找这个女人谈谈，让她不要破坏你的家庭。"李琳想了想，也没有别的办法，只好同意去找这个第三者交涉。但是，她并不知道吴天雄的情人是谁，吴天雄也没有明确表示他有第三者，只是说自己对不起李琳。怎样才能找到这个第三者呢？黄刚建议，跟踪吴天雄。既然他搬出去住了，肯定是和情人在一起，只要跟着吴天雄，就一定能找到那个女人。李琳因为要养家糊口、照顾孩子，只好拜托黄刚帮忙盯梢。

功夫不负有心人。没几天，黄刚就找到了吴天雄的住处。李琳和黄刚决定上门捉奸。待到夜深人静，李琳和黄刚来到吴天雄的住处。李琳用力敲门，屋里无人应答。李琳骂道："你们这对狗男女，不开门也别想跑。"她让黄刚守住后面的窗户，自己拨打了110报警电话，说自己的丈夫犯重婚罪，现在和情人被堵在屋里。警方接到报警后，立即赶到现场，敲门喊话，里面还是无人应答。李琳和黄刚打电话，让锁匠打开了房门，只见屋里并没有吴天雄和所谓的情人，只有吴天雄离家出走时带的衣服，而且屋里也没有女人生活的痕迹。民警又给吴天雄打电话，结果他电话关机。鉴于现场并无构成治安和刑事案件的迹象，民警就告诫李琳和黄刚："感情上的问题要依法解决，你们不能妨害社会秩序，如果吴天雄的行为涉嫌刑事犯罪，可以再到公安机关进行控告。"

由于并没有现场抓住丈夫的婚外情，李琳和黄刚不得不悻悻地离开现场。但是，李琳心里很不平衡，明明是吴天雄有了婚外情人，就因为没有当场抓住他们，自己反倒被警察训诫了一番。李琳决定，一定要掌握丈夫婚外情的确凿证据，然后请求警方追究他们重婚罪的法律责任。

就在李琳和黄刚努力想搜集吴天雄重婚的相关证据时，李琳却收到了法院的传票。吴天雄以夫妻感情破裂为由，向法院提起诉讼，要求法院判决他和李琳离婚，孩子由李琳抚养，自己承担抚养费。

吴天雄得寸进尺，不但不思悔改，反而恶人先告状。李琳聘请律师应诉，不同意离婚，要求驳回吴天雄的诉讼请求。法院开庭时，吴天雄虽然要求离婚，但并没有说出他们夫妻感情破裂的具体事例；而李琳说他有婚外情，也没有具体的人和事，法官由此认为他们夫妻只是发生了矛盾，感情并没有破裂。鉴于调解无效，法院最后认为他们夫妻感情尚未破裂，依法判决驳回了吴天雄的离婚请求。过了上诉期以后，吴天雄和李琳都没有上诉，案件暂时落下了帷幕。

丈夫诉讼离婚的阴谋没有得逞，李琳感到了一丝安慰。她觉得，只要她不同意离婚，吴天雄和他的情人就不要妄想能结婚。高兴之余，为了感谢黄刚的帮忙，李琳邀请黄刚吃饭。那天晚上，李琳把女儿哄睡以后，约黄刚在小区附近的饭店吃饭。为了庆祝官司胜诉，李琳带了一瓶红酒，和黄刚边喝酒边聊天。当天晚上，两人各喝了半瓶红酒。黄刚安慰李琳，吴天雄对情人只是一时新鲜，等时间久了，他自然就会回归家庭。

吃完晚饭后，黄刚担心李琳的安全，就主动要求送她回家。一打开家门，李琳和黄刚都大吃一惊，吴天雄竟然端坐在客厅的沙发上。

李琳和黄刚惊呆了，这么晚，吴天雄怎么回来了？难道真像李琳想的那样，吴天雄拿到败诉判决后，想明白了，终于肯回归家庭了？

李琳发现，一段时间没见面，吴天雄的面容十分消瘦，头发也稀疏了很多。李琳还没来得及说话，吴天雄就打量起黄刚，说他和李琳挺般配，等自己和李琳离婚后，他们可以在一起。听了吴天雄这番话，李琳感到受到了侮辱，她冷笑道："我没你那么无耻！你回来干什么？"吴天雄直截了当地说："我是来找你协议离婚的，如果你不同意的话，半年以后我还会再打官司。"黄刚发现，吴天雄已经变成了无赖，他喝令吴天雄马上离开！吴天雄笑道："我和李琳还没离婚，现在这还是我的家，你没有权利命令我离开。等我们离婚了，我自然就不来打扰你们了。"

黄刚觉得吴天雄说话阴阳怪气，趁着酒劲上前去拉吴天雄。吴天雄用力挣脱，黄刚把吴天雄摁倒在沙发上，两人开始厮打起来。李琳心里有气，看到他们厮打，她也上前去打吴天雄，无奈酒后肢体无力，反被吴天雄挥手推倒在地。看到眼前这一幕，黄刚心里更生气了，他为了替李琳报仇，挥拳向吴天雄上身打去，只见吴天雄大叫一声，立刻痛苦地蜷缩在沙发上。李琳想去搀扶吴天雄，被黄刚伸手拦住："这样的男人不值得同情，吴天雄就该受点惩罚，你不用理他。"李琳看到丈夫虽然痛苦万状，但他身上并没有伤口，还以为吴天雄是故意装的，再想想他让自己受了这么多的煎熬，吃点苦头也是罪有应得。所以，李琳听了黄刚的话，没有搭理吴天雄，把黄刚送走后，她一个人走进卧室睡觉了。但李琳万万没想到，她和黄刚已经闯下了大祸。

第二天早晨，李琳酒醒起床后，看见吴天雄还蜷缩在沙发上一动不动。走近一看，发现他脸色苍白，身体僵硬，好像没有了生命迹象。李琳心头一颤，感觉不妙，难道昨晚吴天雄被黄刚打死了？李琳连喊了几声，又推了几把，吴天雄没有任何反应。她顿时瘫倒在地，脑子里一片空白。缓了好一会儿，她拨打了黄刚的电话，告诉黄刚，吴天雄被他打死了。

黄刚闻讯，慌慌张张地赶到李琳家，确认吴天雄已经死亡，他心慌不已。李琳问他，怎么办？黄刚也心绪烦乱，经过考虑后，他告诉李琳："一人做事一人当，这件事情与你无关。吴天雄是我打死的，我现在就去公安局投案自首。"当黄刚准备出门投案时，李琳一把拉住他，这件事情不能全怪你，是我把你牵扯进来的。我把孩子送到我妈家之后，咱俩一起去公安局。于是，两个人把孩子送到了李琳的母亲家里，李琳哭着向父母说明了情况。之后，二人一起来到了当地公安局，如实向警方供述了案发经过。警方当即以涉嫌故意杀人罪将二人刑事拘留。

但警方在侦查过程中，又发现了一个惊天秘密。法医在对被害人吴天雄进行尸检时发现，拳击并不是吴天雄的致命伤。这时，吴天雄的弟弟告诉了警方有关吴天雄的一个秘密。

原来，春节过后，吴天雄感到身体不适。后来，单位体检时被查出是肺癌晚期。医生说，他只有大半年时间了。一想到自己时日不多，就要永别妻子和孩子，吴天雄实在难以接受。但是，经过一番理性思考，他觉得自己再去治疗已经没有意义，只会把家庭拉进贫困线。同时，吴天雄也不想因为自己的去世而给妻子和孩子带来终生的痛苦。在和弟弟商量之后，吴天雄决定提出离婚，甚至不惜让李琳误认为他有婚外情，这样，李琳以后得知他的死讯也就不会痛苦了。谁知道，妻子李琳不同意离婚。吴天雄只好从家里搬了出去。为了争取时间，他还向法院提起离婚诉讼，没想到，法院驳回了他的离婚诉请。

案发那天，吴天雄决定回家再和李琳谈判，继续给她施压，争取在自己去世前离婚。但没想到，李琳并不在家。吴天雄见女儿一个人睡在家里，有点不放心，就坐在客厅等李琳回来。直到半夜，李琳和黄刚才一起回来，三人由此产生了后面的冲突。因为吴天雄是肺癌晚期，体质已经相当差。黄刚酒后当胸一拳，导致吴天雄受外力打击引起反射性心脏抑制而死亡。

警方对吴天雄进行了尸体解剖，证实了吴天雄弟弟的说法。虽然吴天雄死亡的主要原因是其自身疾病，但死亡的直接原因还是黄刚的斯打行为，李琳也有加害行为。所以，警方最终以黄刚和李琳涉嫌过失致人死亡将案件移送检察院审查起诉，检察机关将他们起诉至当地法院。

李琳得知真相后十分痛心，她没有想到丈夫所做的一切竟然都是为了自己和女儿。她在法庭上痛哭流涕，表示愿意接受法律的制裁。但李琳的辩护律师却指出，李琳对吴天雄没有实施犯罪行为，吴天雄的死亡和李琳没有关系，不应当追究她的刑事责任。

律师的辩护意见能否成立，是否会被法院采信呢？这就涉及一个法律知识点：过失致人死亡罪。

过失致人死亡罪，是指行为人因疏忽大意没有预见到或者已经预见到而轻信能够避免造成的他人死亡，剥夺他人生命权的行为。过失致人死亡罪主观上要有过失，即应当预见自己的行为可能发生他人死亡的危害结果，因为疏忽大意而没有预见，或者已经预见而轻信能够避免，以致发生他人死亡的危害结果。客观上必须实施了致人死亡的行为，并且已经造成死亡结果，行为与死亡结果之间必须存在因果关系。

具体到本案，李琳不知道吴天雄得了不治之症，主观上她并不想追求吴天雄受伤或者死亡的后果，她也不可能预见自己和黄刚的行为会导致吴天雄失去生命，因此，她主观上的心态是过失而不是故意；由于吴天雄提出离婚，李琳心中对此充满了怨恨，所以当黄刚和吴天雄厮打的时候，她也上前去打吴天雄。因此，她对吴天雄的死亡具有行为过失，构成了过失致人死亡，所以法院没有采纳辩护律师的意见。

法院经审理后认为，检察院起诉二被告人的犯罪事实清楚，证据充分，他们的行为均已构成过失致人死亡罪。根据《中华人民共和国刑法》第二百三十三条之规定："过失致人死亡的，处三年以上七年以下有期徒刑；情节较轻的，处三年以下有期徒刑。本法另有规定的，依照规定。"最终，法院结合他们两人均具有自首情节，考虑到案件的具体情况，以过失致人死亡罪减轻判处黄刚有期徒刑三年，李琳有期徒刑一年、缓刑三年。法院宣判后，李琳和黄刚都没有上诉。

宣判后，李琳被释放，在社区进行帮教。由于自己的小家已经成了伤心之地，所以她带着女儿住到了父母家里。丈夫的死亡，成为她心中永久的痛。

吴天雄得知自己生病后的一连串异常行为，虽然表面上看是为妻子和孩子考虑，但本质上还是缺乏对妻子的尊重和信任，通过制造痛苦的方式达到离婚的目的更不可取。到头来，不仅没有帮到李琳，反倒让妻子受到了刑事处罚。而李琳和黄刚的行为也欠妥，他们酒后看到吴天雄回到家中，即使心中有气，也应当理性面对。特别是黄刚，替朋友打抱不平要先搞清楚真相，更要注意分寸，以免给自己带来麻烦。结果，他们都没有做到，从而酿成了人生悲剧。

疯狂“借钱”的老总

孙　敏

法律知识点：诈骗罪

2017年3月的一天，在海南度假的张曼突然接到公安局打来的电话。警察告诉张曼，她的丈夫赵启明涉嫌犯罪，正在被警方追捕，问她是否知道赵启明藏在哪里。电话这头的张曼愣住了。几天前，丈夫说要去外地出差，怕张曼在家闷得慌，便给她订了去海南的机票，上学的女儿则托付给了外公外婆照顾。以往丈夫去外地出差，也经常这样做，张曼并没有太在意。但现在，这通电话却让张曼彻底蒙了。她想不明白，为何警察说赵启明联系不上？警察说他涉嫌犯罪，他犯的又是什么罪？张曼告诉警察，自己并不知道丈夫藏在哪里。挂断警察的电话后，她赶紧拨打赵启明的手机，但电话提示对方已关机。看来丈夫真的出事了！张曼拼命压抑着内心的害怕和担忧，订了回珠海的机票。

回到珠海后，张曼火速赶往公安局。刚到公安局没一会儿，张曼就看到一辆警车上下来几个警察和一个戴着手铐的人。张曼定睛一看，差点没晕过去，那正是她的丈夫赵启明！看着戴手铐的丈夫，张曼心都快碎了。她赶紧上前打听：“警察同志，我丈夫犯了什么罪？为什么你们要抓他？”“他涉嫌诈骗罪，诈骗金额3000万元。”“3000万元！”张曼惊呼一声，瘫倒在地。

赵启明原来是珠海小有名气的老板，做生意向来诚实守信，十几年间，将一个两三个人的小公司发展成为近百人规模的大公司，个人资产也有几千万元。这样一个事业有成、品行端正的成功人士，为何会涉嫌诈骗罪，且金额如此巨大？这诈骗来的3000万元都去了哪里？这一切还要从半年前说起。

当时，赵启明的公司遭遇了一场危机。他在商场打拼多年，还没遇见过如此严重的困难，感到压力极大。赵启明没日没夜地思考如何周转资金，但还是没办法迅速化解危机，生活习惯向来良好的他开始吸烟、酗酒、失眠。尽管如此，他还是没有向任何人提起过自己的压力，包括妻子张曼。然而，就在此时，张曼又给了赵启明无形的压力。他们已经有了一个可爱的女儿，赵启明视女儿为掌上明珠，疼爱有加，张曼却一直想再生个男孩。因为在张曼和她娘家人的观念里，家里没有儿子，他们脸上无光，逢年过节还得被各路亲戚冷嘲热讽一番。但赵启明觉得有一个女儿就够了，为此，夫妻俩争执过几次。原本妻子已经消停了，但不久前她回了一趟娘家，之后又开始念叨生儿子的事情。在生意场上屡屡受挫的赵启明，回到家里还要听妻子不停地念叨，他觉得自己被折磨得快要疯了。

压力极大的赵启明急需一个宣泄口，但他想不到有什么事情能让他排解巨大的压力。这时，一个人出现在赵启明的生活里，这个人就是老李。老李是赵启明多年未见的熟人。几年前，老李穷困潦倒，赵启明还接济过他。但赵启明这次偶遇老李，发现他开豪车、戴名表，很是风光。赵启明心中很疑惑：老李在做什么大生意，短短几年间怎么就像变了一个人似的？就在两人要告别时，老李接了个电话。“什么？捞钱怎么能不叫上我呢？等着啊，我明天就过去大赚一笔！”老李很快挂了电话，神秘兮兮地对赵启明说：“老赵，我澳门赌场的朋友又约我过去玩两把，你要不要一起去快活一下？”赵启明向来本分，这么多年来从没进过赌场，他下意识地想拒绝老李，但转念一想，自己最近压力这么大，去消遣一下，长长见识，似乎也不错。何况老李现在这么有钱，跟着他去赌两把，说不定还能转转霉运。

第二天，赵启明就和老李一起过了关口，来到澳门特区的赌场。那天，老李赌运很好，赢了一局又一局。赵启明看得心里直痒痒。老李招呼赵启明一起加入，于是赵启明第一次加入了赌局。那天，赵启明的运气也出奇地好，第一把就赢了，第二把居然又赢了。赵启明第一次发现，钱竟可以如此轻易地赚到。最重要的是，赌博让赵启明体验到一种从未有过的快感，看着那些七彩筹码一来一往，他觉得自己所有的烦恼都消失了。赵启明居然爱上了这种感觉。

从那以后，赵启明开始频繁来往于澳门特区与珠海之间。每次一到澳门，他就直奔赌场。慢慢地，赵启明从以前的小玩、小赌，逐渐变成了大赌、豪赌。俗话说，十赌九输。赵启明很快就输光了手头的流动资金。看着输掉的钱，赵启明渐渐有些清醒了。他觉得自己应该赶紧收手，以免越陷越深。于是，赵启明压抑着自己内心想赌的欲望，坚决不再去澳门特区了。

过了一段时间，就在赵启明打算慢慢戒掉赌习时，一个电话又将他拉回了赌博的泥潭中。打电话的人，还是老李。老李邀赵启明这两天陪他去澳门赌场玩两把。赵启明有点害怕，说："我还是不去了。"老李劝道："我说老赵啊，输了几个钱怎么就这么小家子气，没点儿胆量怎么赢得回来呢？这样吧，这次你和我去，我来出筹码，赢了算你的，输了算我的。"赵启明犹豫着答应了。但他万万没有想到，就是这一场充当看客的赌局，却让他慢慢变成了疯狂的局中人。

第二天，两人直奔赌场。这次老李的牌路很不顺，连连输钱，但他还是一副胜券在握的样子。就在筹码快要输光时，老李的手气好像又回来了，他直接翻盘，赢了一大笔钱。老李对看得目瞪口呆的赵启明说："只要心态好，坚信能赢钱，就一定能翻盘。"赵启明心想，既然老李能翻盘，自己的智商远在老李之上，为何不能翻盘呢？自己之前砸进去那么多钱，现在只要给自己一点时间，肯定能连本带利地赢回来！之后，赵启明将自己公司的财产抵押给了银行，一拿到钱马上就去澳门豪赌。前一两次倒是赢了钱，但接连赌下来，他的钱还是输光了。

这天，在赌场接连受挫的赵启明回到家中倒头大睡。睡醒后，他发现妻子张曼正坐在沙发上抹眼泪，手里还拿着他的手机。赵启明心中暗道不妙，那里面有他和老李的所有赌博信息，以及抵押公司财产贷款的信息。果然，张曼看到赵启明醒了，马上质问他，你是不是最近在澳门赌钱？而且还把公司抵押了？你为什么要这么做呀？赵启明明白，妻子已经知道了一切。看着妻子泪眼婆娑，他知道自己这次错得太离谱了，他悔恨地捶打着自己的胸口，求妻子再给他一次机会。张曼看了赵启明一眼，恨恨地说："好，我给你一次改过自新的机会，但前提是你必须写下保证书，一旦再赌，我们就离婚！"这时，女儿从客厅跑进房间，看到爸爸也在，她开心地抱住赵启明，亲了又亲。看着天真可爱的女儿，赵启明流下了眼泪，并给妻子写下保证书。他下定决心，以后绝不踏入赌场半步，毕竟自己的家庭才是最重要的！接下来的几个月里，赵启明竭力克制着自己去赌的欲望。渐渐地，公司的业务有了起色，情况也在日益好转。

正当赵启明的生活慢慢重回正轨的时候，一件意想不到的事情发生了。这件事让赵启明再次陷入赌博泥潭，从此万劫不复，毁掉终身。

原来，为了接下一笔大生意，赵启明使出了浑身解数，但对方公司老板的态度还是模棱两可。赵启明打听到，那位老板是外地人，闲暇时喜欢赌赌钱，但还没去澳门特区赌过。赵启明决定投其所好，带他去澳门的赌场体验一把，说不定他一高兴，生意在赌场里就谈成了呢！反正自己不赌，无论如何也不会有损失。于是，赵启明找了个时间，带那位老板去了澳门。几个月没有进赌场了，赵启明难掩心中的激动。但他努力说服自己，他是陪那位老板来的，只是带他玩几把而已。然而，一看到筹码和赌桌，赵启明的血液就开始沸腾了，他的赌瘾又犯了。说来也巧，那位老板连赢十几局，一高兴，就真的把那单生意给他了。赵启明心想，带那位老板来赌场，让他拿下了这笔生意，一顺百顺，自己的赌运应该又回来了！接下来，赵启明全然忘记了上一次输光钱的惨痛教训，又开始三天两头跑去赌场，给妻子写的保证书也被他抛到了脑后。

可赵启明无论如何也想不到，赢了一些钱后，他又开始狂输了。赵启明不相信自己的运气会那么差，且认为自己一定能把输的钱赢回来，于是他又把家里的房子和车子抵押了出去，但钱还是很快输光了。此时的赵启明已经变成了一个彻头彻尾的赌徒，赌瘾一上来，他就开始发愁，还能去哪里弄钱呢？这时，赵启明想到了老李，想问问他有什么办法。

赵启明拨打了老李的电话，可电话里总是忙音。赵启明决定亲自去找老李，但他在老李住的小区门口守了半天也没见到他。赵启明觉得不对劲，便去小区的物业打听老李的情况，结果却让他彻底傻了眼！

物业负责人一听说赵启明要找老李，上下打量了赵启明一番，然后告诉他，那间房之前老李的确住过，但只是租的。负责人还问他："是不是老李带你去赌场赌钱了？"赵启明一听，很惊讶，但还是点点头。物业负责人告诉他，其实老李开的豪车、戴的名表，统统都是租来的。

租来的？赵启明听到这话，仿佛五雷轰顶。这个物业负责人和老李是什么关系？他怎么知道老李的车和表是租来的？老李的真实身份到底是什么？难道说，自己和老李的那次偶遇，以及那通电话，都是老李的精心安排？

物业负责人告诉赵启明，之前老李租住在这里的时候，结识了小区里的一个老板。这个老板被老李带去澳门赌钱，上了瘾，结果输光了钱想找老李时，发现人已经悄悄搬走了。那个老板找人调查后才知道，老李原来是个"迭码仔"，专和一些小赌场干一些见不得人的勾当，其中之一就是假扮成功人士在内地拉客，他从中赚取"洗码费"。这件事情当时在小区里闹得沸沸扬扬，那个老板就是因为赌钱输光了家产，闹得妻离子散。最后，那个老板气不过，居然雇人找到老李，打断了老李的一条腿，现在自己也身陷囹圄。赵启明这才明白过来，自己一开始就被老李盯上了，所以老李才会故意诱他上钩，在发现他想要戒赌时，又和赌场一起设局，激发他赌钱的欲望。

在澳门从事博彩中介工作的人，被称为"迭码仔"，"迭码仔"的工作就是拉客和陪客。赌场赚钱的同时，"迭码仔"也会从中捞取一定的佣金，这个佣金一般被称为洗码费。澳门的"迭码仔"收入不菲，只要手上掌握的赌客够多，一天就能赚几万元甚至几十万元。例如，如果某位内地的老板要去澳门赌钱，一般会联系一个相熟的"迭码仔"，这个"迭码仔"就会为这位老板提供接送、住宿等服务，还会在老板赌博的时候全程陪伴。当这个老板在澳门赌场里输急眼了时，“迭码仔”还会联系他的“上头”，也就是高利贷组织，看能不能根据这个老板在内地的资产情况借钱给他。当然，真正的“迭码仔”和老李还是有所区别的，因为“迭码仔”的上述行为在澳门是被允许的，但老李在内地假扮成功人士拉客的行为本身就是一种欺骗，既不道德也不合法。

赵启明万万没想到真相会是这样，最后一丝侥幸心理也没有了。虽然他恨死了老李，但现在去找已经被打断了腿的老李也无济于事。赵启明痛苦地回了家，而妻子张曼并没察觉到什么，还是一如既往地在他耳边念叨生儿子的事。此时的赵启明几乎快要崩溃了，但他依然想重回赌场，把输掉的钱挣回来。但当务之急是，去哪里弄钱呢?

赵启明思来想去，想到一个办法，就是向生意伙伴“借钱”！赵启明找到一位老友，谎称自己的公司需要资金周转，没费什么劲就借到了100万元。赵启明拿到钱就直奔澳门赌场继续豪赌，不幸的是，钱又输光了。失去理智的赵启明如法炮制，前前后后又借了十几个人的钱，共计两三千万元。此时的赵启明已经杀红了眼，只要一有钱，就一股脑儿拿到赌场里去赌。其实，赵启明心理负担极大，他越是想赢，就越输得厉害。

渐渐地，他的钱输光了，能借钱的朋友也已经借遍了。赌瘾发作时，赵启明也不知怎么办才好。最后，他竟然开始借高利贷，想东山再起。赵启明当然知道高利贷的利滚利很可怕，但他始终坚信，只要给自己足够的时间和赌资，他肯定能再赢回来!

然而，从高利贷公司陆续借来的钱也输光了。没过多久，高利贷公司开始讨债。赵启明害怕极了，他想，除了高利贷，自己借朋友钱去赌博的事情肯定也会被发现，现在只能先去外省避避风头了。为了不让妻子知道他去外省的真相，赵启明用剩下的一点钱给妻子买了去海南的机票，告诉她自己要去外地谈生意，可能短期内顾不上联系她了。妻子信以为真，就去了海南度假。赵启明安排好这一切后，赶紧买了火车票，连夜逃往外省。没过几天，那些被赵启明借过钱的朋友发现赵启明怎么也联系不上了。很快，他们打听到，赵启明借了钱，居然是去澳门赌博，而不是做生意。于是，他们报了警。

警方接到报案后迅速展开调查，而逃到外省的赵启明，租了个小屋子仓皇度日。警方追问赵启明的妻子无果后，经过搜索，在接到报案后的第三天就查到了赵启明的藏匿地点，并抓捕了他。

案件真相大白，检察院以诈骗罪对赵启明提起了公诉。庭审中，赵启明辩称自己只是借朋友的钱，以后有钱了肯定会还的，根本没有欺骗的意图，更不会构成诈骗罪。赵启明借钱赌博的行为是否构成诈骗罪呢？这就涉及一个法律知识点：借钱赌博是否构成诈骗罪？

诈骗罪是指以非法占有为目的，虚构事实或隐瞒真相，骗取数额较大的公私财物的行为。本案中，赵启明先是向朋友借钱，称用于做生意，但借到钱后，他并没有将这笔钱用于做生意，而是拿到赌场去赌博了。赵启明这一连串的行为属于虚构事实、隐瞒真相。最后，他在明知无力偿还的情况下，逃到外省企图逃避还款义务，其行为具有明显的非法占有故意，这些均符合诈骗罪的构成要件，且 3000 万元的数额特别巨大。

根据《中华人民共和国刑法》第二百六十六条之规定，诈骗公私财物，数额特别巨大，处十年以上有期徒刑或者无期徒刑，并处罚金或者没收财产。最终，人民法院以诈骗罪判处赵启明有期徒刑十一年，并处罚金人民币一百万元。

本案还涉及一个问题，既然赵启明赌得如此丧心病狂，那他是否构成赌博罪呢？这里要提醒大家，赵启明赌博的地点是澳门特区，而在澳门特区，博彩业是合法的。因此，赵启明在澳门赌场的行为并不构成赌博罪。他欺骗朋友借巨款赌博，最终无力还款的行为只构成诈骗罪。

赵启明最终因诈骗罪锒铛入狱，原本有千万家业的他居然没有给妻女留下任何资产，连家中的房屋和车子也被银行拍卖。张曼心灰意冷，向赵启明提出了离婚。现在的张曼每天要工作 12 个小时，还要照顾未成年的孩子，生活的重担全部压在了这个柔弱的女人身上。

俗话说，“十赌九骗，久赌必输”。一个人如果染上了赌博的恶习，那么等待着他的，极有可能是万劫不复的深渊。其实，赵启明有很多次收手的机会，但他总妄想着下一局就能翻盘，在输光了全部身家之后，还想方设法借朋友的钱、借高利贷来赌博，最终只能以悲剧收场。这个案例也提醒我们：交友要谨慎。与人交往，不妨多留个心眼儿，因为谁也不知道，自己的身边是否会出现老李这样的人。

李捧玉 / 主讲人简介及普法心得

1. 李捧玉简介

李捧玉律师，毕业于湘潭大学法律系，从事律师职业20余年，现为北京市惠诚（东莞）律师事务所主任律师，企业法律风险高级管理师、一级人力资源管理师、心理咨询师，获得证券投资基金从业资质，现担任数十家政府单位、社会组织、团体、企事业单位法律顾问。

擅长疑难复杂民商事诉讼案件的代理及刑事辩护，执业至今共办理诉讼案件1000余起。擅长政府、企事业单位法律咨询和公司顶层设计，股权激励，企业合规化建设，家族财富传承专项法律事务。“认真严谨、诚信尽责、擅长沟通、办事高效、善于学习、积累经验、流程完备”一直是李捧玉律师的工作标准和理念。

担任诸多社会职务并获得众多荣誉。现为中央广播电视总台《法律讲堂》栏目主讲人，广东省律师协会关爱老律师工作委员会副主任。2022年当选第十七届东莞市人大常委会委员、东莞市人大法制委员会委员；曾荣获广东省司法厅组织的廉政法律知识竞赛第一名；在岳阳无线台《法律在线》栏目点评的两期案例，荣获湖南省广播电台综合类节目一等奖。

2. 李捧玉公益普法心得

北宋著名思想家王安石说过：“立善法于天下，则天下治；立善法于一国，则一国治。”习近平总书记曾专门引用这句话来说明加快形成完备的法律规范体系的必要性。善法乃国之重器，法律的生命力在于公众知晓，在于实施。普及法律知识，传播法律理念是我们每一个法

律工作者的基本职责。律师在公益普法活动中应当坚持“以群众需求为导向”，把促进解决民生问题作为公益普法的重中之重。公益普法，只有起点，没有终点，我们一直在路上。

600万元空降债务

李捧玉

法律知识点：伪造证据　恶意串通

张勇是南方某城市一家企业的老板，平时为人低调谨慎，朋友不多，一直勤勉地经营着自己的企业，事业还算成功。2014年2月的一天，张勇正在家里喝茶，保姆突然慌慌张张地跑进来说："不好了，张总，门口有两个民警说要找您。"话音刚落，只见两位民警走了进来，向张勇出示证件后，问道："你是张勇吗？现有人举报你贩毒，我们依法对你的住所进行搜查。"张勇一头雾水，自己从来都没跟毒品打过交道，更谈不上贩毒。他在生意场上没有恶意的竞争对手，也没有得罪过什么人。到底是谁诬陷自己贩毒呢？

还没等张勇缓过神来，民警直奔张勇的卧室，直接打开衣柜门开始翻找。不一会儿，在张勇的衣柜抽屉里，竟然找出一只红色的小塑料袋。民警打开塑料袋，里面装着些圆圆的白色药片。民警逼问张勇："这是什么？哪来的？"张勇一时怔住了。民警看了看塑料袋里的药片，然后告诉张勇，这是摇头丸，毒品的一种。民警问张勇是否吸毒，张勇矢口否认！民警又问张勇，有没有吸毒的朋友。经民警这么一问，张勇似乎想起了什么……他急忙拨打自己妻子陈小凡的电话，却没打通。张勇为何给妻子打电话？莫非这事跟他妻子有关？事实确实如此。

张勇的妻子陈小凡有一个朋友，外号叫"光头"。在半年前的一次酒会上，光头硬是给张勇包里塞了一个小塑料袋，还故作神秘地叫张勇回家尝尝味道。张勇当时没在意，回家后也没打开过，就直接放在衣柜抽屉里了。后来，听陈小凡说，光头是个瘾君子。张勇万万没有想到，光头当时塞给自己的竟然是一小包摇头丸。张勇将这些情况一五一十地告诉了民警。但张勇并不知道光头的真名，也没有他的联系方式，前段时间还听陈小凡说光头失踪了。光头失踪了，张勇的妻子陈小凡也联系不上，民警只好又在张勇家其他地方搜查了一遍，没再发现可疑物品，便将张勇带回了派出所。来到派出所，民警给张勇做了尿液检测，结果呈阴性，说明张勇没有吸毒。接着，民警又给张勇做了问话笔录。做完问话笔录，民警让张勇先回家，毒品鉴定结果出来后随时传唤他。张勇终于松了一口气。

回家后，张勇想起民警进门后直奔卧室衣柜搜查的细节，显然，民警事先已经知道了小塑料袋放在衣柜里。这个情况一定是举报人说的，而知道这个小塑料袋放在哪里的，除了自己，只有陈小凡。毋庸置疑，就是陈小凡举报了自己。

作为张勇的妻子，陈小凡为什么要举报自己的丈夫呢？这事还得从两人的相识说起。

3 年前，张勇的前妻因病去世了，年过 50 岁的张勇处在极度痛苦和落寞中。在朋友的一次宴会上，张勇认识了陈小凡。陈小凡当时身穿粉红色连衣裙，30 岁出头，落落大方，主动向张勇介绍自己是一家贸易公司的主管。酒桌上，陈小凡频频给张勇夹菜、添茶，甚是殷勤，让张勇感觉到了久违的呵护与照顾。自从妻子去世后，还没有人对他这样好过。张勇非常感动，便主动打听起陈小凡的家庭情况。陈小凡也毫不避讳，直截了当地告诉张勇，说自己父母去世早，只有一个哥哥，家住陕北，很少联系。她目前是单身，和前夫已离婚 3 年，双方有一个小孩，随前夫生活，她在这个城市没有其他亲戚，孤苦伶仃地一个人。张勇听后，颇为感慨。后来，两人开始频繁联系，在陈小凡的疯狂追求下，张勇和她谈起了恋爱。两个月后，二人便闪婚了，陈小凡兴高采烈地搬进了张勇的大房子。张勇满以为，自己从此可以和陈小凡恩恩爱爱，相伴终老。然而婚后不久，陈小凡就像变了个人似的。她未跟张勇商量就辞去了工作，每天不是待在家里上网、看电视、玩游戏，就是上街购物，还常常带一帮男女回家打麻将，把原本安静的家搞得乌烟瘴气。看着陈小凡婚前婚后判若两人的样子，张勇后悔不已，埋怨自己对陈小凡缺乏了解，悔恨自己当初被甜言蜜语冲昏了头脑。从此，两人开始经常争吵。半年后，两人分居。张勇逐渐对这桩婚姻失去了信心，多次试图与陈小凡协商离婚，而陈小凡要求张勇赔偿她300万元的青春损失费，否则，坚决不同意离婚。无奈，张勇只好起诉到法院，法官要求双方冷静一段时间，安排4个月以后开庭。收到法院的传票后，陈小凡就搬出了张勇家，再也没与张勇联系过。

眼看着开庭的日子一天天逼近，在这个节骨眼儿上，张勇却被举报贩毒。张勇心想，他身边的人，除了陈小凡，不可能有第二个人能干出这种缺德事，陈小凡一定是为了阻止离婚而故意陷害自己。几天后，张勇终于找到陈小凡。在张勇的逼问下，陈小凡承认，是自己故意让光头塞给张勇摇头丸，然后伺机举报张勇。说完，还对张勇说："想不拿一分钱就和我离婚，没那么容易！你让我没好日子过，我也不会让你有好结果。"张勇万万没想到，为了达到目的，陈小凡竟然百般算计，不择手段，差点让自己蒙受牢狱之灾。遇上这样一个女人，张勇心里除了失望，还有担忧、焦虑。

一周后，民警通知张勇和陈小凡来到派出所，将鉴定报告递给张勇，告诉他，鉴于他没有故意持有毒品，且数量较少，他的行为并不构成犯罪。因此，对张勇免予处罚。但民警对张勇和陈小凡进行了严厉的批评和教育，并告诫他们不要心存侥幸、轻易接触毒品。这次张勇算是幸运的，毒品重量没有达到10克，否则，就涉嫌构成非法持有毒品罪。对于光头，陈小凡说她是一个偶然机会认识的，但不了解光头的姓名和情况。民警让陈小凡提供了和光头常在一起的几个人的联系方式，并告诉他们，警方会对光头另案展开调查。民警还特别训诫陈小凡，劝告她在合理合法的范围内处理家庭矛盾，不要以身试法。离开派出所后，望着若无其事的陈小凡，张勇心想：这个女人不但好吃懒做，贪图享受，还终日与一些不三不四的男女鬼混，指不定以后还会整出什么幺蛾子，得赶紧把这婚离掉，否则，后患无穷。

为了防止陈小凡再生乱子，张勇将家里的门锁也换了。接下来，张勇以为可以一心处理离婚案件，可事情没那么简单！

两个月后的一天，张勇准备去上班，突然有快递员送来一个从法院发来的快递。张勇还以为是离婚案件的文书，可打开一看，吓了一跳。竟然有人起诉他和陈小凡，说他们夫妻俩欠对方600万元钱。仔细一看，起诉他们的人叫王二虎。诉状中说，当时张勇做生意急需资金周转，他以高额利息借款600万元给张勇，期限为30天。两人签订借款协议后，王二虎将借款汇入张勇的妻子陈小凡的账户。因张勇夫妻拒不返还到期借款，王二虎便将张勇夫妻两人告上了法院，要求两人共同偿还借款及利息共计600余万元。

看完诉状，张勇一下子蒙了，好半天才回过神来。原告“王二虎”的名字让他想起不久前的一次车祸，那名肇事司机就叫王二虎。张勇想，难道是那个司机王二虎起诉自己？不可能呀，自己从来没有找这个肇事司机借过钱。再看看诉状上王二虎的联系电话，与肇事司机王二虎竟是同一个号码。张勇想，一定是王二虎告错了。张勇急忙打电话给王二虎，还没等张勇开口，对方就说话了：“张总，你应该接到法院的传票了吧，借款的事咱们还是法庭上说吧！”说完，就把电话挂了。电话那头明明是肇事司机王二虎的声音，没错，一点儿都没错，那粗重沙哑的声音张勇一直都记得。可之后，无论张勇再怎么拨打电话，对方就是不接。

张勇一时有些恍惚，不知道该怎么办。突然，他想起诉状上写着钱是汇入妻子陈小凡账户的，于是赶紧打电话给陈小凡，想问清楚，可对方却处于关机状态。张勇这才想起，陈小凡已经很久没有联系过自己了。张勇意识到情况不妙，会不会是陈小凡联合肇事司机敲诈自己呢？张勇努力回想车祸后的情景，希望可以找出破绽。

那是一个多月前，张勇在开车回家途中，被后面一辆黑色小轿车追尾。当时张勇的车侧翻在马路边，左脚骨折。报警后，经交警认定，后车司机王二虎应负全责，除了要承担张勇的修车费，还要承担张勇的全部医疗费。当时，张勇和陈小凡正在闹离婚，陈小凡已经搬出家去，很久没跟张勇联系了。车祸后，张勇为了避免父母担心，并未将事故情况告诉父母，而保姆也因为家里有事回老家了。当时张勇的左脚骨折，需要做手术，主治医生刚好认识张勇，也见过陈小凡。医生说，做手术需要家属在手术风险告知书上签字。张勇好半天不说话。看着一直沉默的张勇，医生问他，老婆在哪里。张勇觉得自己正在闹离婚的事情难以启齿，只好将陈小凡的电话告诉了医生。接到医院的电话后，陈小凡来到医院照顾张勇，还作为张勇的家属在手术风险告知书上签了字。那段时间，陈小凡对张勇嘘寒问暖、忙前忙后，仿佛又回到了两人刚认识时的样子。张勇虽然有些感动，但一想到陈小凡之前的种种恶习，就倒吸一口冷气。张勇猜测，陈小凡是想借此挽回婚姻，但他再也不敢相信陈小凡了，他心想，这个女人太有心机，谁知道她葫芦里装的是什么药？

等到出院那天，张勇早早办了手续，还没等陈小凡过来，就一个人带着行李回家了。张勇给陈小凡发了条短信，除了感谢她在医院的照顾，也再次表明了自己离婚的决心。陈小凡收到短信后，气急败坏地打电话骂张勇无情无义，还在电话里威胁张勇，说不会善罢甘休，要让他吃不了兜着走。之后，陈小凡没再联系张勇。没想到出院后不久，张勇就收到了王二虎的起诉状。

张勇隐约觉得，王二虎起诉他，应该跟陈小凡有关。张勇回忆起车祸后的一些细节。车祸后，王二虎来到医院与张勇商量赔偿的事情，态度还不错。可是，张勇有几次都看到陈小凡和王二虎站在医院走廊的尽头有说有笑，如同老朋友一般。

张勇当时以为，那是陈小凡在跟王二虎讨论相关赔偿事宜，没想到等来的却是莫名其妙的巨额债务。

满心疑虑的张勇想找陈小凡问个究竟，无奈，陈小凡的手机一直处于关机状态，根本找不到人。张勇找到往日和陈小凡走得比较近的几个朋友打听陈小凡的下落，大家都说不知道她的去向。张勇又跑到陈小凡以前工作的贸易公司，问了好几个员工，他们个个都说早就和陈小凡失去了联系。就这样，陈小凡像人间蒸发了一样。

难道陈小凡因为这笔债务故意躲了起来？张勇从来没有向王二虎借过钱，那王二虎诉状中所说的600万元债务又是怎么回事呢？张勇真的需要偿还这笔债务吗？

开庭当天，张勇早早来到法院，可王二虎没有到庭，而是委托代理人出庭。陈小凡也没有出庭应诉，而是提供了一份书面陈述，内容是：王二虎与张勇双方签订借款合同时，她不在场。但张勇确实向王二虎借了钱，当时张勇的账户因债务被冻结，找自己要银行账号收款，她就同意了，也收到了相应的借款，钱都在当天取出来给了张勇。她和张勇确实借了王二虎600万元。张勇看到陈小凡的陈述，异常气愤，情绪激动地说："骗子，这两人都是骗子！串通一气制造假案。"法官提醒张勇冷静。张勇在法庭上称，王二虎向法院递交的借款合同是伪造的，自己从没向王二虎借过钱，要求法院委托鉴定机构对该份合同的真伪进行鉴定。法官也觉得事出蹊跷，于是决定对借款合同进行司法鉴定。一个月后，鉴定结果出来了，合同果然是伪造的。收到鉴定报告后，张勇悬着的心终于落了地。看来，自己以前的猜测没错，王二虎、陈小凡这对男女果真是串通一气，坑人骗财。张勇心想，这下，两人应该要低头认罪了吧。法官提醒王二虎的代理人，王二虎有可能涉嫌伪造证据，恶意串通，一旦查实，他将会受到法律的惩罚。然而，王二虎的代理人却振振有词，说就算合同不是真实的，但王二虎汇款给陈小凡却是事实，不存在伪造证据、恶意串通。情况果真如此吗？这就涉及一个法律知识点：伪造证据、恶意串通。

伪造证据，是指故意制造虚假的证据材料、虚构事实的行为。恶意串通，是指当事人以虚假的事实相互串通，谋取不正当利益的行为。

《中华人民共和国民事诉讼法》（2012修正版）第一百一十一条规定：诉讼参与人或者其他人有下列行为之一的，人民法院可以根据情节轻重予以罚款、拘留；构成犯罪的，依法追究刑事责任：

（一）伪造、毁灭重要证据，妨碍人民法院审理案件的；

（二）以暴力、威胁、贿买方法阻止证人作证或者指使、贿买、胁迫他人作伪证的；

（三）隐藏、转移、变卖、毁损已被查封、扣押的财产，或者已被清点并责令其保管的财产，转移已被冻结的财产的；

（四）对司法工作人员、诉讼参加人、证人、翻译人员、鉴定人、勘验人、协助执行的人，进行侮辱、诽谤、诬陷、殴打或者打击报复的；

（五）以暴力、威胁或者其他方法阻碍司法工作人员执行职务的；

（六）拒不履行人民法院已经发生法律效力的判决、裁定的。

人民法院对有前款规定的行为之一的单位，可以对其主要负责人或者直接责任人员予以罚款、拘留；构成犯罪的，依法追究刑事责任。

《中华人民共和国民事诉讼法》（2012 修正版）第一百一十二条规定：当事人之间恶意串通，企图通过诉讼、调解等方式侵害他人合法权益的，人民法院应当驳回其请求，并根据情节轻重予以罚款、拘留；构成犯罪的，依法追究刑事责任。

本案中，由于王二虎的代理人否认其伪造证据、恶意串通，法院调查了王二虎和陈小凡两人的银行流水。结果显示，虽然王二虎汇款给陈小凡 600 万元，但陈小凡收到款项后于当天取出了，而王二虎的账户在陈小凡取款的当天又存入了 600 万元。了解这一情况后，法官将陈小凡与王二虎传唤到庭，当庭质问借款的事实。两人依然不承认伪造证据的事实，说鉴定报告不客观、不准确，一口咬定 600 万元借款是真实的。法官随后拿出两个人的银行流水账单，质问王二虎：“为何你的银行账户在陈小凡取款当天存入了同样多的款项，收入从何而来？”法官同样质问陈小凡：“你取出的钱到底给了谁？之前你说给了张勇，显然站不住脚，因为你取款当天张勇正在住院。而据我们了解，那天你并没去医院，也就是说，你不可能给张勇钱！”在法官的追问下，两人无法再抵赖。陈小凡承认自己将收到的 600 万元取出后还给了王二虎，也就是说，张勇根本不存在借款行为，600 万元借款纯属伪造。

两人详细交代了恶意串通、伪造证据的过程。原来，当初陈小凡认识张勇后，看张勇开着豪车，住着大房子，满以为可以嫁个大款，从此过上阔太太的日子。在仓促结婚后，她才发现，张勇不是自己想象的那样有钱，这些年做生意还欠了银行一些债务，对自己也不够大方，两人生活情趣完全不同，很难相处。在多次争吵后，张勇提出离婚。但真要闹到离婚这一步，陈小凡还是很难接受的。一来，自己已离过一次婚，还不知道朋友们人前背后会怎样说她；二来，自己早就辞了工作，没有任何经济来源，今后靠谁过日子呢？离婚后可能生活都成问题，而自己提出的300万元赔偿也被张勇一口拒绝。陈小凡咨询了律师才知道，自己与张勇结婚才3年，车子、房子都是张勇的婚前财产，如果离婚，自己根本分不到多少财产。而在发生交通事故后，虽然自己对张勇照顾有加，但并没有挽回张勇想离婚的心。看来，这婚是离定了。不能就这么委屈自己，便宜了这个男人！陈小凡越想越不甘心。在与王二虎协商张勇的事故赔偿中，陈小凡感觉与王二虎很谈得来。王二虎也不止一次夸奖陈小凡长得漂亮。自从陈小凡透露自己在闹离婚后，王二虎对陈小凡更加殷勤了。他告诉陈小凡，自己虽然有老婆孩子，但都在老家，自己其实也挺孤单的。这些年他做外贸，生意还不错，希望有个精明的女人帮自己打理一下生意。王二虎还劝陈小凡，不要对这样的婚姻抱有幻想了，不如早做打算，在离婚时争取多分些财产。王二虎还故作神秘地给陈小凡出了个主意，说自己可以帮忙伪造600万元债务，通过诉讼多争取财产。王二虎提出条件：如果诉讼成功，判决执行张勇600万元后，两人四六开，王二虎分得240万元好处费，360万元归陈小凡所有。于是，两人一合计，陈小凡就到张勇办公室，找到了一份有张勇签名的空白纸，和王二虎一起伪造了借款合同。王二虎这些年做生意挣了点儿钱，银行有些存款，再东挪西借，凑齐了600万元后汇给了陈小凡的账户。之后，他们就诬陷张勇，说张勇欠王二虎600万元钱，并起诉张勇，要求他还钱。满以为有了陈小凡的配合，他们就能瞒天过海，讹上张勇。没想到，他们的计谋很快就被法官发现了。

听完两人的陈述，法官当场对两人进行了严厉的谴责，警告他们，这是一种伪造证据、恶意串通的行为，并劝告王二虎撤回诉讼。最终，王二虎主动撤回了诉讼，法院在对案件做出撤诉裁定的同时，认为王二虎、陈小凡利用伪造的书证虚构债权提起诉讼，其行为严重违法，已涉嫌构成诈骗罪，将两人移交公安机关处理，关进了看守所。

被羁押期间，张勇和陈小凡的离婚案件调解结案。张勇念在夫妻一场的情分上，同意给陈小凡 20 万元作为生活费。

而王二虎和陈小凡伪造证据涉嫌诈骗的案件，法院通过审理，认定两人的行为构成诈骗罪。鉴于王二虎主动撤诉，两人主动承认犯罪事实，并未给受害人造成重大经济损失，可以从轻处罚。最终，法院判处王二虎有期徒刑三年，缓期五年执行，并处罚金十万元；判处陈小凡有期徒刑两年，缓期三年执行，并处罚金八万元。两人为了一己私利铤而走险，结果不但未拿到分文，还被处以刑罚，真是应了那句俗话：偷鸡不成蚀把米。

而给张勇衣服里放摇头丸的光头，警方经过侦查，查实光头等人涉嫌贩毒。最后，光头一伙人被抓获，被法院分别判处刑罚。

近年来，采取伪造证据、虚构债务等方式恶意诉讼的情况频繁出现，尤以离婚案件居多。虚假诉讼的行为不仅严重侵犯他人的合法权益，也是对司法权威及公信力的挑战。这种行为轻则违法受到处罚，重则构成犯罪，被处以刑罚。像本案中陈小凡、王二虎这种为了一己私利不择手段、触犯法律的人，终究会受到法律的制裁！